맛있는 방파제 2

박경식 지음

예조원

알바트로스 VIP [ALBATROSS VIP]

NEW

ALBATROSS VIP

완벽한 무게 밸런스로 다시 태어난
갯바위 VIP 조사를 위한 최고의 선물!

AXIS GRAPHITE UNIT

4축 카본공법에서 한 단계 더 나아간 8방향 다축공법으로 고밀도 카본소재의 에너지 로스를 최소화 하였고,힘의 분산을 억제하기 위해 사용하는 수지의 함량을 최소화하여 초경량화를 실현하고 캐스팅 및 파이팅 시 비거리,정확도,파손 방지를 향상하고 대물과의 대치 시 강한 허릿심을 발휘 피로감을 최소화 하였다.

WEIGHT BALANCE CAP

낚시 중 낚싯대로 인한 피로도를 줄이기 위하여
Weight Balance가 포함된 Butt cap을 적용하였으며,
그로 인한 쾌적한 낚시를 즐길 수 있다.
※Weight Balance Cap 하나의 무게는 20g.

FEATURES

1.FUJI T-IMSG 가이드 적용(TITAN FRAME)
2.그립감 향상 및 안정적인 파이팅을 보장하는 CARBON + RUBBER 일체형 스크류 시트
3.BUTT 허리부 8AXIS 카본 적용, 저R.C 고탄성 C.C CARBON
4.줄붙음 방지 특수 무늬 인쇄, 각 절번 GUIDE LINE 적용,GUIDE STOPER 공법

ALBATROSS VIP

알바트로스 VIP

규 격	전 장 (m)	절 수 (本)	접은길이 (cm)	무 게 (g)	선 경 (mm)	원 경 (mm)	추부하 (호)	적합목줄 (호)	Guide (ea)	GRIP (mm)	판 매 가 (원/₩)
1-500	5.0	5	111	201	0.7	24.3	1~3	1~3	12	285	570,000
1.5-500	5.0	5	111	208	0.8	24.5	1.5~4	1.5~4	12	295	590,000
0.8-530	5.3	5	116	202	0.8	23.4	1~3	0.6~2	12	300	570,000
1-530	5.3	5	117	208	0.8	24.3	1~3	1~3	12	300	580,000
1.5-530	5.3	5	117	225	0.8	24.5	1.5~4	1.5~4	12	310	600,000
1.75-530	5.3	5	117	240	0.9	25.1	2~5	2~5	12	330	610,000
2-530	5.3	5	119	254	1.2	25.1	2~6	2~6	12	345	650,000

CARBON 99%

※ Weight Balance Butt cap(20g) 미포함 무게임.
※ 구매일로부터 1년이내 한절번에 한하여 1회 무상 A/S
※ 제품 규격 및 디자인과 판매가는 품질향상 등의 이유로 사전 예고 없이 변경될 수 있습니다.

디퍼 몬스터 [DEEPER MONSTER]

DEEPER

RUNNING INSHORE VER

Monster

AIR - SURF CASTING IN EAST SEA

강력한 허릿심으로 대물을 제압한다!

인쇼어 대물(삼치, 방어, 부시리, 만새기) 전용 루어대.
먼 거리 투척과 대물과의 대치 시 강한 허릿심을 발휘한다.

규 격	전장 (m)	절수 (本)	접은길이 (cm)	무게 (g)	선경 (mm)	원경 (mm)	추부하 (호)	MAX (g)	P.E LINE (호)	GUIDE (ea)	GRIP (mm)	판매가 (원/₩)
S-1002MH	3.00	2	157.5	355	2.4	19.2	40~100	120	3~6	7	408	320,00
S-1102XH	3.30	2	172.5	375	2.4	19.1	70~130	140	3~8	7	408	330,00
S-1203H	3.60	3	127.5	308	2.4	19.2	60~110	130	3~6	8	408	340,00

※구매일로부터 1년 이내 1회 무상 A/S

CARBON

1. FUJI KL + KW 가이드
2. DPS SD20 + LOGR 20/AN 적용
3. 이중 잠금장치로 릴장착시 풀림방지 시스템
4. CF-1115-1 능직 우븐원단을 사용하여 외관과 허릿심 보강

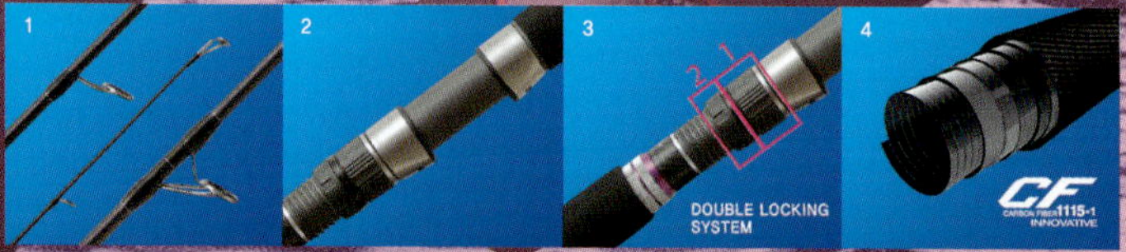

대한민국 대표 낚시브랜드 Black Hole

2004년 출시 이후부터 바다 인쇼어 캐스팅 게임에서 꾸준히 사랑받아온 다목적 고급 바다루어 로드 "DEEPER"가 몇 번의 진화를 거처 재탄생하였다. 초 고탄성 46톤과 NANO 수지를 접목하여 감도와 탄성은 높아지고, 비거리 또한 최대치로 끌어올려 가벼우면서도 강한 로드로 업그레이드되었다.

규 격	전장 (m)	절수 (本)	접은길이 (cm)	무게 (g)	선경 (mm)	원경 (mm)	LURE wt. (g)	P.E LINE (호)	GUIDE (ea)	GRIP (mm)	판매가 (원/₩)
S-782L	2.33	2	119.0	123	1.3	12.3	5~24	0.6~1.6	8	274	250,000
S-802ML	2.43	2	124.5	134	1.5	13.4	8~30	0.8~1.8	8	284	260,000
S-862M	2.58	2	132.5	141	1.6	14.6	10~36	1~2	8	304	270,000

※구매일로부터 1년 이내 1회 무상 A/S

CARBON 99%

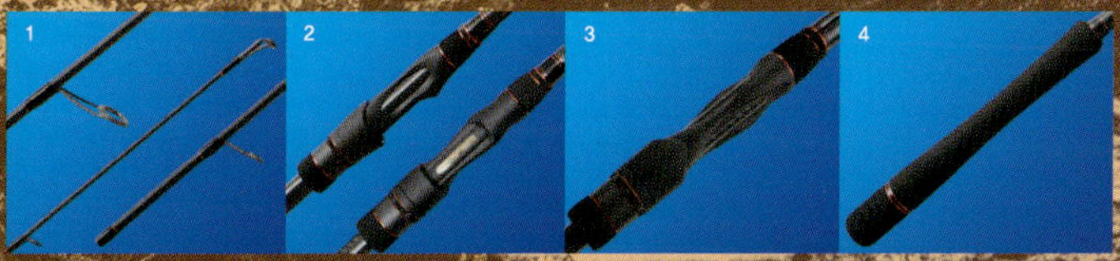

1. Fuji SIC 건스모크 K가이드 시스템
2. Fuji TVS REEL SEAT 장착/러버재질 페인팅으로 미끌거림을 방지하고 파지감이 좋다
3. 초 고탄성 8축 CLOTH 결합
4. EVA 그립으로 파지감과 피로도를 낮추었다

N·S 주)엔에스 인천광역시 남동구 염전로411번길 38 Web: http://www.nsrod.co.kr
TEL 032)868-5427 A/S 문의처 032)868-1004 FAX : 032)868-5423

허리케인-X 인쇼어 [HURRICANE-X INSHORE] NEW

HURRICANE-X INSHORE

가격을 논하지 않은 고퀄리티 CTX 적용으로 견고한 강도의 블랭크 설계 실현

GRIP 290mm → SPINNING MODEL (S-832L)

GRIP 430mm → SPINNING MODEL (S-962 MONSTER)

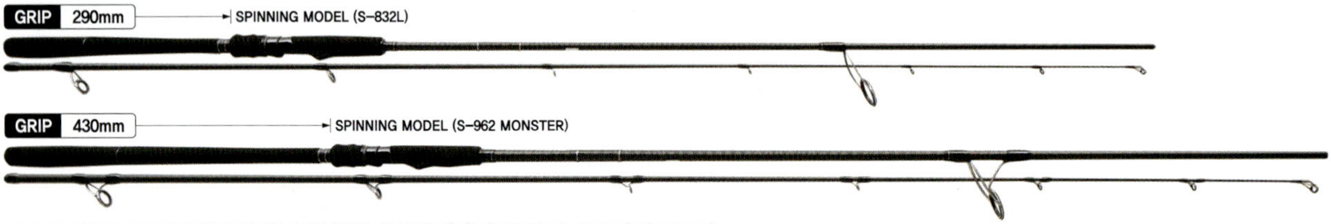

HURRICANE-X INSHORE 허리케인-X 인쇼어 NEW

규격	전장 (m)	절수 (本)	접은길이 (cm)	무게 (g)	선경 (mm)	원경 (mm)	LURE wt. (g)	P.E LINE (호)	GUIDE (ea)	GRIP (mm)	판매가 (원/₩)
S-832L	2.52	2	130.0	141.5	1.7	12.1	6~25	0.6~1.2	8	290	175,000
S-872ML	2.62	2	135.0	151.6	1.8	12.3	10~35	0.8~1.5	8	305	180,000
S-922ML	2.80	2	144.0	158.9	1.7	12.8	12~45	1.0~1.75	9	315	185,000
S-982M	2.95	2	151.5	180.5	1.8	13.4	18~60	1.2~2.0	9	330	190,000
S-962 MONSTER	2.90	2	149.5	233.4	2.2	17.0	20~80	2.0~4.0	8	430	195,000

※구매일로부터 1년 이내 1회 무상 A/S
※제품 규격 및 디자인과 판매가는 품질향상 등의 이유로 사전 예고 없이 변경될 수 있습니다.

CARBON 99%

1. FUJI "K" + ALCONITE GUIDE
2. FUJI VSS 16 REEL SEAT 적용
3. 하그립부 원그립 적용으로 편리성 및 선상낚시에서 홀더 사용시에 스크레치 현상 최소화
4. CTX적용으로 초고강도와 최고 감도를 동시에 실현

CTX CARBON TAPE X-WARPING Uni-Direct 형 Carbon 원사의 최대 취약점인 압축 강도를 보강하기 위하여 Blank 작업 시 최 외측에 24ton 또는 30ton Carbon Tape 을 X-자 형태로 일정한 Pitch로 감음으로서 압축 강도 및 외관을 화려하게 연출 할 수 있는 공법이다.

허리케인-X 에깅 [HURRICANE-X EGING]

HURRICANE-X eging

완벽한 캐스팅 밸런스로 가성비 극대화!

GRIP 230mm → SPINNING MODEL (ES-832M)

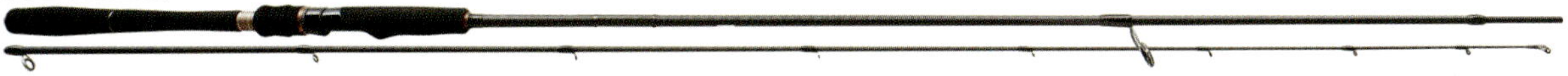

GRIP 215mm → SPINNING MODEL (ES-722ML / TIP RUN)

HURRICANE-X eging 허리케인-X 에깅 NEW

규격	전장 (m)	절수 (本)	접은길이 (cm)	무게 (g)	선경 (mm)	원경 (mm)	EGI / MAX (호/g)	P.E LINE (호)	GUIDE (ea)	GRIP (mm)	판매가 (원/₩)
ES-832M	2.52	2	129.0	111.4	1.7	12.2	3.0~4.0	0.6~1.25	10	230	165,000
ES-852ML	2.57	2	131.5	107.1	1.5	12.6	2.5~3.5	0.6~1.0	10	240	165,000
ES-872M	2.62	2	134.0	116.8	1.7	12.7	3.0~4.0	0.6~1.25	10	245	170,000
ES-682L (TIP RUN)	2.03	2	104.5	98.2	1.4	11.2	2.0~3.5 (40g)	0.4~0.8	9	215	150,000
ES-722ML (TIP RUN)	2.19	2	112.5	104.0	1.5	11.7	2.0~3.5 (40g)	0.6~1.0	9	215	160,000

※구매일로부터 1년 이내 1회 무상 A/S
※제품 규격 및 디자인과 판매가는 품질향상 등의 이유로 사전 예고 없이 변경될 수 있습니다.
※ ES-682L / ES-722ML Tip Run (팁런) 모델은 선상용 모델입니다.

CARBON 99%

1. FUJI "K" + ALCONITE GUIDE
2. FUJI VSS 16 REEL SEAT 적용
3. 하그립부 원그립 적용으로 편리성 및 선상낚시에서 홀더 사용시에 스크레치 현상 최소화
4. CTX적용으로 초고강도와 최고 감도를 동시에 실현

CTX CARBON TAPE X-WARPING Uni-Direct 형 Carbon 원사의 최대 취약점인 압축 강도를 보강하기 위하여 Blank 작업 시 최 외측에 24ton 또는 30ton Carbon Tape 을 X-자 형태로 일정한 Pitch로 감음으로서 압축 강도 및 외관을 화려하게 연출 할 수 있는 공법이다.

예조원이 만든 장르별 낚시 단행본

100문 1000답 시리즈

붕어낚시 100문 1000답

우리나라 붕어낚시의 기초에서부터 전층(중층) 기법에 이르기까지 붕어낚시 전 분야를 가장 알기 쉽게 풀이한 문답식 가이드 북.

낚시춘추 편집부 | 336쪽 | 13,000원

루어낚시 100문 1000답

스포츠피싱의 총아로 각광받는 루어낚시의 모든 것. 쏘가리 · 배스 · 볼락 · 우럭 · 오징어 등, 국내 대상어는 물론 해외 원정낚시까지.

조홍식 | 올컬러 520쪽 | 20,000원

배스낚시 100문 1000답

배스용 루어 선택과 연출, 계절별 · 상황별 하이 테크닉에 이르기까지, 풍부한 사진과 그림을 곁들여 해설한 배스낚시 전문 이론서.

낚시춘추 편집부 | 올컬러 332쪽 | 17,000원

기타

송귀섭의 붕어 대물낚시

취대비취소(取大非取小)! 30.3cm 월척을 넘어 4짜, 5짜를 위한 특급 프로젝트. FTV 월척 전도사 송귀섭 씨가 밝히는 대물 붕어 공략의 준비에서 완성까지.

송귀섭 | 올컬러 400쪽 | 17,000원

실전! 월척 쉽게 낚는 책

'초고속 월척 사냥술'로 불리는 〈서찬수의 갓낚시〉를 체계화한 이론서. 새우 미끼로 떡밥보다 더 많은 마릿수를 올리는 비결은?

허만갑 | 312쪽 | 13,000원

실전! 에깅 & 지깅

'세상에서 가장 맛있고 짜릿한 낚시'라는 부제가 달린 이 책은 '에깅낚시'와 '지깅낚시'의 이론과 실제를 동시에 터득하게 해준다.

낚시춘추 편집부 | 올컬러 316쪽 | 15,000원

실전! 열두 달 루어낚시

우리나라 민물 · 바다 어종별 루어낚시 전문가 13인이 책임 소개한 제철 루어낚시 20가지. "무엇을, 언제, 어디서, 어떻게, 가장 푸짐하게 낚을 수 있을까?"에 대한 궁금증을 풀어준다.

김욱 · 신동만 외 11인 | 올컬러 548쪽 | 20,000원

민물낚시터백과 시리즈

1 낚시터백과 – 경기 · 강원편

인천 · 경기 · 강원 지역의 붕어낚시 명당 208개소의 상세정보 외, 전체 803개 낚시터에 대한 기본정보가 부록으로 수록돼 있다.

이영규 | 올컬러 256쪽 | 14,000원

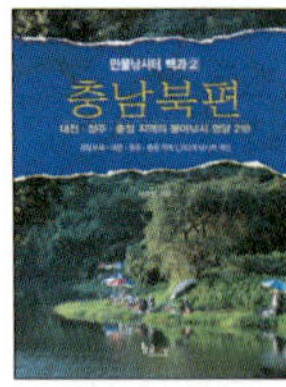

2 낚시터백과 – 충남 · 충북편

대전 · 충남 · 충북 지역의 붕어낚시 명당 210개소의 상세정보 외, 전체 1,783개 낚시터에 대한 기본정보가 부록으로 수록돼 있다.

서성모 | 올컬러 272쪽 | 14,000원

3 낚시터백과 – 대구 · 경북편

대구 · 경북 지역에 소재한 붕어낚시 명당 308개소의 상세정보 외, 전체 3,300여개 낚시터에 대한 기본정보가 부록으로 수록돼 있다.

이기선 | 올컬러 328쪽 | 14,000원

4 낚시터백과 – 부산 · 경남편

부산 · 울산 · 경남 지역의 붕어낚시 명당 381개소의 상세정보 외, 전체 3,531개 낚시터에 대한 기본정보가 부록으로 수록돼 있다

서찬수 · 허만갑 | 올컬러 368쪽 | 16,000원

5 낚시터백과 – 전남 · 전북편

광주 · 전남 · 전북 지역의 붕어낚시 명당 390개소의 상세정보 외, 전체 5,416개 낚시터에 대한 기본정보가 부록으로 수록돼 있다.

낚시춘추 편집부 | 올컬러 472쪽 | 18,000원

Steady seller

최신 전국낚시지도

민물 · 바다 · 루어낚시터 총 10만여 개소의 위치를 한 권의 책에 집대성하여 대한민국 낚시터를 한눈에 볼 수 있는 500만 낚시인의 출조 길잡이.

낚시춘추 편집부 | 올컬러 408쪽 | 30,000원

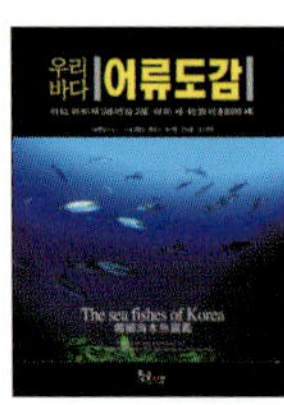

우리바다 어류도감

국내 최초! 육상 및 수중에서 촬영한 우리 바다 어류 334종 자연 모습 그대로! 낚시인과 낚시점, 수산업 관계자들의 필독 애장서.

명정구 외 | 올컬러 288쪽 | 30,000원

낚시 첫걸음 시리즈

1 송귀섭의 붕어낚시 첫걸음

FTV 〈월척특급〉을 통해 잘 알려진 평산 송귀섭 선생이 그의 일생에 걸친 낚시 노하우를 알기쉽게 풀어낸 '전통 붕어낚시 교과서'

송귀섭 | 올컬러 248쪽 | 13,000원

2 붕어 전층낚시 첫걸음

일본 떡붕어낚시 명인(名人) 고야마 게이조씨가 특별 집필한 붕어 전층낚시 바이블. 부록으로 '한국의 名떡붕어낚시터 200선' 수록.

고야마 게이조 | 올컬러 204쪽 | 13,000원

3 루어낚시 첫걸음 - 바다편

볼락 · 우럭 · 광어 · 오징어 등, 맛있는 바닷고기를 간편한 루어 하나로 손쉽게 낚아 먹는 재미와 비결을 담은 바다 루어낚시 입문서.

조홍식 | 올컬러 244쪽 | 13,000원

4 루어낚시 첫걸음 - 민물편

쏘가리 · 배스 등 루어로 낚이는 모든 담수어종의 장비 · 기법을 망라. 실전을 방불케 하는 해설, 방대한 사진과 그림 중심의 민물 루어낚시 입문서.

조홍식 | 올컬러 444쪽 | 18,000원

5 은어낚시 첫걸음

은어의 독특한 습성을 이용, 은어로 은어를 낚는 '놀림낚시'의 원리와 기법을 초심자의 눈높이에 맞춰 가장 쉽게 해설한 책.

히라이 칸지 | 올컬러 268쪽 | 15,000원

6 바다낚시 첫걸음(上)

입문자와 경험자를 위한 바다낚시 2종 세트. 우리나라 바다낚시 대상어 50여 종의 생태 및 습성, 멋지게 낚아 맛있게 먹는 법까지를 상 · 하 두 권의 책에 담았다.

예조원 편집부 | 올컬러 360쪽 | 17,000원

7 바다낚시 첫걸음(下)

상 · 하 각권 기초편과 실전편으로 구성된 이 책은 바다낚시 전반을 이해할 수 있는 다양한 기초 상식과 어종별 실전 기법을 사례별로 소개해 누구나 적시적소에 활용할 수 있게 하였다.

예조원 편집부 | 올컬러 352쪽 | 17,000원

한국의 名방파제 시리즈

한국의 名방파제 100+100선

국내 최초의 항공사진 및 초정밀 포인트 지도로 분석한 입체형 가이드 북. 名방파제 200선과 전국 1,000여개 방파제 색인 수록!

낚시춘추 편집부 | 올컬러 336쪽 | 15,000원

한국의 名방파제 낚시터 - 동해편

'짜릿하고 맛있는' 동해 방파제 190개소와 인근 갯바위 · 백사장 포인트까지 망라하였다. 낚시터마다의 연락처와 지번주소가 수록돼 있어 조황 문의와 길 찾기도 쉽다.

예조원 편집부 | 올컬러 348쪽 | 17,000원

한국의 名방파제 낚시터 - 남해편

울산~여수 지역에 소재한 유명 방파제 낚시터 190개소에 대한 어종과 시즌, 포인트 분석은 물론 방파제 고유의 지번주소를 수록해 내비게이션과 휴대폰 길찾기 검색을 완벽케 하였다.

박경식 | 올컬러 392쪽 | 17,000원

한국의 名방파제 낚시터 - 서해편

서해의 특수성에 맞게 방파제와 함께 선착장 · 방조제 · 갯바위 워킹 포인트를 총 망라하였고, 육로는 물론 여객선으로 떠나는 섬 낚시터까지 포함되었다. 낚시터별 지번 주소도 수록되었다.

예조원 편집부 | 올컬러 286쪽 | 17,000원

업그레이드 시리즈

1 낚시 미끼 대백과

어떤 미끼를 선택해 어떤 방법으로 먹일 것인가? 이 책에 수록된 110가지 미끼 전술을 익히고 나면 더 이상 못 낚을 고기는 없다.

낚시춘추 편집부 | 올컬러 304쪽 | 15,000원

2 낚시 채비 대백과

민물과 바다, 우리나라 낚시대상어 80여종의 생태와 장비 · 채비 · 기법 및 미끼 사용법까지를 일목요연하게 정리한 종합 백과사전.

낚시춘추 편집부 | 올컬러 370쪽 | 18,000원

3 낚시 채비&묶음법 150

낚시의 기본은 채비! 채비의 기본은 묶음법! 각종 채비 묶음법 150가지로 초보자도 단숨에 고참의 경지에 오를 수 있는 마술의 책!

낚시춘추 편집부 | 276쪽 | 12,000원

포구에 어둠이 내리면

승용차가 최대한 근접할 수 있는 곳,
남녀노소 안전하게 즐길 수 있는 곳,
사계절 다양한 어종을 만날 수 있는 곳,
바다낚시의 모든 기법을 구사할 수 있는 곳,
손맛과 입맛을 함께 기대할 수 있는 곳…
그래서 방파제 낚시터는 즐겁고 짜릿하고 맛있다.

우리나라 방파제 루어낚시 초기 붐을 주도한 남해 항도방파제 전경(큰 사진). '작은 고추가 맵다!' 방파제 루어낚시 붐을 일으킨 주역은 단연 볼락(오른쪽 사진). 맛있는 뒤풀이가 있어 더욱 즐거운 방파제낚시. 구수하게 익어가는 볼락 소금구이(오른쪽 두 번째). 겨울 방파제의 진객 호래기(꼴뚜기)는 아이들이 낚기 좋고, 먹기도 좋아한다(오른쪽 세 번째). 갯바위 씨알만은 못해도 방파제에서의 감성돔은 더 큰 희열을 안겨 준다(오른쪽 네 번째).

방파제에 축제가 열린다

낮과 밤의 두 얼굴… 주행성晝行性 물러나면

방파제낚시엔 밤낮이 없다.
수면과 수중을 미끄러지듯 활갯짓하는
한낮의 주행성 어종들이 물러나면
어둠 속의 사냥꾼, 야행성 어종들이 움직인다.
이들을 좇는 꾼들 또한 각기 취향대로다.
낮낚시가 좋은 사람, 밤낚시가 좋은 사람…
그러나 환희와 설렘은 시시각각 교차한다.

부산 송도해수욕장 남쪽의 암남공원 해변에서 열린 낚시대회 모습(왼쪽 지면 큰 사진). 암남공원에서의 한 낚시가족이 전갱이 입질을 받았다(왼쪽 지면 가운데 사진). 남해동부 지방의 한여름 대표어종인 전갱이 조과(왼쪽 지면 아래 오른쪽).

부산 청사포방파제에 어둠이 내리자 밤낚시 향연이 시작된다(아래 큰 사진).
기장읍 대변방파제서 올린 문어를 들어 보이는 낚시인. 2~3인분 먹거리가 됨직하다(맨 왼쪽 사진).
청사포방파제에서의 밤낚시 마수걸이로 전갱이를 올렸다(왼쪽 가운데 사진).
청사포방파제의 대표 어종인 볼락 · 우럭 · 전갱이가 얼굴을 내밀었다(아래 사진).

야행성夜行性이 자리한다

통영 연명방파제

거제 다대방파제

여수 임포방파제

남해 노구방파제

시각 · 촉각 · 미각을

개체수가 더욱 늘어나는 무늬오징어.

삼천포화력발전소방파제의 감성돔낚시.

부산 동방파제의 벵에돔낚시.

만족시켜 주는 방파제들

오감五感을 만족시켜 주는 방파제들.
풍경이 있고, 손맛이 있고, 입맛까지 채울 수 있는
방파제낚시는 우리의 생활 근거지 가까이에
낚시터가 있고, 그래서 누구나 손쉽게 즐길 수 있다.
낚시의 대중화를 이끄는 가장 대표적인 장르다.

맛있는 갑오징어 회.

학공치 조과.

머리말

꾼들의 요람, 방파제 낚시터 다시보기

1999년 1월 낚시기자로 첫발을 내딛기 시작해 몇 년이 지나, 이른바 짬밥깨나 먹은 기자가 되기까지 매번 꺼냈다가 다시 넣어둔 기획 하나가 있었다. 어느 날의 편집회의에서 한번쯤은 꺼냈거나, 혹은 어느 해 몇 월호부터 작정하고 연재를 해 봤음직한 기사였다.

'방파제는 모든 낚시인들이 좋아하는 기사다'라고 말하던 선배들도 섣불리 손을 대지 못하는 분야가 바로 방파제 소개 글이었다. '우리나라에 방파제가 몇 갠데…'라는 생각만으로도 방파제 관련 기획은 도대체 어디서부터 손을 대야 할지 모르는 난제였다. 이렇듯 낚시기자로 먹고 살던 시절의 방파제는 끈질기게 따라다니는 해 묵은 '글감'이었다. 그렇게 몇 년이 더 지나고 '전업'기자가 아닌 '부업' 기자로 기사를 쓰기보다는 먹고 살기에 더 목적을 두게 된 무렵이 되어 결국 방파제는 내 몫의 '꼭지'가 되어 돌아왔다.

방파제는 꾼들에게 요람과 같은 곳이다. 낚시의 처음을 방파제에서 경험하고, 각기 전문 꾼으로 전국의 이름난 갯바위를 떠돌다가, 다시 힘이 빠지면 동네 방파제로 되돌아온다. 방파제는 그저 파도를 막아주거나 낚시를 할 수 있게 해 주는 구조물이 아닌 꾼들의 시간이 쌓이고 경험을 대물림하는 '사적(史蹟)'이나 다름 없는 셈이다.

2000년대 초반, 바다낚시는 급격한 변화를 맞이하며 원정낚시가 대세인 흐름을 맞이한다. 자신의 승용차로, 자신이 원하는 장소에서, 자신에게 허용되는 시간대로 낚시할 수 있다는 것은 큰 매력이었다. 너나 할 것 없이 주말이면 통영이고 완도며, 거문도나 추자도까지 틈만 나면 달렸다. 당시 낚시를 시작한 이들에게 방파제는 그저 동네 꾼들이 안줏거리나 추렴하는 곳에 불과했다. 그렇게 방파제는 바다낚시의 무대에서 사라지는 듯 보였다. 그러나 2006년 바다 루어낚시 대중화와 함께 방파제는 다시 바다낚시의 전면으로 급부상한다.

이 책은 바로 바다 루어낚시라는 장르의 대중화로 인해 재조명되고 있는 방파제 낚시터의 다시보기를 시도한 것이다. 지금까지의 방파제 소개가 일반론이었다면 이 책은 방파제를 주요 낚시 포인트로 보고 갯바위 포인트와 같은 수준으로 소개하고자 노력했다. 소개한 모든 방파제는 최소 두 번 이상 답사했으며, 현지 꾼들과 인터뷰를 통해 필자가 미처 알 수 없었던 현장의 노하우를 담아보고자 했다.

우리바다의 급격한 아열대화로 인해 방파제 역시 그 면모를 일신하고 있다. 예전의 명 포인트였던 방파제가 유명무실화 되고, 무명 포인트였던 곳이 일약 스타덤에 오르는 사례는 새삼스러운 것도 아니었다. 바다가 바뀌고 어종이 바뀌고, 낚시장르가 새로워지면서 나타난 당연한 변화인 셈이다. 이 책에서는 바로 이러한 변화에 편승하여 새롭게 등장한 방파제를 소개하는 데 주력했다. 주로 무늬오징어 · 호래기(꼴뚜기) · 주꾸미 · 갑오징어 같은 두족류의 편입이 눈에 띈다. 이들은 동해남부~남해중부 전반의 방파제 낚시터의 등급을 바꿀 정도로 인기 어종이 되었다. 바다는 계속 변화하고 있기 때문에 이 책의 내용 역시 시간이 지나면 바뀔 수 있다고 생각한다. 새로운 방파제 포인트는 계속 생겨나고 있다.

200개가 채 안 되는 방파제를 소개하는 작업이었으나 생각만큼 만만한 것은 아니었다. 아무리 정보와 장비가 발달하였다 해도 어쨌든 글을 쓰기 위해서는 현장에 가야만 했다. 예전보다 나아진 점이 있다면 포털사이트에서 서비스되고 있는 위성사진의 도움으로 미리 정확한 위치를 파악하고 답사를 갈 수 있어 길 위에서 헤매는 시간을 많이 줄일 수 있었던 것은 무척 다행스런 일이었다.

처음으로 해 본 단행본 작업이라 원고 분량, 시간 배분, 교정까지 모든 부분에 있어 서툴기 짝이 없었다. 예조원 김국률 사장님이 이끌어 주지 않았다면 절대 이 책은 나오지 못했을 것이다. 그저 월간지 기사 몇 회에 불과했을 글들을 훌륭하게 모아 편집해 주신 김국률 사장님께 감사드린다. 그리고 오랜 작업 시간 동안 묵묵히 곁을 지키며 짜증을 받아내 준 김지혜 씨와 아들 박찬, 일상의 재미를 낚시로 승화시키는 낚덕후들의 집단 '네버랜드' 친구들에게도 고마움을 전한다. 이들 모두의 도움으로 해묵은 기사를 마감한 기분이다.

모쪼록 이 책을 참고하여 바다낚시의 첫걸음을 딛는, 혹은 방파제낚시의 재미를 경험해 볼 독자들의 건투를 빈다.

2013년 7월

박경식

차 례

Part 1 울산광역시

Part 2 울산광역시 울주군

Part 3 부산광역시 기장군

Part 4 부산광역시

Part 5 창원시

Part 6 거제시

Part 9 여수시

●부록

당사방파제 / 동방파제 / 방어진방파제(동진방파제, 슬도방파제) / 상진방파제 / 선경방파제 /

Part 1. 울산광역시

정자방파제 / 주전방파제 / 화암방파제(꽃바위방파제)

당사방파제

• **소재지** : 울산광역시 북구 당사동 378-3
• **길이** : 170여m
• **위치 참조** : 〈최신 전국낚시지도〉 257p F4

찾아가는 길

부산-울산 고속도로 청량IC에서 내려 울산 시내로 진입한다. 울산 시내에서 동구 염포동→남목동→주전고개→주전해수욕장을 지나 1027번 지방도로를 따라 3km 정도 가면 왼쪽에 당사마을이 보인다. 방파제는 해경 당사출장소 앞에 위치해 있다.

■ 낚시 여건

울산 시내에서 불과 30분이면 도착해 진입 여건이 좋은 이 방파제는 연중 낚시꾼들의 발길이 끊이지 않는 곳이다. 잔 씨알의 감성돔과 벵에돔이 잘 낚인다. 가장 호황을 맞이하는 때는 아무래도 겨울이다. 학공치 떼가 몰려들어 군집을 이루면 때를 놓칠세라 울산 전역의 꾼들이 몰려든다.

뿐만 아니다. 감성돔 치어 방류를 꾸준히 하는 곳이라 잔 씨알의 감성돔들이 많이 낚인다. 그러나 20cm 이하의 포획 금지 체장 씨알이 아직 많아서 낚시할 때 이 부분을 신경 써야 한다.

이곳 당사방파제 구역에는 건너편 바다 위에 또 하나의 방파제 있다. 육지와 연결된 방파제가 아닌, 한바다 위에 테트라포드가 무더기로 쌓여 있는 이름 하여 '뜬방파제'가 그것이다. 따라서 이곳은 낚싯배로 진입해야 한다. 당사피싱, 활주로피싱 등 현지 마을의 낚싯배가 영업 중이다.

동해안 지역에서는 보기 드물게 남향(南向)인 데다 만곡(彎曲) 지형에 위치한 당사방파제는 마치 남해안의 여느 방파제들처럼 아늑하게 느껴진다. 웬만한 너울에도 파도가 크게 닥치지 않는 곳이라 날씨가 궂은 여건에서도 큰 불편 없이 낚시를

할 수 있는 이 일대에서 몇 안 되는 전천후 낚시터이다.

■ 어종과 시즌

어종은 다양하다. 감성돔, 벵에돔, 망상어를 비롯, 여름에는 전갱이와 고등어도 잘 낚인다. 루어낚시를 하면 가지메기나 무늬오징어가 낚이기도 하는데 마릿수는 적은 편이다. 늦가을부터 겨울에는 볼락이 낚이는데 방파제 입구 쪽의 여밭에서 볼락볼을 이용해 멀리 던지면 굵은 씨알을 낚을 수 있다.

주력어종은 벵에돔으로 5월 말부터 입질을 시작한다. 7~8월이 피크 시즌으로 이때 당사방파제는 발 디딜 틈이 없다. 씨알은 25~30cm 내외. 최근 몇 년간은 조황이 뜸한 편이다.

■ 포인트 및 참고 사항

많은 이들이 이곳 당사방파제를 잡어낚시터로 알고 있지만 실제로는 고급 어종이 많이 낚인다. 방파제 중간의 구부러진 지점이 1급 포인트로, 이 지점의 외항 쪽으로는 간출여와 수중여가 상당히 발달했다. 이곳 간출여와 수중여 사이를 공략하면 다양한 어종이 낚인다. 찌낚시에는 학공치 · 숭어 · 고등어 · 감성돔 · 벵에돔이 고루 낚이고, 원투낚시에는 도다리와 노래미가 곧잘 걸려든다.

벵에돔은 외항 테트라포드에서 전방 3m 거리가 넘지 않는 가까운 곳에 포인트가 형성된다. 밑밥을 너무 많이 주면 다른 잡어가 몰려들므로 꾸준히 품질을 하되 양은 조절하는 것이 좋다. 잡어 분리 대책을 미리 세우는 것이 조과의 지름길이라는 얘기다.

인근 낚시점(052)

*당사피싱 293-4766
북구 당사동 502-1
*활주로피싱 291-0564
북구 당사동 373-3
*주전낚시마트 252-0160
동구 주전동 141-1

↓ 당사마을 진입로에서 바라본 당사방파제. 낚시는 주로 방파제 끝과 외항 테트라포드에서 이루어진다. 사진에 보이는 방파제 초입의 여밭에서도 원투낚시나 루어낚시로 쏠쏠한 재미를 볼 수 있다.

동방파제

- **소재지** : 울산광역시 동구 방어동 955-1 인근
- **길이** : 650여m
- **위치 참조** : 〈최신 전국낚시지도〉 277p ㄷ1

찾아가는 길

경부고속도로 울산 IC로 나와 울산시내로 진입한 다음 31번 국도를 타고 태화교를 건넌 뒤 우회전하여 태화강변을 따라 계속 진행하면 방어동에 도착한다. 바닷가의 낚시점을 따라 살펴보면 동방파제로 데려다 주는 배를 운항하는 곳이 보인다.

■ 낚시 여건

울산 방어진 앞바다에 위치한 거대한 '뜬방파제'이다. 길이 650여m에 달하는 이 방파제는 선박으로만 진입할 수 있는 곳이다. 낚시인들의 요청에 의해 개방된 곳이므로 시설 및 환경 보호는 물론 안전사고에도 각별히 유의해야 한다. 부산의 오륙도 일자방파제처럼 한바다 위에 조성된 방파제라 다양한 어종과 함께 간혹 대물급 씨알이 출몰해 낚시꾼들에게 인기가 높은 곳이다. 더구나 이렇다 할 섬이 없는 울산권의 낚시인들에게 배를 타고 진입하는 이곳 동방파제는 원정낚시의 기분을 느끼게 해 주는 재미도 더해 준다.

평균 수심이 16~20m 정도로 매우 깊은 편이며 바닥은 개펄과 모래가 대부분이지만 간혹 수중여가 듬성듬성 형성돼 있다. 낚시 발판에서 수면까지의 높이가 매우 높아 시도할 수 있는 낚시 방법이 한정되어 있다는 것이 흠이다. 울산시와 해양수산부가 2004년 12월 5일 울산 시민의 위락시설로 난간과 화장실 등의 시설을 갖추고 개방했다. 방어진항에서 낚싯배로 10분 정도 소요된다.

■ 어종과 시즌

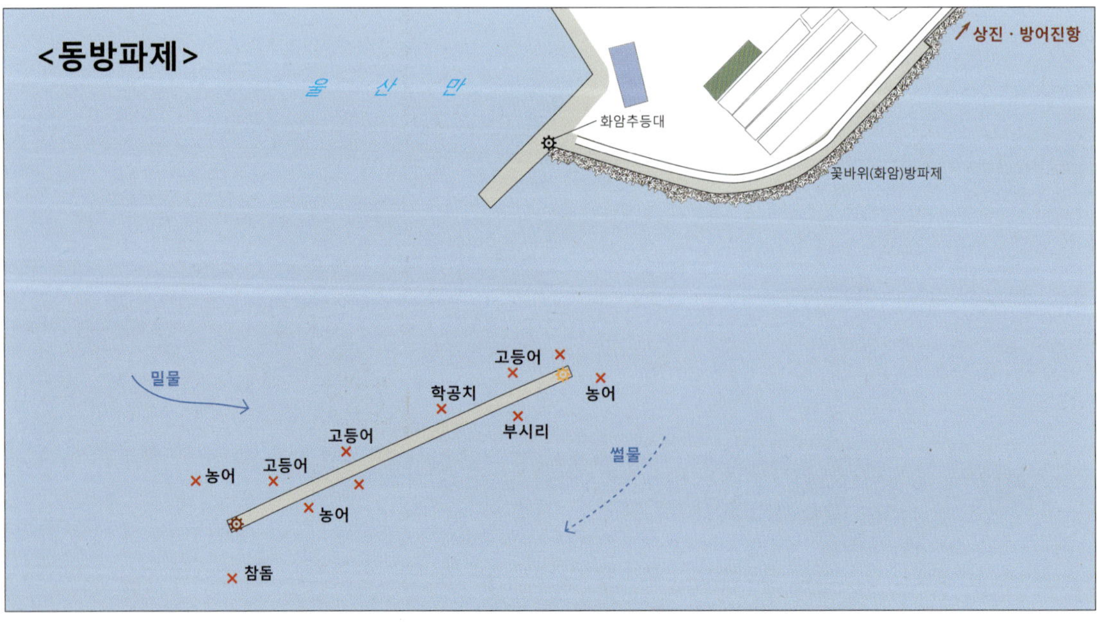

바다 한가운데에 위치한 방파제답게 시즌마다 다양한 어종이 낚인다. 6월부터 11월까지는 벵에돔 · 돌돔 · 전갱이 · 고등어 · 참돔 · 볼락 · 성대 등이 낚인다. 낚시 채비에 따라 대상어종을 선택할 수 있다.

릴 찌낚시에는 벵에돔을 비롯한 전갱이 · 고등어 · 참돔 등이 낚이며 원투낚시나 카드채비, 쇼어 지깅에는 알부시리나 볼락 · 고등어가 낚인다. 11월부터 2월까지는 감성돔과 함께 망상어 · 학공치 · 도다리 · 우럭 등이 입질한다. 봄에는 원투낚시에 보리멸 · 도다리가 손맛과 입맛을 돋운다.

인근 낚시점(052)

*방파제낚시 201-3727 동구 방어동 1024-12
*방어진낚시 234-0442 동구 방어동 167-20
*동진낚시 252-8040 동구 방어동 167-68

■ 포인트 및 참고 사항

방파제와 수면 간격이 매우 높다. 내항은 6m 내외, 외항 쪽은 심지어 10m가 넘는 곳도 있다. 따라서 무조건 릴을 이용한 낚시를 해야 한다. 찌낚시나 원투낚시, 카드채비를 이용한 외줄낚시를 시도하기도 한다. 보통 1호 릴대를 이용한 찌낚시를 많이 하는 편이다.

포인트는 공략 어종에 따라 다르다. 조류 소통이 좋은 방파제 양쪽 끝부분이 참돔 · 감성돔 포인트로 꼽힌다. 평균 16~18m 내외의 수심을 보이는 곳이므로 고부력 채비를 써야 한다. 조류가 강하게 흘러 단면적이 좁고 침강력이 우수한 메탈 수중찌를 쓰거나 봉돌을 쓰는 것이 효과적이다. 감성돔보다는 참돔이나 성대가 잘 낚이는 곳이기도 하다.

낚시 시간은 일출 후 30분부터 일몰 전 30분까지로 제한하고 있으며 도선비는 1인당 왕복 1만원을 받는다. 방파제 위에는 따로 낚시용품을 판매하는 곳이 없으므로 모든 준비는 배를 타기 전에 마쳐야 한다.

↓ 북동쪽 화암방파제에서 바라본 동방파제. 이렇다 할 섬이 없는 울산 지역의 낚시인들에게 원정낚시의 기분을 맛보게 해 주는 곳이다. 조황 역시 배 타고 나가는 만큼의 수고를 보상해 줄 정도로 화끈하다.

방어진방파제

- **소재지** : 울산광역시 동구 방어동 948 외
- **길이** : 북방파제 560여m, 남방파제 520여m
- **위치 참조** : 〈최신 전국낚시지도〉 257p E6

찾아가는 길

부산-울산간 고속도로 청량IC에서 내려 울산 시내 입구에서 31번 국도로 바꿔 탄 뒤 태화교를 건너 우회전하여 태화강변을 따라 계속 가면 방어동이 나온다. 방어진항을 감싸는 두 개의 큰 방파제가 바로 방어진방파제인데 동쪽의 슬도방파제를 찾는 것이 좋다.

■ 낚시 여건

방어진방파제는 울산 최대의 동네낚시터다. 울산의 중심인 방어진에서도 그 중심에 위치한 곳으로 울산 꾼들이 가장 즐겨 찾는 낚시터이다. 주차장 시설도 넉넉하고 포인트 선택의 범위도 넓어 오토바이를 타고 긴 구간을 옮겨 다니며 낚시를 하는 현지 꾼들이 많다. 그렇다고 심심풀이 낚시터로 얕잡아 봐선 안 된다. 벵에돔낚시만큼은 결코 무시할 수 없는 곳이다.

시내와 인접한 곳으로 숙박업소나 편의점, 식당 등의 다양한 편의시설이 갖춰져 있어 가족 나들이 낚시터로도 최상이다. 또 인근에는 일산해수욕장과 대왕암공원(울기공원) 등의 이름난 관광지도 있어 가족과 함께 둘러보기에 좋다. 널리 알려진 대로 바닷가 언덕에서 마주 보이는 대왕암은 하늘로 솟구치는 용의 모습을 닮아 용추암이라고도 부르는데 인근에 울창한 1만 5천여 그루의 송림도 검푸른 동해바다와 어울려 운치를 더한다.

■ 어종과 시즌

사계절 거의 연중 벵에돔이 낚인다. 울산 일대는 물론 동해안 전역에서 벵에돔 자

원이 가장 많은 곳으로 손꼽힌다. 특히 6월부터 11월까지 피크 시즌을 이루는데 이 시기에는 마릿수 조과를 손쉽게 거둘 수 있다.

이외에도 농어와 감성돔이 여름~가을에 주력 시즌을 형성한다. 방어진방파제는 실로 다양한 어종이 낚이는데 참돔 · 돌돔 · 부시리 · 숭어 · 혹돔은 물론, 학공치 · 노래미까지 시즌별로 대상어종을 바꿔가며 낚는 재미가 쏠쏠하다.

■ 포인트 및 참고 사항

방어진항을 감싸고 있는 두 개의 방파제 가운데 낚시인들이 즐겨 찾은 곳은 바깥쪽에 위치한 북방파제이다. 이곳 북방파제 외항 쪽에는 커다란 바위들이 듬성듬성 자리한다. 이 수중여들이 고기들의 쉼터 역할을 하면서 방파제 가까운 곳으로 불러 모은다. 이러한 포인트에서는 단연 감성돔낚시가 잘 되는데 방파제 중간 지점부터 꺾이는 부분까지가 주요 포인트로 꼽힌다. 이곳 역시 동해안 낚시터의 특징 그대로 파도가 어느 정도 쳐야 조과가 상승된다. 물때는 사리를 전후한 시기(음력 보름 및 그믐 전후)가 최상이다.

벵에돔낚시는 방파제 입구 지점과 끝 부분에서 이루어지는데 먼 곳보다는 방파제 가까운 곳에서 포인트가 형성된다. 벵에돔을 겨냥할 때는 빵가루 밑밥과 파래새우 미끼를 이용하면 특히 많은 조과를 거둘 수 있다.

특히 이곳에선 방파제 전역에서 루어낚시를 할 수 있는데 무늬오징어와 농어 · 우럭 · 볼락 등이 대상어종이다. 이들 어종의 특성에 맞는 각종 루어를 잘 활용하면 횟거리 정도는 어렵지 않게 낚아낼 수 있다.

인근 낚시점(052)

*슬도낚시 252-6188
동구 방어동 2
*갯바위피싱샵 201-3005
동구 방어동 168-2
*성끝낚시 233-3398
동구 방어동 169-2
*동방낚시 251-7630
동구 방어동 128-11

↓ 방어진 내항에서 바라본 방파제 전경. 멀리 보이는 방파제가 북방파제(슬도방파제), 가까이 보이는 것이 구방파제다. 낚시는 주로 북방파제에서 많이 하는 편이다.

상진방파제

- **소재지** : 울산광역시 동구 방어동 213-4 인근
- **길이** : 900여m
- **위치 참조** : 〈최신 전국낚시지도〉 257p E6

찾아가는 길

경부고속도로 울산IC에서 울산 동구(방어진) 방향으로 진행한다. IC에서 방어진까지는 약 13km 정도 소요된다. 울산 시내를 통과하므로 다소 복잡할 수도 있지만 이정표만 따라가면 수월하다. 상진방파제는 방어진 문재사거리에서 문재로 꽃바위 방면으로 우측 도로를 따라 460m 가량 이동하면 나온다.

■ 낚시 여건

방어진항 바로 서쪽에 위치한 상진방파제는 울산권 방파제 중에서는 아주 작은 포구에 축조돼 있다. 작은 규모 때문이기도 하겠지만 인근에 유명한 동진, 꽃바위(화암)방파제가 있는 까닭에 그 유명세에 가려 이곳의 존재조차 모르는 꾼들이 많다. 그러나 겨울이 되면 이 방파제만큼 알토란같은 조황을 보이는 곳도 드물다. 게다가 포구 안쪽에 위치한 까닭에 바람과 파도의 영향을 덜 받아 시즌 내내 편안하게 낚시를 할 수 있는 장점도 있다. 마을 바로 앞에 위치해 편의시설이 가까워 장시간 낚시를 해도 불편함이 없다.

■ 어종과 시즌

주요 어종은 감성돔이다. 12월~3월이 시즌으로 이즈음에는 굵은 씨알의 감성돔이 낚인다. 동네 방파제임에도 간간히 5짜 대물이 낚여 전문꾼들조차 원정을 포기하고 자리 차지를 위해 줄을 서는 곳이기도 하다. 이상하게도 다른 계절에는 감성돔이 전혀 낚이지 않는 것에 비해 다른 낚시터에선 입질이 줄어들기 시작하는 저수온기부터 시즌을 맞이한다. 예로부터 이곳은 동네꾼들만 비밀스럽게 감성돔을 낚

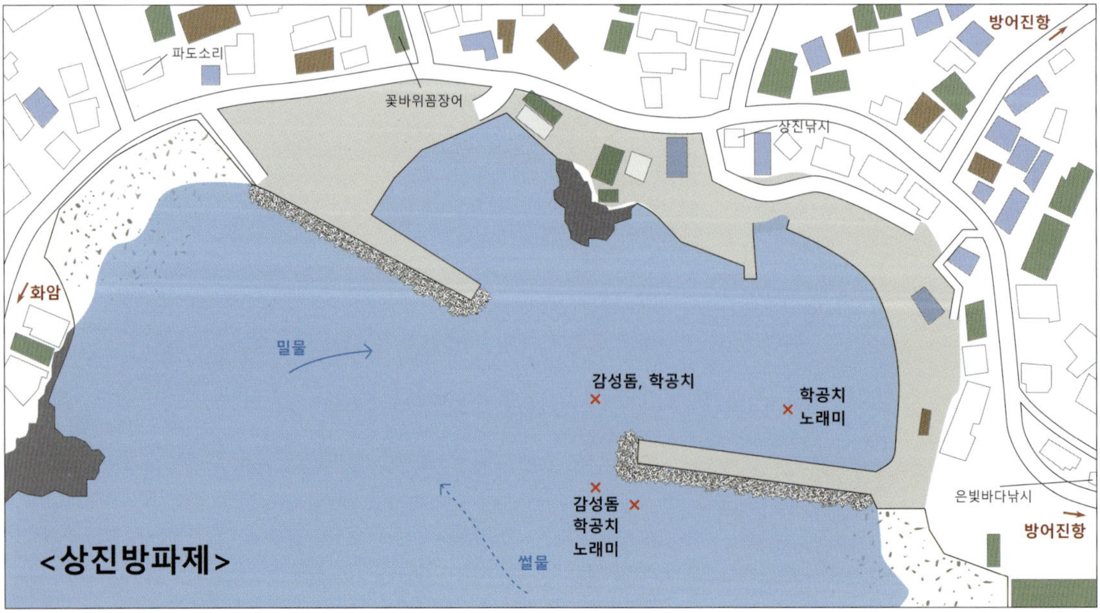

는 장소로 이용되어 왔다.

학공치 낚시터로도 그만이다. 1월부터 떼로 몰려다니는 학공치는 특히 씨알이 굵어 단골 꾼들을 유혹한다. 감성돔 꾼들이 뿌려 놓은 밑밥으로 인해 학공치 떼가 흩어지지 않고 어군을 형성하여 단시간에 많은 마릿수를 거둘 수 있다.

■ 포인트 및 참고 사항

포인트는 크게 두 군데로 나뉜다. 방파제 끝 부분과 중간 지점인데 낚시는 희한하게도 외항보다는 내항 쪽이 더 잘 된다.

방파제 끝에서 낚시를 할 때는 최대한 바다 쪽으로 나가서 채비를 던져야 한다. 수심이 4~5m 정도라 밑걸림이 많기 때문이다. 밑밥은 발밑에 집중하고 테트라포드가 끝나는 지점을 노리면 의외로 큰 대물 입질을 받기도 한다. 조류가 빠를 때는 1호 이상 고부력 찌를 사용해 빠르게 채비를 정렬시켜야 한다. 낚시를 하는 도중 채비가 바깥쪽으로 흘러가면 낚싯줄을 잡고 다시 테트라포드 가까운 곳으로 끌고 오는 동작을 반복한다.

방파제 끝 외항 쪽에는 수중여가 있다. 채비 수심을 5m 정도에 맞추고 채비를 최대한 멀리 던진다. 수중여의 위치를 정확하게 파악했다면 채비가 수중여 주위에 오래 머물 수 있도록 잘 유도해야 한다.

학공치 포인트는 방파제 중간 지점의 내항 방향이다. 민장대, 릴 찌낚시 모두 가능하지만 학공치 전용 채비를 쓰는 것이 유리하다. 내항 쪽으로 원투낚시를 하면 노래미가 심심찮게 나와 손맛과 입맛을 안겨 준다.

인근 낚시점(052)

*은빛바다낚시 201-3427
동구 방어동 213-1
*고래낚시 234-8454
방어동 1024-1
*털보낚시 201-2727
울산 방어동 1023-9

↓ 방어진항 남쪽에서 바라본 상진방파제. 길이 90m 남짓한 작은 규모이지만 다양한 어종이 낚여 단골 꾼들이 많은 곳이다.

선경방파제

- **소재지** : 울산광역시 남구 황성동 831 인근
- **길이** : 500여m
- **위치 참조** : 〈최신 전국낚시지도〉 277p D1

찾아가는 길

부산-울산간 고속도로 청량IC로 나와 삼정로를 따라 2.5km 직진한다. 청량초등학교 앞에서 부산 방면으로 우회전 후 600여m 이동하면 온산국가산단방면으로 좌회전하는 길이 나온다. 여기서 1.2km 이동하면 다시 처용삼거리가 나오는데 울산신항 방면으로 좌회전 후 1.7km 이동한다. 개운삼거리에서 처용로 용연공단(울산신항) 방면으로 우회전 후 5.3km 이동하면 용연선착장에 도착한다. 선경방파제는 여기서 배를 타고 진입한다.

■ 낚시 여건

울산권을 대표하는 대규모 방파제 낚시터 가운데 한 곳인 선경방파제는 규모가 큰 만큼 한꺼번에 많은 인원을 동시에 수용할 수 있는 낚시터이다. 특히 학공치나 고등어 · 전갱이 등의 동네 낚시 인기 어종들이 몰려 들어올 무렵이면 그 인기가 최고조에 이른다.

뿐만 아니다. 시즌에 따라 연중 다양한 계절 어종이 들어와 조황의 기복 없이 낚시를 즐길 수 있다는 점도 이곳 선경방파제가 인기를 끄는 큰 요인이다. 잔잔한 손맛을 꾸준하게 볼 수 있어 오래 전부터 울산 꾼들 사이에서는 초보 낚시 훈련장으로 알려져 있다.

다른 큰 방파제와는 달리 입구에서 중간 지점까지만 테트라포드가 축조돼 있으며 끝 부분에는 직벽 형태 그대로 남아 있다. 도보 진입이 안 되는 곳으로 낚싯배를 이용해야 한다.

■ 어종과 시즌

인근의 다른 방파제와 마찬가지로 주력 어종은 벵에돔이다. 큰 씨알은 없지만 5월

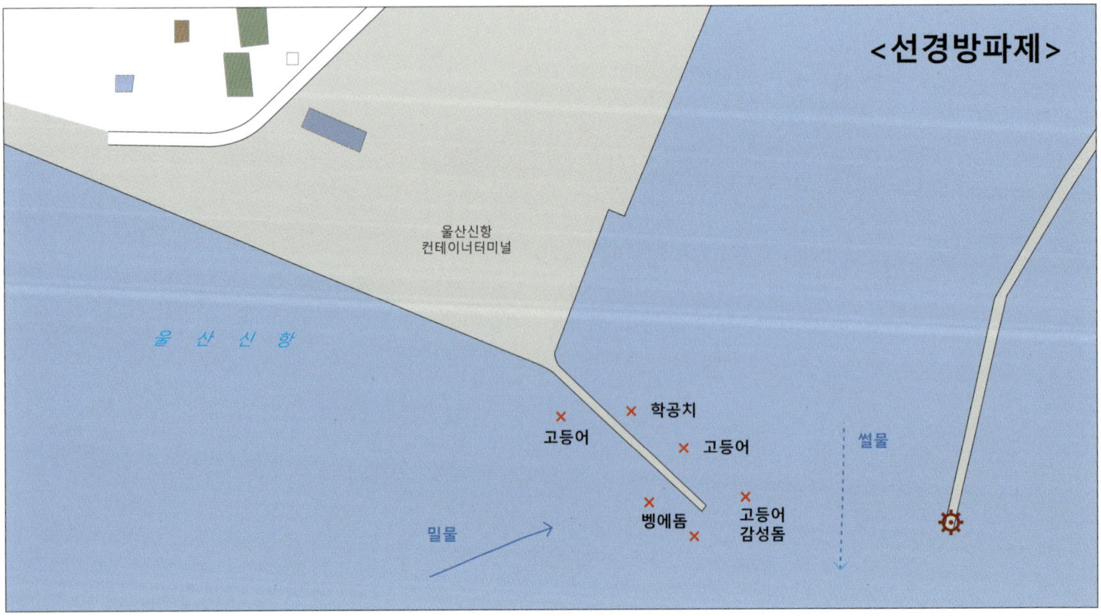

부터 시즌을 시작해 초가을까지 꾸준하게 입질을 한다. 특히 8월 말부터 10월까지는 35cm급의 준수한 씨알이 낚이는데 밤낚시에 조과가 좋은 편이다. 여름에는 50cm 정도의 까지매기(농어 새끼)가 설치며, 갈치는 집어등을 쓰면 짧은 시간에 많은 마릿수를 거둘 수 있다. 9월~10월이 피크다.

9월 무렵이면 또 감성돔낚시가 시작되는데 12월까지 30~45cm 정도의 씨알을 낚을 수 있다. 겨울에는 대신 마릿수가 줄어들긴 해도 이듬해 봄까지 간혹 5짜급 씨알을 기대할 수 있는 대물터로 변신한다.

▪ 포인트 및 참고 사항

방파제 입구 쪽, 테트라포드가 축조된 구간은 조류가 거의 없어 사리 전후한 물때에 이르러 좋은 조과를 보인다. 주로 벵에돔낚시를 하는 곳인데 대개 빵가루나 전용 집어제와 크릴을 섞어 쓴다. 잡어가 많을 때에는 파래새우나 홍갯지렁이 미끼를 쓰면 잡어 성화를 피하면서 목적하는 벵에돔을 솎아낼 수 있다.

감성돔은 방파제 중간 지점부터 등대 사이 구간이 포인트인데 내항 쪽으로는 3B~0.5호 구멍찌를 이용한 채비를, 외항 방향에서는 0.8~1.0호 구멍찌를 쓴다. 조류 소통이 원활하지 못하므로 조류를 잘 받을 수 있는 부피가 큰 수중찌를 써야 제대로 채비를 흘릴 수 있다. 방파제 중간 지점의 발판이 낮은 곳에서는 민장대를 쓰는데 벵에돔과 망상어를 낚는다.

이곳 선경방파제 역시 파도가 다소 높은 날에 조황이 좋은 편이며 방파제 끝 지점에서는 원투낚시에 갈치와 우럭이 낚인다. 여름 밤낚시에 특히 갈치 조황이 좋은 편이다.

인근 낚시점(052)

*선경낚시 258-1152
남구 야음동 345-5
*해운낚시마트 275-2950
남구 야음동 368-9
*극동낚시타운 272-3040
남구 야음동 373-1

↓ 선경방파제는 공식적으로는 낚시금지구역이나 주간에 한해 비공식적으로 낚시가 허용되고 있다. 2000년대 초반까지만 하더라도 도보 진입이 가능했으나 석유화학단지 보안으로 인해 낚싯배 편으로만 진입이 가능해졌다.

정자방파제

- **소재지** : 울산광역시 북구 정자동 638 외
- **길이** : 북방파제 420여m, 남방파제 240여m
- **위치 참조** : 〈최신 전국낚시지도〉 257p F3

찾아가는 길

울산시내에서 7번 국도를 타고 울산공항 방면으로 진행한다. 공항 직전에서 감포 · 정자 이정표를 보고 우회전(31번 국도), 산을 넘어 계속 진행하면 바닷가에 이르러 정자항이 보인다.

■ 낚시 여건

울산광역시 최북단에 위치한 방파제로 다양한 수심층을 형성하는 지형이 특징이다. 방파제 입구와 중간 지점의 얕은 수심대는 각 어종의 산란장이나 치어가 머무는 곳이며, 깊은 수심대에서는 대물급 대상어종이 낚인다. 규모가 큰 두 개의 방파제가 서로 마주보고 있어 한꺼번에 많은 낚시인들을 수용할 수 있는 인기 낚시터이다. 게다가 두 개의 방파제가 감싸고 있는 정자항은 관광지로도 인기가 높은 곳으로 대게를 비롯한 각종 먹거리 식당과 편의시설이 즐비해 나들이를 겸한 가족 단위의 낚시객들이 즐겨 찾는다.

■ 어종과 시즌

정자방파제의 낚시는 여름이 시작되는 6월부터 늦가을 11월 중순까지 피크 시즌을 이룬다. 주요 대상어종은 벵에돔 · 농어 · 볼락이며 특히 장마철의 농어낚시는 방파제 초입 부근에서 거의 미터급에 육박하는 씨알도 낚여 탄성을 자아내게 한다. 이후 늦가을부터 이듬해 2월까지는 주로 방파제 중간 지점부터 등대 끝 구간에서 감성돔낚시가 이루어진다.

3월~5월에는 원투낚시에 도다리와 쥐노래미가 낚이며, 여름철에는 원투낚시로 보리멸을 노릴 수 있는데 특히 배낚시를 하면 씨알 좋은 보리멸을 마릿수로 낚을 수 있다. 한겨울에는 맛의 진객 학공치가 꾼들을 불러 모은다.

■ 포인트 및 참고 사항

남북으로 정자항을 감싸고 있는 두 개의 방파제 가운데 북쪽 방파제 외항 입구부터 중간 지점까지는 수중여가 산재되어 수심이 얕은 지역이다. 이곳에서는 꾸준하게 품질을 하면 효과를 본다. 여름철 벵에돔 시즌에는 수중여 사이를 공략하는 것이 핵심이다. 채비를 전방 10m 이상 던져서 살짝 끌어당기는 방식으로 탐색하면 입질을 받는다. 특히 벵에돔낚시가 잘 되는 여름철에는 이 채비에 까지매기(농어 새끼)도 함께 낚이는데, 농어 전용 채비를 이용하면 큰 씨알도 수월하게 낚아낼 수 있다. 플로팅 타입의 90mm 크기 미노우를 쓰면 의외로 큰 씨알의 농어를 마릿수로 올리는 재미를 만끽할 수도 있다.

북쪽 방파제 중간 지점과 등대 끝 부분 지역은 5~8m 정도 수심대로 입질을 받기 위해서는 20m 이상 멀리 원투하는 것이 요령이다. 여름에는 벵에돔, 겨울에는 감성돔이 주로 낚이며 학공치가 들어왔을 때에는 곤쟁이 밑밥을 이용해 마릿수 조과를 거둘 수 있는 지점이다.

봄~여름에 원투낚시를 하면 보리멸과 도다리를 낚을 수 있는 포인트로 특히 인기가 높은 곳이다. 정자천 하구에 위치하는 남쪽 방파제도 기수역을 좋아하는 고기들이 근접하지만 전반적인 조황은 북쪽 방파제만은 못한 편이다.

인근 낚시점(052)

*대동낚시 298-8804
울산 정자동 3
*동해낚시슈퍼 295-8498
울산 정자동 179-1
*강동낚시 295-3388
북구 정자동 313-10
*울산낚시프라자 211-1782
북구 연암동 507-4

↓ 정자항 남쪽에서 바라본 방파제 전경. 큰 방파제 2개와 뜬 방파제까지 있는 정자항 일대는 갯바위 못지않은 낚시터로 명성이 자자하다. 족보 있는 대상어는 물론 잡어낚시, 루어낚시까지 다양한 장르의 낚시를 즐길 수 있다.

주전방파제

- **소재지** : 울산광역시 동구 주전동 94-13 외
- **길이** : 큰방파제 180여m, 작은방파제 50여m
- **위치 참조** : 〈최신 전국낚시지도〉 257p F4

찾아가는 길

부산-울산간 고속도로 청량IC에서 내려 울산 시내로 진입한다. 울산 시내에서 동구 염포동 → 남목동 → 주전고개 → 주전해수욕장에 도착하면 방파제가 보인다.

■ 낚시 여건

몽돌밭으로 유명한 주전해수욕장 남쪽에 위치한 주전방파제는 주변에 여밭이 고루 발달해 록피시 어종과 함께 각종 찌낚시 어종도 심심찮게 낚인다. 특히 근년의 루어낚시 돌풍과 함께 새삼 주목받기 시작한 낚시터이기도 하다. 그 전에도 벵에돔 꾼들이 자주 찾는 곳이었지만 볼락 · 농어 · 무늬오징어를 겨냥하는 바다 루어낚시꾼들이 몰려들면서 일약 일급 낚시터로 발돋움했다.

울산 시내와 매우 가까우며 주전해수욕장과 인접해 관광지로도 인기가 높은 곳이다. 주말이면 많은 나들이객들이 찾는 명소다. 때문에 편의시설이 잘 되어 있으며 가로등 시설과 주차 여건도 상당히 좋은 편이다. 가족과 함께 찾았을 경우는 잠시 틈을 내어 주전 몽돌밭을 거닐어봄직하다. 피서객들로 붐비는 여름철보다는 파도에 부딪쳐 차르륵거리는 겨울 몽돌 울음소리가 한결 낭만적이다.

■ 어종과 시즌

5월부터 11월까지는 벵에돔과 감성돔을 비롯한 무늬오징어 · 삼치 · 농어 · 우럭 · 볼락 등 다양한 어종이 낚이는데 방파제 전역에서 낚시를 할 수 있어 자리다툼 없

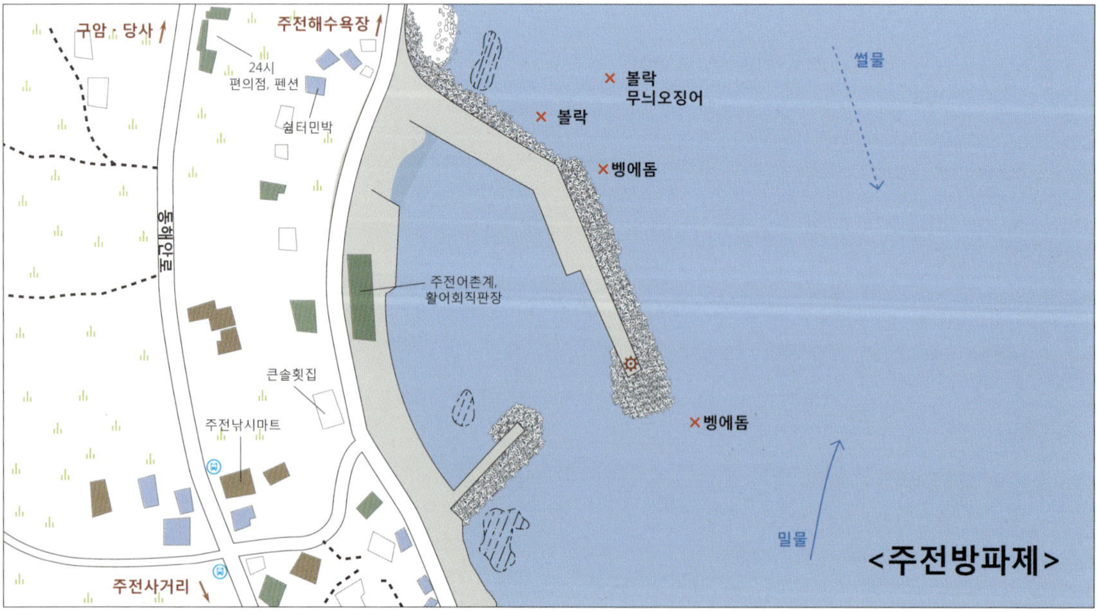

이도 여유롭게 낚시를 할 수 있는 매력적인 곳이다. 주력 어종은 벵에돔으로 5월부터 8월까지가 피크 시즌이다. 볼락은 12월부터 이듬해 5월까지, 무늬오징어는 8~10월에 잘 낚인다. 뿐만 아니라 방파제 주변의 갯바위에서도 다양한 어종이 낚이는데 원투낚시를 하면 보리멸 · 도다리 등이 봄부터 가을까지 꾸준히 입질을 한다.

▪ 포인트 및 참고 사항

포인트는 주로 외항 쪽으로 형성된다. 방파제 입구 쪽의 여밭은 볼락과 까지매기 · 우럭이 잘 낚이는 곳으로 볼락볼 채비로 최대한 멀리 던져 여와 여 사이를 더듬으면 잦은 입질을 받는다. 벵에돔낚시는 방파제 중간의 꺾어진 지점 부근에서 입질이 잦은 편인데 빵가루와 파래새우를 이용한 찌낚시를 하면 25cm급으로 서너 마리 이상은 기본적으로 낚을 수 있다. 수심은 5~6m.

감성돔은 방파제 끝부분에서 릴 찌낚시를 하는데 10m 이상 원투해서 채비를 흘려주는 것이 요령이다.

무늬오징어와 볼락은 방파제 입구의 여밭이 일급 포인트이다. 에깅을 할 때는 쉘로우 타입의 에기를 사용해 최대한 천천히 가라앉히는 것이 관건이다. 볼락은 이 포인트에서는 루어낚시로만 가능하다. 특히 시즌 초반에 볼락볼을 이용해 여밭을 공략하면 25cm급의 대물이 낚이기도 한다.

행여 조황이 부진해 횟감을 마련하지 못했다면 내항 중간 지점에 위치한 주전활어 직판장을 찾아 아쉬움을 달랠 수도 있다.

인근 낚시점(052)

*주전낚시마트 252-0160
동구 주전동 141-1
*수궁레저 252-1805
동구 동부동 327-10

↓ 주전 내항에서 바라본 남, 북 방파제 전경. 왼쪽에 위치한 가로로 뻗은 북방파제에서 주로 낚시가 이루어진다. 인근에 주전해수욕장이 있어 가족과 함께 관광과 낚시를 겸하기에 최적의 장소다.

화암방파제 (꽃바위방파제)

- **소재지** : 울산광역시 동구 방어동 958
- **길이** : 1,400여m
- **위치 참조** : 〈최신 전국낚시지도〉 277p E1

찾아가는 길

방어진 버스 종점(시외버스터미널)에서 서쪽으로 500m 정도 가면 방어진 현대비치아파트가 나온다. 이곳에서 200여m 쯤 더 진행하여 보세창고 쪽으로 좌회전하면 화암(꽃바위)방파제 입구에 도착된다.

■ 낚시 여건

'화암추'라고도 불리는 꽃바위방파제는 화암(花岩)방파제라는 이름과 함께 울산 낚시꾼들의 동네 낚시터로 널리 알려진 곳이다. 워낙 큰 규모라 찾아가기는 수월하지만 낚시를 할 수 있는 장소로 진입하기까지는 다소 애로점이 있다. 방파제 중간에 설치된 간이사다리를 타고 내려가야 하는데 짐이 많으면 불편하다.

꽃바위방파제는 선박의 안전한 정박과 항포구 시설물을 보호하기 위해 축조되는 일반 방파제와는 달리 이 일대의 보세창고 지역을 파도로부터 침식되지 않게 축조한 호안(護岸) 시설이다. 석축 벽면에 테트라포드를 쌓아 길게 이어 붙인 형태인데, 그래서 보통의 방파제보다 훨씬 길이가 길다.

테트라포드의 규모 또한 여느 곳보다 크게 만들어져 도보 이동에 상당히 지장을 준다는 점도 특징이다. 게다가 특별히 낚시 자리로 들어갈 수 있는 진입로가 만들어져 있는 것이 아니라 낚시꾼들이 임의로 사다리를 만들어 이용하고 있으므로 안전사고에도 유의해야 한다. 따라서 이곳에서 낚시를 할 때는 미끄럼방지 신발과 구명조끼를 반드시 착용하는 것이 좋다.

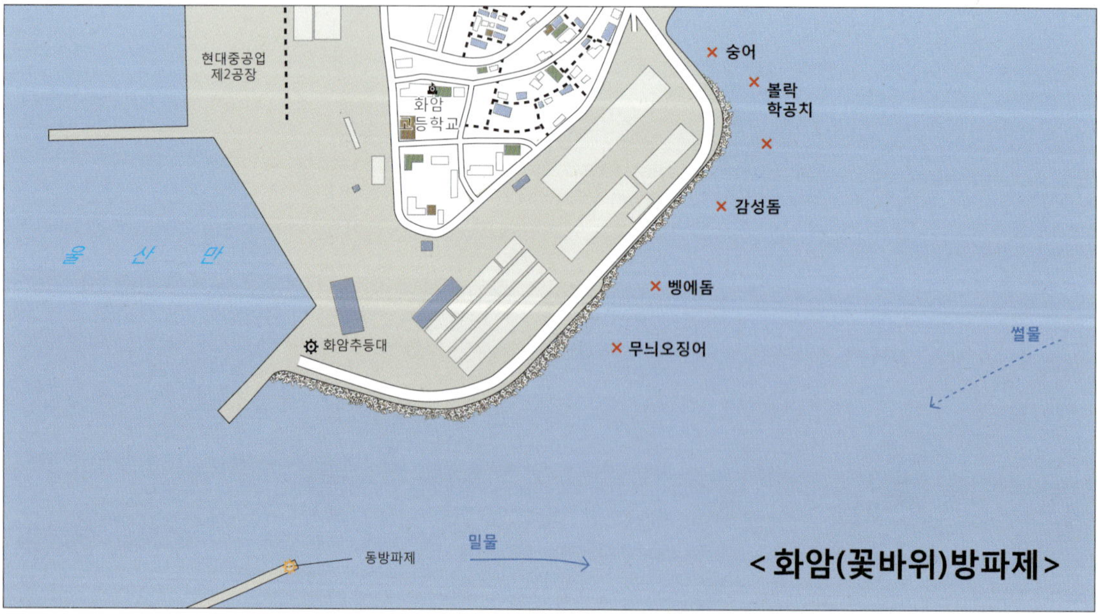

■ 어종과 시즌

울산의 젖줄인 태화강이 흘러내리는 울산만(蔚山灣) 입구에 위치한 화암방파제는 기수역(汽水域) 어종은 물론 연근해 어종이 함께 찾아든다. 게다가 인근에 위치한 미역양식장으로부터의 먹잇감이 제공되면서 연중 고기들이 끊이질 않는다. 특히 미역 작업을 하는 초여름과 초겨울에 조황이 집중된다.

겨울부터 초봄까지는 감성돔과 학공치낚시 시즌이다. 감성돔은 드물게 낚여 큰 인기가 없지만 학공치는 떼거리로 들어와 마릿수와 씨알 재미가 대단하다. 도다리와 벵에돔도 낚이지만 큰 조황은 없는 편이다. 봄에는 숭어 떼가 자주 들어온다. 노래미 · 도다리 · 보리멸은 5월부터 9월까지 잘 낚인다. 볼락은 테트라포드 사이에서 드문드문 낚인다.

■ 포인트 및 참고 사항

크게 두 군데의 포인트가 있다. 입구 쪽의 여밭 지형과 테트라포드가 만나는 지점으로, 유실된 테트라포드가 수중여 역할을 하면서 고기를 불러들이는 곳이다. 릴 찌낚시는 물론 민장대로도 손맛을 볼 수 있다. 백사장과 만나는 지점에서는 원투낚시가 잘 된다. 도다리 · 감성돔 · 숭어가 잘 낚인다.

겨울에 낚이는 학공치는 거의 방파제 전역에서 가능한데 품질을 넉넉히 해야 마릿수 조과를 거둘 수 있다. 민장대보다는 릴 찌낚시 채비가 효과적이다.

방파제 구간이 워낙 광범위하기 때문에 특정 포인트를 너무 고집하기보다는 유실된 테트라포드를 확인하고 그 지점을 공략하면 잔 손맛을 보기에는 큰 어려움이 없다.

인근 낚시점(052)

*방파제낚시 201-3727
동구 방어동 1024-12
*고래낚시 234-8454
동구 방어동 1024-1
*털보낚시 201-2727
울산 방어동 1023-9

↓ 화암(꽃바위) 호안 난간에서 화암추등대 쪽으로 바라본 모습. 테트라포드가 쌓여 있는 호안 시설 전체가 포인트로, 정작 화암방파제에서는 낚시를 많이 하지 않는다. 포인트로 진입하는 정식 출입구가 없어 간이 사다리를 이용하므로 이동 시 안전에 유의해야 한다.

울산광역시 울주군 온산읍 강양리 85-1번지 인근에 위치한 강양방파제.

간절곶방파제(대송방파제) / 강양방파제 / 골매방파제 / 나사리방파제 / 신리방파제 / 신암방파제 /

Part 2. 울산광역시 울주군

울산광역시 울주군 서생면 진하리 79-243번지에 위치한 진하방파제.

잿골방파제(송정방파제) / 진하방파제 / 평동방파제

간절곶방파제 (대송방파제)

- **소재지** : 울주군 서생면 대송리 1-3
- **길이** : 170여m
- **위치 참조** : 〈최신 전국낚시지도〉 277p D4

찾아가는 길

부산-울산 간 고속도로 기장IC를 나와 울산 방면 65번 국도를 타고 진행한다. 5km 정도 가면 좌천삼거리가 나오는데, 여기서 임랑 · 고리 방면으로 우회전한다. 이 도로를 따라 계속 진행하면 임랑, 나사, 평동 마을을 지나 해돋이로 유명한 간절곶이 나온다. 방파제는 간절곶 옆 대송마을에 있다.

■ 낚시 여건

신년 해맞이 관광지로 유명한 간절곶 바로 옆에 위치한 까닭에 원래 이름은 대송방파제지만 최근에는 간절곶방파제로 더 널리 불리고 있다. 동해안에는 드물게 열기 외줄낚시와 함께 삼치 및 농어 루어 낚싯배가 출항하는 곳이기도 하다. 그래서인지 평소 방파제낚시를 즐기는 낚시인들은 많지 않은 편이다. 어쩌다 학공치가 들어오면 꾼들이 붐비지만 연중으로 따지면 이름난 방파제 치고는 그다지 경쟁이 치열한 곳은 아니다.

하지만 이곳의 어종별 포인트를 잘 알고 있는 단골 꾼들은 소문 내지 않고 재미를 보고 있는데, 대상어종도 비교적 고급에 속하는 벵에돔과 농어가 주류를 이룬다. 특히 농어는 미터급까지 낚이는 곳으로 시즌 중에는 농어 찌낚시를 전문으로 하는 꾼들이 장박까지 하면서 기록어를 노린다.

■ 어종과 시즌

간절곶방파제는 곶(串)이 붙은 지명 그대로 바다 쪽으로 튀어나간 지형에 축조된 까닭에 본류대가 방파제 가까이 흐른다. 따라서 큰 흐름의 조류를 타고 다양한 어

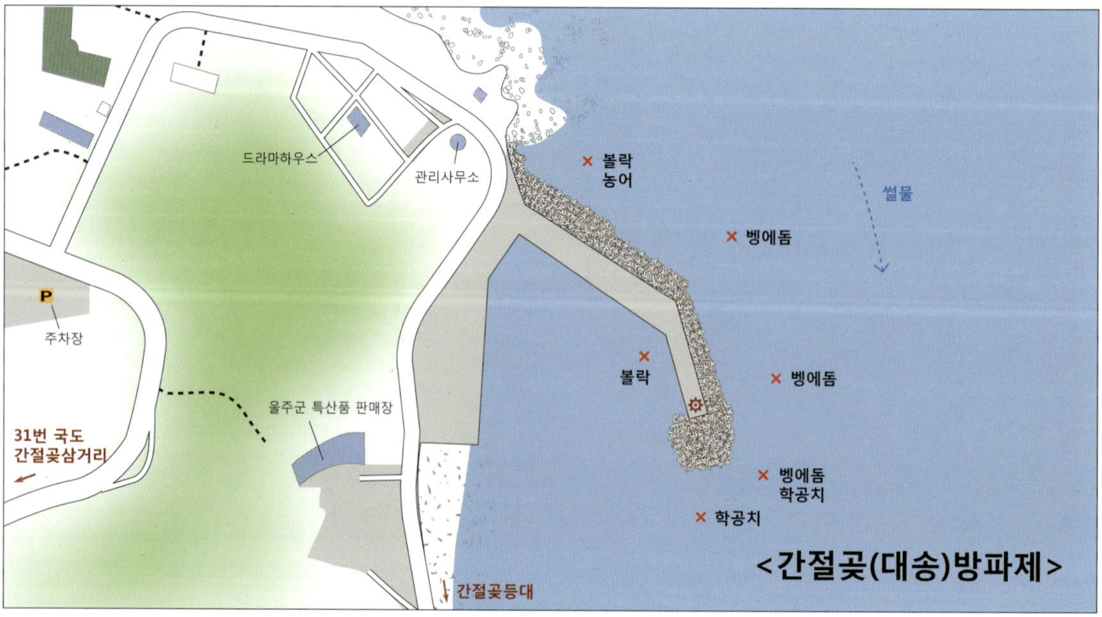

<간절곶(대송)방파제>

종이 방파제로 붙는다. 방파제 치고는 대형 어종이 잘 낚이는 것도 바로 이런 연유에서다. 볼락은 12월부터 5월까지 시즌이다. 농어는 5월 초부터 청갯지렁이 미끼의 찌낚시 채비에 낚이기 시작해 6월부터는 루어에도 곧잘 반응을 한다. 장마 전까지가 대물 피크다. 늦가을에 또 한 번 대물 농어 시즌이 시작된다.
6~8월에는 벵에돔낚시가 잘 된다. 방파제 가까이에 밑밥을 품질하면 25cm 내외 씨알을 비교적 손쉽게 낚을 수 있다. 늦가을에는 메탈지그로 삼치를 낚을 수도 있다. 10~11월 말까지가 시즌이다.

■ 포인트 및 참고 사항

농어낚시에 가장 좋은 포인트는 방파제가 꺾이는 지점이다. 채비를 최대한 멀리 원투해 입질을 기다려야 하는데 미끼는 청갯지렁이를 주로 쓴다. 루어낚시로도 농어가 낚이지만 간절곶방파제에서는 워낙 먼 곳에서 농어가 입질을 하기 때문에 찌낚시로 본류대에 채비를 태워 주는 게 가장 효과적이다.
벵에돔은 방파제 입구 전방에 있는 여밭을 공략해야 한다. 채비 수심을 3~4m로 주고 파래새우를 미끼로 쓰면 어지간한 실력으로도 네다섯 마리 이상의 벵에돔을 올릴 수 있다. 이 일대의 벵에돔 낚시터 중 씨알도 가장 굵은 곳이다.
조류 소통이 좋고 주변 여밭이 발달해 있어 원투낚시나 록피시 루어낚시를 해도 좋은 조과를 기대할 수 있다. 대상어종은 노래미 · 성대 · 양태 등이며, 록피시 종류를 노릴 때에는 텍사스 리그나 캐롤라이나 리그를 써서 바닥을 효과적으로 공략해야 좋은 조과를 기대할 수 있다.

인근 낚시점(052)

*간절곶낚시 239-5836
서생면 대송리 157-1
*등대낚시 239-5929
서생면 대송리 159-1
*동부산낚시 239-8477
서생면 나사리 55-5

↓ 동해안에서 가장 먼저 해가 뜨는 간절곶에서 바라본 간절곶(대송)방파제 모습. 조류 소통이 좋고 여밭이 발달한 지형의 한가운데 위치해 대형급 농어와 록피시 종류가 잘 낚이는 곳이다.

강양방파제

- **소재지** : 울주군 온산읍 강양리 85-1 인근
- **길이** : 70여m
- **위치 참조** : 〈최신 전국낚시지도〉 277p D3

찾아가는 길

부산-울산 간 고속도로 온양IC로 나와 좌회전 후, 약 200m 정도 이동하여 다시 우회전한 다음, 온양사거리를 지나 약 2km 정도 이동한다. 온양로 진하해수욕장, 울산온천 방면으로 좌회전 후 다시 100m 가량 이동하여 다시 우회전한 후 4.5km 이동하면 서생삼거리가 나온다. 여기서 좌회전하여 다리를 건너 약 530m 정도 이동하면 나오는 작은 사거리에서 강양길을 따라 우회전 후 1.3km 정도 가면 명선교 아래에 방파제가 보인다.

■ 낚시 여건

울산 내륙을 가로지르며 바다와 합류하는 회야강(回夜江) 하구에 위치한 강양방파제는 일반 방파제와는 다른 모습이다. 한마디로 볼품없는 테트라포드 무더기다. 굳이 설명하자면 진하와 강양을 잇는 보행 연육교 주변을 파도의 침식으로부터 막기 위해 테트라포드를 쌓아 놓은 호안(護岸) 블록이다. 그래서 주변은 모래바닥에 조금이라도 비가 오면 회야강 상류에서 내려온 황토 물로 인해 물색이 탁해지기 일쑤다. 그럼에도 불구하고 연안 낚시 최고의 혜택인 민물과 바닷물이 만나는 기수역이라는 장점으로 인해 다양한 어종을 낚을 수 있다.

특히 근년 들어 루어낚시가 활성화 되면서 의외의 대물이 많이 낚여 봄부터 가을까지는 항상 낚시꾼들이 자리를 뜨지 않는다. 다만 테트라포드 이외의 안전 시설물이 없는 곳이므로 진입과 이동 시에 특별히 주의를 기울여야 한다.

■ 어종과 시즌

강양방파제는 기수역((汽水域)에 위치한 입지조건으로 인해 다양한 어종이 낚인다. 농어와 우럭 · 도다리 · 보리멸 · 갈치 · 숭어 · 망상어 등이 그 주인공이다. 특

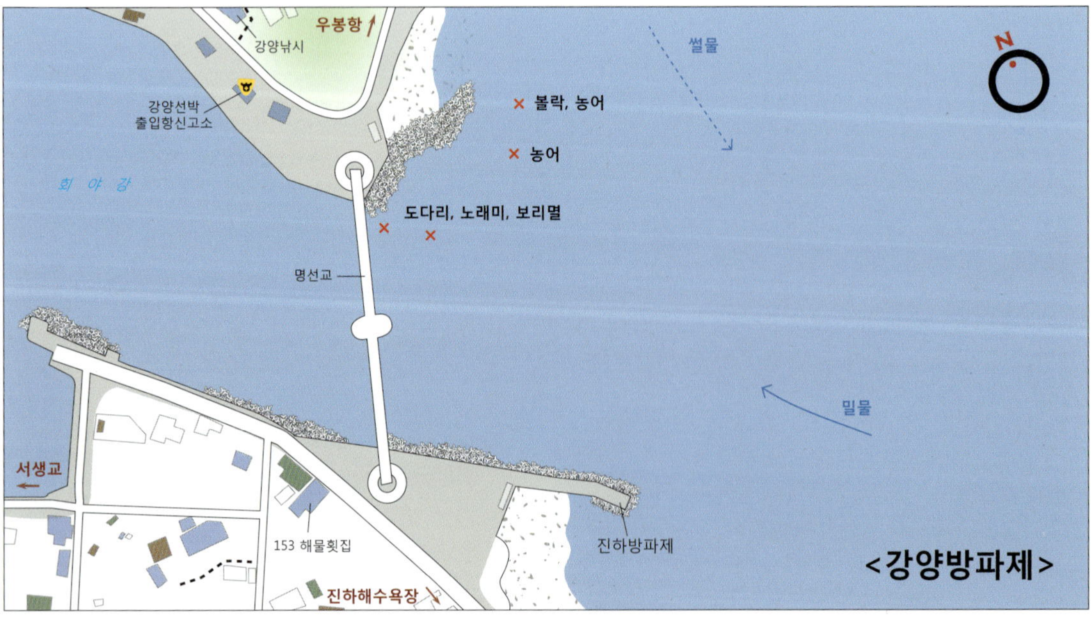

히 농어는 30~40cm급의 조그만 까지매기 씨알에서부터 70~80cm에 이르는 대형급까지 낚여 재미를 더한다.

방파제 주변 일대는 크고 작은 갯바위와 수중여가 산재한 여밭 지형으로, 방파제 왼쪽(북동쪽)으로 펼쳐진 지역은 이 일대에서 가장 뛰어난 농어 · 볼락 포인트로 각광 받는다. 아직 개발이 완전히 되지 않았음에도 불구하고 일부 현지꾼들이 놀라운 조황을 누리고 있다. 농어는 씨알과 마릿수에서 단연 으뜸이다. 농어는 4월부터 7월 말까지 가장 잘 낚인다. 갈치는 늦여름부터 시즌이며 10월 말까지 진행된다. 호래기도 가끔 낚이지만 마릿수는 좋지 않다.

인근 낚시점(052)

*원다낚시 239-0204
온산읍 덕신리 31-15
*24시공단낚시 238-3254
온산읍 덕신리 229-35
*백포낚시프라자 238-1616
온산읍 덕신리 1033-7
*용인낚시 239-2393
서생면 진하리 82-6

■ 포인트 및 참고 사항

가장 좋은 포인트는 왼쪽의 갯바위를 바라보는 방향이다. 방파제 왼쪽 끝에서 10~12시 방향으로 최대한 채비를 멀리 던진다. 주변 수심이 얕으므로 미노우는 플로팅 계열이나 슬로우 싱킹 계열로 원투가 잘 되는 무거운 것이 좋다. 낚싯대는 9~9.6피트 정도 되는 L~ML 파워면 적당하다. 낚시 자리가 테트라포드이며, 밤낚시를 해야 하므로 밝을 때 미리 진입하여 주변 지형을 익혀두는 것이 바람직하다. 농어 루어낚시를 할 때는 갸프가 필수며 볼락 루어낚시를 할 때는 무거운 던질찌를 사용해서 최대한 멀리 던져야 입질을 받는다. 볼락 루어낚시는 왼쪽 갯바위에서 더 잘 된다.

원투낚시로 노래미 · 도다리 · 보리멸을 노릴 때에는 다리 쪽으로 이동해 12~2시 방향으로 최대한 멀리 던져야 한다.

↓ 진하 방향 명선교 위에서 바라본 강양방파제. 방파제 자체는 초라한 규모지만, 위쪽으로 보이는 크고 작은 여밭으로 인해 대형 농어와 볼락이 잘 낚인다.

골매방파제

- **소재지** : 울주군 서생면 신암리 944-62
- **길이** : 30여m
- **위치 참조** : 〈최신 전국낚시지도〉 276p D4

찾아가는 길

송정터널을 지나 일광 → 임랑 → 월내를 지나 31번 국도로 계속 서생 방면으로 진행하다 보면 신고리원전교차로로부터 약 1.1km 지점의 신리삼거리에 이른다. 이곳에서 우회전하여 신리마을을 왼쪽으로 끼고 끝까지 남하하다 보면 바닷가 골매부락에 다다른다.

■ 낚시 여건

울진군 서생면 신암리는 북쪽 해변으로부터 3개의 행정마을(신암 · 신리 · 비학)이 이어진다. 이 중에서도 골매(骨埋)는 신리마을 남쪽에 숨겨져 있는 작은 부락이다. 인근 지역보다 지형이 낮은 곳이라 옛날 70년대 초반까지만 해도 토탄(土炭)이 많이 생산되어 주민들의 소득원이 되었다고 한다. 이 같은 골매부락에는 3개의 작은 방파제가 있는데, 낚시터로 가치가 있는 곳은 파손된 채 오랫동안 방치돼 있는 동쪽 방파제 주변이다. 규모도 작고 거듭된 파손으로 겨우 흔적만 남아 있는 곳이라 본격 방파제 낚시터로서의 매력은 없지만 방파제와 함께 이어져 있는 갯바위 여건이 워낙 좋아 여치기를 겸하기 좋은 포인트로 손꼽힌다.

이 같은 골매방파제에서 낚시를 할 때에는 편의시설이나 햇볕을 피할 곳이 없으므로 반드시 파라솔이나 음료수, 기타 먹거리 준비를 잊지 말아야 한다. 진입하는 도중의 신리마을에서 모든 준비를 끝내고 들어와야 한다.

■ 어종과 시즌

'뚝배기보다 장맛'이라는 말이 딱 들어맞는 곳이다. 감성돔 · 벵에돔 · 볼락 · 무늬

오징어 · 농어 · 학공치 · 숭어 · 고등어 · 전갱이 등 모든 낚시 어종이 선을 보이는 곳이기 때문이다. 특히 이 일대는 여름부터 늦가을까지 벵에돔 여치기가 성황을 이루는 데다 근년 들어서는 겨울 볼락 루어 포인트로 개발되면서 밤낮없이 꾼들이 몰려들어 문전성시를 이루는 중이기도 하다.

골매방파제는 진입이 수월하고 테트라포드가 없기 때문에 낚시를 처음 하는 이들도 비교적 쉽게 적응할 수 있고 조과에 대한 기대치도 높은 편이다. 다만 이곳 골매는 물때의 영향을 많이 받아 좋은 조과를 거두기 위해서는 입질 시간대를 잘 숙지하는 것이 좋다. 골매방파제의 황금 물때는 중들물~만조까지. 특히 사리 물때를 전후해 조류 흐름이 좋은 날을 선택하면 감성돔과 벵에돔을 만나기에 최적의 여건이 된다. 낚시 자리 가까운 곳은 수심이 매우 얕으므로 최소 5m 이상 채비를 던져야 제대로 입질을 받을 수 있다. 벵에돔낚시를 할 때는 이 일대의 벵에돔 씨알이 다소 잘다는 점을 염두에 두고 파래새우나 곤쟁이 미끼 사용을 권한다.

■ 포인트 및 참고 사항

골매방파제는 찌낚시를 즐기는 이들에게는 대개 잡어가 많은 곳으로 인식돼 있다. 물론 다양한 어종이 잡히지만 특히 감성돔이 잘 낚일 때가 있는데, 바람이 불거나 파도가 높아 물색이 다소 혼탁할 때가 좋다. 가을~초겨울 시즌에는 주의보가 내릴 만한 상황이 되면 골매방파제의 단골 꾼들은 이곳을 떠올릴 정도다. 파손된 방파제 주변의 바닥 지형이 복잡하고 수심은 얕지만 조류 소통이 좋아 감성돔의 서식 여건이 잘 갖춰진 특급 포인트라는 점 다시 한 번 강조해 둔다.

인근 낚시점

*만공낚시 052-239-1663
울주군 서생면 신암리 806-2
*동부산낚시 052-239-8477
울주군 서생면 나사리 55-5
*강변낚시 051-727-5828
기장군 장안읍 길천리 203-3

↓ 입구 언덕에서 바라본 골매방파제 전경. 방파제나 선착장으로도 기능을 상실해 몇 해째 보수가 이루어지지 않는 곳이지만 낚시터로서는 갯바위 못지않은 위력을 발휘하는 명 포인트다. 주변 여밭과 어우러져 벵에돔 · 농어 · 록피시 종류가 잘 낚인다.

나사리방파제

- **소재지** : 울주군 서생면 나사리 168-8
- **길이** : 270여m
- **위치 참조** : 〈최신 전국낚시지도〉 277p D4

찾아가는 길

부산 해운대 방면에서 울산으로 향하는 14번 국도를 타고 달리면 좌천삼거리가 나온다. 삼거리에서 우회전하여 서생 · 고리 방면으로 11km 정도 진행하면 오른쪽에 나사마을 입석이 보인다. 마을 진입로를 따라 들어간 후 왼쪽으로 가면 나사리해수욕장이 있고, 왼쪽 끝에 큰 방파제가 위치한다.

■ 낚시 여건

무려 1km에 달하는 광활한 백사장 규모를 자랑하는 나사리해수욕장을 품고 있는 나사리방파제는 무늬오징어가 호황을 보이며 급격하게 유명세를 탄 곳이다. 원래 벵에돔과 농어낚시가 잘 되는 낚시터였지만 바다 루어낚시가 활성화 되면서 초특급 낚시터로 발돋움했다. 울주군 지역에선 방파제의 규모가 큰 곳으로도 손꼽힐 뿐만 아니라 드넓은 해수욕장이 위치해 있어 각종 편의시설이 발달해 있는 등, 바다 루어낚시 초창기부터 주요 낚시터로 각광을 받았다.

■ 어종과 시즌

방파제 내항 방향에서는 민장대로 망상어와 볼락 등을 심심찮게 거둘 수 있으며 루어낚시로는 우럭이나 볼락을 낚을 수 있다. 이들 어종은 거의 연중 꾸준히 낚여 단골 꾼들을 불러 모은다. 이밖에 무늬오징어는 늦여름부터, 삼치는 가을, 벵에돔은 7~10월까지 낚인다. 농어는 장마 직후부터 출현하는데 야간 찌낚시에 50cm 내외의 씨알이 잘 낚인다.

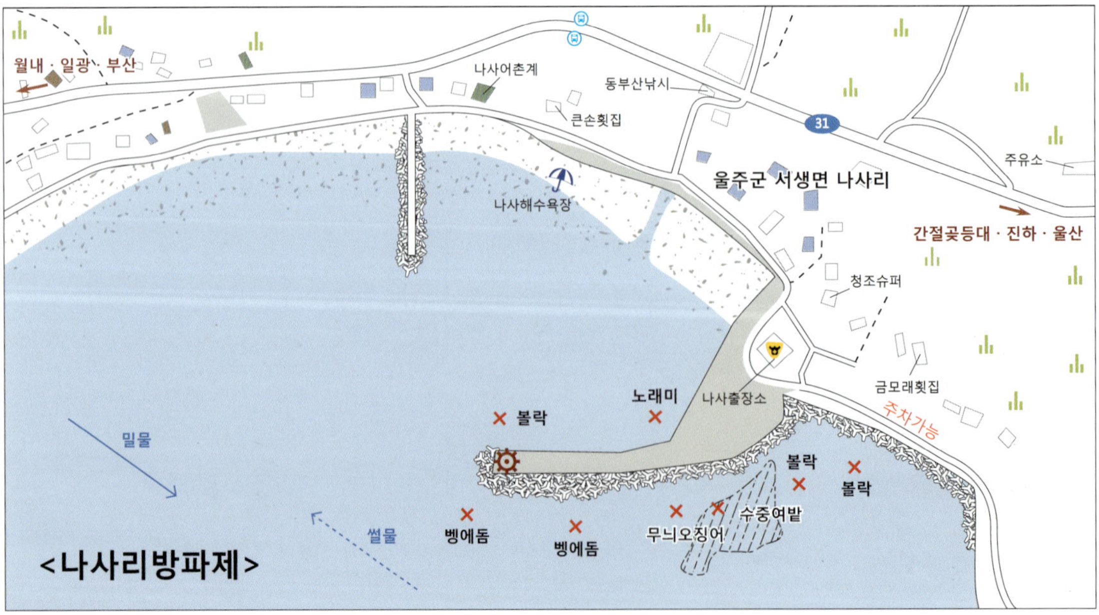

■ 포인트 및 참고 사항

가로등이 설치돼 한밤중에도 불을 밝히기 때문에 야간에도 낚시를 즐기기에 편리하다는 점이 나사리방파제의 또 다른 특징이다. 외항 쪽으로는 방파제 입구 지점에서부터 수중여가 듬성듬성 깔려 있다. 무늬오징어 포인트는 바로 이 수중여 부근이 손꼽히는데, 수년 전부터 이 수중여 인근에서 매일 수십 마리의 무늬오징어가 낚여 먹물천지가 되었다.

릴 찌낚시는 방파제 중간 지점부터 끝 지점까지가 핵심 구간이다. 여름부터 가을까지는 벵에돔이 낚이고, 간간이 잔 씨알의 감성돔이 선보이기도 한다.

나사리방파제 외항 쪽은 큰 테트라포드가 넓은 간격으로 쌓여 있어 밤낚시터로는 적당하지 않다. 오히려 방파제 왼쪽(동쪽)의 해안도로 아래로 이어진 테트라포드를 따라 가면 잘 발달된 여밭을 만날 수 있는데, 이곳이 볼락 루어 포인트로는 이 일대에서 최고의 명당으로 각광 받는다. 볼락 볼 채비를 이용하여 상층부 수심을 노리면 20cm 내외의 준수한 씨알들을 심심찮게 낚아낼 수 있다. 우럭의 입질도 잦은 곳일 뿐만 아니라 파도가 적당히 치는 날에는 농어까지 기대할 수 있는 곳이다. 해초가 많고 수중여가 불규칙하게 형성돼 있기 때문에 채비 운용에 신중해야 손맛을 볼 수 있다. 만일 밤낚시를 할 경우는 낮에 미리 진입해서 낚시할 자리를 제대로 익혀 두는 것이 좋다.

이곳 해안도로변 포인트의 물때는 중썰물~초밀물이며, 특히 간조 때부터 초들물 사이에 입질이 집중된다. 참고로 이곳 해안도로변 포인트는 겨울 내내 해조류가 광범위하게 자라 있으므로 채비 걸림에 유의해야 한다.

인근 낚시점(052)

*동부산낚시 239-8477
서생면 나사리 55-5
*간절곶낚시 239-5836
서생면 대송리 157-1

⬇ 평동 방향 나사리 해안도로 언덕에서 바라본 나사리방파제. 동해남부권 방파제 중에서 가장 꾸준한 조황을 보여주는 곳으로, 특히 루어낚시인에게는 최고의 방파제낚시터다. 무늬오징어 · 볼락 · 삼치 · 전갱이 등 인기 어종이 잘 낚인다.

신리방파제

- **소재지** : 울주군 서생면 신암리 1572-2 외
- **길이** : 큰방파제 100여m, 작은방파제 30여m
- **위치 참조** : 〈최신 전국낚시지도〉 277p D4

찾아가는 길

해운대에서 송정터널을 지나 31번 국도를 타고 15km 정도 가면 좌천삼거리가 나온다. 고리 방면으로 우회전 후 신리삼거리가 나오면 원자력교육원 방면 2시 방향으로 우회전 후 다시 온산 방면으로 좌회전하면 신리마을이 나온다.

인근 낚시점(052)

*대성낚시 239-5645
서생면 신암리 792
*만공낚시 239-1663
서생면 신암리 806-2

■ 낚시 개황

부산 기장군 고리원자력발전소 주변에는 고기가 잘 낚이는 방파제가 많지만 원자력발전소 배후시설 공사가 시작되면서 이 일대 방파제는 대부분 유명무실해졌다. 하지만 신리방파제만큼은 예외. 길이는 100m 내외지만 방파제의 폭이 크고 외벽에 큰 테트라포드가 아주 넓게 포진해 있기 때문에 조황이 꾸준한 편이다.

신리방파제의 주 어종은 감성돔 · 벵에돔 · 농어. 릴 찌낚시꾼들이 많이 찾는가 하면, 근년 들어 대형 농어가 가세하고 볼락도 많이 낚여 루어낚시인들의 관심도 증가하고 있다. 특히 무늬오징어가 낚이면서 더욱 인기를 부채질하게 되었다.

■ 참고 사항

최고 포인트는 방파제 외항 쪽이다. 규모에 비해 수많은 테트라포드가 깔려 있어 일급 포인트를 형성한다. 또 테트라포드 너머로는 광활한 수중암초가 있고 해초도 풍성하게 자란다. 따라서 루어로 외항 어디를 노려도 볼락이나 우럭은 쉽게 낚을 수 있다. 현지 낚시인들이 가장 많이 노리는 곳은 방파제 초입에서 오른쪽(남쪽)으로 이어진 갯바위 주변이다. 낚시하기도 편하며 암초와 해초가 어우러진 곳이라 볼락과 우럭이 항상 낚이기 때문이다. 특히 봄에 굵은 씨알이 낚인다. 파도가 높게 치는 날엔 농어도 붙는다. 50cm 내외가 많지만 초봄과 늦가을에는 미터급에 가까운 씨알이 낚이기도 한다. 내항 쪽엔 봄철에 학공치 · 망상어 · 노래미가 붙는다.

테트라포드 위에서 낚시할 때는 안전에 유의해야 한다. 특별히 위험한 구간은 없지만 테트라포드 끝까지 진입할 욕심에 무리하다 보면 사고의 위험이 따른다.

↓ 신리 포구 남쪽 입구에서 바라본 큰 방파제 모습. 외항 쪽으로 테트라포드가 두텁게 축조돼 있어 조황이 꾸준한 곳이다.

표준명 ■ 참가자미
학명 ■ *Pseudopleuronectes herzensteini*
영명 ■ Brown sole, Smallmouth sole
일명 ■ 마가레이(マガレイ)
속명 ■ 가재미, 참가재미

생태 ■ 눈이 있는 쪽은 흑갈색, 눈이 없는쪽은 흰색이지만 등 · 뒷지느러미 중앙부터 꼬리까지는 노란색을 띤다. 주둥이는 뾰족하며 눈위가 약간 오목하고 두 눈 사이에 비늘이 없는 점으로 문치가자미와 구별된다. 전 연안, 일본, 동중국해 수심 150m 이내 사니질 바닥에 서식하며 봄철 산란기에는 얕은 곳으로 나온다. 크기는 40cm 전후.

● 참가자미

● 문치가자미

● 용가자미

● 층거리가자미

신암방파제

- **소재지** : 울주군 서생면 신암리 291-54 외
- **길이** : 150여m
- **위치 참조** : 〈최신 전국낚시지도〉 277p D4

찾아가는 길

부산 기점의 경우 송정해수욕장에서 기장과 장안을 지나 계속 임랑 · 월내를 지나면 신암마을이 나온다. 마을로 들어가는 내리막길을 따라 해변에 닿으면 방파제가 보인다. 울산 방면에서는 온양과 진하, 나사리를 지나면 된다.

■ 낚시 여건

동해남부 찌낚시의 재간둥이 벵에돔낚시 일급지로 갯바위를 능가하는 몇 안 되는 방파제이다. 시즌도 빨라 여름부터 곧장 진가를 발휘한다. 백사장 지대 옆에 위치한 까닭으로 '모래바닥에서 나와 봤자 보리멸 아니면 도다리?'라는 선입견을 가질 수도 있지만 실제로 낚시를 하다보면 그 같은 편견을 버리게 된다. 씨알이 크지는 않지만 마릿수 조황을 안겨주는 이곳 벵에돔은 주변의 다른 방파제와 갯바위는 명함도 못 내밀 정도. 커다란 테트라포드가 이동을 방해하는 것 외에는 단점이 별로 없는 곳이기도 하다.

■ 어종과 시즌

주력 어종은 벵에돔이다. 6월 중순부터 잔챙이급이 몰려들기 시작해 7~8월에 호황을 이룬다. 9월 말까지 제법 굵직한 씨알의 벵에돔을 낚을 수 있다. 이와 동시에 농어 · 무늬오징어 · 볼락 · 우럭 · 노래미 · 망상어 등 다양한 어종이 방파제 주변에서 낚인다. 특히 주변 모래밭에서는 보리멸이 잘 낚인다. 이어 겨울에는 학공치가 선을 보이는데 인근의 다른 방파제에 비해서는 큰 재미가 없는 편이다.

■ 포인트 및 참고 사항

포인트는 방파제 끝부분이다. 백사장 방향의 수심은 3m 내외. 그러나 방파제를 어느 정도 벗어나면 바닥이 사니질로 되어 있어 벵에돔이 활동하기에는 부적절하다. 그래서 이곳에서 낚시를 할 때는 철저하게 방파제 가까운 지점을 노려야 한다. 백사장을 마주보고 있어 대개 외면하기 쉽지만 신암방파제에서 벵에돔 씨알이 가장 좋은 곳임을 명심해야 한다. 씨알은 25~30cm. 채비는 제로, 혹은 00찌를 이용하고 밑밥은 크릴만 쓰거나 빵가루를 섞어서 배합한다. 이 포인트는 백사장을 끼고 있어 파도가 치면 물색이 흐려져 벵에돔의 경계심을 낮출 수 있다는 것이 장점이다. 1~2명 정도가 낚시할 수 있다.

방파제 맨 끝 부분도 좋은 포인트다. 여건은 백사장 쪽과 거의 흡사하다. 적정 인원은 3명 정도. 방파제 외항 쪽에는 수중여가 잘 형성돼 있는데, 제로찌보다는 B 정도의 여부력이 있는 구멍찌를 이용해 수중여 근처를 공략하는 것이 비결이다. 미끼는 파래새우나 홍갯지렁이, 크릴을 쓰지만 파래새우의 위력이 강력한 편이다. 신암방파제는 백사장을 끼고 있어 원투낚시도 효과적이다. 게그물을 이용한 '금게낚시'나 도다리 · 보리멸 원투낚시도 잘 되는 편이다. 늦여름부터는 외항 쪽 여밭에서 무늬오징어가 마릿수로 낚이기도 한다. 에깅을 할 때에는 수심이 얕은 곳임을 감안해 침강 속도가 느린 가벼운 에기를 사용하는 것이 좋다. 전체적으로 조류와 바람의 영향을 덜 받기 때문에 웬만한 날씨에도 낚시를 즐길 수 있다는 점이 이곳 신암방파제의 특징이기도 하다.

인근 낚시점

*주양낚시 052-239-8477
울주군 서생면 신암리 382-34
*동부산낚시 052-239-8477
울주군 서생면 나사리 55-5
*강변낚시 051-727-5828
기장군 장안읍 길천리 203-3

↓ 내항에서 바라본 신암 북쪽 방파제(위 사진)와 남쪽 방파제. 백사장과 여밭, 방파제가 어우러져 다양한 어종이 선보이는 곳이다. 물이 빠지면 인근 여밭에서 해삼 · 낙지 등을 손쉽게 채집할 수 있는 장소이기도 하다

잿골방파제 (송정방파제)

- **소재지** : 울주군 서생면 대송리 339-8
- **길이** : 180여m
- **위치 참조** : 〈최신 전국낚시지도〉 277p D3

찾아가는 길

해돋이 명소인 간절곶에서 17번 국도를 타고 울산 방면으로 5분 정도 더 올라가면 나오는 송정마을 안에 있다. 마을 이름을 붙여 송정마을 방파제라고도 부르는데 현지 낚시인들에게는 잿골방파제라는 이름으로 더 잘 알려져 있다.

낚시 여건

2008년 초에 증축을 마치기 이전부터 감성돔을 비롯한 벵에돔 · 학공치낚시가 잘 되기로 유명한 곳이었다. 또한 볼락 루어낚시가 활성화 되면서 루어 꾼들이 빈번하게 찾아 공략한 결과, 번번이 볼락 대박을 치면서 루어낚시 포인트로도 각광을 받은 지 오래다.

전체적인 수심은 만조 때 6~8m, 간조 때 4~5m를 형성한다. 가장 좋은 포인트로 손꼽히는 곳은 방파제 입구와 방파제 끝 지점이다. 방파제 입구는 인근 양식장에서 사료 찌꺼기가 섞인 물이 계속 내려오고 주변이 여밭 지형이라 여러 가지 좋은 포인트 여건을 형성한다.

어종과 시즌

여느 방파제와는 달리 여름에도 볼락과 우럭 · 노래미가 낚이고 가끔 대형급 농어도 들어오는 곳이다. 인근 간절곶 갯바위와 더불어 이곳 잿골방파제의 농어는 씨알이 굵기로도 유명하다. 방파제 끝 지점에는 6월이 되면 고등어가 낚이기 시작하며 8월에는 삼치까지 붙어 환호성을 자아내게 한다. 벵에돔낚시는 6월부터 시작해

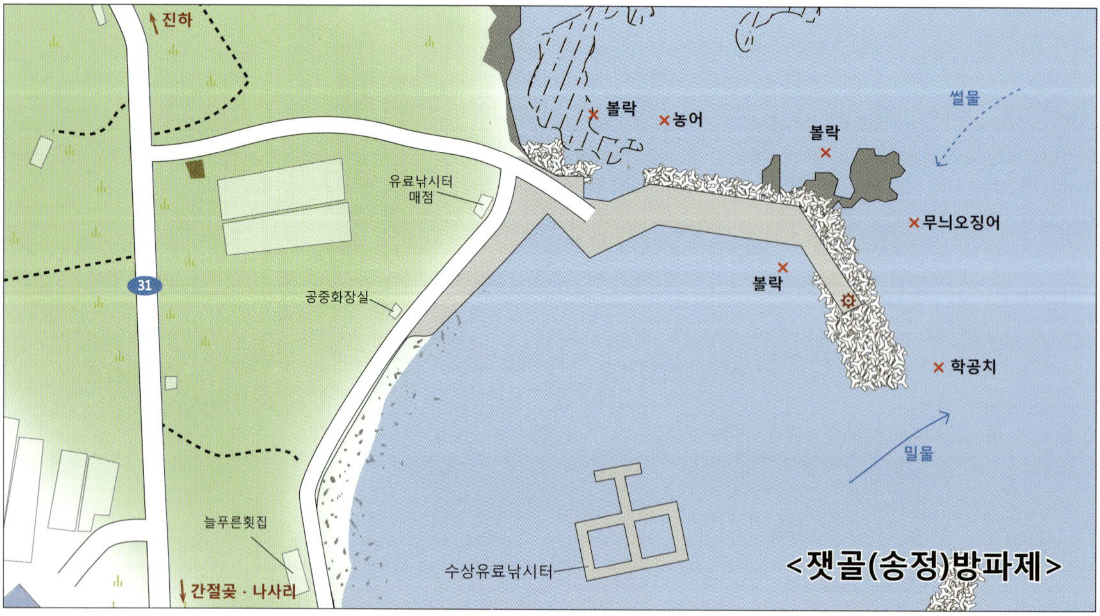

11월까지 이어진다. 릴 찌낚시로 꾸준한 밑밥 품질과 함께 파래새우를 미끼로 쓰면 의외의 손맛을 누릴 수 있다.

볼락의 경우 방파제 입구 쪽의 내항 방향에서는 잔 씨알이 낚이고, 방파제 끝 지점에서는 큰 씨알이 낚인다. 낮에는 노래미와 돌팍망둑이 걸려들어 무료한 시간을 달래 준다.

인근 낚시점(052)

*용인낚시 239-2393
서생면 진하리 82-6
*간절곶낚시 239-5836
서생면 대송리 157-1
*등대낚시 239-5929
서생면 대송리 159-1

■ 포인트 및 참고 사항

굳이 방파제만을 고수할 필요가 없다. 특히 방파제에 낚시객들이 많아 소란스러울 때는 마을 옆으로 이어져 있는 갯바위로 나가 볼 필요가 있다. 손이 덜 탄 자리라 의외로 고기가 잘 낚이기 때문이다. 잿골방파제 입구 오른쪽에는 몽돌밭이 있는데 가족들과 물놀이를 즐기기에도 그만이며, 원투낚시를 하면 노래미와 도다리 · 보리멸이 올라오는 곳이다.

한 가지 염두에 둘 것은 잿골방파제는 외항 쪽의 테트라포드 크기가 커서 이동하기가 쉽지 않다는 점이다. 진입을 하기 위해서는 방파제 초입에서 난간 위로 올라가 걸어서 들어가야 한다. 이때 짐을 최소한으로 줄이는 것이 좋다.

↓ 잿골마을 남쪽 진입구에서 바라본 방파제 전경(사진 위). 한때 마을에서 운영하는 수상유료낚시터 운영 관계로 방파제 출입을 제한하기도 했으나 현재는 자유로이 낚시를 할 수 있다. 아래 사진은 송정마을 남쪽에 있는 뜬방파제(島堤) 모습.

진하방파제

- **소재지** : 울주군 서생면 진하리 79-243
- **길이** : 50여m
- **위치 참조** : 〈최신 전국낚시지도〉 277p D3

찾아가는 길

부산-울산 간 고속도로 온양 IC로 나와 좌회전 후 약 200m 정도 이동하여 다시 우회전한 다음, 온양사거리를 지나 약 2km 정도 이동한다. 온양로 진하해수욕장, 울산온천 방면으로 좌회전 후 다시 100m 가량 이동하여 다시 우회전 후 4.5km 이동하면 서생삼거리가 나온다. 여기서 우측 도로를 타고 가다 전방에 가림낚시가 보이면 좌회전하여 진행하면 진하해변길이 나온다. 명선교 아래의 진하해수욕장 끝 지점에 테트라포드 무더기가 있다.

낚시 여건

명선교의 준공과 함께 진하방파제 주변은 깨끗하게 정리되어 한결 진입하기 수월해졌다. 그러나 많은 관광객들이 드나드는 영향으로 낚시하기에는 다소 불편도 따른다. 하지만 여름 피서철을 제외하고는 사람들이 많지 않아 성가실 정도는 아니다. 회야강(回夜江)이 흘러드는 진하해수욕장 북쪽 끝에 위치한 작은 방파제로, 약 50m 길이의 방파제와 주변 친수공간 강화를 위해 쌓아 놓은 테트라포드 구조물이 한 덩어리를 이루고 있다.

관광지인 까닭에 접근성이 좋고 주변에 편의시설이 많다. 낚시점을 비롯, 음식점과 편의점, 숙박시설까지 고루 발달해 있어 낚시를 즐기는 데 전혀 불편함이 없다.

어종과 시즌

회야강 하류와 바다가 만나는 기수(汽水) 지역에 위치한 진하방파제는 작은 규모에도 불구하고 기수역이라는 입지조건으로 인해 다양한 어종이 낚인다. 바닥이 모래바닥이라 보리멸 위주의 원투낚시 어종 밖에는 안 낚일 듯싶지만 기수역이기 때문에 다른 회유어종도 비교적 잘 낚이는 편이다. 현지 낚시꾼들뿐만 아니라 일부

러 먼 곳에서 원정을 오는 꾼들도 있다.

주로 낚이는 어종은 봄부터 여름까지 도다리와 보리멸 · 까지매기가 제 시즌을 맞이한다. 당연히 릴 찌낚시보다는 원투낚시 채비에 잘 낚인다. 바닥이 모래다 보니 밑걸림이 거의 없어 원투낚시가 가장 유리한 장소다. 늦여름 밤에는 간혹 갈치가 몰리기도 하는데 씨알은 그다지 크지 않다. 겨울에는 학공치가 낚인다.

인근 낚시점(052)

*진하낚시 238-6747 서생면 서생리 421-6
*제일낚시 239-4339 서생면 진하리 81-7
*가림낚시 238-4598 서생면 서생리 385-9

■ 포인트 및 참고 사항

방파제 전역에서 낚시를 하는데 특히 명선도 방향으로 뻗어나온 지역이 낚시하기가 수월하다. 원투낚시를 할 때는 명선도를 보고 최대한 멀리 던지는 것이 좋다. 명선교 쪽에서 낚시를 할 때는 오른쪽 2~3시 방향을 보고 낚시를 하는데 원투낚시 채비에 바늘은 1개만 다는 것이 낚시하기 편하다. 마냥 입질을 기다리기보다는 조금씩 채비를 끌어주면 빠르게 입질을 받을 수 있다. 미끼는 청갯지렁이를 주로 쓴다.

늦여름 밤에 갈치낚시를 할 때는 밝은 집어등을 30분 정도 켜 놓은 다음에 볼락 루어대에 갈치 전용 루어 채비인 '물결채비'를 달아 쓴다. 갈치는 손가락 2마디 정도의 굵기가 대부분이다. 갈치낚시를 할 때 까지매기가 함께 입질을 하기도 한다. 겨울에는 학공치 씨알이 좋은 편이다. 릴 찌낚시로 곤쟁이 밑밥을 넉넉히 주면서 기다리다 보면 형광등 씨알도 곧잘 나온다.

낚시를 전후해 잠시 틈이 나면 인근 진하해수장과 함께 명선도 구경도 해봄직하다. 명선도 일출은 너무도 유명해 사진 동호인들이 즐겨 찾는 명소다. 밤 늦은 시각에 바라보는 명선도의 야경도 볼만하다.

↓ 명선교 너머 강양 방향에서 바라본 진하방파제. 회야강이 흘러드는 기수역으로 테트라포드에서 잔 씨알의 잡어낚시가 잘 된다. 비가 오면 물색이 빨리 탁해지는 것이 흠이다.

평동방파제

- **소재지** : 울주군 서생면 대송리 51-9
- **길이** : 180여m
- **위치 참조** : 〈최신 전국낚시지도〉 277p D4

찾아가는 길

부산-울산 간 고속도로 기장IC로 나와 울산 방면 65번 국도를 타고 진행한다. 5km 정도 나아가면 좌천삼거리가 나온다. 여기서 임랑 · 고리 방면으로 우회전한다. 이 도로를 따라 계속 직진하면 임랑, 송정, 나사리를 지나 평동마을이 나온다.

낚시 여건

평동방파제는 인근 나사리방파제, 송정마을 잿골방파제와 함께 서생 지역에선 규모가 큰 방파제로 오랫동안 단골 꾼들의 사랑을 받아 왔다. 방파제가 넓고 가로등 시설이 잘 되어 있으며 주차 공간도 충분해 주말이면 가족 단위의 나들이객들이 많이 찾는다.

루어낚시가 보편화 되면서 무늬오징어 · 호래기 · 볼락과 함께 농어를 겨냥하는 전문 루어 꾼들까지 즐겨 찾는 방파제가 되었다.

어종과 시즌

눈에 띌 만한 호황이 자주 발생하는 곳이 아니다 보니 유명세는 다소 떨어지지만 감성돔 · 벵에돔 · 농어 · 학공치 · 볼락 · 무늬오징어 등 고급어종이 모두 낚이고, 포인트도 비교적 넓어 자리다툼 없이 편안하게 낚시할 수 있다. 외항 쪽 테트라포드에서는 구멍치기에 볼락이 낚이고 밤에는 찌낚시에 농어가 걸려든다. 미끼는 청갯지렁이. 여름철에 전갱이가 붙었다 하면 밤새도록 입질을 한다.

봄부터 장마철 전까지는 대물급 농어가 낚인다. 찌낚시, 루어낚시 가리지 않는다.

8월 말부터는 무늬오징어가 시즌을 형성하고, 11월 말부터는 볼락이 낚인다. 여름에는 벵에돔 릴 찌낚시를 하기 좋은 시즌이며, 이 무렵 야간에는 전갱이나 갈치가 야금야금 들어오기도 한다.

인근 낚시점(052)

*간절곶낚시 239-5836
서생면 대송리 157-1
*동부산낚시 239-8477
서생면 나사리 55-5

■ 포인트 및 참고 사항

내항 쪽이 낚시하기에 훨씬 편리하다. 계단식으로 선박이 접안하도록 되어 있어 발판이 편하고 가로등도 밝아 랜턴 없이도 채비를 꾸릴 수 있을 정도다. 방파제의 넓이가 넉넉해 이동하기에도 수월하다. 민장대낚시나 록피시 루어낚시는 주로 내항에서 한다. 민장대 채비를 벽에 붙이면 잔 씨알의 우럭이나 망상어 · 볼락이 낚인다. 루어낚시는 지그헤드 채비를 써서 정박해 있는 어선들 사이를 공략한다.

방파제 끝 지점은 무늬오징어 에깅 포인트다. 에깅 낚시터로는 인근의 나사리방파제가 이 일대에서 가장 유명하지만 피크 시즌의 마릿수 조과만 따지면 그 쪽보다 훨씬 좋은 조과를 기록하는 곳이 평동방파제다. 방파제 끝의 좌우 모서리에서 10시 방향, 2시 방향으로 캐스팅하면 무늬오징어를 낚을 수 있다.

해 뜰 무렵에는 삼치가 가까이 붙는데 메탈 지그나 스푼 루어를 던지면 짧은 시간에 많은 마릿수 조과를 거둘 수 있다. 낚시 도중 수면을 유심히 살펴보다가 삼치의 보일링 현상이 확인되면 조과는 '따놓은 당상'이다. 가을철로 접어들면 간간이 감성돔이 낚이기도 하는데 씨알은 기대치보다 크지는 않다. 수심은 가까운 곳은 3~4m, 먼 곳은 7~8m.

바로 옆에 관광지로 유명한 간절곶이 있어 오가는 사람들이 꽤 많은 편이나 실제 낚시를 하는 사람은 많지 않다.

↓ 간절곶 가는 국도변에서 바라본 평동방파제 전경. 평동방파제는 이 일대에서 무늬오징어가 가장 빨리 낚이는 곳으로 명성이 자자하다. 볼락 · 농어도 잘 낚이는데 포인트는 주로 외항 쪽에 위치한다.

길천방파제 / 대변방파제 / 동백방파제 / 동암방파제 / 문동방파제 / 문중방파제 / 온정방파제 / 월내방파제 / 월전방파제 /

Part 3. 부산광역시 기장군

부산광역시 기장군 기장읍 죽성리 154-22번지 인근에 위치한 월전방파제.

이동방파제 / 임랑교방파제 / 임랑방파제 / 죽성방파제 / 칠암방파제 /학리방파제 / 한국유리방파제 / 공수방파제

길천방파제

- **소재지** : 기장군 장안읍 길천리 188-50
- **길이** : 70여m
- **위치 참조** : 〈최신 전국낚시지도〉 276p C5

찾아가는 길

부산-울산 간 고속도로 기장IC에서 나와 톨게이트 전방 일광교차로에서 14번 국도(기장대로)를 타고 온양 · 울산 방면으로 진행하다가 좌천삼거리에 이르러 우측으로 빠진다. 고리 · 서생 방면으로 2.3km 직진하면 임랑삼거리가 나오고 다시 2.3km 더 직진하면 장안천 월내교를 건너게 된다. 다리 건너자마자 우회전하여 270m 진입하면 해안가에 닿는데 우회전하면 월내방파제이고 좌회전하면 눈앞에 길천방파제가 보인다.

■ 낚시 여건

울산과 부산의 경계 지점인 기장군 장안읍 길천리에 위치한 길천방파제는 부산 낚시인들에게는 단순한 방파제 이상의 각별한 의미를 가진다. 시간과 비용을 많이 투자해야 하는 도서 지역 갯바위 낚시터 못지않은 기대감을 안겨주기 때문이다. 여느 방파제와 달리 연중 빼어난 조황을 자랑할 뿐만 아니라 관리도 잘 되어 있어 조금만 부지런을 떤다면 누구나 손맛을 볼 수 있다. 물론 꾼들이 많이 몰려드는 만큼 자리다툼 같은 불편은 감수해야 한다.

한 마디로 길천방파제는 인근의 원자력발전소에서 흘러나오는 따뜻한 냉각수 때문에 연중 수온이 높아 다양한 어종이 모여드는 천혜의 어장이다. 방파제 또한 석축으로 된 네모 반듯한 발판이어서 낚시를 하기에도 무척 편안한 여건이다.

■ 어종과 시즌

겨울에 50cm가 넘는 감성돔이 낚이고, 여름에는 벵에돔이 낚인다. 루어낚시를 하면 무늬오징어와 볼락 · 우럭 · 농어 · 삼치 등 온갖 어종이 낚여 올라오는데 여름~가을 시즌에는 어시장을 방불케 하는 조과를 보인다. 특히 길천방파제의 전어는

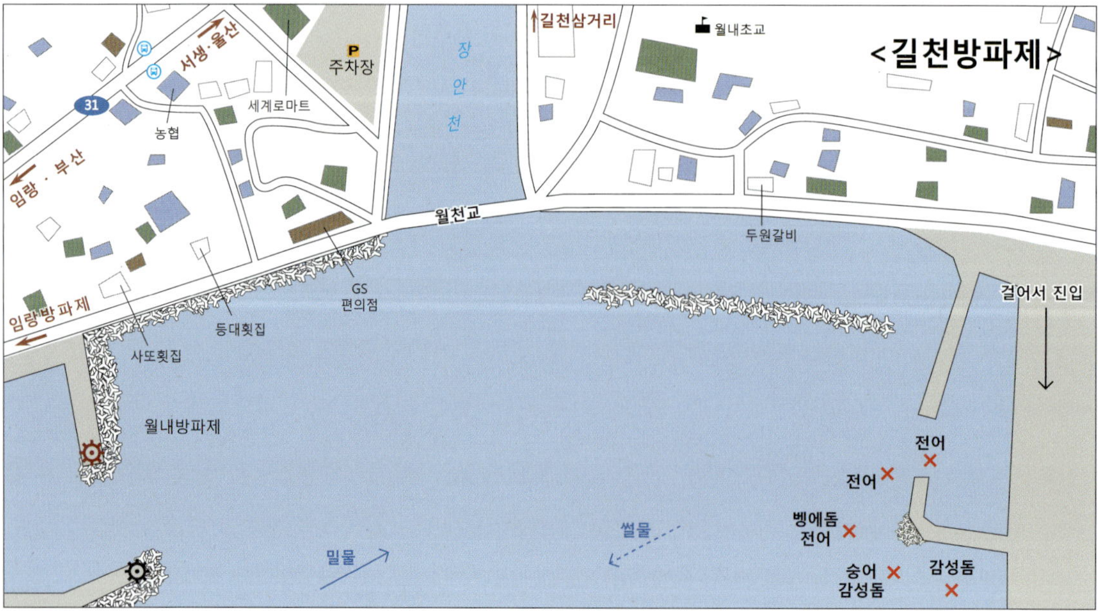

타 지역까지 널리 소문날 정도로 씨알이 굵고 마릿수 조황이 좋기로도 유명하다. 여름부터 낚이기 시작하는데 한겨울에도 씨알이 큼직한 일명 '떡전어'를 낚을 수 있다. 마릿수 조황은 역시 가을이 가장 뛰어난 편이다.

인근 낚시점(051)

*강변낚시 727-5828
장안읍 길천리 203-3
*삼원낚시 727-4724
장안읍 좌천리 246-9

■ 포인트 및 참고 사항

길이가 70여m 정도에 불과하지만 'ㄱ'자 형태로 꺾어진 지점은 내 · 외항 쪽 가릴 거 없이 고기가 잘 낚인다. 특히 꺾어진 구간의 외항 쪽은 칼싸움(?)이 날 정도로 자리다툼이 심한 명당이다. 수심은 가까운 곳은 4~5m이며 낚시 자리에서 20m 전방은 7~8m 수심을 보인다.

루어낚시의 경우 볼락볼 채비를 활용하면 멀리서 볼락과 함께 전갱이와 우럭도 입질을 한다. 주력 어종인 전어를 마릿수로 낚기 위해서는 카드채비를 써야 한다. 크릴을 미끼로 사용하되 밑밥도 간간히 뿌려 주는 것이 좋다. 막대찌를 이용한 릴 찌낚시 채비로 최대한 멀리 원투해 밑밥을 친 범위 내에서 살살 끌어주는 것도 조과를 높일 수 있는 방법이다.

일반 방파제와는 달리 이곳은 제대로 낚시 준비를 해오는 전문 꾼들이 많기 때문에 그저 가벼운 마음으로 밑밥도 없이 낚시를 하다가는 기껏 좋은 낚시터에서 허탕을 칠 수도 있다. 반드시 서너 장의 크릴을 밑밥으로 준비하는 것이 좋겠다.

고리발전소의 철책을 따라 진입하는 입구에서 청소비 명목의 1천원 요금을 내야 들어갈 수 있다. 관리인이 운영하는 간이 노점에서 컵라면이나 기타 소품을 구입할 수 있어 편리하다.

↓ 길천방파제 끝에서 본 모습. 일년 내내 많은 낚시꾼들이 줄을 서서 진입을 기다릴 정도로 인기 높은 곳이다. 발전소 옆에 위치한 까닭에 사철 내내 다양한 어종이 몰려든다. 청소비 명목의 입장료 1천원을 받는다.

대변방파제

- **소재지** : 기장군 기장읍 대변리 245-9
- **길이** : 큰방파제 630여m, 작은방파제 140여m
- **위치 참조** : 〈최신 전국낚시지도〉 295p F1

찾아가는 길

송정해수욕장에서 동부산관광단지 도로로 진입해 기장 방면으로 10분 정도 달리면 대변항에 도착한다. 대변항에 들어서면 두 개의 방파제가 한눈에 들어오는데, 내항 쪽에는 빨간 등대가 서 있는 작은 방파제가 있고 그 뒤로 새로 생긴 큰 방파제가 있다.

■ 낚시 여건

'멸치축제' 개최지로 유명한 대변항은 지난 2011년, 5년여에 걸친 다기능어항건설 공사를 마친 후 해양관광 및 수산물 유통, 휴양시설 등이 어우러진 복합 기능 어항으로 그 모습을 일신했다.

이곳 대변항의 관문에 해당하는 큰 방파제는 우선 그 규모에 있어 여느 방파제를 압도한다. 방파제 끝에 축구공 모양의 구조물 위에 축조된 특이한 등대가 서 있는데, 멀리서 보면 로봇이 폼을 잡고 있는 것 같다고 해서 일명 '마징가Z 등대'라고 부르기도 한다.

대변항의 큰 방파제는 2001년 곽경택 감독의 영화 '친구'의 촬영지로 한때 유명해졌지만 사실 낚시터로는 크게 주목받지 못한 곳이었다. 그러나 다기능어항 건설 공사와 함께 매립이 진행되고 난간과 테트라포드 매몰이 마무리되면서부터 점차 낚시 여건이 좋아지는 한편, 다양한 어종이 낚이기 시작했다. 볼락 · 삼치 · 농어 · 우럭을 비롯한 무늬오징어 · 갈치 · 학공치 등 인기어종을 총망라한 명실상부한 특급 낚시터로 변모한 것이다.

■ 어종과 시즌

릴 찌낚시에 낚이는 어종은 벵에돔과 감성돔이다. 벵에돔은 6~10월 말, 감성돔은 9월 말부터 11월 초순까지 잘 낚이고 한겨울에도 종종 올라온다. 루어낚시 인기 어종인 볼락과 우럭은 연중 낚이고, 학공치는 겨울 시즌, 전갱이는 7~10월 말까지 낚인다. 가을에는 무늬오징어와 삼치가 루어낚시 대상어로 등장한다.

■ 포인트 및 참고 사항

큰 방파제의 수심은 끝 지점이 8~10m, 내항 쪽은 5~6m가 나온다. 조황은 외항 쪽이 더 좋지만 내항 쪽에서도 민장대낚시 조과가 쏠쏠한 편이다. 방파제가 구부러진 지점 부근에서는 내항 및 외항 방향 모두가 좋은 포인트로 꼽힌다. 이곳 대변 큰 방파제 입구는 매립 공사 때부터 한여름철 갈치가 잘 낚여 많은 꾼들이 몰렸다. 내항 쪽의 석축 아래를 노리면 우럭이 낚이며, 농어는 방파제 입구 외항 쪽의 수심 얕은 여밭을 노리면 된다.

대변항 일대는 큰 방파제와 맞은편에 있는 뜬방파제가 바람과 파도를 막아주기 때문에 기상이 좋지 않은 날에도 낚시를 할 수 있다는 점이 장점이다. 그러나 안쪽의 작은 방파제는 담수와 시설 공사로 인해 내항 방향으로만 낚시를 할 수 있게 되었다. 방파제 초입부터 가운데 구간까지는 수심이 얕아서 물이 조금만 빠져도 낚시를 할 수 없다. 이곳 작은 방파제에서는 잡어보다는 겨울철 호래기낚시가 가장 유명하다. 부산권에서는 손꼽힐 정도로 호래기 마릿수 조황이 좋은 곳으로 12월을 전후해서 많은 꾼들이 몰린다.

인근 낚시점(051)

*블루비치낚시 723-3554
기장읍 연화리 291-3
*형제낚시 703-7266
해운대구 송정동 158-7
*프로낚시 703-4410
해운대구 송정동 158-12

★ Tip

대변항은 우리나라 멸치젓갈 전체 생산량의 15% 정도를 차지하는 '멸치항구'다. 매년 4월 말에 개최되는 '대변 멸치축제' 때면 1일 평균 10만여 명의 관광객이 몰릴 정도로 전국적으로 유명하다. 싱싱한 멸치회와 생멸치찌개가 입맛을 돋운다.

↓ 대변-월전 간 해안도로에서 바라본 대변방파제. 부산권에서 손꼽히는 대규모 방파제로 내항과 외항 모두 낚시가 잘 되는 편이다. 내항 쪽에서 낚시를 하려면 방파제 진입부에서 난간을 타고 내려가 자리를 잡아야 한다.

동백방파제

- **소재지** : 기장군 일광면 동백리 233-45 외
- **길이** : 남방파제 190여m, 북방파제 110여m
- **위치 참조** : 〈최신 전국낚시지도〉 276p C6

찾아가는 길

해운대에서 송정터널을 지나 해운대로 와 기장대로 14번 국도를 타고 가다가 기장체육관을 지나자마자 일광 방면으로 빠지는 오른쪽 내리막길로 들어선다. 계속 직진 후 옛 일광역(폐역) 앞 교차로에서 우회전한 후에 10분 정도 가면 동백마을 입석이 나온다.

인근 낚시점(051)

*역전낚시 722-1466
일광면 삼성리 25-1
*해송낚시 721-4123
일광면 삼성리 33-1
*영빈낚시 721-9892
일광면 삼성리 77-2

■ 낚시 개황

기장 일대에서도 제법 규모가 큰 방파제로 남북으로 두 개의 방파제가 서로 이마를 맞대고 포구를 감싸는 형상이다. 이에 조류가 합쳐지는 곳이 많고 물속에는 암초도 여러 곳 산재해 있어 관심을 끄는 포인트가 많다. 그러나 외항 쪽으로는 커다란 테트라포드가 넓게 깔려 있기 때문에 포인트를 이리저리 옮겨 다니기에는 불편한 점이 흠이다.

주 대상어는 벵에돔과 다양한 종류의 록피시. 장마 이후에는 전갱이 · 오징어 · 농어 · 삼치도 가세한다. 까지매기(농어 새끼)는 찌낚시와 루어낚시 모두에 걸려드는데 씨알이 작기 때문에 하드베이트보다는 청갯지렁 미끼나 웜 루어에 입질이 잦은 편이다. 삼치는 메탈지그나 스푼을 쓰는데, 주로 10월~11월 초에 많이 낚인다. 겨울에는 학공치가 마릿수로 낚이기도 하는데 씨알은 그다지 크지 않다.

■ 참고 사항

왼쪽(북쪽)의 빨간 등대가 있는 방파제는 등대 주변과 바로 그 옆에 있는 여밭이 주요 포인트가 되고, 흰 등대가 있는 남쪽 방파제는 등대 주변과 외항이 포인트다. 양쪽 다 조류 소통이 좋으며 수심은 3m 내외다. 특히 장마철 이후에 25~30cm 벵에돔이 잘 낚이며 이 시기부터는 무늬오징어도 기대할 수 있다.

두 곳 방파제 모두 초입부터 중간 지점까지는 썰물에 암초가 드러난다. 이곳을 노리면 20cm 내외의 우럭과 볼락이 잘 낚인다. 되도록 채비를 가볍게 꾸리고 멀리 던지기 위해서는 볼락볼을 써야 한다. 장마 이후 흰 등대 외항은 에깅이나 라이트 지깅을 하면 1kg이 넘는 무늬오징어가 곧잘 낚이는 명당이다.

↓ 동백항에 있는 두 개의 방파제 모두 포인트는 등대가 있는 끝자락 주변이다. 벵에돔을 비롯한 각종 록피시와 회유어종이 손맛과 입맛을 즐겁게 해준다.

동암방파제

- **소재지** : 기장군 기장읍 시랑리 62-19
- **길이** : 130여m
- **위치 참조** : 〈최신 전국낚시지도〉 295p F2

■ 낚시 개황

바닷가 사찰로 유명한 해동용궁사 바로 옆에 있는 동암 마을에는 두 개의 방파제가 있다. 바깥쪽의 큰 방파제는 내항 · 외항 모두 낚시를 할 수 있고 시즌에 따라 다양한 어종이 낚이는 곳이다. 특히 동네낚시 최고의 어종인 고등어 · 전갱이 · 학공치가 잘 낚여 시즌이 되면 낚시꾼들로 문전성시를 이룬다. 외항 쪽에는 여름~가을까지 벵에돔낚시를 한다. 큰 씨알은 없지만 자잘한 손맛을 볼 수 있다.

마을 안쪽에 있는 작은 방파제는 낚시가 불가능하다. 수심이 얕은 데다 온통 모래바닥이라 마땅히 낚시로 기대할 만한 어종이 없다.

■ 참고 사항

큰 방파제는 규모에 비해 낚시할 자리는 적은 편이다. 외항 쪽은 암초가 많은 방파제 입구가 좋다. 오히려 방파제 끝 쪽은 바닥 지형이 완만하고 모래가 많아서인지 볼락과 우럭 자원이 적은 편이다. 대신 테트라포드 구멍치기를 하면 우럭이 낚인다. 쏨뱅이나 개볼락 같은 어종도 낚이는데 씨알이 꽤 크다. 찌낚시를 할 때에는 외항 쪽 방파제 끝에서 먼 곳을 노려야 한다. 수심은 방파제 입구 쪽이 1~2m, 바깥은 3~5m 정도. 내항은 계단식으로 되어 있어 벽 가까이에 채비를 붙이면 잔 씨알의 볼락과 우럭이 낚인다.

루어낚시는 방파제 외항으로 이어진 갯바위 지역이 우선이다. 드넓은 여밭 사이에 볼락과 우럭이 넘쳐난다. 봄부터 늦가을까지는 농어도 낚이는데 평균 50cm 씨알에 간혹 80cm까지도 선보인다. 단, 갯바위는 바람이나 파도에 취약한 편이라 안전에 유의해야 한다.

찾아가는 길

부산 해운대 방면에서 송정터널을 지난 송정삼거리에서 우회전 후 송정해수욕장 입구에서 해동용궁사 · 수산과학원 방면으로 좌회전한다. 1km 정도 직진하면 해동용궁사 입구가 나오는데 그 옆에 동암마을 입구가 있다. 동암마을로 진입해서 좌회전하면 방파제가 나온다.

인근 낚시점(051)

*바다낚시프라자 704-1620
해운대구 송정동 158-17
*죽도낚시 703-9533
해운대구 송정동 376

↓ 내항 쪽에서 바라본 동암항 큰 방파제. 마을 안쪽의 작은 방파제에선 낚시가 안 되고 등대가 있는 큰 방파제에서 낚시가 이루어지는데, 방파제 초입의 여밭에서도 볼락과 우럭이 잘 낚인다.

문동방파제

- **소재지** : 기장군 일광면 문동리 293-5
- **길이** : 180여m
- **위치 참조** : 〈최신 전국낚시지도〉 276p C5

찾아가는 길

부산-울산 간 고속도로 기장IC에서 나와 톨게이트 전방 일광교차로에서 14번 국도(기장대로)를 타고 온양·울산 방면으로 진행하다가 좌천삼거리에 이르러 오른쪽으로 빠진다. 고리·서생 방면으로 2.3km 직진하다가 임랑삼거리가 나오면 우회전하여 일광·부산 방면의 31번 국도(일광로)를 타고 다시 남하한다. 임랑삼거리로부터 1.2km 지점에 이르러 문동1길 이정표를 보고 좌회전하면 곧 방파제 보인다.

낚시 여건

붕장어 횟집단지로 유명한 기장 칠암 인근에는 낚시로 유명세를 타는 방파제들이 많다. 이 일대의 해저 지형은 뻘과 모래, 자갈과 수중여가 적당히 섞여 있는 데다가 방파제의 규모 또한 크고 작은 것들이 다양하게 축조돼 있어 낚시를 할 수 있는 공간이 많은 편이다. 관광지인 까닭에 진입 여건도 좋고 주차 공간도 넉넉함은 물론, 각종 편의시설들이 근거리에 위치해 있어 낚시를 즐기기에 시즌을 막론하고 매우 편리한 곳이다. 그래서 주말이면 많은 사람들이 나들이를 겸한 낚시를 오기 때문에 고기가 좀 잡힌다는 소문이 나도는 방파제의 경우는 텐트까지 치고 야영낚시를 하는 풍경들이 곳곳에서 연출된다.

서로 가까운 거리에 여러 개의 방파제가 자리해 정확한 이름을 혼동하는 경우가 있는데, 문동방파제 입구에는 친절하게 위치도가 세워져 있다. 남쪽에서부터 칠암방파제, 문중방파제, 문동방파제의 순서로 위치한다. 칠암방파제는 방파제 양쪽에 뜬방파제(수상 방파제)가 있어 쉽게 구별이 되기도 한다.

어종과 시즌

다양한 어종이 낚인다. 겨울부터 봄까지는 볼락과 우럭 · 호래기가 낚인다. 초여름부터는 보리멸과 도다리 · 까지매기가 올라온다. 여름철 밤낚시에는 갈치 · 까지매기 · 붕장어가 낚이며 이때부터 문동방파제는 최고의 시즌을 맞이한다. 전갱이 · 망상어 · 벵에돔 · 무늬오징어도 선을 보일 뿐만 아니라 기타 온갖 잡어들이 입질에 가세한다. 이곳에서 낚이는 벵에돔은 씨알이 다소 잘다는 점 참고해야 한다. 볼락은 늦가을부터 초겨울까지가 피크 시즌으로, 마릿수 조과를 올릴 수 있는 데다가 루어낚시도 잘 되는 편이다.

■ 포인트 및 참고 사항

문동방파제는 주변 일대의 수심이 얕아 일반적인 낚시로는 제대로 된 대상어종을 만나기 어렵다. 주로 벵에돔낚시를 하는 꾼들이 가까운 곳으로 품질을 하면서 포인트 여건을 조성하는데, 수심이 깊지 않고 물색이 맑다 보니 눈에 띄는 조황은 변변찮은 편이다. 포인트는 주로 방파제 왼쪽의 테트라포드에서 방파제 끝 부분까지 이어지는데, 무조건 멀리 채비를 던지는 것이 주효하다.

찌낚시보다는 루어낚시가 효과적인 공략 방법이다. 특히 볼락 시즌에는 방파제 입구에서 왼쪽으로 이어진 얕은 여밭을 공략하면 마릿수 조과를 올릴 수 있다. 채비는 10g 내외의 볼락볼을 달고 무게가 없는 바늘에 웜을 달아 최대한 멀리 던져 천천히 감아주면 된다.

이 지점에서는 늦여름부터 무늬오징어도 곧잘 낚인다. 수심이 얕아서 기피하는 꾼들이 많지만 바닥 지형만 제대로 파악하고 쉘로우 타입의 에기를 쓰면 의외로 큰 씨알의 무늬오징어를 만날 수 있다.

인근 낚시점(051)

*삼원낚시 727-4724
장안읍 좌천리 246-9
*칠암피싱 727-4412
일광면 칠암리 151-1
*오성낚시 727-8009
일광면 칠암리 64-11

↓ 문동리 해안에서 본 문동방파제 내항. 주변 수심이 얕으나 루어낚시로 다양한 어종을 노릴 수 있다. 내항 쪽에서는 민장대로 잔 씨알의 잡어낚시를 할 수 있으며, 외항에서는 무늬오징어 · 전갱이를 낚을 수 있다.

문중방파제

- **소재지** : 기장군 일광면 문중리 202-5
- **길이** : 320여m
- **위치 참조** : 〈최신 전국낚시지도〉 276p C5

찾아가는 길

부산-울산 간 고속도로 기장IC에서 나와 톨게이트 전방 일광교차로에서 우측 부산 방향의 14번 국도(기장대로)를 잠깐(450여m) 탔다가 오른쪽으로 빠져 유턴하듯 지하도를 돌아 나와 일광면 소재지로 진입한다. 이천교를 건너 31번 국도(일광로) 임랑·고리 방면으로 5.5km 직진한 칠암·문중마을경계지점에 이르러 오른쪽으로 진입하면 문중방파제이다..

■ 낚시 여건

문중방파제는 인근에 남북으로 들쭉날쭉 도열해 있는 문동과 칠암방파제 사이에 위치한다. 오랫동안 증축 공사가 이루어져 남쪽의 칠암방파제와 거의 비슷한 규모를 이루게 되었다. 아나고(붕장어) 횟집단지로 유명한 칠암방파제와 이웃해 있어 주말이면 관광객들이 많이 몰려 낮에는 주차하기가 곤란할 때가 많다. 여름과 가을이 성수기로 이 시즌에는 아침 일찍, 혹은 저녁 늦게 진입하는 것이 좋다.

주변에 각종 편의점과 식당, 낚시점들이 있어 낚시하는 데 필요한 거의 모든 물품을 편리하게 구입할 수 있다.

■ 어종과 시즌

주요 대상어종은 감성돔·벵에돔·농어·무늬오징어·볼락·우럭·노래미·망상어 등으로 다양하며, 여름부터 초겨울까지는 감성돔과 벵에돔, 초봄부터는 농어·볼락·우럭·노래미가 낚이고, 무늬오징어는 가을에 잘 낚인다.

특히 여름철에 피크를 이루는 벵에돔이 간판스타다. 6월부터 10월까지가 벵에돔 시즌으로, 아침 물때를 노리면 제법 큰 씨알을 낚을 수 있다.

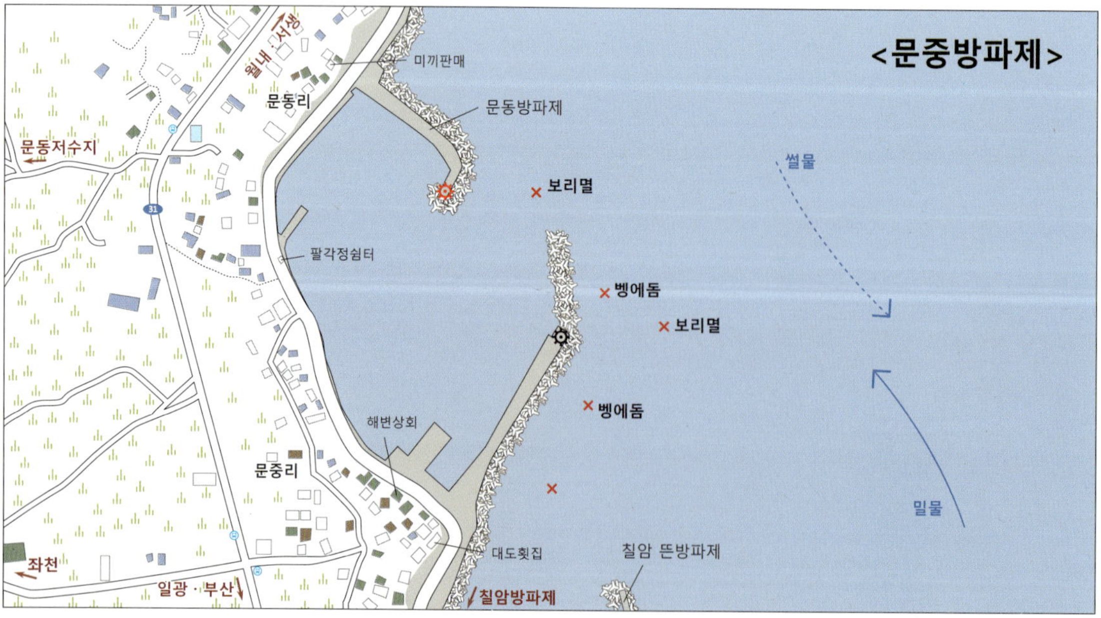

■ 포인트 및 참고 사항

주변 수심은 3~4m로 얕은 편이다. 조류의 영향도 많이 받지 않아 사리를 전후한 물때에만 제대로 낚시를 할 수 있다. 왜냐하면 물색이 약간 흐린 날일수록 조과가 월등한데, 조금 때보다는 사리 때에 물색이 흐려지기 때문이다. 이에 따라 포인트도 정해지는데 물색이 흐린 날에는 방파제 가까이, 맑은 날에는 되도록 멀리 공략하는 것이 핵심이다.

특히 바람이 많이 불고 파도가 높은 날, 다른 방파제서는 낚시를 할 수 없을 때 이곳 문중방파제에서만큼은 어렵지 않게 여밭 포인트를 공략해 쏠쏠한 조과를 거둘 수 있다. 다만 밑걸림이 심하기 때문에 정확하게 바닥 지형을 파악하지 못한 상태에서 낚시를 하면 낭패를 당할 수도 있다. 직접 수중여를 공략하는 것보다는 수중여 앞이나 뒤쪽을 스쳐 지나는 형식으로 채비를 흘리는 것이 좋다. 수중여 주변 수심은 5~6m.

방파제 끝 지점도 5~6m 수심을 형성한다. 벵에돔 주력 포인트로 입질은 주로 2m 내외에서 한다. 저부력 채비나 목줄찌 채비를 써야 입질을 잘 파악할 수 있다. 벵에돔은 방파제 먼 곳에서 입질을 하지 않고 1~2m 내외 거리에서 꾸준하게 낚인다. 시즌 기간에는 벵에돔 전문꾼들이 거의 상주해 이들의 품질 효과로 인해 벵에돔들이 좀체 멀리 벗어나질 않는다. 밤에는 볼락과 우럭 · 까지매기가 잘 낚인다. 특히 루어낚시 포인트로 훌륭한 여건을 갖춘 곳이다.

거의 모든 어종의 포인트가 방파제 끝자락에 몰려 있으나 무늬오징어 포인트는 방파제 끝 쪽보다는 입구 쪽이 훨씬 좋은 편이다.

인근 낚시점(051)

*오성낚시 727-8009
일광면 칠암리 64-11
*역전낚시 722-1466
일광면 삼성리 25-1
*형제낚시 721-4687
일광면 삼성리 25-1

↓ 문중방파제와 문동방파제는 위치를 잘못 구분하기 쉽다. 흰 등대가 있는 남쪽의 큰 방파제가 문중방파제이다

온정방파제

- **소재지** : 기장군 일광면 동백리 285-29
- **길이** : 700여m
- **위치 참조** : 〈최신 전국낚시지도〉 276p C6

찾아가는 길

해운대에서 송정터널을 지나 울산 방면으로 가다 보면 일광으로 빠지는 길이 나온다. 이 길을 따라 울산 방향으로 계속 진행하면 옛 일광역(폐역) 삼거리를 만난다. 이곳에서 오른쪽 이천교를 건너 10여분 나아가면 온정마을에 도착한다.

■ 낚시 여건

일광면 동백리 온정마을 방파제는 외관상으로는 볼품없는 곳이다. 방파제 끝의 테트라포드를 제외하고는 가까이에 이렇다 할 공략 지점이 보이지 않는다. 석축 사이도 조밀해 큼직한 록피시는커녕 손가락만한 노래미도 찾아보기 힘들다. 방파제 진입 부근에 있는 온정마을 횟집촌과 자연발생 유원지 간판을 보면 온정마을 방파제는 그저 운치 있는 바닷가 모양새를 만들기 위해 지어놓은 구조물에 불과한 것처럼 보일 수도 있다.

그러나 이곳은 보기와는 달리 한 번씩 깜작 놀랄 만한 조과를 쏟아낸다. 벵에돔 · 감성돔 시즌이 되면 찌낚시 꾼들이 잊지 않고 찾아드는 것도 바로 이런 이유 때문이다. 게다가 근년 들어 농어와 무늬오징어, 볼락 같은 루어 대상어들이 낚이기 시작해 특급 낚시터로 거듭나고 있다.

■ 어종과 시즌

우럭 · 노래미 · 볼락 같은 록피시는 시즌을 가리지 않고 낚이는 편이다. 주로 원투낚시나 루어낚시에 잘 낚인다. 미끼는 청갯지렁이가 효과적이다. 감성돔은 늦여름

~늦가을까지 낱마리로 낚이며 벵에돔은 8~9월이 한창이다. 하지만 씨알은 25cm 내외로 잔 편이다. 9월 중순부터 10월 말까지 잠깐 동안 무늬오징어가 들어와 방파제를 까맣게 물들이기도 한다.

■ 포인트 및 참고 사항

방파제 인근에는 수중여 같은 포인트 여건이 거의 없어 도대체 어디를 보고 낚시를 해야 할지 망설여질 정도다. 포인트는 먼 바다 쪽을 바라보는 방파제 중간 지점이다. 이곳은 육안으로는 확인할 수 없지만 수중여가 길게 뻗어 있다. 감성돔 시즌 땐 바로 이 지역에 밑밥을 집중하면 낱마리나마 손맛을 볼 수 있는 곳이다.

겉보기와는 달리 주변 조류의 흐름이 좋기 때문에 회유성 어종들이 시즌에 맞춰 잘 들어온다. 주요 어종은 벵에돔 · 망상어 · 학공치 · 농어 · 감성돔. 마릿수나 씨알 조황은 어렵지만 편안한 발판에서 안전하게 낚시를 할 수 있어 가족 단위의 나들이객들이 많이 찾는 편이다.

한가한 시즌에는 주로 원투낚시꾼들이 자리를 차지한다. 방파제 우측의 성취사 앞 갯바위는 여밭이 잘 발달되어 있는 곳이라 의외로 다양한 어종이 낚이기 때문이다. 멀리 원투하면 우럭과 볼락 · 노래미 등이 선보인다.

방파제 부근 수심은 가까운 곳은 2m 내외, 먼 곳은 4m 내외다. 2012년 겨울 동부산관광단지개발의 일환으로 해안도로가 개통되어 옆 동백마을과 이어지게 되었다. 갯바위낚시를 하려면 온정마을 진입 직전의 성취사 맞은편 솔밭 갯바위가 오히려 여건이 더 나은 편이다.

인근 낚시점(051)

*영빈낚시프라자 721-9892
 일광면 삼성리 77-2
*은파낚시 721-7898
 일광면 삼성리 99-1
*새기장낚시 721-5234
 기장읍 동부리 379-1

↓ 온정마을 횟집단지에서 바라본 온정방파제. 석축으로 이루어진 방파제로 수중 여밭이 잘 발달된 곳이다. 방파제 끝에서 좌우 어느 방향으로든 낚시가 잘 되는 편이고, 방파제 주변 공간이 넓어 주차도 편리하다.

월내방파제

- **소재지** : 기장군 장안읍 월내리 132-139 외
- **길이** : 큰방파제 170여m, 작은방파제 70여m
- **위치 참조** : 〈최신 전국낚시지도〉 276p C5

찾아가는 길

부산-울산 간 고속도로 기장 IC에서 나와 톨게이트 전방 일광교차로에서 14번 국도(기장대로)를 타고 온양·울산 방면으로 진행하다가 좌천삼거리에 이르러 오른쪽으로 빠진다. 고리·서생 방면으로 2.3km 직진하면 임랑삼거리가 나오는데 여기서 31번 국도(해맞이로)를 타고 1.7km 북상한 지점에서 오른쪽 골목으로 들어가면 월내방파제가 나온다.

■ 낚시 여건

인근 길천방파제와 함께 이 일대의 릴 찌낚시 꾼들이 가장 즐겨 찾는 방파제다. 때로는 길천방파제의 혼잡을 피해 느긋하게 즐기려 찾는 곳이기도 하며, 곳곳에 포인트도 많은 편이다. 특히 이곳 월내방파제와 연결돼 있는 남쪽 해안도로(월내해안길)변에 쌓인 테트라포드 구간 역시 여밭이 어우러져 좋은 포인트를 형성한다. 특히 초겨울 볼락 시즌에 마릿수 조황을 보이는 포인트다. 수심은 3~4m로 그다지 깊은 편은 아니다.

월내에서 가장 좋은 포인트는 큰 방파제 중간의 꺾이는 부분으로, 이 부근의 바닥에는 큰 여가 있어 항상 고기들이 머문다.

■ 어종과 시즌

월내방파제의 주 어종은 벵에돔·볼락·우럭·노래미·도다리·망상어·무늬오징어·삼치·학공치 등으로, 맛있는 고급어종은 모두 낚을 수 있다. 기법도 릴 찌낚시부터 루어낚시와 원투낚시에 이르기까지 다양한 방법을 구사할 수 있다.

주력어종은 벵에돔으로 6~9월에 잘 낚이며 특효 미끼인 파래새우를 쓰면 비록 잔

씨알이지만 마릿수로 낚아낼 수 있다. 이 외에도 볼락 · 우럭이 초겨울부터 이듬해 봄까지 꾸준하게 낚이는데, 마릿수는 많지 않으나 간혹 굵직한 씨알이 올라온다. 여름에는 전갱이 · 망상어 · 붕장어 · 까지매기가 밤잠을 설치게 입질을 해댄다.
무늬오징어는 9~10월까지 낱마리로 낚이는데 인근 방파제에 비하면 조황이 많이 떨어지는 편이다. 겨울 진객인 학공치는 방파제 전역에서 낚이는데 반드시 곤쟁이 밑밥을 써야만 마릿수 조과를 거둘 수 있다.

포인트 및 참고 사항

인근 신암 · 신리 · 임랑방파제 등과 함께 규모가 제법 큰 방파제에 속한다. 덩치 큰 방파제가 실속은 없다지만 이곳 월내방파제는 그렇지 않다. 인근에 위치한 길천방파제가 워낙 유명해 이곳을 자칫 외면할 수도 있는데, 오히려 길천방파제의 조황이 좋지 않거나 사람이 너무 붐빌 때는 이곳으로 자리를 옮겨 뜻밖의 재미를 누리기도 한다. 길천방파제와는 불과 800여m 거리이기 때문에 큰 부담도 없다.
내항 쪽 작은 방파제는 끝자락에서 낚시가 조금 될 뿐, 주변 수심이 얕고 조류 소통도 거의 없어 작은 씨알의 잡어만 낚이는 편이다.
포인트는 주로 큰 방파제 외항 쪽으로 형성된다. 테트라포드가 쌓여 있으므로 이동에 주의해야 한다. 방파제 입구에서 한 번, 3분의 2 지점에서 또 한 번 방파제가 꺾이는데 포인트는 두 번째 꺾이는 지점을 중심으로 형성된다. 벵에돔 포인트는 방파제 끝자락이 꺾이는 지점으로, 테트라포드에 붙여 품질을 조금씩 꾸준히 해주면 입질을 받는다. 이 일대는 숭어 떼가 자주 출몰하는데 굵은 벵에돔을 낚기 위해선 숭어 떼가 나오기 전(해 뜬 직후)의 짧은 시간대를 놓치지 말아야 한다.

인근 낚시점(051)

*동호낚시 727-2279
장안읍 월내리 132-24
*강변낚시 727-5828
장안읍 길천리 203-3

↓ 내항 쪽에서 바라본 월내방파제 전경. 흰 등대가 있는 오른쪽(남쪽) 큰방파제에서 낚시가 잘 된다.

월전방파제

- **소재지** : 기장군 기장읍 죽성리 154-22 인근
- **길이** : 큰 방파제 70여m, 작은 방파제 40여m
- **위치 참조** : 〈최신 전국낚시지도〉 295p F1

찾아가는 길

부산 해운대 방면에서 송정터널을 지난 송정삼거리에서 우회전 후, 송정해수욕장입구 로터리에서 해동용궁사 · 수산과학원 방향으로 좌회전하여 기장해안로를 따라 계속 9.3km 북상하면 월전항에 이른다

■ 낚시 여건

죽성리 월전마을은 이웃한 북쪽 두호마을과 더불어 붕장어구이집과 포장마차가 즐비한 곳으로 유명하고, 주변에 가로등이 밤새 켜져 있어 밤낚시를 하기에 안성맞춤이다. 가로등 불빛이 다른 곳에 비해 훨씬 더 밝은 것이 특징. 마을 앞에 작은 방파제가 하나 있고 산자락 끝에 큰 방파제가 위치하는데, 두 방파제 사이는 선착장으로 연결되어 있다. 목적하는 어종에 따라 장소 선택을 달리해야 성공적인 조과를 거둘 수 있다.

내항 쪽의 작은 방파제는 목피시 계열이 잘 된다. 주로 잔 씨알의 우럭이 주종이다. 방파제를 기점으로 편하게 이동할 수 있어 낚시하기에는 더 없이 좋다. 주변의 포장마차에서 흘러나오는 불빛으로 인해 따로 랜턴을 켜지 않아도 낚시하는 데 지장이 없을 정도다. 큰 방파제에선 주로 외항 쪽을 보고 낚시를 하게 되는데 테트라포드 지대에서의 이동에 주의해야 한다.

■ 어종과 시즌

석축으로 된 내항 쪽의 작은 방파제에선 망상어나 잔 씨알의 우럭이 입질하고 볼

락과 열기도 올라온다. 큰 씨알이나 마릿수 조과보다는 자잘한 손맛을 보는 정도. 하지만 밝은 가로등 덕분에 항상 베이트피시가 머물러 있어 언제나 손맛을 볼 수 있다는 것이 장점이다. 또한 이곳 작은 방파제에는 겨울에 호래기가 들어온다. 여름에 농어나 삼치가 들어와서 한바탕 난리를 피우기도 하지만 자주 있는 일은 아니다. 8월 말부터 무늬오징어가 출현하며 7월 이후에는 갈치도 들어온다.

■ 포인트 및 참고 사항

포인트는 크게 세 군데. 작은 방파제 주변의 내항, 큰 방파제 내항과 외항 쪽이다. 작은 방파제 내항 쪽 수심은 2m 내외, 가까운 곳은 1m 정도로 매우 얕다. 지그헤드 채비로 바닥을 긁으면 우럭 · 볼락이 낚인다. 간조 때 물이 빠지면 해삼이나 낙지를 채집할 수 있는 곳이기도 하다.

큰 방파제 외항 쪽은 농어 루어낚시와 찌낚시 모두 가능한데 주로 잔 씨알이 낚인다. 본격적인 조과는 큰 방파제와 갯바위에서 거둘 수 있다. 방파제는 끝 지점 외항 방향에서 입질이 많고, 갯바위에선 어디서나 입질을 받을 수 있다. 갯바위는 진입하기 쉽고 이동하는 데도 큰 불편이 없다. 물색이 탁하지만 않다면 충분한 조과를 거둘 수 있다. 주로 지그헤드 채비로 노리며 볼락과 우럭이 잘 낚인다. 낮에 메탈지그도 잘 먹힌다. 이 밖에 작은 방파제 건너편의 해안도로에 테트라포드가 놓여 있는 구간이 있는데 이곳에서도 낚시가 잘 된다.

월전방파제는 웬만큼 바람이 불어도 낚시를 할 수 있지만 물색이 쉽게 탁해지는 것이 단점이다. 방파제 주변의 물색이 나쁘거나 파도가 많이 칠 때는 갯바위 쪽으로 옮겨 낚시를 하는 것이 상책이다.

인근 낚시점(051)

*블루비치낚시 723-3554
기장읍 연화리 291-3
*프로낚시 703-4410
해운대구 송정동 158-12
*매일낚시 704-1331
해운대구 송정동 276

↓ 대변 방향 월전마을 진입부에서 바라본 월전방파제. 큰 규모의 방파제는 아니지만 다양한 어종이 낚이는 곳이다. 작은 방파제에서는 록피시를, 바깥 큰 방파제에서는 호래기나 붕장어 낚시를 할 수 있다. 물색만 주의하면 낚시하는 데 큰 지장이 없다.

이동방파제

- **소재지** : 기장군 일광면 이천리 170-5
- **길이** : 250여m
- **위치 참조** : 〈최신 전국낚시지도〉 276p B6

찾아가는 길

해운대에서 해운대로와 기장대로를 이용한다. 송정 – 기장 – 일광 순으로 진행하여 옛 일광역(폐역) 삼거리에서 오른쪽 이천교를 건너 3,4백m 나아가면 한국유리가 보인다. 한국유리 공장을 지나면 곧 이동마을 이정표가 나타난다.

■ 낚시 여건

방파제의 규모가 워낙 크고 다른 이름난 방파제들에 비교해 볼 때 주변 지형이 너무 밋밋해 외관상으로 보아서는 낚시터로서의 매력이 그다지 느껴지지 않는 곳이다. 인근의 일광해수욕장과 칠암회센터 같은 관광단지 옆에 위치해 가족 나들이 낚시객들이 많이 드나들어 더욱 그렇게 비쳐질 수도 있다. 그러나 실제로 이동방파제는 시즌이 되면 반드시 이곳을 잊지 않고 순례하는 단골 꾼들이 많을 정도로 알짜 조황을 자랑하는 곳이다.

이 지역은 오랫동안 지역어촌계와 관계기관에서 주도한 치어방류사업으로 감성돔 · 볼락 · 우럭 등의 고급 어종이 가까운 바다에 서식하고 있다. 뿐만 아니라 계절에 따라 도다리 · 벵에돔 · 농어 · 학공치 등의 인기 낚시어종들도 서로 뒤질세라 이곳 이동방파제를 찾아 와 조황이 뜨기 시작하면 낚시객들로 문전성시를 이룬다.

■ 어종과 시즌

가장 좋은 시즌은 가을부터 겨울 기간이다. 감성돔과 학공치가 눈에 띄게 많이 낚이면서 호황을 맞이한다. 봄부터는 농어가 낚이는데 청갯지렁이를 미끼로 쓰는 전

통적인 농어 밤낚시는 물론 루어낚시에도 조과가 좋은 편이다. 농어낚시는 방파제 입구 왼쪽에 형성돼 있는 갯바위 지대가 좋은 포인트이다. 특히 방파제 입구에는 축양장의 배수구가 있어 먹잇감이 풍부한 물이 계속해서 내려오기 때문에 대상어 종들에게 좋은 먹이 공급처가 되는 것이다.

가을이 다 가고 11월 말경이 되면 방파제 가까이로 볼락이 붙는다. 18cm 내외 씨알로 낮부터 낚이기 시작해 밤에도 계속 입질을 이어간다. 청갯지렁이를 미끼로 쓰거나 루어낚시를 해도 된다.

내항 쪽에서는 겨울철에 호래기낚시가 이루어진다. 주로 12~1월에 시즌이 형성되지만 기간 내내 낚이는 것이 아니라 들어왔다 나가기를 반복한다.

■ 포인트 및 참고 사항

벵에돔은 한여름부터 찾아들어 입질을 시작한다. 아주 큰 놈들은 아니지만 25~30cm 정도의 씨알로 대여섯 마리 정도는 어렵지 않게 낚아낼 수 있다. 0~3B 구멍찌를 쓴 채비를 많이 사용하는데, 이 지역의 특효 미끼인 파래새우가 역시 위력을 발휘한다. 이곳의 감성돔낚시엔 3B~0.8호 구멍찌가 효과적인데, 중밀물~중썰물이 피크 타임이므로 이때 정신을 바짝 차려야 한다.

감성돔은 방파제 외항 끝 지점, 벵에돔은 중간 지점에서 조황이 좋은 편이다. 또 방파제 끝에서 맞은편의 학리마을을 보고 멀리 원투를 하면 루어에 농어가 입질을 하기도 한다. 볼락과 우럭은 외항 쪽 테트라포드 사이를 겨냥한 구멍치기나 내항 벽에 채비를 바싹 붙이면 입질을 받을 수 있다.

인근 낚시점(051)

*형제낚시 721-4687
일광면 삼성리 25-1
*역전낚시 722-1466
일광면 삼성리 25-1
*해송낚시 721-4123
일광면 삼성리 33-1

↓ 이동 내항에서 바라본 방파제 전경. 외항 방향에서 볼락·학공치·감성돔 등이 잘 낚이고, 방파제 초입의 왼쪽 갯바위 지역에선 농어낚시 재미가 일품이다.

임랑교방파제

- **소재지** : 기장군 일광면 문동리 2-8
- **길이** : 90여m
- **위치 참조** : 〈최신 전국낚시지도〉 276p C5

찾아가는 길

부산-울산 간 고속도로 기장IC에서 나와 톨게이트 전방 일광교차로에서 14번 국도(기장대로)를 타고 온양 · 울산 방면으로 진행하다가 좌천삼거리에 이르러 오른쪽으로 빠진다. 고리 · 서생 방면으로 2.3km 직진하면 임랑삼거리가 나오는데, 여기서 우회전하여 300m가량 남하하면 길 건너 왼쪽으로 방파제 보인다.

인근 낚시점(051)

*삼원낚시 727-4724
장안읍 좌천리 246-9
*강변낚시 727-5828
장안읍 길천리 203-3

■ 낚시 개황

좌광천 하구를 경계로 약 80m 정도 떨어져서 마주보고 있는 두 개의 방파제가 있다. 북쪽 방파제는 임랑해수욕장의 방사제(防砂堤) 역할을 하며, 여기에 소개하는 남쪽 방파제는 일광면 문동리에 속한다. 뚜렷하게 부여된 명칭이 없어 인접한 임랑교를 기점으로 하여 편의상 임랑교방파제라 부른다. 이곳 남쪽에 위치한 문동방파제와 혼동하는 경우도 있으나 분명히 다른 방파제다. 행정지역으로는 일광면 문동리에 속하지만 장안읍 임랑리 임랑해수욕장과 훨씬 가깝다.

■ 참고 사항

좌광천이 바다와 만나는 기수역이다. 까지매기와 우럭, 작은 씨알의 감성돔까지 종종 낚을 수 있다. 망상어 같은 잡어는 쉽게 만날 수 있어 신병훈련소와 같은 곳이다. 작은 석축으로 이루어져 있어 낚시하기에도 무척 편하다. 오른쪽의 테트라포드에서는 민장대를 이용한 구멍치기를 하면 우럭이 낚인다. 큰 씨알은 없지만 잔재미가 많은 곳이다. 15~20cm 정도의 볼락도 낚을 수 있다.

방파제 끝에서 1시 방향에 있는 간출여를 노리고 원투낚시나 흘림낚시, 루어낚시를 하면 농어 · 감성돔 · 볼락 같은 고급 어종을 낚을 수 있다. 특히 야간에 볼락 루어낚시를 하면 주변에 산재한 여밭에서 다양한 씨알이 낚이는데 던질찌를 이용해서 멀리 원투를 해야 손맛을 볼 수 있다. 릴 찌낚시를 할 때에는 밀물 때 최대한 채비를 멀리 던진 후 조류를 따라 간출여 방향으로 채비를 흘려주는 것이 관건이다. 수심은 가까운 곳이 3~4m, 먼 곳이 7~8m. 방파제 오른쪽의 갯바위에서도 볼락이 잘 나온다. 야간에는 조명이 없기 때문에 이동에 주의해야 한다.

↓ 좌광천 하구에 위치한 임랑교방파제는 기수역에 머물기를 좋아하는 까지매기(농어 새끼)가 많은 곳이지만 볼락과 우럭도 심심찮게 낚인다.

학명 ■ *Acanthopagus schlegelii*

영명 ■ Black porgy, Black sea bream

일명 ■ 구로다이(クロダイ)　　속명 ■ 남정바리, 비득(어린고기), 감시, 감생이

생태 ■ 체형은 측편된 타원형으로 전형적인 돔이며 금속성 광택을 가진 흑회색, 은회색을 띤다. 양 턱에는 3쌍의 송곳니가 있으며 뒤쪽으로 어금니가 발달한다. 등·뒷지느러미에는 각각 11~12개, 3개의 강한 가시가 있다. 사니질 또는 암초가 발달한 전 연안에 서식하며 봄에 내만에서 산란하고 겨울철이면 깊은 곳으로 이동한다. 성전환을 하는 종으로 수컷이 된 개체는 4~5년이 지나면 모두 암컷으로 된다. 60~70cm까지 자란다. 갯바위낚시 대상어 중에서 퇴고 인기 어종이며 그 외 양식 대상어, 횟감, 구이 등으로도 인기 높은 연안 도미류이다.

감성돔의 정액

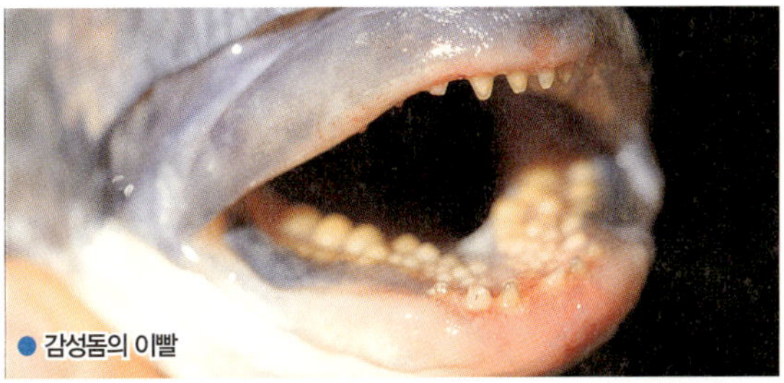

감성돔의 이빨

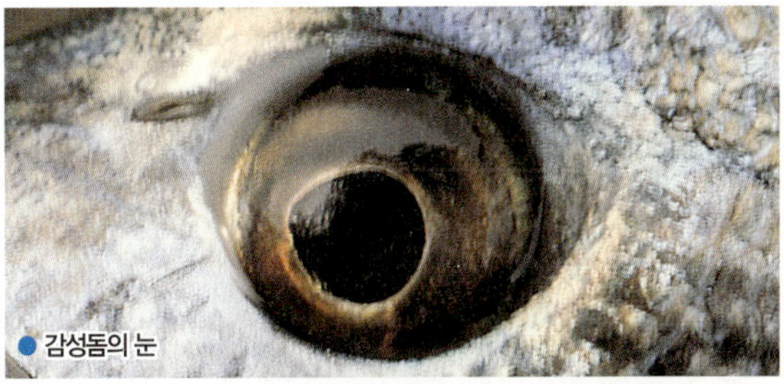

감성돔의 눈

감성돔의 등지느러미

임랑방파제

- **소재지** : 기장군 장안읍 임랑리 1-53 외
- **길이** : 큰방파제 180여m, 작은방파제 70여m
- **위치 참조** : 〈최신 전국낚시지도〉 276p C5

찾아가는 길

부산-울산 간 고속도로 기장 IC에서 나와 톨게이트 전방 일광교차로에서 14번 국도(기장대로)를 타고 온양 · 울산 방면으로 진행하다가 좌천삼거리에서 이르러 오른쪽으로 빠진다. 고리 · 서생 방면으로 2.3km 직진하면 임랑삼거리가 나오는데, 여기서 좌회전하여 630m 신행하면 오른쪽으로 기장도예관이 보인다. 우회전하면 곧 방파제이다.

■ 낚시 여건

임랑해수욕장 왼쪽(북쪽)에 위치한 방파제로 도예관 바로 앞에 위치해 찾기 수월하다. 주차는 도예관 앞이나 주변 공간에 자유롭게 할 수 있는데, 여름철에는 피서객들이 많아 차를 대기가 어렵다. 해수욕장에 위치한 까닭에 방파제 주변 바닥은 모래와 자갈이 대부분이고 드문드문 수중여가 박혀 있다.

겨울이 되면 이 주변으로 광활한 몰밭이 형성되는데 이 몰밭이 물고기를 불러 모으는 역할을 한다. 또 방파제 왼쪽(북쪽)에는 여밭이 잘 발달된 갯바위가 있는데, 모래바닥 지역에 형성된 이곳 여밭 또한 훌륭한 물고기의 서식처가 된다. 이곳에 살고 있는 고기들이 곧 임랑방파제의 어장 노릇을 하는 셈이다.

조류가 세지 않고 주변 수심도 3~4m 정도로 얕은 편이다. 파도나 바람의 영향도 덜 받는다. 인근의 월내, 길천 등 유명 방파제에 가려 이름값은 떨어지는 편이나 잡어 손맛을 볼 수 있는 곳으로는 손색이 없다. 무엇보다 자리다툼 없이 한가하게 낚시를 할 수 있는 것이 장점이다.

■ 어종과 시즌

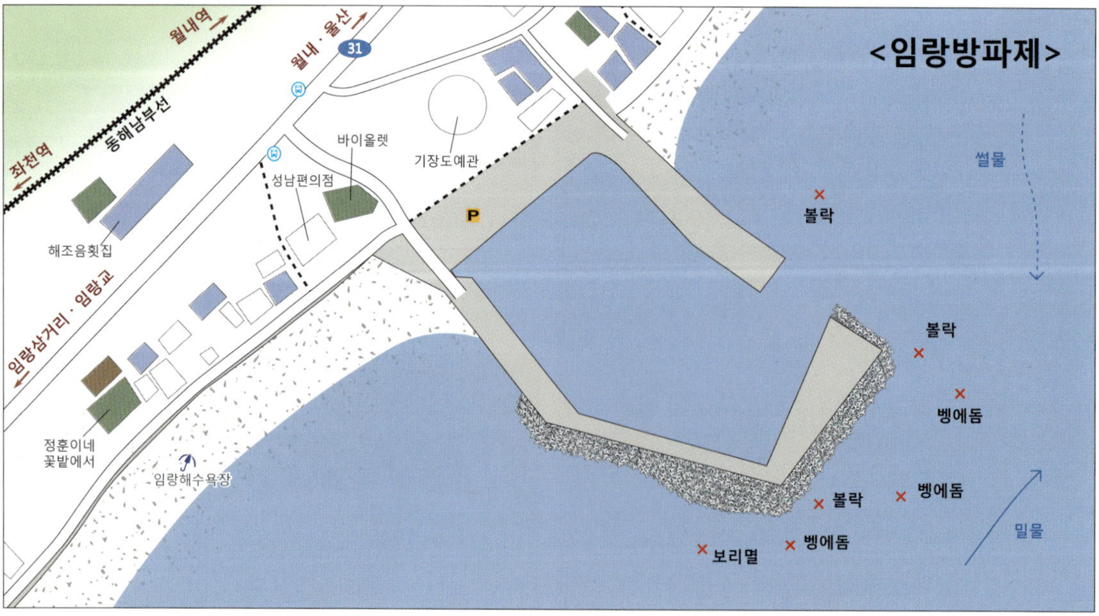

지형적인 영향으로 가장 잘 낚이는 어종은 여름 보리멸이다. 방파제 어느 지점에 서건 원투낚시를 하면 20cm 정도의 보리멸이 잘 낚인다. 6월부터 9월까지가 피크 시즌이며 방파제 끝자락에서 멀리 던질수록 마릿수나 씨알이 좋다. 봄철에는 도다리도 함께 낚인다.

7~8월에는 25cm급 벵에돔이 낚인다. 파래새우나 빵가루 채비로 낚는데 잔 씨알이 섞여 나오기 때문에 선별해서 낚아내야 한다. 장마철을 전후해서는 밤낚시로 까지매기(농어 새끼)를 낚는 재미도 좋다. 인근 좌광천의 하구를 배회하는 크고 작은 까지매기들이 청갯지렁 미끼나 볼락 루어낚시 채비에 낚인다. 볼락은 몰밭이 형성되기 시작하는 11월부터 낚이는데, 방파제 가까운 거리보다는 북쪽 갯바위 부근에서 입질을 잘하는 편이다.

인근 낚시점(051)

*삼원낚시 727-4724
장안읍 좌천리 246-9
*강변낚시 727-5828
장안읍 길천리 203-3

■ 포인트 및 참고 사항

벵에돔낚시는 큰 방파제가 꺾이는 지점부터 끝자락까지가 포인트로, 외항 쪽 테트라포드에 자리를 잡고 낚시를 하면 된다. 꺾인 지점과 끝자락 중간 지점에 테트라포드가 유실되어 돌이 무너진 듯한 형상을 한 곳이 있는데 이곳이 가장 좋은 포인트이다. 벵에돔 · 볼락 · 까지매기 등도 이곳에서 잘 낚인다. 보리멸은 원투낚시를 해야 하는데, 밑걸림이 그다지 심한 곳이 아니므로 시중에 판매되는 묶음추 채비를 쓰는 것이 편하다. 바늘 2개를 다 쓰지 말고 아래쪽에 있는 바늘을 제거하고 중간 바늘 한 개만 쓰면 밑걸림을 줄일 수 있다. 미끼는 청갯지렁이를 사용하면 된다. 볼락을 겨냥할 때는 테트라포드 사이를 노리는 구멍치기를 하거나 작은 방파제 끝에서 왼쪽 갯바위 방향으로 최대한 멀리 던져서 천천히 감아주면 된다.

↓ 기장도예관에서 바라본 임랑 방파제. 오른쪽 큰 방파제의 꺾이는 지점 외항 쪽이 가장 좋은 포인트이다. 인근에 있는 좌광천의 영향으로 다양한 어종이 들어온다. 내항에서는 잔 씨알의 잡어낚시만 된다.

죽성방파제

- **소재지** : 기장군 기장읍 죽성리 30-43
- **길이** : 160여m
- **위치 참조** : 〈최신 전국낚시지도〉 295p F1

찾아가는 길

송정터널을 지나 해운대로와 기장대로를 타고 기장 방향으로 향한다. 기장읍 죽성사거리에서 신앙촌 · 죽성 방면으로 우회전한다. 5분 정도 나아가면 왼쪽에 죽성리가 나온다.

■ 낚시 여건

방파제가 있는 죽성리 두호 마을은 아래쪽(남쪽) 월전 마을과 함께 붕장어구이로 유명한 곳이다. 평일에도 붐빌 때가 많을 정도다. 하지만 낚시하는 데 큰 문제는 없다. 주변 공간이 넓어 사람이 많아도 이동하기에 어렵지 않다. 규모는 작지만 나름 멋을 내어 만든 등대가 서 있는 죽성방파제는 루어낚시가 대중화되면서 인근의 낚시인들에게 유명세를 타고 있다. 그 주인공은 볼락과 호래기 · 갈치로 동네 꾼들의 최고 인기 어종들이다.

방파제 주변에는 주차할 곳도 많고 방파제 끝까지 가로등이 밝게 켜져 있어 밤낚시를 하기에도 더할 나위 없이 좋은 여건을 형성하고 있다. 단, 주변 해저 지형이 뻘이라 파도가 닥치는 날에는 물색이 탁해서 낚시를 못하는 경우가 있으니 이 점 감안해야 한다. 신천천이 흘러드는 곳이라 모래와 토사가 유입되는 탓이다.

■ 어종과 시즌

호래기는 초겨울부터 낚이는데 시즌이 짧은 경우는 2월 말에 끝나기도 한다. 오래 지속될 경우는 4월까지도 낚인다. 방파제 끝 지점에서 잘 낚이며 만조 때는 중

간 지점에서도 낚인다. 평균 20마리 넘게 낚아낼 수 있지만 물때에 따라 조과가 크게 달라진다. 중밀물부터 중썰물까지 조황이 좋은 편이다. 갈치는 8월 말부터 10월 초까지, 날씨가 좋을 때 찾아가면 평균 10여 마리씩 낚을 수 있다. 씨알은 그다지 만족할 만한 수준이 못 된다.

■ 포인트 및 참고 사항

방파제 초입의 오른쪽은 여밭이 잘 형성돼 있다. 수심은 가까운 곳이 3m, 먼 곳은 5m 정도인데 이곳을 공략하면 볼락과 우럭을 낚을 수 있다. 방파제 아래쪽(남쪽)에 형성된 갯바위 지역도 놓쳐서는 안 된다. 규모에 비해 많은 양의 볼락이 낚여 부산 루어낚시 동호회들의 냉장고로 통할 만큼 유명한 곳이다. 수심이 얕기 때문에 플로팅 타입의 볼락볼과 0.3g 내외의 지그헤드를 함께 사용한다. 웜은 새우 모양이나 스트레이트 타입이 잘 먹힌다.

방파제의 경우 중간 지점부터 끝까지는 특별한 포인트가 따로 없다. 이 구간에서는 주로 호래기와 갈치낚시를 하는데, 호래기는 전용 에기나 슷테를 이용해서 바닥부터 중층까지 공략하면 두 자리 수를 낚을 수 있다. 갈치는 물결채비를 이용해야 조과를 배가할 수 있다. 웜과 지그헤드, 트레블훅으로 만든 이 전용 채비는 7g 내외의 무게로 조합하여 되도록 멀리 캐스팅한 후 다양한 수심층을 탐색해야 한다. 방파제에 설치돼 있는 밝은 가로등 불빛이 자연적인 집어등 역할을 해야 갈치를 불러 모으므로 해가 지고 난 다음, 즉 가로등이 켜지고 약 2시간 정도 지나야 입질을 기대할 수 있다는 점 염두에 두기 바란다.

인근 낚시점(051)

*대양낚시 721-0519
기장읍 청강리 137-1
*바다낚시프라자 704-1620
해운대구 송정동 158-17
*형제낚시마트 703-7266
해운대구 송정동 158-7

↓ 월전 방향에서 바라본 죽성 방파제. '동네낚시'에서 가장 인기 어종인 갈치 · 호래기가 잘 낚여 가을~겨울에는 북새통을 이룬다. 물색이 쉽게 탁해지는 것을 제외하고 낚시여건은 두루 편리한 곳이다.

칠암방파제

- **소재지** : 기장군 일광면 칠암리 2-3 외
- **길이** : 330여m
- **위치 참조** : 〈최신 전국낚시지도〉 276p C5

찾아가는 길

해운대 방면에서 해운대로와 기장대로, 31번 국도를 이용한다. 송정 - 기장 - 일광에 도착해 옛 일광역 삼거리에서 오른쪽 이천교를 지나면 머지않아 한국유리가 보인다. 한국유리 공장과 이동마을을 지나면 칠암회센터 간판이 보인다. 칠암회센터로 진입해 보이는 큰 방파제가 칠암방파제다.

■ 낚시 여건

아나고(붕장어) 회'로 유명한 칠암마을의 방파제는 매우 복잡한 형상이다. 도대체 어느 것이 진짜 칠암방파제인지 헷갈리기 일쑤. 입구 쪽의 작은 선착장 2개와 큰 방파제 1개, 남북으로 뜬방파제(島堤) 2개가 또 있기 때문이다. 이 중에서 칠암방파제는 큰 방파제를 일컫는데, 낚시꾼들이 모여 있는 것을 보면 금방 알 수 있다.

근년 칠암방파제는 증축 공사를 해 300m 이상에 이르는 거대한 규모로 완공되었다. 외항은 테트라포드, 내항은 석축으로 된 이곳은 릴 찌낚시와 루어낚시를 동시에 할 수 있는 좋은 여건이다. 하지만 선박의 왕래가 잦고 특히 내항 쪽에는 정박한 배들이 많아 루어낚시인들은 많이 기피하는 편이다.

칠암방파제는 관광지인 칠암횟집단지 내에 위치하고 있어 주변 편의시설이 상당히 좋은 편이다. 주차공간도 넓어 칠암방파제 앞에 주차를 하고서 인근 문중방파제까지 도보로 이동해 가며 낚시를 하는 재미도 있다.

칠암방파제 끝에는 구도(球都) 부산을 상징하는 야구배트와 야구공, 글러브 모양으로 축조된 등대가 있다. 이 등대는 2008년 베이징올림픽 야구 금메달 획득을 기념하여 만들어진 것인데, 조형물 내부에는 베이징올림픽 당시 우승 주역 선수들의

사진과 사인, 부산 출신 유명 야구인들의 사진과 정보가 들어 있다.

■ 어종과 시즌

찌낚시 주력어종은 벵에돔이다. 7월 초부터 시즌이 시작돼 9월까지 이어진다. 볼락은 사철 낚이는데 11월부터 12월까지 가장 씨알이 좋고 마릿수도 많은 편. 12월은 호래기도 잘 나온다. 방파제 내항 방향 및 칠암횟집단지 앞 내항에서도 잘 낚인다. 2월 초까지 시즌이 계속된다.

■ 포인트 및 참고 사항

볼락 루어낚시 초창기에는 가로등 시설이 좋고 발판이 넓어 루어꾼들이 즐겨 찾았지만 최근엔 에깅 시즌에만 반짝하는 양상이다. 그러나 칠암방파제를 잘 아는 꾼들은 벵에돔 시즌을 놓치지 않는다. 방파제 끝 지점의 테트라포드 위에서 주로 낚시를 하는데 수심 4m 내외에서 입질을 받는다. 큰 씨알은 아니지만 25cm 정도의 씨알들이 아침 해 뜰 무렵에 집중된다. 시즌은 7~9월. 방파제 끝 지점의 내항 쪽에서는 원투낚시에 노래미 · 붕장어 · 성대가 낚인다. 미끼는 청갯지렁이나 참갯지렁이. 방파제가 두 번째로 꺾이는 지점도 좋은 포인트다. 역시 외항 쪽은 벵에돔, 내항 쪽에서는 민장대나 루어낚시에 볼락 · 우럭이 간혹 낚인다. 루어낚시는 밤에 조황이 집중된다. 초봄에 어쩌다 산란 차 들어온 지느러미오징어와 갑오징어가 낚이기도 한다. 가까운 수심은 3~4m, 10m 이상을 벗어나면 10m 이상으로 깊어진다. 칠암 내항에는 여밭이 있는데 이 여밭을 볼락 루어 채비로 잘 공략하면 씨알 좋은 볼락과 우럭을 낚을 수 있다. 웨이더를 입고 진입하면 더 큰 씨알이 낚인다.

인근 낚시점(051)

*해송낚시 721-4123
일광면 삼성리 33-1
*영빈낚시 721-9892
일광면 삼성리 77-2
*은파낚시 721-7898
일광면 삼성리 99-1

↓ 칠암항 해변에서 바라본 큰 방파제와 뜬방파제. 낚시는 거의 큰방파제에서 이루어지는데 벵에돔 시즌에 특히 빛을 발하는 곳이다.

학리방파제

- **소재지** : 기장군 일광면 학리 251-13
- **길이** : 220여m
- **위치 참조** : 〈최신 전국낚시지도〉 276p B6

찾아가는 길

부산 해운대 방면에서 송정터널을 지나 해운대로와 기장대로(14번 국도)를 이용해 울산 방향으로 북상하면 일광교차로가 나온다. 오른쪽 일광 · 서생 방향으로 빠져 5, 6백m만 나아가면 일광해수욕장 이정표가 보인다. 오른쪽으로 진입한 후, 일광해수욕장을 왼쪽으로 끼고 1.5km 계속 진행하면 학리방파제가 보인다.

■ 낚시 여건

규모가 크면 그 덩치만큼 조황도 넉넉한 방파제가 더러 있다. 부산 기장의 학리방파제도 그런 곳이다. 낚이는 어종이 다양한 데다 연중 사시사철 고기가 낚인다. 특히 5~11월까지는 가장 다양한 어종이 낚이는 계절이다.

인근 서쪽에 위치한 일광해수욕장과 함께 학리마을은 많은 사람들이 찾아드는 곳이라 주변에 횟집과 포장마차가 많다. 특히 장어구이가 유명한 곳으로 해녀가 직접 따 온 해삼과 멍게도 맛볼 수 있다. 방파제에서의 낚시는 테트라포드가 크고 듬성듬성 놓여 있기 때문에 안전에 주의만 기울인다면 편안하게 여가 시간을 보낼 수 있는 최적의 장소다.

■ 어종과 시즌

봄부터 볼락과 우럭 · 도다리가 낚인다. 여름에는 벵에돔과 감성돔낚시가 시작되며 가을이 되면 회유성 어종들이 붙기 시작해 전갱이 · 고등어까지 가세한다. 여름 장마 직후부터는 잔 씨알의 농어가 붙어 찌낚시, 루어낚시 모두 잘 된다. 한겨울에는 방파제 전역에 학공치가 붙는데 초겨울에는 볼펜급 씨알이지만 2월경이 되면

매직급의 먹을 만한 크기가 낚인다.

■ 포인트 및 참고 사항

학리방파제는 일찍부터 찌낚시를 즐기는 꾼들이 감성돔 · 벵에돔 · 망상어 · 학공치를 노리는 낚시터였다. 물론 아직도 방파제 중간부터 끝 지점까지는 내 · 외항 어디든 자리만 잡으면 손맛은 볼 수 있을 정도다.

볼락과 우럭은 루어낚시가 활성화하면서 엄청난 양이 확인되었다. 또 메탈지그나 미노우를 이용한 루어낚시도 빠르게 인기몰이를 하면서 광어와 농어가 새로운 대상어로 추가되었다. 모두 낚이는 양도 많고 씨알도 좋아 학리방파제는 해를 거듭할수록 그 명성을 더해가고 있다.

루어낚시 포인트는 내항 방향이 우선이다. 대부분 방파제는 외항 쪽에서 더 좋은 조과를 안겨 주지만 이곳 학리방파제는 오히려 내항 쪽에서 더 다양한 어종을 낚을 수 있다. 그 이유는 방파제 입구에 축양장의 배수구가 있기 때문이다. 이곳에서 수량이 유입될 때는 으레 축양장의 사료가 함께 떠내려 와서 고기들이 내항으로 모이게 된다. 단점이라면 배수구 주변은 자리다툼이 심하다는 것이다.

입구 쪽의 자리가 비좁을 경우는 내항에 정박된 선박 사이사이의 공간을 노려도 만족할 만한 조과를 거둘 수 있다. 주로 낚이는 어종은 망상어 · 볼락 · 우럭이며 먼 곳을 루어로 노리면 광어가 낚이기도 한다. 장마철 직후부터는 농어 새끼가 떼거리로 출현하는 날도 있다. 기온이 점점 올라가면 외항 테트라포드 오른쪽의 여밭에서 농어 새끼가 잘 낚인다. 이르면 8월 초부터 무늬오징어가 나오는데 11월 말까지 에깅을 시도할 수 있다.

인근 낚시점(051)

*일광낚시 721-4948
 일광면 삼성리 104-2
*은파낚시 721-7898
 일광면 삼성리 99-1
*새기장낚시 721-5234
 기장읍 동부리 379-1

↓ 오른쪽 신앙촌 방면에서 바라본 학리방파제. 입구 쪽에 잘 발달된 여밭으로 인해 사철 다양한 어종이 유입된다. 큰 규모의 방파제임에도 거의 전역에서 낚시가 잘 되는 것이 특징이다

한국유리방파제

- **소재지** : 기장군 일광면 이천리 395-25 인근
- **길이** : 120여m
- **위치 참조** : 〈최신 전국낚시지도〉 276p B6

찾아가는 길

해운대에서 송정터널을 지나 해운대로와 기장대로(14번 국도)를 타고 일광 · 장안 방면으로 나아가다 보면 오른쪽으로 보이는 기장체육관을 지나게 된다. 1600여m 전방의 일광교차로에서 일광 · 서생 방면의 오른쪽 31번 국도로 나와 1.1km 나아가면 옛 일광역(폐역) 삼거리에 이른다. 오른쪽 이선교를 건너 500여m 지점의 한국유리공장 건물을 보고 우회전해 230m만 진입하면 된다. 해안도로에 차를 세우고 한국유리방파제까지는 샛길을 따라 도보로 진입해야 한다.

인근 낚시점(051)

*형제낚시 721-4687
일광면 삼성리 25-1
*역전낚시 722-1466
일광면 삼성리 25-1
*해송낚시 721-4123
일광면 삼성리 33-1

↓ 진입로에서 바라본 한국유리방파제. 내항 쪽은 수심이 얕아 방파제 끝자락의 외항 방향이 포인트가 된다.

■ 낚시 개황

한국유리기업의 원자재를 수송하는 선박이 들어오는 용도로 만들어진 한국유리방파제는 지리적으로 낚시에 매우 적합한 조건이다. 날씨의 영향을 거의 받지 않으면서도 조류 소통이 좋아 감성돔 · 볼락 · 노래미 · 무늬오징어 · 농어 같은 다양한 어종이 낚인다. 방파제 왼쪽(북동쪽)으론 광활한 갯바위가 이어져 이 일대에서 서식하는 고기들이 시즌에 따라 꾼들의 채비를 물고 늘어진다. 방파제 가까운 곳은 자갈 또는 모래밭이 많지만 무너진 테트라포드가 자연적인 수중여 역할을 하면서 인근의 고기를 불러 모은다. 사계절 꾼들의 발길이 끊이지 않는 유명 낚시터이다.

■ 참고 사항

내항 쪽은 모래밭에 큰 돌이 듬성듬성 박혀 있다. 외항 쪽은 수중여 지대에 해초가 많이 자라 있어 낚시하기에 성가실 수도 있다. 그러나 바로 이러한 지형적인 여건으로 노래미와 같은 록피시 종류가 많다는 점을 인식해야 한다.

가을에는 숭어와 감성돔이 잘 낚이고, 12월부터 이듬해 5월까지도 감성돔이 드문드문 낚여 릴 찌낚시와 원투낚시 꾼들이 즐겨 찾는다. 특히 바람과 파도의 영향을 거의 받지 않으면서도 조류 소통이 아주 좋아 비가 오는 날을 제외하고는 낚시하는 데 별다른 제약이 없다.

다만 기업체 소유의 시설물이기 때문에 원재료가 수송되는 날이나 기타 작업이 있는 날에는 통행이 금지될 수도 있다는 점은 감안해야 한다. 간혹 일부 낚시인들이 이곳 직원들과 마찰을 빚어 서로 티격태격하는데 양식 있는 동호인이라면 절대 삼가야 할 일이다. 특히 낚시 후 쓰레기나 주변 뒷정리에 신경을 써야 한다.

공수방파제

• **소재지** : 기장군 기장읍 시랑리 545-13 • **길이** : 100여m
• **위치 참조** : 〈최신 전국낚시지도〉 295p F2

'기장 짚불곰장어'로 유명한 공수마을에 위치한 방파제로 겉으로 보기엔 큰 매력이 없어 보일 수도 있다. 그러나 인근의 미역양식장에서 배출되는 먹잇감으로 인해 연중 다양한 어종이 모여든다. 특히 장마 이후 씨알 굵은 전갱이가 낚이기 시작하면서 이를 먹이로 하는 농어가 따라 들어와 호황을 이룬다. 이때의 농어를 노리기 위해서는 원투력을 갖춘 농어 전용찌를 반드시 써야 하며 미끼로는 청갯지렁이 2~3마리를 넉넉하게 꿰는 것이 좋다. 루어낚시로도 공략할 수 있는데 얼마나 멀리까지 캐스팅할 수 있느냐가 관건이다. 가을에는 잔 씨알이나마 감성돔도 간혹 낚인다. 주요 포인트는 방파제 끝. 바닥 지형이 급심대를 이루어 감성돔이 노닐 만한 곳이다.

찾아가는 길

해운대에서 송정터널을 지나 송정삼거리에서 우회전하면 곧 송정해수욕장 입구에 도착한다. 좌회전하여 470여m 나아가면 공수해안길 이정표가 나온다. 오른쪽 공수마을로 진입하면 왼쪽으로 방파제가 보인다.

인근 낚시점(051)
*죽도낚시 703-9533 해운대구 송정동 376
*프로낚시 703-4410 해운대구 송정동 158-12

방파제낚시 Tip ①

남해동부 지역 방파제낚시 어종별 캘린더

어 종	1월	2월	3월	4월	5월	6월	7월	8월	9월	10월	11월	12월	비 고	수록지면
감성돔	×	×	×	△	△	△	△	△	○	○	○	△		081p
고등어	×	×	×	×	×	×	△	△	○	○	△	△		101p
넙치(광어)	×	×	×	△	△	△	△	△	△	△	△	×	거제권 일부 지역	101p
노래미(쥐노래미)	△	△	△	△	○	○	○	○	○	○	○	○		111p
농어	×	×	△	△	○	○	○	○	○	○	△	△		147p
도다리	×	△	△	△	○	○	○	○	○	○	○	×		169p
망둥어	△	△	△	○	○	○	○	○	○	○	○	△		183p
망상어	△	△	○	○	○	○	○	○	○	○	○	○		203p
벵에돔	×	×	△	△	△	○	○	○	○	○	×	×		219p
보리멸	×	×	×	△	○	○	○	○	○	○	△	×		239p
볼락	△	△	○	○	○	△	△	△	△	○	○	○		239p
붕장어	×	×	×	×	△	△	○	○	○	○	△	×		249p
성대	×	×	△	△	△	○	○	○	○	○	△	×		249p
숭어	×	×	△	○	○	○	○	○	○	○	○	×		281p
양태	×	×	×	×	△	△	○	○	○	○	△	×		281p
우럭	×	△	△	○	○	○	○	○	○	○	○	○		299p
전갱이	×	×	×	×	×	○	○	○	○	△	△	×		319p
전어	×	×	×	×	×	△	△	△	○	○	○	△		319p
학공치	○	○	○	△	×	×	×	×	×	×	△	△		325p
갑오징어	×	×	×	×	△	△	×	×	△	○	○	○	거제, 남해도 지역	367p
흰오징어(무늬오징어)	×	×	×	×	△	△	△	○	○	○	○	△		367p
주꾸미	×	△	△	△	△	△	○	○	○	○	○	△		377p
꼴뚜기(호래기)	○	○	×	×	○	△	×	×	×	×	×	○		377p

〈범례〉 ○ = 잘 낚임 △ = 그럭저럭 낚임 × = 잘 안 낚임

감천항 동방파제 / 감천항 서방파제(구평방파제) / 거북섬방파제 / 구덕포방파제 / 남천동방파제 /
남천삼익비치아파트방파제 / 남항방파제 / 다대포방파제 / 동백섬방파제 / 미창석유방파제 / 미포방파제 /

Part 4. 부산광역시

부산광역시 서구 암남동 산123-33번지에 위치한 송도방파제.

민락동방파제 / 백운포매립지방파제 / 송도방파제 / 송정방파제 / 수영만매립지방파제 / 암남공원방파제 / 영선동(반도보리)방파제 / 오륙도입자방파제 / 조도방파제 / 청사포방파제 / 하리방파제 / 해양대학교방파제

감천항 동방파제

- **소재지** : 부산광역시 서구 암남동 704
- **길이** : 500여m
- **위치 참조** : 〈최신 전국낚시지도〉 294p C6

찾아가는 길

부산역을 기점으로 할 경우 자갈치시장을 지나 충무로교차로에서 왼쪽 송도해수욕장 방면으로 진입한다. 계속 직진하면 왼쪽에 송도해수욕장이 나오고 조금 더 직진해서 암남공원을 지나면 얼마 안 가 삼거리가 나온다. 여기서 좌회전 후 길이 끝나는 지점까지 가면 정면에 빨간 등대가 있는 큰 방파제가 나온다.

■ 낚시 여건

흔히 '동방'이라 불리며 일대의 낚시인들이 '장박'의 유혹마저 느낄 정도로 부산에선 매우 인기 높은 유명 방파제 중의 하나다. 500여m 길이에 달하는 규모는 처음 보는 이로 하여금 압도적인 인상과 함께 방파제임에도 쉽게 접근할 수 없는 위압감을 준다. 느낌 그대로 동방파제는 여느 방파제 낚시터처럼 얕보고 덤벼들었다가는 큰 코 다친다. 15m 이상 되는 높이의 방파제에서 우선 일반적인 채비로는 낚시가 불가능하다는 점을 염두에 두어야 한다. 이곳에서의 채비는 여느 방파제 낚시터에 비해 한 단계 올려야 한다. 여유롭게 채비를 흘린다는 기분으로 낚시하다가는 망신당하기 십상이다.

소문만큼 동방파제는 많은 꾼들이 몰리고, 특히 고기 좀 나온다는 소문이 돌면 그날로 옆 사람과 어깨를 나란히 하고 낚시를 해야 될 만큼 초만원을 이루는 곳이다. 그럼에도 불구하고 동방파제에 꾼들이 끊이지 않는 것은 고생한 만큼의 대가가 충분히 주어지는 유명 포인트이기 때문이다.

■ 어종과 시즌

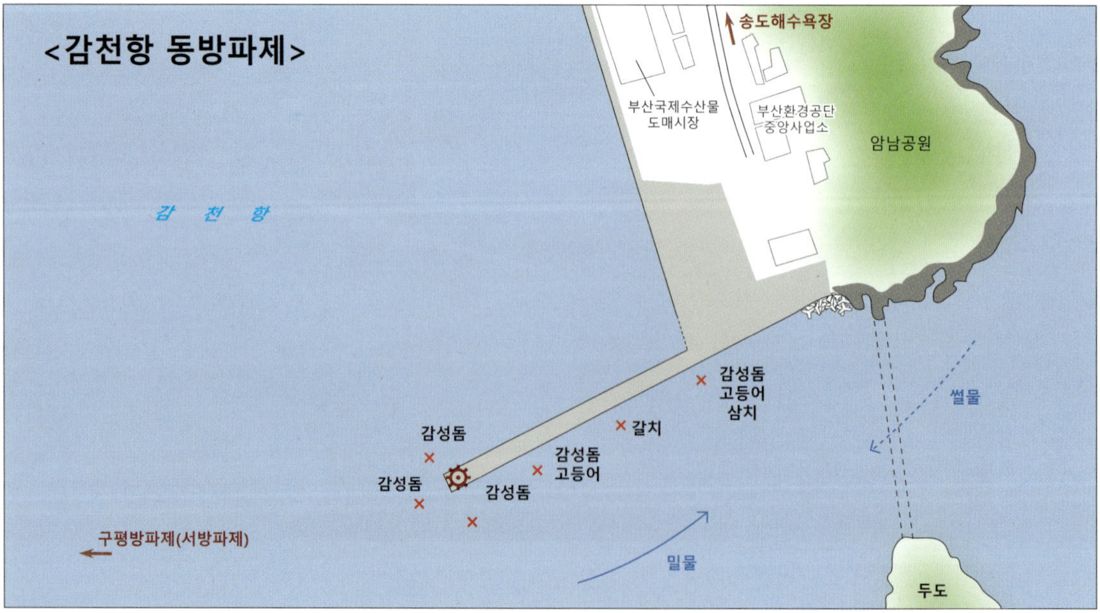

동방파제는 시즌별로 다양한 어종이 낚인다. 봄~늦가을까지는 인기 어종인 감성돔, 장마 전후에는 까지매기와 전갱이 · 고등어, 겨울에는 학공치, 가을에는 부시리와 삼치, 여름부터 가을까지는 벵에돔과 돌돔 새끼 등등, 안 낚이는 어종이 없다. 다만 이곳의 흠이라면 낚시가 잘 되는 것만큼이나 낚시인들이 많이 몰려 여유롭게 낚시할 자리가 없다는 점, 방파제가 너무 높아 대물을 걸었을 때 6m 이상 길이의 뜰채 없이는 안전하게 끌어 올릴 엄두를 못 낸다는 점이다.

인근 낚시점(051)

*애경낚시 253-7189
서구 암남동 621-36
*입구낚시 253-3421
서구 암남동 621-36
*부산낚시 244-2220
서구 남부민동 658-19

▪ 포인트 및 참고 사항

조류 소통이 좋아 채비를 흘리면서 낚시하기에는 그만이지만 조밀한 지역에서 낚시를 하다 보니 옆 사람과 채비가 엉킬 때가 많다. 따라서 채비를 멀리 흘리고자 할 때에는 서로 자리를 바꿔가며 차례로 이동하는 '협동하는 낚시'가 필요하다. 이곳에서 낚시를 해 본 이들은 이러한 불문율을 잘 알고 있기 때문에 굳이 협조를 구하지 않아도 자리를 바꿔주는 것이 관례화 되어 있다.

공략 포인트의 수심은 만조 시 13m 이상이 기본이다. 따라서 2호 이상의 고부력 찌를 이용한 반유동 낚시가 정석이다. 굳이 멀리까지 채비를 던질 필요는 없다. 거의 대부분 어종이 방파제 직벽을 타고 놀아 오히려 채비를 바싹 붙이는 것이 유리하다. 삼치나 부시리는 스푼이나 메탈지그를 멀리 던지면 반응한다.

기타 루어낚시를 할 때는 가급적 인적이 드문 장소를 찾는 것이 좋다. 채비가 엉키기도 쉽고, 루어낚시를 이해하지 못하는 나이 많은 꾼들과 시비가 붙을 수도 있기 때문이다. 주로 외항 쪽을 보고 낚시를 하게 되는데, 주요 포인트는 방파제 입구에서 3분의 1 지점과 방파제 끝 100m 정도 못 간 지점이다.

↓ 부산 최고의 방파제낚시터라 할 수 있는 곳이다. 감성돔 · 갈치 · 고등어 · 삼치 · 돌돔 · 벵에돔 등 인기 어종이 총 출현하는 곳으로 이곳 특유의 낚시방법만 숙지한다면 반드시 손맛을 볼 수 있는 명당이다. 사진은 동방파제 입구 매립지에서 바라 본 전경.

감천항 서방파제 (구평방파제)

- **소재지** : 부산광역시 사하구 구평동 499
- **길이** : 680여m
- **위치 참조** : 〈최신 전국낚시지도〉 294p C6

찾아가는 길

감천항 서편 입구를 기점으로 한다. 사하구 구평동 구평삼거리에서 남쪽 감천항 방향의 감천항로를 타고 끝까지 직진하면 감천항 서방파제 입구에 닿는다. 구평삼거리에서 3.9km 거리다.

■ 낚시 여건

부산 최고, 최대의 방파제 낚시터로 꼽히는 구평동 서방파제는 건너편 암남동의 동방파제와 함께 감천항 입구를 가로지르는 관문이다. 국제항으로 발돋움하는 감천항의 관문 역할을 하는 만큼 그 규모가 엄청나다.

일명 구평방파제라 불리는 서방파제는 규모만 인상적인 곳이 아니라 시즌에 따라 다양한 어종이 안겨주는 조황 또한 인상적이다. 서방파제 앞을 가로지르는 세찬 조류와 바닥에 산재한 자갈과 수중여가 이곳을 천혜의 낚시터로 만들었다.

■ 어종과 시즌

감성돔 · 벵에돔 · 갈치 · 농어 · 전갱이 · 숭어 · 학공치 · 도다리 · 우럭 등 다른 방파제에서는 보기 어려운 고급어종들이 시즌을 바꿔가며 서로 앞 다퉈 올라온다. 대표어종인 벵에돔은 다른 지역에 비해 일찍 낚인다. 5월부터 시즌을 시작해 10월까지 입질을 한다. 이외에도 무늬오징어 · 전갱이 · 갈치가 여름~가을 밤낚시에 낚이고 겨울에는 학공치와 감성돔이 활개를 친다.

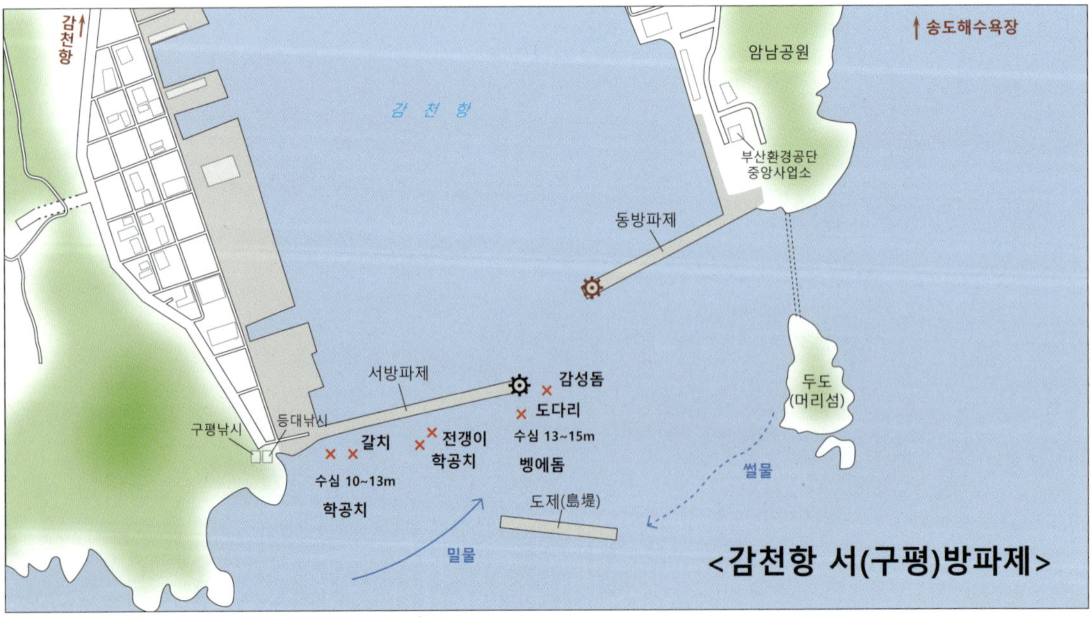

■ 포인트 및 참고 사항

서방파제의 특징은 공략의 표적이 되는 수중여가 낚시 자리에서 멀리 떨어져 있어 채비를 최대한 멀리 던져야 한다는 점이다. 최소한 30m 이상 채비를 던지거나 흘려야 입질을 받을 수 있다. 여름에는 주로 벵에돔 낚시를 하는데 이 역시 포인트는 전방의 수중여다.

포인트는 크게 세 군데로 나뉜다. 방파제 끝 부분과 중간, 그리고 입구의 테트라포드와 갯바위가 만나는 지점이다. 방파제 끝 부분은 조류의 흐름이 죽을 때 좋은 곳이다. 수심은 15m 정도. 전방 30m 지점에 있는 수중여 부근에서 입질이 잦다. 벵에돔을 노릴 때에는 파래새우를 미끼로 쓰고, 감성돔을 노릴 때에는 무거운 자립 막대찌 3호 내외의 채비로 크릴을 쓰면 입질을 받을 수 있다.

방파제 중간에서는 약 30m 정도 떨어진 수중여밭이 포인트다. 수심은 15m 정도. 참갯지렁이나 청갯지렁이를 사용한 원투낚시 채비에 종종 대물급의 감성돔이 낚인다. 릴 찌낚시를 할 경우, 원투성이 좋은 구멍찌나 막대찌를 사용해야 정확하게 포인트를 공략할 수 있다.

방파제 입구는 테트라포드 전방에 있는 긴 수중여가 집중 공략해야 할 포인트다. 벵에돔 포인트로 씨알은 잔 편이지만 마릿수가 좋다. 품질을 계속해 주어야 하며 빵가루를 쓰는 것이 무난하다. 가을에는 감성돔이 잘 낚인다. 감성돔을 공략할 때는 수중여에 바짝 붙여 바닥을 공략하는 방식으로 채비를 운용해야 한다.

늦여름부터는 방파제 전역에서 에깅으로 무늬오징어를 낚을 수 있다. 조류가 세차고 수심이 깊기 때문에 빨리 가라앉는 에기를 쓰는 것이 좋다. 3.5~4.0호 정도면 무난하다. 큰 씨알이 종종 낚이므로 갸프나 뜰채는 필수다.

인근 낚시점(051)

*가고파낚시 265-1357
 사하구 구평동 194
*등대낚시 265-5171
 사하구 구평동 496-10
*구평낚시 266-4524
 사하구 구평동 496-10

↓ 건너편 감천항 동방파제와 함께 부산의 관문으로 여겨지는 큰 방파제로 입구에 여러 개의 낚시점이 있을 정도로 꾸준한 조황을 자랑한다. 부산에서는 드물게 산란철 무늬오징어를 볼 수 있는 장소로 한때 유명세를 타기도 했다. 사진은 건너편 동방파제 끝에서 바라본 서방파제 전경이다.

거북섬방파제

- **소재지** : 부산광역시 서구 암남동 129-4
- **길이** : 230여m
- **위치 참조** : 〈최신 전국낚시지도〉 294p C5

찾아가는 길

부산역 방면의 경우 자갈치시장이 있는 충무동 방면으로 진행한 후 충무동교차로에서 송도해수욕장 이정표를 따라 직진하면 10여분 정도면 송도해수욕장에 도착한다. 거북섬방파제는 송도해수욕장 왼쪽(동쪽) 끝에 위치해 있다.

■ 낚시 여건

정확한 의미의 방파제는 아니다. 낚시인들 끼리 편의상 부르는 이름의 거북섬방파제는 송도해수욕장을 리모델링하는 과정에서 테트라포드를 증축하면서 생겨난 구조물이다. 확실한 진입로와 구조물을 가지고 있는 다른 방파제와는 달리 '거북섬방파제'는 송도해안로 남단의 침식 방지를 위해 얼기설기 쌓아둔 테트라포드 무더기 형태인 셈이다. 해안과 연결된 거북섬을 기점으로 길게 축조된 테트라포드 더미들은 송도해안로 남단과 평행하게 230여m 길이로 늘어서 있다.

그런데 이곳 거북섬을 중심으로 스카이워크가 축조돼 있어 낚시 여건이 예전 같지 않다. 관광객이 많은 낮에는 낚시가 거의 불가능하고 밤 10시 이후에야 낚시를 위한 출입이 가능하다. 대부분 거북섬 쪽에서 낚시를 하는데, 예전 봄 시즌에 농어와 감성돔을 낚던 테트라포드는 거북섬과 연결된 초입 구간만 간신히 들어갈 수 있다. 조명 시설과 진입로가 개선되어 거북섬으로의 진입만큼은 편리하다.

■ 어종과 시즌

방파제로서의 형식을 제대로 갖추지 않은, 그저 테트라포드 무더기에 불과한 곳이

<거북섬방파제>

지만 여타 방파제 낚시터의 조황을 능가하는 매력적인 포인트이다. 매년 봄 산란철 감성돔 시즌이 되면 50cm급으로만 연일 히트를 기록하는 사례가 한두 번이 아니기 때문이다. 이에 이곳 조황을 기억하는 꾼들은 매년 그 시기가 되면 잊지 않고 찾아들어 소리 소문 없이 재미를 본다. 게다가 같은 시기에 따오기급 농어까지 입질을 해 그 열기를 더한다. 낮에는 감성돔, 밤에는 농어 루어낚시로 소동이 일어나는 것이다.

늦여름 부산권 무늬오징어의 첫 소식을 전하는 곳도 바로 이곳이다. 해마다 가장 이른 시기에 무늬오징어낚시가 시작되는데, 무늬오징어 산란 포인트로도 유명하다.

인근 낚시점(051)

*부산낚시 244-2220
서구 남부민동 658-19
*성원낚시 244-9974
서구 남부민동 674-5

▪ 포인트 및 참고 사항

사니질(砂泥質)과 암초로 구성된 이 일대의 바닥은 무늬오징어가 서식하거나 산란하기 좋은 여건으로 루어 꾼들이 많이 찾는 곳이다. 한때 낚시 사이트를 떠들썩하게 했던 30cm가 넘는 대물 볼락이 낚인 곳도 바로 이 거북섬방파제다. 이곳은 테트라포드를 축조하는 과정에서 유실된 인근 테트라포드들이 어초 역할을 하면서 변함없는 붙박이 어종은 물론 기타 다양한 어종들을 불러들인다.

주요 포인트는 거북섬의 끝 부분과 그리고 거북섬과 테트라포드가 만나는 지점이다. 수심은 2m 내외. 6월 말경이 되면 전갱이 같은 회유어종이 들어오는데 이들 회유어종이 들어왔다 싶으면 곧 이어 무늬오징어가 따라 들어온다.

이 외에도 루어낚시에 볼락이 낚이며 원투낚시에는 굵은 보리멸이 입질을 한다. 망상어나 노래미 같은 어종들은 연중 낚이지만 씨알이 그다지 좋지 않은 것이 흠이다.

↓ 송도방파제 쪽에서 바라본 거북섬방파제. 갯바위와 테트라포드로 이루어진 곳으로 의외의 대물 포인트이다. 특히 봄에는 이곳 방파제의 시즌을 잘 아는 단골 꾼들이 화제의 대물을 올리곤 한다. 5짜 감성돔, 9짜 농어, 30cm가 넘는 볼락이 낚이는 명당이다.

구덕포방파제

- **소재지** : 부산광역시 해운대구 송정동 799-23
- **길이** : 아래, 위 방파제 각각 80여m
- **위치 참조** : 〈최신 전국낚시지도〉 295p F3

찾아가는 길

해운대 방면에서 장산로와 해운대로를 이용해 송정터널을 벗어나자마자 오른쪽 구덕포 표지판을 보고 우회전한 후 골목길 150m 지점의 큰길(송정광어골로)에서 우회전한다. 이후 350여m 지점의 사거리에서 좌회전하면 송정해수욕장 남단의 송정해변로가 나온다. 우회전하여 800m만 남하하면 구덕포방파제이다.

인근 낚시점(051)

*프로낚시 703-4410
해운대구 송정동 158-12
*바다낚시프라자 704-1620
해운대구 송정동 158-17

■ 낚시 개황

루어낚시 명소로 자리 잡은 부산 해운대 일대는 시즌마다 어종을 달리해 가며 쉼 없이 낚시를 즐길 수 있는 곳이다. 특이한 것은 어종이 바뀔 때마다 새로운 포인트가 나타난다는 것이다. 이 중에서 과거 찌낚시 포인트로는 별로 환영받지 못했던 곳들이 신흥 명소가 되는 경우가 있다. 구덕포방파제가 바로 그런 곳이다. 인근 송정해수욕장의 백사장과 가까운 거리다 보니 '모래밭에서 무슨 고기?'라는 선입견을 가지는 이들이 많았다. 그러나 조금만 눈여겨보면 구덕포방파제 좌우로는 광활한 여밭이 형성되어 있다는 것을 알 수 있다.

길이는 70~80m 정도에 불과하지만 두 개의 방파제가 나란히 마주보고 있어 낚시할 장소는 많은 편이다. 특히 왼쪽(북쪽)에 있는 꺾어진 방파제 모서리 부분의 테트라포드는 이 일대의 가장 명당이다. 수심은 가까운 곳은 4~5m, 먼 곳은 7~8m 내외. 테트라포드가 멀리 뻗어 있지 않는 곳이라 난간에서 바로 채비를 던져 낚시를 해도 될 정도다.

■ 참고 사항

볼락 루어 채비로 공략하면 밤에는 록피시 종류와 전갱이가 낚인다. 초여름에는 잔 씨알의 농어가 낚이기도 한다. 10~11월 이른 새벽에 메탈지그나 스푼을 던지면 씨알 좋은 삼치도 낚인다. 원투낚시에는 보리멸이 잘 낚인다. 이 일대는 의외로 조류가 강하게 흐르는 곳으로, 다소 무거운 채비를 써야 쉽게 공략할 수 있다. 또한 방파제 오른쪽(남쪽)으로는 갯바위가 잘 형성되어 있는데 깊숙이 들어가면 여밭이 좋아 볼락 · 우럭이 잘 낚인다. 가을에는 무늬오징어 에깅이 대세를 이룬다.

⬇ 두 개의 방파제 모두 규모는 70~80m에 불과하지만 주변에 여밭과 갯바위가 어우러져 다양한 어종이 출몰한다. 특히 바다 루어낚시 붐과 함께 거듭 두각을 나타낸 곳이다.

방파제낚시 대상어 도감 ③ – 고등어

학명 ■ *Scomber japonicus*

영명 ■ Common mackerel, Chub mackerel

일명 ■ 마사바 (マサバ)

속명 ■ 고도리

생태 ■ 긴 방추형이며 등은 청록색 바탕에 검은색 물결무늬가 있고 배는 은백색이다. 꼬리자루에는 두 줄의 작은 융기선이 아래위로 있다. 전 연안에 서식하며 수온이 상승하는 여름이면 연안에 접근 하였다가 겨울에는 남쪽으로 이동한다. 작은 새우, 지렁이, 어류 등을 탐식하며 40cm까지 자란다.

방파제낚시 대상어 도감 ④ – 넙치

학명 ■ *Paralichthys olivaceus*

영명 ■ Bastad halibut, Olive flounder

일명 ■ 히라메 (ヒラメ)

속명 ■ 광어

생태 ■ 눈이 왼쪽으로 몰려 있고 입이 큰 것이 가자미와의 차이점이다. 눈이 있는 쪽은 흑갈색, 황갈색, 녹갈색 바탕에 흰색 반점이 있으며 눈이 없는 쪽은 흰색이다. 전 연안, 일본, 동중국해에 서식하며 봄철 얕은 곳으로 나와 산란한다. 육식성으로 어류를 주로 먹는다. 1.5cm 전후에 눈이 한쪽으로 몰려 저서 생활을 시작하며 80~90cm까지 성장한다. 중요 양식 대상 종이며 담백한 맛의 흰살은 고급 횟감이다.

남천동방파제

- **소재지** : 부산광역시 수영구 남천동 563
- **길이** : 280여m
- **위치 참조** : 〈최신 전국낚시지도〉 295p D4

찾아가는 길

부산진구와 남구를 연결하는 황령터널을 이용하면 빠르게 도착할 수 있다. 서부산IC에서 동서고가도로를 타고 황령터널 램프로 빠져나오면 황령터널을 지나 메가마트 사거리에 도착한다. 이곳에서 좌회전하여 광안리해수욕장, 남천삼익아파트 방면으로 약 400m 정도 가면 우측에 방파제 출입구가 보인다.

■ 낚시 여건

해운대 방향에서 광안대교를 타고 바다 위를 달리다 보면 광안리해수욕장이 시종 눈길을 끈다. 마치 광안리해수욕장의 조망로(眺望路) 같기도 한데, 그곳 광안리해수욕장은 또 좌우에 잇따른 방파제 낚시터를 거느린다. 북동쪽 끝자락엔 민락동방파제를 두고 남쪽으론 삼익비치아파트방제를 드리우는데, 남천동방파제는 그 삼익비치아파트방제 라인과 연결되면서 마지막 방점을 찍는다. 대연동 · 용호동 방향에서 볼 때 광안대교가 시작되는 곳에 위치하는데, 남천항 매립지 안쪽에 들어앉은 방파제이다.

브이(V)자로 홈진 안쪽에 들어앉은 이 같은 지형적인 여건으로 인해 남천방파제는 웬만한 바람이나 파도에도 큰 탈 없이 낚시를 즐길 수 있다. 이곳 방파제를 중심으로 좌우로 해안도로를 따라 테트라포드가 계속 이어지는데 이들 구간도 낚시터 범위에 포함된다. 특히 이곳 남천동방파제와 이어진 삼익비치아파트의 테트라포드는 오래 전부터 유명 낚시터로 알려진 곳이다. 남천항에는 해양레저 계류 시설인 남천마리나가 있어 무분별한 차량 출입을 통제하기 때문에 인근 아파트 부근에 주차를 하고 걸어서 진입해야 한다.

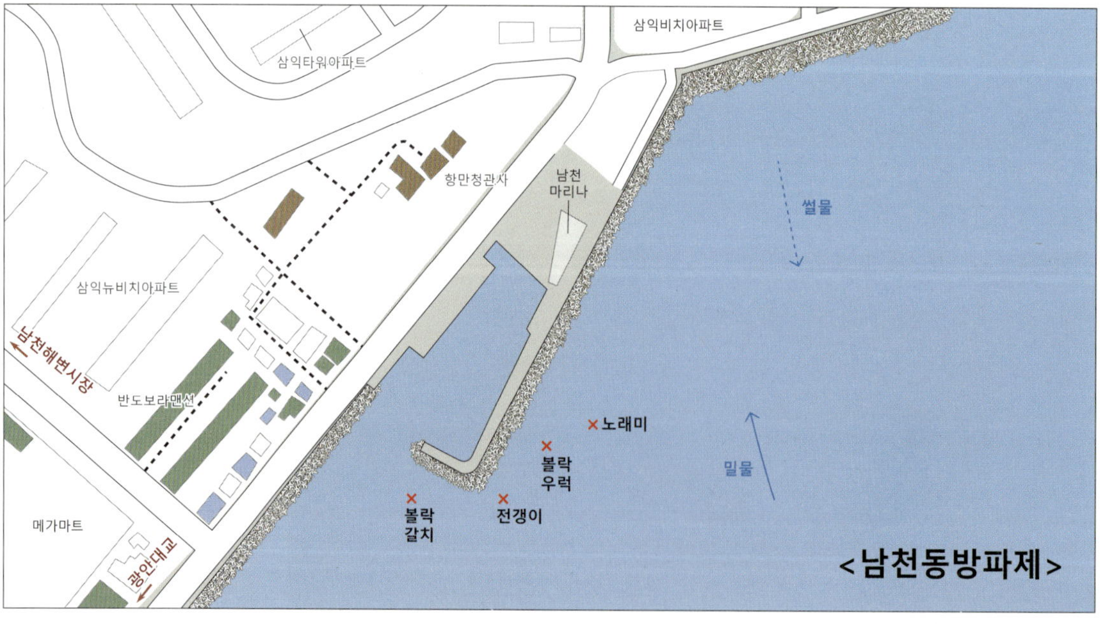

■ 어종과 시즌

지형적 여건상 볼락이나 우럭 같은 정착성 어류보다는 전갱이와 갈치 같은 회유성 어종이 잘 낚인다. 특히 늦여름부터 낚이기 시작하는 갈치는 가을이 되면서 점점 굵은 씨알을 선보인다. 여름에는 벵에돔이 낚이지만 큰 씨알은 드물다. 가을에는 릴 찌낚시에 잔 씨알의 감성돔이 낚이기도 한다.

■ 포인트 및 참고 사항

이곳 남천동방파제는 주변 수심이 5~7m 정도를 이룬다. 낚시 자리에서 20m 정도 거리가 되면 그 때부터 10m 가량의 수심이 형성된다. 릴 찌낚시를 하기 위해서는 방파제 끝에 자리를 잡되 공략 방향은 외항 쪽으로 두어야 한다.

낚시 방법은 간단하다. 대상어종이 무엇이든지 되도록이면 먼 거리를 공략하는 것이다. 특히 이 방파제에서의 가장 효과적인 낚시는 원투낚시인데 다양한 어종을 겨냥하기 위해서는 원투 전용 채비로 최대한 멀리 던져야 한다. 이와 반대로 민장대 낚시를 할 때는 방파제 테트라포드 사이사이를 구멍치기로 공략하는 것이 좋다.

최근에는 또 이 일대에서 루어낚시를 시도하는 동호인들이 많아졌는데 다른 곳에 비해 조황이 썩 좋은 것만은 아니다. 생각보다 정착성 어종이 많지 않은 까닭으로 해석된다. 따라서 이곳 남천동방파제 일대의 낚시는 전갱이나 갈치 같은 회유성 어종이 들어오는 시기를 잘 맞춰야 소기의 성과를 달성할 수 있다. 사전 조황 정보가 필요한 셈인데 그 시기는 대략 늦여름부터 초가을 사이이다.

인근 낚시점(051)

*삼성낚시 625-0885
수영구 남천2동 5-13
*중앙낚시 752-5368
수영구 민락동 37-8
*낚시광 611-5477
남구 용호3동 5-19

↓ 삼익아파트 방면에서 본 남천동방파제. 수영천을 끼고 있는 기수역에 위치한 관계로 크고 작은 씨알의 농어와 감성돔 · 전갱이 · 갈치 등이 시즌에 따라 잘 낚인다. 어촌계 안쪽에 위치한 관계로 비교적 낚시인들의 출입이 적어 한가롭게 낚시를 할 수 있다.

남천삼익비치아파트 방파제

- **소재지** : 부산광역시 수영구 남천동 148-13
- **길이** : 870여m
- **위치 참조** : 〈최신 전국낚시지도〉 295p D3

찾아가는 길

부산역 방면의 경우 광안리 방면 버스를 타거나 택시를 이용해 광안리해수욕장 오른쪽 삼익비치아파트를 찾으면 된다. 방파제 입구로 가기 위해서는 아파트 단지 안으로 들어가야 한다. 자가용 이용자들은 아파트 단지 안에 주차를 할 수 있다.

■ 낚시 여건

부산의 주요 관광지 중 하나인 광안리해수욕장 옆(남쪽)에 위치한 남천동 삼익비치아파트 단지는 부산의 명물인 광안대교를 무지개처럼 시야에 드리우고 있다. 전망 좋은 아파트라는 얘기다. 이 아파트 단지의 해변 둘레엔 토압에 의한 지반 붕괴와 파도에 의한 침식을 방지하기 위한 호안(護岸) 보강 축조물로 수많은 테트라포드가 피복되어 있다. 거대한 방파제 같은 분위기의 테트라포드 구조물이 무려 900여m 나 길게 이어져 있는데 낚시인들은 이곳을 흔히 남천삼익방파제라고 부른다. 주변이 관광지인 데다 방파제 바로 옆에 조깅코스도 조성돼 있어 항상 많은 사람들이 오가는 곳인데, 비단 사람들만 많이 오가는 것이 아니다. 인근의 수영천에서 밀어내는 민물이 유입되는 기수역에 위치해 이 일대에는 철 따라 많은 어종이 찾아든다. 이에 사철 어종을 바꿔가면서 다양한 낚시를 시도할 수 있으며 진입 여건마저 좋아 가벼운 마음으로 낚시를 즐길 수 있다. 날씨의 영향도 많이 받지 않아 한마디로 전천후 낚시터라 할 수 있다.

■ 어종과 시즌

조류 소통이 좋고 테트라포드가 밀집되어 있는 주변 환경으로 인해 실로 다양한 어종이 낚인다. 그 중에서도 고등어 · 전갱이 · 갈치 같은 동네낚시 대표 어종들이 잘 낚이는 까닭에 인근 낚시꾼들이 연중 끊이지 않고 몰린다.

5월부터 10월까지는 또 벵에돔과 전갱이낚시가 관심을 끈다. 특히 전갱이는 카드 채비로 마릿수 조과를 흠뻑 누릴 수 있다. 여름 밤낚시엔 붕장어와 갈치가 낚이는데, 루어낚시를 하면 까지매기나 무늬오징어도 종종 올릴 수 있다. 민장대로 테트라포드 사이를 공략하면 개볼락과 우럭 · 볼락이 낚이는데 10월부터 이듬해 4월까지 그 시즌이 길게 이어진다.

또 한 가지 재미있는 건 난바다와 접해 있는 이곳의 지리적 여건으로 인해 삼치나 부시리까지 종종 올라와 쾌재를 부르게도 한다.

인근 낚시점(051)

*삼성낚시 625-0885
수영구 남천2동 5-13
*강태공낚시 851-2509
수영구 광안동 131-40
*머모피낚시 761-4545
수영구 수영동 529

■ 포인트 및 참고 사항

방파제 낚시터 포인트가 대부분 그러하듯, 이곳도 여느 방파제와 마찬가지로 꺾이는 지점이 최우선으로 주목해야 할 자리다. 북쪽 광안리해수욕장 방향 입구와 남쪽 메가마트 방향에서 꺾어지는 두 개 지점이 바로 남천삼익비치방파제의 핵심 포인트이다. 그렇다고 다른 구간은 낚시가 안 된다는 것은 아니다. 눈썰미 여하에 따라서는 큰 차이가 나지 않을 수도 있다.

문제는 물 밑 사정을 어떻게 파악하느냐이다. 낚시 자리 앞의 수중여 유무나 조류 방향에 따라 입질의 빈도가 달라지기 때문이다. 주로 릴 찌낚시를 하는 곳이지만 대상어종에 따라 루어낚시, 원투낚시를 하는 꾼들도 많은 편이다. 어떤 낚시를 시도하든 최대한 멀리 원투하는 것이 관건이다.

↓ 광안대교 위에서 바라본 삼익비치아파트 호안 지역. 아파트 단지를 테트라포드가 감싸고 있는 형태로 거의 전역에서 낚시가 이루어진다. 전갱이 · 고등어 같은 회유어가 주종을 이루는 가운데 간간이 볼락도 낚인다. 날씨 영향을 많이 받지 않아 사철 내내 꾼들이 상주하다시피 한다.

남항방파제

- **소재지** : 부산광역시 영도구 남항동3가 141-213
- **길이** : 1300여m
- **위치 참조** : 〈최신 전국낚시지도〉 294p C5

찾아가는 길

부산역 방면에서는 부산대교나 영도대교를 이용해 영도로 진입한다. 절영로를 따라가면 영선동 로타리가 나온다. 두 개의 로타리 중 영선아래로타리에서 해안 쪽으로 들어가면 방파제가 나온다. 사하구 지역에선 남항대교를 이용하면 된다.

인근 낚시점(051)

*반도낚시 413-3797
영도구 영선동4가 107
*대한낚시 314-5789
동구 초량3동 1198-1

낚시 개황

남항방파제는 부산 낚시인들이 즐겨 찾는 영도권의 방파제 낚시터 중에서도 오랫동안 발길이 지속돼 온 곳으로 낚시를 처음 접하는 이들의 훈련소 낚시터나 다름없다. 큰 씨알의 대상어는 없지만 온갖 잡어를 손쉽게 낚을 수 있어 낚시 입문자들에게 손맛을 안겨주기엔 최상의 낚시터라 할 수 있다.

봄철부터 망상어 · 숭어 · 도다리가 낚이고, 여름에는 감성돔을 비롯한 벵에돔, 돌돔 새끼, 고등어와 전갱이가 낚여 전문 꾼들과 초보자 모두에게 두루 손맛을 선사한다. 이후 늦가을부터는 또 학공치가 들어온다.

이렇듯 다양한 어종들이 방파제 전역에 걸쳐 낚이므로 어떤 특정 지역을 포인트라 꼽을 필요가 없다. 자신이 노리는 어종에 따라 자리를 옮겨 가며 낚시를 하는 것이 관건이다. 감성돔이나 벵에돔을 대상어로 한다면 바다 속에 테트라포드가 빠진 곳을 노리면 확률이 높다.

참고 사항

포인트가 따로 없다고는 하나 방파제 끝에서 릴 찌낚시를 하는 것이 가장 보편적이다. 주로 벵에돔과 감성돔낚시를 하며 겨울에는 학공치가 낚인다. 가장 많은 사람이 몰리는 곳이라 휴일에는 자리다툼이 심하다.

오른쪽(북서쪽) 남부민방파제 방향보다는 남쪽의 남항대교를 바라보는 방향이 주요 포인트로 감성돔을 노릴 때는 방파제에서 조금 떨어진 수중여를, 벵에돔은 테트라포드 가까운 곳을 공략한다. 수심은 6~7m.

↓ 큰 씨알은 없어도 철 따라 다양한 어종이 낚이는 남항방파제는 접근성도 좋아 초보자들에게 안성맞춤이다.

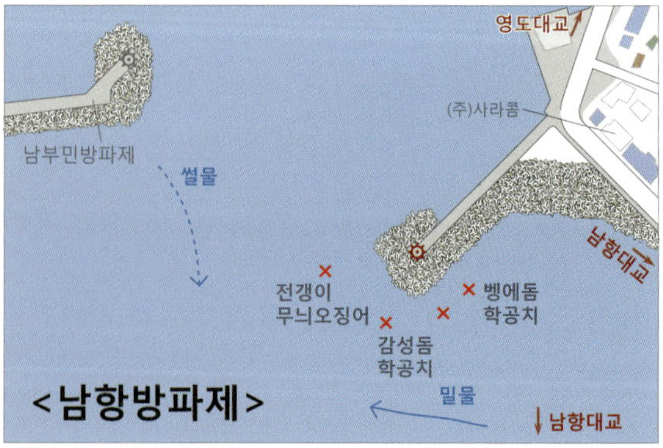

다대포방파제 (다대포방사제)

- **소재지** : 부산광역시 사하구 다대동 411-25 인근
- **길이** : 550여m
- **위치 참조** : 〈최신 전국낚시지도〉 294p B6

■ 낚시 개황

부산의 대표적인 섬 낚시터인 형제섬 · 나무섬 · 모자섬 등지로 향하는 출항지인 다대포는 다대포해수욕장을 끼고 낚시점과 냉동창고 등이 밀집되어 있는 해양 종합단지다. 다대포방파제는 이러한 주변 여건으로 인해 낚시꾼들이 연중 끊이지 않고 몰려드는 낚시 순례지 같은 곳이다.

그러나 방파제 주변은 바닥이 개펄 지대로 수심이 얕아 낚시터로선 다소 부적합한 여건인데, 방파제 끝부분에 위치한 돌섬(팔봉섬) 주변만큼은 주변에 산재한 수중여로 인해 좋은 포인트 여건을 형성한다.

따라서 방파제 규모에 비해 포인트가 협소하며, 포인트에서 조금만 벗어나도 모랫바닥이 나와 마릿수나 씨알, 어종의 다양성이 떨어지는 것이 또 단점이다.

■ 참고 사항

주로 원투낚시를 많이 하는 편이다. 6월부터 도다리 · 보리멸 · 노래미 · 망상어가 낚이며, 이후 한여름이 되면서 벵에돔이 붙는다. 초반에는 20~25cm가 주종이지만 8월이 되면서 씨알이 점차 굵어지고 마릿수 재미 또한 쏠쏠하다. 9월부터는 잔 씨알의 감성돔이 입질에 가세하여 11월 말까지 시즌을 이어간다.

벵에돔은 품질을 잘 하면 방파제 곳곳에서 손맛을 볼 수 있지만 감성돔은 돌섬 주변에서만 낚인다. 주로 릴 찌낚시로 공략하며 수심이 얕기 때문에 0.6호 이하의 구멍찌 채비만 쓴다. 벵에돔만을 노릴 때에는 0~2B 구멍찌를 이용한 전유동 채비가 효과를 본다. 원투낚시를 할 때는 묶음추 채비에 청갯지렁이를 쓰면 된다.

찾아가는 길

부산 낙동강변을 따라 이어지는 강변대로와 다대로를 타고 계속 남하하면 다대포해수욕장에 도착한다. 방파제는 다대포해수욕장 왼쪽에 위치한다.

인근 낚시점(051)

*대흥낚시 264-5438 사하구 다대1동 411-9
*다대낚시 261-2461 사하구 다대1동 411-2
*감성낚시 261-6122 사하구 다대1동 417-5
*신난희피싱 262-5466 사하구 다대동 468-23

↓ 다대포항 남쪽에 있는 곳으로 흔히 다대포방파제라 부르지만 방파제(防波堤)가 아닌 방사제(防砂堤)로 부르는 게 옳다. 낚시는 방사제 거의 끝 지점인 돌섬(팔봉섬) 부근에서 이루어진다.

동백섬방파제

- **소재지** : 부산광역시 해운대구 우동 721-3
- **길이** : 500여m
- **위치 참조** : 〈최신 전국낚시지도〉 295p E3

찾아가는 길

관광지로 유명한 해운대해수욕장의 오른쪽에는 해운대의 또 다른 상징인 동백섬이 있다. APEC 정상회담지로 알려진 누리마루가 있기도 한 동백섬의 입구에 우동 어촌계 선착장이 있으며 방파제는 그 끝에 붙어 있다.

■ 낚시 여건

바다와 인접한 친수공간이 많은 부산은 낚시가 되건 안 되건 방파제라면 낚시인의 발길이 닿지 않는 곳이 없다고 해도 과언이 아니다. 대개 낚시가 잘 되는 방파제일수록 평일, 주말을 가리지 않고 꾼들로 문전성시를 이뤄 자리다툼이 벌어지는 경우가 많다.

이곳 동백섬 방파제는 특별히 낚시가 잘 되는 곳은 아니지만 항상 나들이 꾼들이 끊이지 않는다. 방파제 바로 뒤편에 누리마루 공영주차장이 있어 저렴한 요금에 부담 없이 주차할 수 있다는 점도 장점이다.

그래서 꼭 고기를 낚아야겠다는 전문 꾼들보다는 나들이객들이 많은 편이다. 그렇다고 해서 낚시가 잘 되지 않는다고 생각하면 오산이다. 보기와는 달리 상당히 다양한 어종이 낚이는 전천후 낚시터가 바로 이곳 동백섬방파제이기도 하다.

■ 어종과 시즌

전어 · 노래미 · 숭어 · 농어 · 전갱이를 비롯해 가끔 잔 씨알의 감성돔까지 출몰하는 낚시터다. 장산에서 내려오는 춘천이 합류하는 기수역으로 다양한 어종이 서식

할 여건이 갖추어진 셈이다. 한겨울에는 숭어 · 노래미 · 학공치 · 전어가 낚인다. 주로 원투낚시, 카드채비를 이용한다. 봄부터 늦여름까지는 전갱이 · 벵에돔 · 농어가 주류. 가을~초겨울까지는 감성돔과 벵에돔이 잘 낚이는 편이다.

인근 낚시점(051)

*해운대낚시 746-2104
해운대구 우1동 829-37
*대륙낚시 781-3403
해운대구 재송1동 477-4

■ 포인트 및 참고 사항

포인트는 크게 세 군데로 나누어진다. 방파제 끝 부분에서 외항 쪽을 보는 방향과 입구 쪽에서의 내항 방향, 그리고 방파제 왼쪽의 돌무지에서 정면을 바라보는 곳이다. 수심은 가까운 곳은 4~5m, 먼 곳은 10m 이상으로 다소 깊은 편이다. 내항 쪽에서 원투낚시를 하는 꾼들이 많기 때문에 흘림낚시를 하기 위해서는 이들과 다소 떨어진 곳에서 낚시를 해야 한다. 늦가을부터는 전어가 계속해서 낚이는데 이 때부터는 주간엔 낚시할 자리가 없을 정도로 사람들이 붐빈다. 밤에는 씨알 좋은 전갱이와 까지매기가 낚이는데, 볼락 루어 채비로 먼 곳을 공략하면 된다. 웜은 되도록 큰 것을 사용하는 것이 좋다.

방파제 왼쪽(남쪽)의 누리마루 방향으로 계속 걸어 들어갈 수 있는데 튀어나온 콧부리까지 들어가면 루어낚시 포인트로는 최상의 지형이 나타난다. 80cm를 육박하는 대형급 농어가 속출하며 볼락 루어 채비에 감성돔이 낚이기도 한다. 농어를 공략할 때는 플로팅 타입의 미노우를 사용하되 립이 어느 정도 있어 파도를 파고들 수 있는 모양이 효과적이다. 볼락 루어 채비로 공략하면 전갱이 · 볼락 · 우럭을 겸할 수 있다. 12월경부터는 광활한 몰밭이 형성되어 낚시하기에 다소 어려움이 있다. 또 누리마루 가까이 진입하면 관리원이 진입을 금지하는 경우도 있기 때문에 진입이 허용되는 구간에서만 낚시를 해야 한다.

↓ 동백섬 누리마루 방면에서 바라본 동백섬방파제. 일반 방파제와 달리 옆으로 넓적한 모양을 하고 있다. 수영강이 유입되는 기수역에 위치해 시즌마다 다양한 어종이 낚이는 것이 특징이다.

미창석유방파제

• **소재지** : 부산광역시 영도구 동삼동 175-33 • **길이** : 450여m
• **위치 참조** : 〈최신 전국낚시지도〉 295p D5

영도의 동쪽 해안도로에 위치한 미창석유방파제는 원래 조그만 방파제였으나 인근에 들어선 국제 크루즈 여객선 센터로 인해 보강공사가 이루어졌다. 이후 450m에 이르는 초대형 방파제가 되면서 많은 낚시꾼들이 찾는 명소가 되었다. 방파제의 규모에 비해 좋은 포인트는 매우 한정돼 있다. 방파제 입구에서 약 100m 지점에 이르는 직선 구간이 포인트로, 이곳에서 찌낚시나 루어낚시가 이루어진다. 대상어종은 농어 · 우럭 · 감성돔 · 전갱이. 야간 원투낚시에는 붕장어가 잘 낚이기도 한다. 가을부터는 무늬오징어를 노리는 에깅 꾼들이 많이 찾는데, 에깅에 문어나 낙지가 곧잘 낚인다. 방파제가 꺾여 가로로 이어지는 지점부터는 가을에 삼치 루어낚시 재미가 쏠쏠하다.

찾아가는 길
부산대교를 건너 영도에 진입한 후 봉래교차로에서 태종대 방면으로 좌회전 후 약 1.2km 정도 이동한다. 부산저유소삼거리에서 영도구청(태종대) 방면으로 우회전 후 2.4km 정도 가면 한진낚시점 앞에 해안도로로 진입하는 좌회전 도로가 있다. 이 도로로 진입하면 방파제가 보인다.

인근 낚시점(051)
*한진낚시 405-2061 영도구 동삼동 213-9
*태종낚시 405-1691 영도구 동삼2동 720-1

방파제낚시 Tip ②

방파제는 어떻게 만들어지나

방파제는 난바다로부터의 파랑이나 조류를 막아 항내의 정온을 확보하고, 항내로 유입되는 표사(漂砂)를 막아 일정 수심을 유지할 수 있도록 항 · 포구 외곽에 쌓는 둑을 말한다.

사용되는 재료와 시공 방법 등에 따라 형태가 달라지는데, 기본적으로는 경사제(傾斜堤) · 직립제(直立堤) · 혼성제(混成堤) · 소파블록피복제의 네 가지로 나뉜다.

경사제(傾斜堤)는 사석제(捨石堤)제라고도 불리며, 돌이나 소파블록(테트라포드 종류) 등을 쌓아 만들어진다. 특징은 유약한 해저지반에도 적응하기 쉽고, 시공 보수 유지가 용이하다는 점이다. 또한 표면이 경사져 있기 때문에 파도의 되돌림, 즉 반사파의 발생이 적다는 것도 장점이다.

직립제(直立堤)는 콘크리트 블록이나 케이슨(철근 콘크리트 상자에 모래나 돌 등을 채워 넣은 구조물) 등을 사용하여 해저로부터 해면까지 거의 수직으로 쌓아 올리는 구조물이다. 특징은 단면적이 작고 재료비를 경감할 수 있으며, 항구의 유효 면적을 넓게 확보할 수 있다는 점이다.

혼성제(混成堤)는 사석(捨石)의 마운드를 기초로 하여 그 상부에 직립제를 설치하는 것이다. 경사제와 직립제의 복합적인 구조로, 그 특징은 수심이 깊은 장소나 해저 지반의 요철에도 대응하기 쉽다는 것이다.

소파블록피복제는 직립제나 혼성제의 겉면을 소파블록(테트라포드 등)으로 피복한 것으로, 직립제나 혼성제의 기능에 '소파'라는 기능을 추가시킨 개량형이다. 파도가 방파제를 넘는 현상을 줄이거나 반사파를 적게 할 수 있다는 점이 특징이다.

방파제낚시 대상어 도감 ⑤ – 노래미 & 쥐노래미

표준명 ■ 노래미
학명 ■ *Hexagrammos agrammus*
영명 ■ Spotty belly greenling
일명 ■ 쿠지메(クジメ)
속명 ■ 놀래미, 돌노래미
생태 ■ 몸은 가늘고 긴 원통형이며 적갈색, 흑갈색, 갈색 등 서식처와 개체에 따라 체색이 다양하다. 눈위쪽과 머리 뒤에 작은 육질 돌기가 있으며 옆줄이 하나이다. 전 연안의 바위나 해조류가 많은 곳에 흔한 종이다. 산란기는 겨울이며 점착성 알을 낳는다. 크기는 15~20cm급이 흔하다. 탐식성이 강하여 낚시에도 잘 낚인다.

● 노래미

● 쥐노래미

● 산란기의 쥐노래미 수컷.

표준명 ■ 쥐노래미
학명 ■ *Hexagrammos otakii*
영명 ■ Fat cod, Greenling
일명 ■ 아이나메(アイナメ)
속명 ■ 놀래미, 게르치, 돌삼치

생태 ■ 체형은 노래미와 유사하지만 노래미보다 회색이 짙고 50cm 이상으로 자라는 대형어이다. 몸은 서식 장소에 따라 황갈색, 회갈색, 자갈색 등 다양하다. 눈위와 머리 뒤에 피질 돌기가 나 있다. 옆줄이 5개로 많은 것이 특징이며 4번째 옆줄은 아가미 뒤에서 배지느러미까지로 짧다. 암초 바닥과 사니질 바닥에도 서식하며 우리나라 전 연안에 분포하는 정착성 어종이다.

미포방파제

- **소재지** : 부산광역시 해운대구 중동 1015-9
- **길이** : 100여m
- **위치 참조** : 〈최신 전국낚시지도〉 295p E3

찾아가는 길

관광지로 유명한 해운대해수욕장 동쪽 끝에 위치한다. 해운대해수욕장을 지나 달맞이고개 진입로 직전의 미포교차로에서 우회전, 바닷가까지 내려간 다음 길 끝에서 좌회전하여 50m 정도 가면 해안 파출소 부근에 방파제가 보인다.

■ 낚시 여건

미포방파제는 해운대 인근의 골수 꾼들이 아니면 그 존재조차 모를 정도다. 미포선착장에서 유람선이 뜨기 때문에 '그곳에서 무슨 낚시를 해?' 하고 반문하는 사람이 있을 정도다. 드넓은 해운대 백사장 동쪽 끝에 위치해 있기 때문이다.

사실 미포방파제의 낚시 여건은 그다지 깔끔한 편은 아니다. 내항에는 어선이 다닥다닥 정박해 있어 마땅히 채비를 던질 만한 곳이 없고, 외항 쪽의 대부분은 테트라포드가 허술하게 쌓여 있어 진입하기도 대단히 위험한 편이다. 낚시할 만한 장소는 방파제 끝의 협소한 자리가 전부. 그러나 의외로 이곳에서는 잔 씨알의 잡어 낚시가 호황을 이룬다.

■ 어종과 시즌

주력 어종은 노래미 · 전갱이 · 볼락 · 우럭 · 까지매기. 간간히 벵에돔이 낚이기도 하지만 전문적으로 노리는 꾼들이 많지 않기 때문에 원투 꾼들이나 루어 꾼들이 대부분 자리를 차지하는 편이다.

그렇게 오래도록 미포방파제는 대부분 원투 꾼들이 자리를 차지했으나 2010년 겨

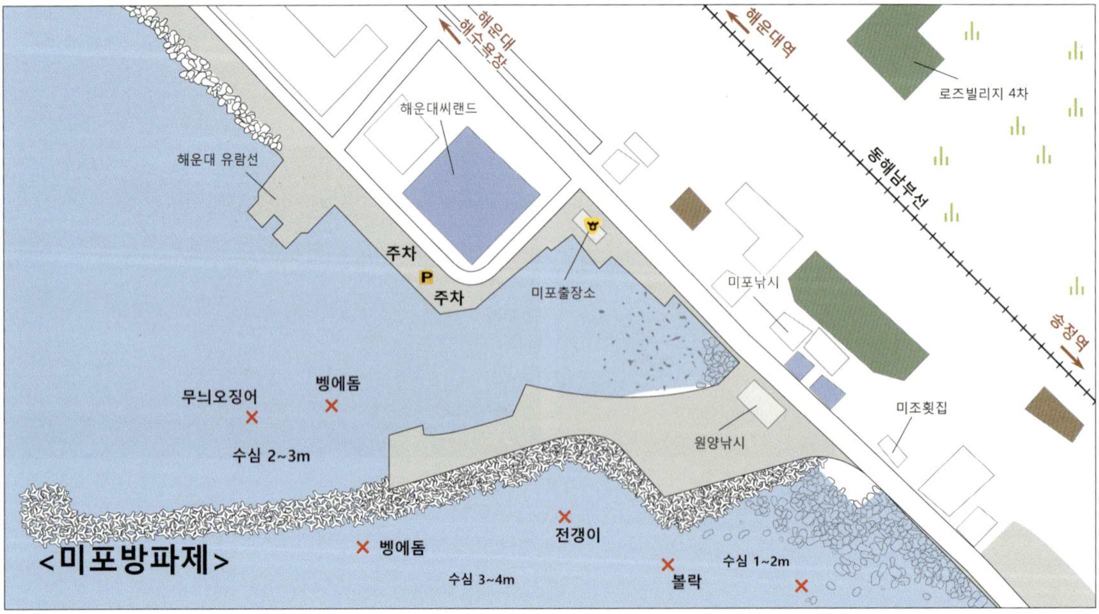

울 무렵부터 이곳 주변의 여밭을 눈여겨보기 시작한 루어 꾼들이 하나 둘 찾아들기 시작하면서 씨알 좋은 볼락과 우럭이 다수 확인되기 시작했다. 비록 외항 쪽의 수심이래야 2m 안팎에 불과하지만 바닥이 몽돌과 큰 수중여로 형성돼 있어 록피싱을 하기에는 최상의 여건이다. 게다가 방파제 외항 쪽은 초겨울부터 거대한 몰밭이 형성되어 우럭 · 볼락 · 노래미 등 붙박이 어종들의 놀이터가 된다. 또한 이 지역은 조금만 바다 쪽으로 나가면 빠른 조류가 형성되는 곳이라 특히 사리 물때를 전후한 시기에는 많은 볼락이 연안 가까운 몰밭으로 붙어 호황을 이룬다. 평균 씨알은 15cm 내외로 크지는 않은 편이다.

인근 낚시점(051)

*미포낚시 743-6095
해운대구 중1동 1023-1
*원양낚시 742-4040
해운대구 중1동 1015-9
*해운대낚시 746-2104
해운대구 우1동 829-37

■ 포인트 및 참고 사항

해운대해수욕장을 끼고 있는 관광지 주변이어서 밤늦게까지 불빛이 드리워진다. 그래서 자연스럽게 집어 효과를 볼 수 있는데, 방파제 가까이 붙는 것들은 모두 잔 씨알뿐이다. 큰 씨알을 낚기 위해서는 최대한 먼 거리를 노릴 수 있는 채비를 구성해야 한다. 원투낚시에 간간히 괜찮은 씨알의 고기가 낚이는 것만 봐도 입질 포인트는 먼 거리임을 알 수 있다. 그러나 수심이 그다지 깊지 않은 지역이기 때문에 밑 채비를 무겁게 달아서는 안 된다. 록피시 종류를 노릴 때에는 최대한 무거운 던질찌에 무게가 없는 웜 훅이나 0.5g 이하의 가벼운 지그헤드를 달아야 밑걸림을 피하면서 입질을 기다리는 것이 좋다.

주차할 곳이 마땅찮기 때문에 미포 진입로를 따라 끝까지 진입해 넓은 주차장에 차를 넣어 두고 50m 정도 걸어 나와 방파제에 들어가는 것이 좋다. 방파제 입구에 간이 낚시점도 있어 미끼와 간단한 소품을 현지 조달할 수도 있다.

↓ 미포 안쪽 해안도로에서 바라본 미포방파제. 주변 수심은 얕으나 바닥 지형이 좋고 인근 횟집에서 나오는 부유물들로 인해 온갖 고기들이 모여든다. 영화 '해운대'의 촬영장소로 유명세를 타기도 했다.

민락동방파제

- **소재지** : 부산광역시 수영구 민락동 113-43 외
- **길이** : 큰방파제 410여m, 작은방파제 170여m
- **위치 참조** : 〈최신 전국낚시지도〉 295p E3

찾아가는 길

광안리해수욕장이 끝나는 지점에 활어센터가 있다. 활어센터 주변에 주차를 하고 활어센터 뒤쪽으로 걸어가면 방파제 진입로가 나온다. 빨간 등대가 있는 작은 방파제는 수변공원에 붙어 있고, 흰 등대가 있는 큰 방파제는 활어센터 입구에서 들어갈 수 있다.

■ 낚시 여건

민락동 남쪽 해안, 큰 방파제 두 개가 서로 양팔을 껴안고 있는 형태의 민락방파제는 광안리해수욕장과 이웃하고 있지만 생각과는 달리 사람들의 왕래가 많은 편은 아니다. 바로 옆 해양공원이 피서객과 관광객들로 북새통을 이룰 때도 이곳 방파제는 그저 한산하기만 하다.

자동차로 광안대교를 달리며 바다 위에서 바라보는 방파제는 상당히 규모가 커 보여 관심을 끄는 데 비해, 육지 쪽에서는 이 방파제를 가로막고 있는 활어센터나 횟집단지로 인해 눈에 잘 띄지도 않을 뿐더러 실제로 이곳 방파제의 존재조차도 모르는 이들이 많다.

따라서 낚시꾼들도 그리 많지 않아 낚시할 공간만큼은 넉넉한 편이다. 그러나 방파제로 진입하는 도로가 관광지다 보니 항상 차들이 많아 주차 공간이 부족해 그리 여유롭게 찾을 수 있는 여건의 낚시터는 아니라는 것은 단점이다.

■ 어종과 시즌

민락방파제 일대는 동쪽에서 흘러드는 수영천과 만나는 기수역으로 다양한 어종

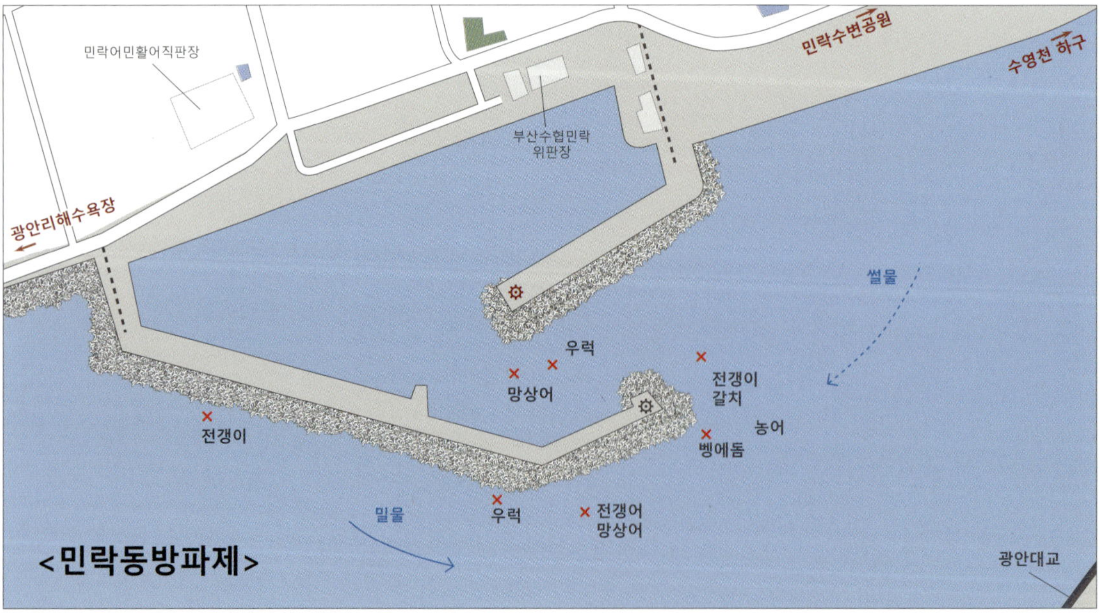

<민락동방파제>

이 낚인다. 광안리해수욕장 바로 옆에 있기 때문에 아무래도 바닥은 모두 모래. 따라서 보리멸이나 망상어 · 전갱이 등이 잘 낚인다.
파도가 치는 날에는 농어가 낚인다. 수영천 주변의 농어는 씨알이 크기로 유명하다. 또 도다리 · 노래미 · 벵에돔도 잘 낚인다. 게다가 9월에는 엄청난 양의 갈치 떼가 들어오기도 한다.

■ 포인트 및 참고 사항

가장 좋은 포인트는 두 방파제 모두 등대가 있는 끝 지점이다. 해거름에 릴 찌낚시를 하면 벵에돔이 잘 낚이고 간혹 농어가 달려든다. 농어를 제대로 노리려면 2~3호 릴대에 원투용 야간찌를 달고 수심을 1m 내외로 고정한 후 최대한 원투를 해야 한다. 루어로 노린다면 100~140mm의 플로팅 하드베이트가 잘 먹힌다. 릴링을 천천히 하고 저킹 후에 충분히 기다렸다가 다시 저킹하는 액션을 반복해 주면 어느 틈엔가 농어가 왈칵 입질을 한다.
초여름에는 또 갑오징어가 덤빈다. 씨알도 손바닥 크기를 넘을 정도로 괜찮은 편이다. 흥미로운 것은 이곳 민락방파제에도 무늬오징어가 간혹 낚인다는 점이다. 마릿수는 그다지 많은 편이 아니지만 뜻밖의 횡재를 한 느낌을 준다.
빨간 등대가 있는 작은 방파제 중간 부위의 내항 쪽과 끝 지점에서는 원투낚시를 해도 재미를 볼 수 있다. 주로 도다리가 입질을 하는데, 쥐노래미와 보리멸도 낚을 수 있다. 보통 청갯지렁이를 미끼로 사용하지만 값비싼 참갯지렁이를 진상하면 농어나 감성돔이 낚이기도 한다.

인근 낚시점(051)

*강태공낚시 851-2509
수영구 광안동 131-40
*중앙낚시 752-5368
수영구 민락동 37-8
*머모피낚시 761-4545
수영구 수영동 529

↓ 수영강 방면에서 바라본 민락동방파제. 주변이 혼잡한 관계로 출입이 쉽지 않아 많은 이들이 낚시를 하는 곳은 아니다. 수영강 하구에 위치한 기수역으로 갈치 · 전갱이 · 우럭 · 벵에돔 · 농어 등 다양한 어종을 낚을 수 있다. 여느 방파제처럼 입구가 따로 있지 않아 난간을 타고 넘어가야 안쪽으로 진입할 수 있다. 이동 시 주의가 요구된다.

백운포매립지방파제

- **소재지** : 부산광역시 남구 용호동 895-8 인근
- **길이** : 200여m
- **위치 참조** : 〈최신 전국낚시지도〉 295p D5

찾아가는 길

남구 남천동에서 용호동 · 용당동 방면으로 진입해서 대로를 따라 직진한다. 용호동에 들어서면 백운포 · 신선대 방면으로 대로가 나 있는데 계속 직진하면 오륙도 선착장과 백운포로 가는 길이 나오므로 쉽게 찾을 수 있다.

■ 낚시 여건

백운포매립지는 부산 낚시인들에게 대물 포인트로 각광 받는 곳 중의 하나다. 백운포 매립 공사가 시작되기 전에는 감성돔 · 전갱이 · 벵에돔이 잘 낚이는 일급 갯바위 낚시터였다. 매립이 진행되면서부터 좋은 낚시터 한 곳이 사라지나 했지만 명불허전(名不虛傳), 지도는 바뀌었지만 바다는 여전했다.

매립지답게 접근성이 좋고, 도로변 공영주차장에 주차를 할 수 있는데 늦은 밤 시간엔 주차비를 받지 않는다. 도로변 담벼락 낚시 자리 높이는 2m 내외. 중간 중간에 설치돼 있는 간이사다리를 이용하면 된다. 난간이 설치돼 있으나 낚시 자리가 높고 좁으므로 반드시 구명조끼를 착용하고 낚시를 하는 것이 좋다.

■ 어종과 시즌

여름부터 가을까지 부시리 · 갈치 · 호래기 · 무늬오징어 · 벵에돔 · 감성돔 등 다양한 어종이 낚이는 데다 매립 공사 후 진입이 한결 쉬워졌고 낚시하기도 편해서 한층 더 인기몰이를 하게 되었다.

감성돔은 거의 연중 낚이며 벵에돔은 5월부터, 까지매기는 장마 전후에, 무늬오징

어는 초가을부터 낚인다. 우럭과 볼락은 연중 낚이는 어종이며 초겨울부터는 호래기가 마릿수로 올라온다. 전갱이 · 고등어는 여름부터 가을까지, 학공치는 한겨울의 진객이다.

■ 포인트 및 참고 사항

매립지와 연결된 백운포방파제가 따로 있지만 해군기지의 외벽 역할을 하고 있기 때문에 진입로를 막아 놓아 출입할 수가 없다. 결국 방파제 옆으로 이어져 있는 도로변에서 낚시를 하게 되는데, 길이 200m여에 진입로 구간 또한 갯바위와 이어져 있어 낚시할 공간은 넉넉한 편이다.

주요 포인트인 매립지 직벽은 이렇다 할 특징이 없는 지형임에도 다양한 어종이 낚인다. 그러나 백운포매립지에서의 낚시는 갯바위가 있는 좌측(동쪽) 입구에서 100m 지점이 최고 명당이다. 어종에 따라 약간의 차이는 있지만 매립지 중간과 해군기지 쪽도 조황이 좋다. 먼 섬에서나 볼 수 있는 부시리와 만새기도 간혹 낚일 정도다. 그래서 초가을 무렵에는 이 같은 대형 어종을 노리고 쇼어 지깅을 하는 루어 꾼들도 있다.

수심은 10m가 넘는 곳이 많다. 발 앞에서도 고기가 물기 때문에 굳이 멀리 노릴 필요가 없다. 매립지 입구에 있는 갯바위로 진입하면 릴 찌낚시에 벵에돔과 감성돔이 낚인다. 또 농어 루어낚시와 에깅을 해도 조과가 좋다.

낚시터 입구까지 차가 들어갈 수 있고 널찍한 주변 여건 때문에 가족 단위의 나들이 장소로도 제격이다. 고기가 한번 붙기 시작하면 떼고기 조황을 보이는 덕에 소문이 돌면 한꺼번에 많은 꾼들이 몰려 자리다툼이 심한 것이 단점이다.

인근 낚시점(051)

*진성낚시 622-2990
남구 용호4동 558-43
*바다낚시 623-4877
남구 용호동 558-21
*용당낚시 624-2524
남구 용호3동 84-2

↓ 부산 남구의 동네 낚시터다. 사실은 방파제가 아닌, 매립지 호안(護岸) 난간 위에서 낚시를 하는 곳이다. 수면과의 거리가 높아 낚시객들의 안전을 위해 난간이 설치돼 있다. 사진은 왼쪽 갯바위 쪽에서 바라본 전경.

송도방파제

- **소재지** : 부산광역시 서구 암남동 135-22
- **길이** : 140여m
- **위치 참조** : 〈최신 전국낚시지도〉 294p C5

찾아가는 길

부산역을 기점으로 할 경우, 남포동과 자갈치를 지나 충무동교차로에서 송도 쪽으로 좌회전한 후에 송도해수욕장으로 진입하자마자 곧장 우회전하여 직진하면 백사장 끝으로 갈 수 있다. 방파제는 해수욕장 오른쪽(남쪽) 끝에 위치한다.

낚시 여건

송도해수욕장 오른쪽(남쪽) 끝에 위치한 방파제로, 예전부터 민장대로 잡어낚시를 하거나 여름 한때 벵에돔을 낚는 전형적인 동네 낚시터였다. 가끔 봄이나 겨울에 감성돔이 낚여 화제가 되기도 했으나 주변에 해안 산책로가 개설되고 난 다음에는 한동안 잡어 낚시터로 인식이 바뀌었다.
그러나 볼락 루어낚시가 보급되고 특히 여름철에 에깅을 시도한 결과 무늬오징어가 폭발적인 조황을 보이면서 루어낚시의 명소로 급부상했다. 그로 인해 맞은편에 있는 거북섬방파제와 함께 송도해수욕장을 찾는 관광객은 물론 주말 밤이면 루어꾼들로 문전성시를 이루게 되었다.

어종과 시즌

11월부터 5월까지는 볼락 · 우럭 · 노래미, 한여름에는 전갱이 · 갈치 · 벵에돔, 가을에는 감성돔과 숭어 · 갈치 등이 낚인다. 한겨울에도 간간이 감성돔이 낚이기도 한다. 최고 기록은 50cm가 넘는 씨알이 배출됐을 정도로 한때는 대물급이 낚였으나 근년에는 감성돔낚시를 하는 꾼들 자체가 뜸해졌다.

오히려 11월 말 들어 볼락이나 호래기를 탐사하는 루어꾼들이 자주 찾는다. 5월부터 산란철 무늬오징어낚시 탐사를 위한 에깅꾼들도 즐겨 찾는다. 6월 중순부터는 잔 씨알의 전갱이가 낚이기 시작해 7월 중순이 넘으면 씨알이 굵어지면서 고등어도 낚인다. 이때는 밤마다 많은 피서객들이 몰리는 시기이기도 하다.

인근 낚시점(051)

*갤럭시낚시 243-8919
서구 암남동 615-4
*성원낚시 244-9974
서구 남부민동 674-5

■ 포인트 및 참고 사항

외항 쪽은 테트라포드, 내항 쪽은 콘크리트로 깔끔하게 축조된 직벽 형태의 방파제다. 예전부터 민장대를 이용한 테트라포드 구멍치기로 볼락을 올리던 곳이다. 루어낚시는 테트라포드 사이를 노리는 것도 좋지만 인근 해안산책로 입구에 있는 갯바위 근처를 공략하는 것이 훨씬 효율적이다. 산책로 아래에 있는 갯바위를 노리면 20~25cm 볼락이 속출하기 때문이다. 여름 에깅 시즌에는 또 무늬오징어가 마릿수 조황을 보여 한때 '부산 에깅1번지'라는 명성도 얻었을 정도다.
무늬오징어가 특히 잘 낚이는 포인트는 방파제 끝자락에서 거북섬을 마주보는 방향이다. 최대한 멀리 에기를 던져 바닥을 찍으며 저킹을 계속하는 것이 좋다.
외항 쪽 테트라포드를 자세히 보면 군데군데 테트라포드가 빠진 곳이 보이는데, 민장대 루어 채비로 구멍치기를 하면 우럭이나 볼락을 뽑아낼 수 있다.
송도방파제는 2000년 중반 이후 주요 대상어였던 감성돔과 벵에돔이 잘 낚이지 않아 잡어꾼들만 가끔 찾는 방파제로 격하되었으나 무늬오징어와 전갱이, 볼락 같은 바다 루어낚시 대상어종들이 확인되면서 이 일대에서 빠뜨릴 수 없는 주요 포인트로 거듭나게 되었다. 그래서 6월 하순 이후부터 12월까지는 찌낚시 꾼들보다는 루어낚시 꾼들이 훨씬 많은 편이다.

↓ 암남공원로에서 내려다 본 송도방파제. 볼락과 함께 무늬오징어가 잘 낚이는 곳으로 여름 한창 시즌 때는 인근 송도해수욕장으로의 나들이객들까지 가세해 주말이면 북새통을 이루기도 한다.

송정방파제

- **소재지** : 부산광역시 해운대구 송정동 288-79 외
- **길이** : 외항 방파제 130여m, 내항 방파제 80여m
- **위치 참조** : 〈최신 전국낚시지도〉 295p F2

찾아가는 길

해운대 입구를 기점으로 한다. 장사로와 해운대로를 이용해 송정터널을 지난 송정삼거리에서 우회전하면 송정해수욕장입구 로터리에 도착한다. 2시 방향으로 진입해 죽도공원 입구에 주차를 하고 수협 송정어촌계 뒤쪽으로 걸어 들어가면 된다.

낚시 여건

해운대와 함께 쌍벽을 이루는 부산 최고의 해수욕장인 송정해수욕장은 57m 폭의 백사장 길이가 무려 1.2km에 달해 총 면적 72,000m^2을 이룬다. 해마다 정월 대보름이면 미역축제와 송정해변축제가 열린다. 송정방파제는 해수욕장 동북단의 죽도에 뿌리를 둔 큰 방파제와 송정천 하구에 뿌리를 둔 작은 방파제로 구성돼 있다. 이름처럼 실제론 섬은 아니지만 죽도라 부르는 조그만 갯바위와 붙어 있는 까닭에 주변 해저 지형은 모래와 암반이 적절하게 섞여 있다. 그래서 내만의 조그만 방파제 치곤 다양한 어종이 낚인다.

주변이 관광지라 편의시설이 잘 갖춰져 있고 진입 여건도 매우 좋다. 송정항에 또 선상 낚싯배들이 많이 출항하기 때문에 주변에 낚시점도 많아 낚시용 소품이나 미끼 등을 구입하기에도 편리하다. 다만 주말에는 관광 인파로 인해 주차 여건이 열악해진다.

어종과 시즌

포구에서 100m만 나가도 강한 본류대가 흐르는 지리적인 여건 때문에 4계절 내

내 다양한 어종이 자리바꿈을 한다. 가장 많이 낚이는 것은 볼락이나 우럭 같은 록피시 종류. 사실 이곳이 A급 방파제 낚시터로 격상된 것은 다분히 볼락 루어낚시 덕분이라 할 수 있다. 초겨울 볼락의 폭발적인 입질을 송정방파제와 주변 갯바위에서 경험해 볼 수 있다. 큰 씨알은 없지만 마릿수는 이 일대에서 최고다.

6~8월에는 까지매기와 보리멸 · 전갱이 등이 낚이며 겨울에는 학공치가 들어온다. 찌낚에는 벵에돔이나 감성돔이 간간히 낚이지만 찌낚시 전문 꾼들이 그다지 많지 않을 것을 보아도 마릿수나 씨알은 그리 좋지 않은 편이다.

■ 포인트 및 참고 사항

두 개의 방파제 가운데 낚시터로 각광 받는 곳은 흰 등대가 설치돼 있는 남쪽 방파제이다. 빨간 등대가 설치돼 있는 안쪽 작은 방파제는 송정천과 합류하는 기수역으로 다양한 어종이 낚이지만 씨알이 그리 크지 않은 것이 단점이다. 이곳 빨간 등대 쪽에서는 초보자들이 민장대 낚시를 많이 하는 편이다.

흰 등대가 있는 큰 방파제에서는 정면의 바다를 보고 낚시를 한다. 가장 좋은 포인트는 등대 부근 방파제 입구 쪽. 등대 쪽은 원투낚시나 찌낚시를 하기에 좋고, 입구 쪽은 볼락 루어낚시를 하기에 최상이다.

등대 쪽의 수심은 4~5m 내외며 먼 곳은 10m 이상이 나온다. 입구 쪽은 만조 때도 3m가 채 안 된다. 게다가 간조 때는 1m 미만으로 더욱 얕아진다. 따라서 이곳에서 볼락 루어낚시를 할 때는 플로팅 타입의 볼락볼 채비를 반드시 써야 한다. 얕은 수심에서도 볼락이 잘 물어주기 때문에 우측 갯바위 쪽으로 최대한 채비를 붙이는 것이 관건이다.

인근 낚시점(051)

*죽도낚시 703-9533
해운대구 송정동 376
*형제낚시마트 703-7266
해운대구 송정동 158-7
*매일낚시 704-1331
해운대구 송정동 276

↓ 죽도공원 송일정에서 바라본 송정방파제. 죽도 갯바위와 더불어 부산권 최고의 볼락 루어 낚시터로 꼽힌다. 유명 관광지인 송정해수욕장과 이어져 있어 여름에는 복잡한 것이 흠이나 주변 편의시설이 잘 되어 있는 것은 장점이다.

수영만매립지방파제

- **소재지** : 부산광역시 해운대구 우동 1444 일대
- **길이** : 900여m
- **위치 참조** : 〈최신 전국낚시지도〉 295p E3

찾아가는 길

해운대 벡스코 옆 올림픽교차로를 기점으로 한다. 해운대 방면의 해운대로를 1km 진행하면 운촌삼거리 앞 동백역(지하철 2호선)에 이른다. 오른쪽 해운대·동백섬 방면으로 빠져 500여m 지점의 동백사거리에서 우회전하면 수영만매립지방파제가 시작된다.

낚시 여건

수영만매립지방파제는 사실 일반적인 방파제와는 다르다. 수영만 매립지 해안을 파도로부터 침식되는 것을 막기 위해 해안을 따라 설치한 호안(護岸) 블록 형태를 편의상 부르는 이름이다. 동백섬 근처에서 수영만 요트경기장까지 이어지는 해안가에 테트라포드를 보강한 지역으로, 길게 이어지는 테트라포드를 끼고 낚시를 하기 때문에 방파제낚시 느낌을 그대로 준다.

몇 년 전까지만 해도 개발이 완료되지 않은 지역이어서 비교적 자유롭게 낚시를 할 수 있었으나 근년 대규모의 주상복합단지가 들어서면서 실제 편하게 낚시를 할 수 있는 범위는 수영만 요트경기장에서 약 200m 정도의 구간으로 줄어들었다. 테트라포드가 다소 얼기설기 엮어져 있어 발판 여건이 좋지 못하므로 이동을 할 때에는 매우 주의해야 하는 곳이다.

어종과 시즌

조금씩 더위를 느끼기 시작하는 6월부터 시즌을 맞이하는데 이때부터 잔 씨알의 벵에돔이 입질을 하면서 찌낚시 꾼들을 불러 모은다. 또 이 일대의 가장 인기 어종

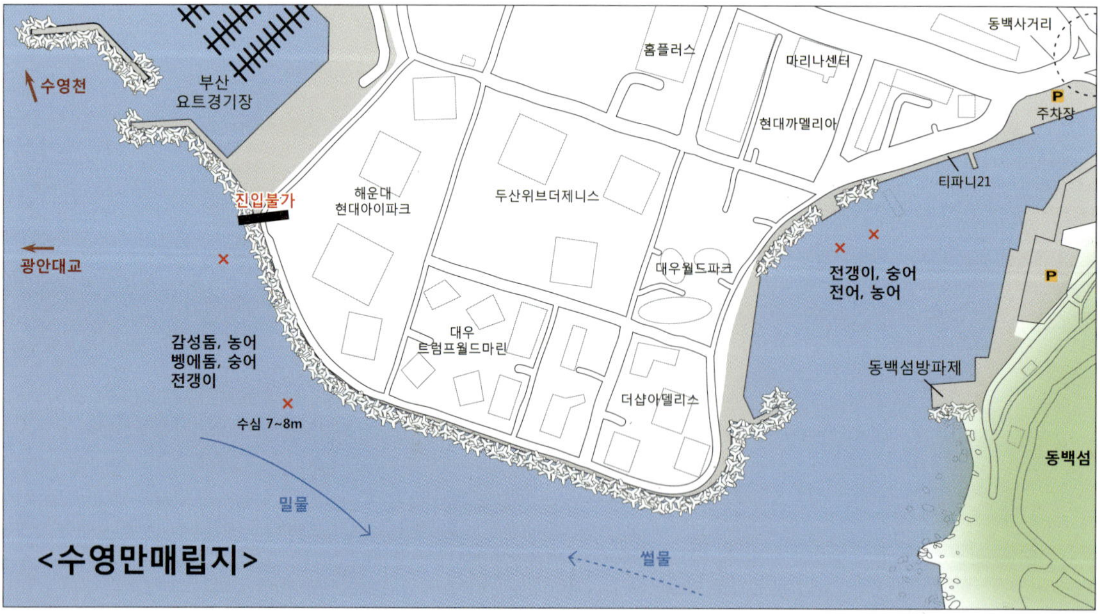

이라고 할 수 있는 농어를 밤낚시로 공략할 수 있다. 그러나 가장 피크 시즌을 꼽는다면 10월 한 달이 제격이다. 이 시기에는 또 전어 · 숭어 · 고등어 · 전갱이와 함께 35cm급 내외의 감성돔까지 낚여 다양한 낚시를 구사할 수 있다. 겨울에는 학공치와 망상어 · 농어가 낚인다.

수영천 하류가 바다와 만나는 기수역에 위치하므로 부산 바다를 찾아드는 거의 모든 회유어종을 만날 수 있는 전천후 낚시터이기도 하다.

인근 낚시점(051)

*해운대낚시 746-2104
해운대구 우1동 829-37
*대륙낚시 781-3403
해운대구 재송1동 477-4

■ 포인트 및 참고 사항

이 지역에서의 낚시는 릴 찌낚시로 공략하는 것이 정석이다. 어종에 따라 미끼만 바꿔주면 되므로 그만큼 노력이 절감되기도 한다. 벵에돔은 크릴이나 홍갯지렁이 또는 파래새우가 좋은 편이다. 감성돔은 밑밥을 많이 준비해 꾸준하게 품질을 해주면 한창 시즌 때는 하루 서너 마리는 낚아갈 수 있다. 씨알은 그다지 굵은 편은 못 된다. 농어는 청갯지렁이, 전어와 고등어는 어피바늘이 있는 카드채비를 주로 쓴다. 농어는 루어낚시로도 잘 낚인다. 플로팅 타입의 9cm 길이 내외의 미노우가 비교적 잘 먹힌다.

주요 포인트는 수영만매립지와 수영만요트경기장이 닿아 있는 철조망 지역. 항상 낚시꾼들이 진을 치고 대기하는 곳이다. 7~8m 수심층을 초들물 때 공략하면 쏠쏠한 조과를 거둘 수 있다. 까멜리아 앞쪽의 선착장 부근도 좋은 포인트 구실을 한다. 이곳에선 농어 · 전어 · 숭어 등을 낚을 수 있다. 더불어 근년 들어 이 지역에서 루어낚시를 많이 하는 편이다.

⬇ 매립지 초입에서 요트경기장 쪽으로 바라본 모습. 테트라포드 구간 거의 전역에서 낚시를 할 수 있다. 마린시티가 완공된 2013년부터는 다소 주변이 복잡해졌지만 낚시하는 데는 큰 지장이 없다. 높은 난간에 올라가 진입해야 하는 어려움이 있다. 건너편으로 광안대교가 보인다.

암남공원주차장

- **소재지** : 부산광역시 서구 암남동 620-3 일대
- **길이** : 250여m
- **위치 참조** : 〈최신 전국낚시지도〉 294p C6

찾아가는 길

부산역을 기점으로 할 경우 자갈치시장을 지나 송도해수욕장 방향으로 좌회전 후 직진한다. 15분 정도 진행하노라면 송도해수욕장이 나온다. 계속 직진하면 삼거리가 나오는데 좌회전 방향의 내리막길을 따라가면 암남공원주차장에 도착한다. 낚시터는 주차장 바로 앞바다다.

■ 낚시 여건

암남공원주차장은 인근의 산책로와 친수 공간을 찾는 시민들의 편의를 위해 만든 시설로 송도해수욕장과 인접해 있어 찾는 이들이 많다. 부산 낚시인들은 흔히 암남공원이라 하면 이 장소를 말하는데 주차를 하고 10여m만 이동하면 곧장 낚시를 할 수 있어 그 어떤 곳보다 접근성이 좋다. 게다가 공용시설이라 주차비도 저렴하다. 한나절 낚시를 해도 부담이 없으며 간단한 식음료를 판매하는 매점과 화장실 시설까지 있어 가족 단위로 찾을 수 있는 나들이 낚시터로 적격이다.

워낙 수월하게 낚시를 할 수 있는 곳이라 시즌, 비시즌을 가리지 않고 사람들로 붐빈다. 특히 산책로와 이어져 있어 낚시꾼과 일반인들이 뒤섞여 고기가 좀 나오는 날에는 주차장도 북새통을 이룬다. 민장대, 릴 찌낚시 가리지 않고 다양한 방법으로 초보자들도 손쉽게 다양한 어종을 낚을 수 있는 포인트다. 여름에는 새벽까지 많은 사람들이 열대야를 피해 낚시를 즐기는 장소이기도 하다.

■ 어종과 시즌

부산 근해에서 낚이는 대부분의 어종을 만날 수 있다. 감성돔 · 상사리(참돔 새

끼) · 전갱이 · 삼치 · 무늬오징어 · 꼴뚜기 · 고등어 · 볼락 등이 주요 어종이다. 시즌은 봄~가을까지지만 겨울에도 간간이 학공치가 들어오면 호황을 이룬다. 이곳 암남공원이 널리 알려지게 된 것은 부산 최초로 무늬오징어가 나오면서부터다. 암남공원은 내만 깊숙이 위치하고 있는 지형임에도 무늬오징어나 회유성 어종이 잘 낚인다. 가장 인기있는 어종은 뭐니 뭐니 해도 동네 낚시터의 꽃이라고 할 수 있는 전갱이. 여름~가을까지는 밤낮 없이 전갱이를 낚거나 무늬오징어를 노리는 에깅 꾼들로 자리다툼이 심할 정도다.

인근 낚시점(051)

*갤럭시낚시 243-8919
서구 암남동 615-4
*애경낚시 253-7189
서구 암남동 621-36
*입구낚시 253-3421
서구 암남동 621-36

■ 포인트 및 참고 사항

250여m에 이르는 구간 전역이 포인트라고 할 수 있다. 주차장 입구 쪽은 왼쪽 산책로와 연결된 갯바위 전방의 수중여 부근을 노리면 입질을 받는다. 왼쪽 갯바위에서 낚시를 하는 꾼들 때문에 릴 찌낚시는 곤란하다는 것이 단점. 주로 밑밥을 발 앞에 품질하고 민장대를 이용해 낚시를 하는 경향이 많다.

중간 지점에 가장 많은 사람들이 몰린다. 밑밥 품질이 집중되기 때문에 어떤 고기든 자주 입질을 받을 수 있다. 채비를 멀리 던지면 더 굵은 씨알을 기대할 수 있는데, 생각만큼 충분히 흘릴 수가 없어 사람이 적을 때 낚시하는 것이 요령이다. 수심은 4~5m 내외다. 오른쪽 끝 지점은 여밭과 연결되어 있어 중썰물~초밀물까지는 낚시 자체가 어렵다. 그러나 볼락볼 채비로 탐색하면 볼락은 물론 감성돔 · 까지매기 · 갈치 입질도 받을 수 있다.

준비한 미끼가 떨어졌거나 갑자기 필요한 낚시 용품이 생겼을 경우는 진입로 입구의 송도방파제 앞이나 주차장 뒤쪽의 고개 넘어 낚시점을 찾으면 된다.

↓ 송도해안산책로 방향에서 본 암남공원주차장. 이름 그대로 주차장인 이곳은 자체가 낚시터로 사철 내내 꾼들이 끊이질 않는 곳이다. 주차장 내에 체육시설이 있어 매점과 화장실 등 편의시설도 잘 갖춰져 있다. 특히 여름에는 밤새도록 낚시꾼들로 장사진을 이룬다.

영선동방파제 (반도보라방파제)

- **소재지** : 부산광역시 영도구 영선동4가 186-66 인근
- **길이** : 150여m
- **위치 참조** : 〈최신 전국낚시지도〉 294p C5

찾아가는 길

부산대교를 진입 기점으로 한다. 부산대교를 건너 영도로 진입하면 봉래교차로에서 남항대교 방향으로 우회전하여 계속 직진한다. 소방서앞사거리와 남항시장사거리를 지나 영선아래사거리에 이르면 남항대교로 향하는 고가도로를 타지 말고 고가도로 오른쪽 길로 400여m 진행한다. 해변도로(남항서로)에서 남항대교 밑으로 좌회전하면 곧 반도보라아파트이다. 주차는 절영산책로 입구에 하면 된다.

■ 낚시 여건

이곳은 영선동 반도보라아파트 해변 축대를 따라 쌓은 테트라포드로 방파제라기보다는 호안(護岸) 블록 구간이다. 왼쪽(서남쪽)으로는 그 유명한 절영산책로와 닿아 있고 오른쪽에는 남항대교가 시원하게 뻗어 있어 경관 좋고 낚시터로서의 접근성도 뛰어나다. 이 일대의 낚시인들에게는 '반도보라'라는 아파트 이름으로 불리는 동네 낚시터이면서도 대물이 잘 낚이는 곳으로 유명하다. 특히 농어 루어낚시 최고의 포인트이자 늦여름부터 무늬오징어가 붙어 마릿수 조항을 보이는 곳이다. 뿐만 아니라 주변 주차공간이 넓고 편의시설이 많아 가족과 함께 즐기는 나들이 낚시터로 최상의 여건이다.

■ 어종과 시즌

연중낚시가 가능하며 물때에 큰 영향을 받지 않는 것이 특징이다. 주력 어종은 벵에돔과 감성돔이다. 큰 씨알은 낚이지 않지만 잔 씨알은 한창 시즌인 가을에 마릿수로 낚을 수 있다.

최근에는 대물 농어와 무늬오징어로 인해 많은 루어꾼들이 몰리고 있다. 농어는 5

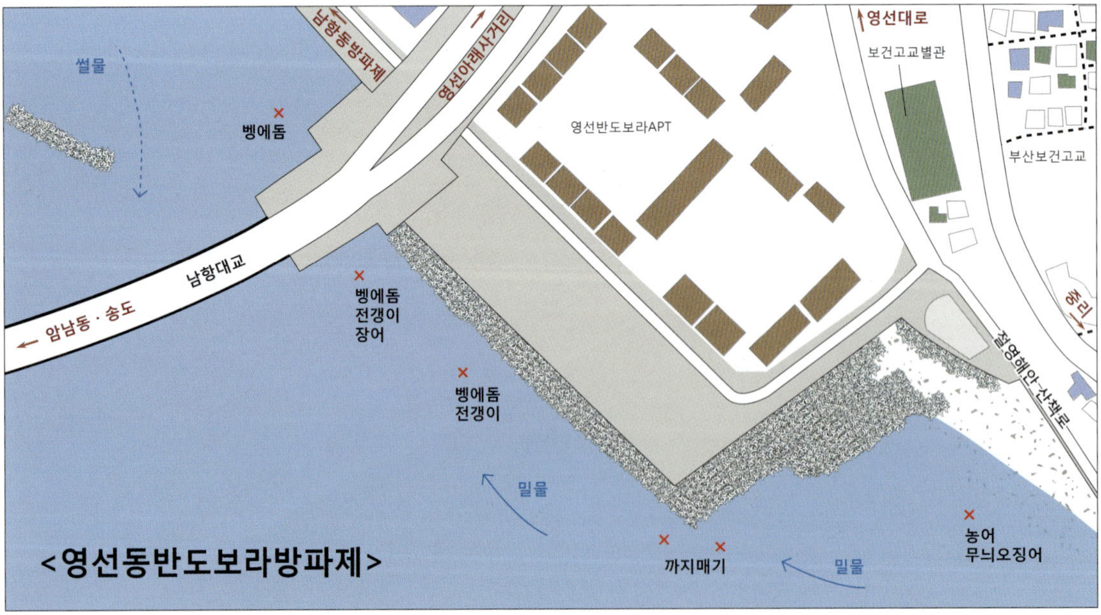

월 초부터 7월까지 피크며 씨알은 50~90cm 까지 낚인다. 무늬오징어는 8월말부터 낚이기 시작해 11월초까지다. 11월 부터는 볼락도 입질을 하는데 30cm 가 넘는 대물급들도 종종 나온다. 전갱이와 고등어는 6월부터 입질하는데 특히 전갱이는 씨알이 좋은 것들이 잘 낚인다. 밤낚시에 훨씬 조과가 앞선다.

인근 낚시점(051)

*반도낚시 413-3797
영도구 영선동4가 107
*성원낚시 244-9974
서구 남부민동 674-5
*부산낚시 244-2220
서구 남부민동 658-19

■ 포인트 및 참고 사항

방파제 전역이 포인트라 할 수 있는데 찌낚시와 루어낚시 포인트는 위치가 전혀 다르다. 벵에돔과 감성돔을 노리는 찌낚시 포인트는 남항대교를 중심으로 한 좌우 지역이다. 발판이 좋은 적당한 테트라포드에 자리를 잡고 낚시를 하면 되는데, 공략 지점은 방파제에서 10m를 벗어나지 않는 지역이다. 수심은 6~7m. 이 지역은 잡어가 많아 벵에돔낚시를 할 때에는 미끼로 홍갯지렁이를 쓰는 것이 유리하다.

전체적으로 물때에 큰 영향을 받지는 않지만 조류가 너무 빠른 경우 채비를 흘리기 곤란하다. 많은 꾼들이 한꺼번에 낚시를 하므로 채비를 흘릴 때에는 옆 사람 채비와 엉키지 않도록 주의한다. 감성돔은 주로 해질 무렵에 입질이 집중된다.

특히 다리 밑 넓은 구조물이 있는 곳은 발판이 좋고 그늘이 지기 때문에 항상 많은 사람들이 붐비는 곳이다. 느긋한 마음으로 고등어나 전갱이를 카드 채비를 이용해 마릿수 재미를 볼 수 있는 장소다.

농어와 무늬오징어 포인트는 왼쪽 절영해안산책로 방향의 꺾어진 지점부터다. 채비를 던지는 방향은 해안도로 쪽의 9시~11시 방향 사이. 농어를 노릴 때에는 12cm 정도의 플로팅 타입 미노우를 쓰고, 에깅을 할 때에는 천천히 가라앉는 3.5호 에기를 사용한다.

↓ 영도와 송도를 잇는 남항대교 아래의 영도 방면에 위치한 곳인데, 방파제라기보다는 테트라포드로 축조된 호안 블록이다. 낚시를 위해서는 도로에서 난간을 타고 올라가야 하므로 짐을 최소한으로 줄이고 안전에 유의해야 한다.

오륙도 일자방파제

- **소재지** : 부산광역시 남구 용호동 산196-2 인근
- **길이** : 1,000여m
- **위치 참조** : 〈최신 전국낚시지도〉 295p D5

찾아가는 길

부산 남구에 있는 경성대 삼거리에서 용호동 방면으로 진행한다. 용호동에서 백운포 방향으로 끝까지 가면 오륙도선착장이 보인다. 선착장 주차장에 주차를 하고 낚싯배를 타고 진입한다. 주차비는 3천원, 선비는 1만원, 일자방파제까지는 낚싯배로 10분이 걸린다.

■ 낚시 여건

부산의 대표적인 해상방파제(뜬방파제)인 오륙도 일자방파제는 시즌을 가리지 않고 연중 대물 어종을 쏟아내는 특급 낚시터로서의 위용을 뽐내고 있다. 방파제 길이만 해도 거의 1km에 달해 붉은 색 등대가 있는 남쪽에서 흰 등대가 있는 북쪽 끝까지 짐을 들고 걸어가려면 15분 이상이 걸릴 정도다. 주변 해저 지형과 이에 따른 수심도 다양한 만큼 안 낚이는 어종이 없고 물때도 크게 영향을 받지 않는다. 가히 여느 유명 갯바위 못지않은 만능 낚시터라 할 수 있다.

■ 어종과 시즌

주요 대상어종은 감성돔 · 벵에돔 · 학공치 · 망상어 · 볼락 · 삼치 · 전갱이 · 농어 · 갈치 · 부시리 등으로 손꼽히는데, 사실 안 낚이는 고기가 없다 할 정도여서 해양수족관이라 부를만하다. 방파제에 난간이 설치되어 있어 비교적 안전하게 낚시를 할 수 있는 반면, 방파제에서 수면까지의 간격이 무려 15m 이상으로 높아 낚시를 제대로 하려면 다소의 요령도 필요한 곳이다.

일대의 평균 수심은 15~20m. 먼 곳보다는 방파제 가까운 곳에 포인트가 형성된

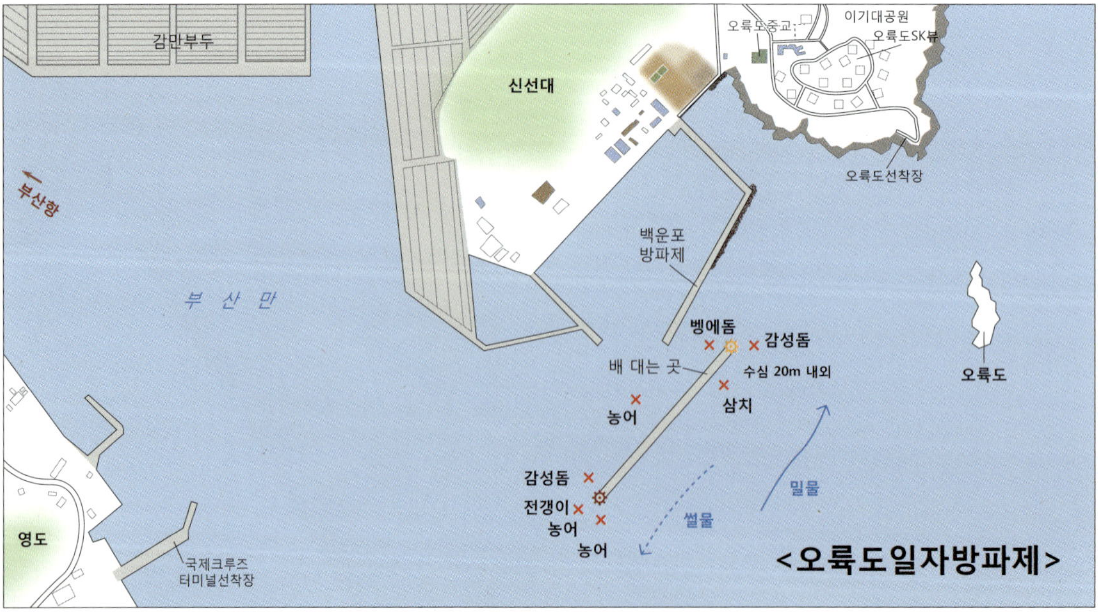

다. 특히 원투낚시에는 어떤 어종이 낚일지 모르는데 가끔씩 초대형 광어나 감성돔 · 쥐노래미 · 농어가 낚여 화제가 되기도 한다.
아무튼 이곳 오륙도 일자방파제는 난바다에 위치하기 때문에 거의 연중 다양한 어종이 낚인다. 회유성 어종인 삼치나 부시리는 여름~늦가을에 호황을 맞이한다.

■ 포인트 및 참고 사항

길게 일자(一) 형태로 된 단순한 모양의 방파제이지만 이곳에도 예외 없이 방파제 포인트의 법칙은 적용된다. 주로 방파제 끝에서 좋은 조황이 확인된다. 대부분 고부력 구멍찌나 막대찌, 카드 채비로 잡어낚시를 하는 꾼들이 많은 편이다.
입질을 받기 위해서는 되도록 직벽 가까이에 채비를 붙여야 한다. 원투낚시나 릴 맥낚시 기법으로 바닥을 더듬으면 쉽게 입질을 받는다. 전갱이나 고등어가 들어왔을 때는 카드채비를 쓰면 한꺼번에 많은 양을 낚을 수 있다.
이 방파제는 난바다에 설치되어 미지의 어종을 낚아보려는 루어 꾼들의 발길이 잦은 편이다. 쇼어 지깅과 농어 루어낚시를 시도하는데 매년 삼치와 부시리, 대형 농어가 낚이고 있다. 쇼어 지깅을 하기 위해서는 최소한 60g 이상의 메탈지그를 써야 한다. 방파제 가까이에서 보일링이 확인되면 즉각 최대한 멀리 지그를 던져 재빠른 릴링으로 액션을 주어야 입질을 받을 수 있다. 농어 루어낚시는 바이브레이션이나 스핀바이브를 쓴다.
이곳 일자방파제 진입을 위해서는 정기적으로 운항하는 낚싯배를 타야 한다. 오륙도 선착장에서 평균 30분 간격으로 운항하며 선비 1만원에 일자방파제, 오륙도, 똥섬 등의 다양한 포인트를 횟수 상관없이 이동할 수 있다.

인근 낚시점(051)

*바다낚시 623-4877
남구 용호동 558-21
*진성낚시 622-2990
남구 용호4동 558-43
*일출낚시 611-8117
남구 용호3동 85-1

↓ 오륙도 방면의 이기대에서 바라본 일자방파제. 한바다 위에 축조된 뜬방파제(島堤)로 오륙도 선착장에서 배를 타고 진입해야 한다. 선비는 1만원, 주차비는 따로 3천원을 받는다. 소요 시간은 5분 정도. 사진 뒤편에 보이는 또 다른 뜬방파제는 영도의 조도방파제다.

조도방파제

- **소재지** : 부산광역시 영도구 동삼동 1-17
- **길이** : 700여m
- **위치 참조** : 〈최신 전국낚시지도〉 295p D5

찾아가는 길

부산역 방면에서 부산대교를 건너 봉래교차로에서 좌측 도로를 타고 10분 정도 직진하면 왼쪽으로 해양대학교가 멀리 보인다. 해양대학교 입구를 지나 태종대 방향으로 가다보면 왼쪽에 하리선착장으로 진입하는 도로가 있다. 하리선착장에서 조도방파제로 들어가는 낚싯배가 있다. 소요시간은 10분.

■ 낚시 여건

조도방파제는 바다 한가운데에 축조된 일명 '뜬방파제'로 오륙도의 일자방파제와 함께 부산의 대표적인 원정 방파제 낚시터이다. 바다 한가운데의 거센 조류를 막고 서 있는 까닭에 다양한 어종이 모여드는 천혜의 낚시터가 되었다. 낚시할 발판도 좋고 이동이 편리해 전문 꾼들은 물론 초보 낚시인들도 손맛을 보기 위해 많이 드나드는 곳이다.

대물이 많이 낚이는 곳은 아니지만 고등어 · 전갱이 · 벵에돔 · 볼락 등 인기있는 어종이 잘 낚인다. 근년 들어 쇼어 지깅을 하는 꾼들이 진입해 메탈지그를 던져 부시리 · 농어 · 삼치 같은 대형급 회유성 어종을 낚아내 화제가 되기도 한다. 이 같은 조도방파제는 하리 선착장에서 낚싯배를 타야만 진입할 수 있다.

■ 어종과 시즌

가장 좋은 시즌은 6~11월이다. 지형적인 영향 때문에 정착성 어종은 거의 없어 회유성 어종이 들어오는 여름~가을에 가장 활발한 조황을 보인다. 벵에돔은 30㎝급이 주종이며 고등어와 전갱이는 한여름부터 늦가을까지 마릿수 조과를 선사해

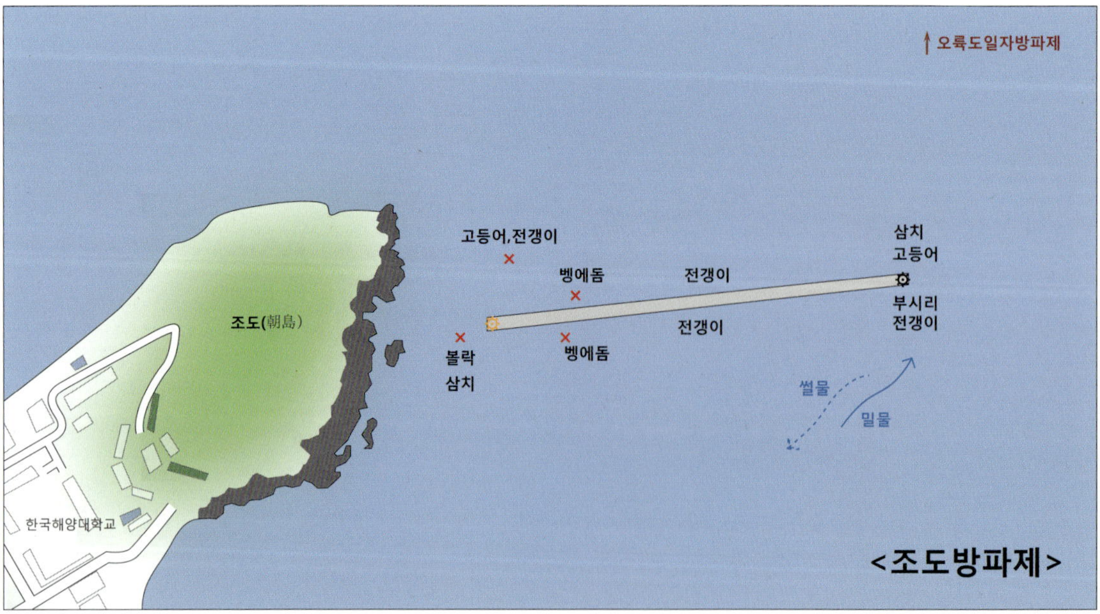

준다. 물때에는 크게 영향을 받지 않는다.

볼락도 낚이지만 밤낚시에만 올라오기 때문에 낚시를 할 때 주의해야 한다.

인근 낚시점(051)

*피싱파크낚시 412-1238 영도구 동삼동 419-3
*한진낚시 405-2061 영도구 동삼동 213-9

■ 포인트 및 참고 사항

아무런 굴곡 없이 일자(一)로 쭉 뻗어 있는 방파제이지만 그래도 단골 꾼들이 선호하는 공략 지점은 있기 마련이다. 포인트는 크게 세 군데 정도로 나뉜다. 첫 번째는 조도 쪽을 바라보는 방파제 서쪽 끝 등대 50m 정도 못 미친 지점의 턱진 곳이다. 벵에돔 포인트로 씨알은 30cm 내외로 잔 편이다. 제로찌와 B~2B찌를 이용한 이단찌 채비가 잘 먹힌다. 채비 수심을 3m 내외로 맞춰 방파제에 1m 정도로 가까이 붙여 공략해야 한다. 미끼는 홍갯지렁이를 사용한다. 두 번째 포인트는 방파제 중간 지점, 세 번째는 동쪽 끝 지점이다.

고등어 포인트는 방파제 전역이다. 찌낚시로 한 마리씩 낚을 수도 있지만 카드채비를 2개 이어서 원투낚싯대로 던지는 훌치기낚시를 하거나 밑밥을 뿌리고 맥낚시로 공략하는 방법을 주로 쓴다. 훌치기낚시는 최대한 멀리 던지고 슬슬 끌어주면 고등어가 입질을 시작하는데 한 마리, 두 마리, … 최대한 여러 마리가 줄줄이 매달릴 때까지 천천히 감아야 한다.

볼락 포인트는 조도 방향 방파제 끝에서 7~10m 정도 떨어진 지점이다. 주로 릴찌낚시로 공략하는 자리다. 수심은 10~12m가 나오는데, 되도록이면 바닥을 살살 끌어줘야 큰 씨알의 볼락을 낚을 수 있다. 3호 이상의 고부력찌로 채비를 해야 한다. 미끼는 민물새우나 청갯지렁이가 주효하다.

↓ 백운포에서 바라본 조도방파제(사진 뒤쪽 방파제). 영도 하리선착장에서 낚싯배를 타고 진입한다. 10여 분 정도 소요되며 선비는 15,000원. 다른 뜬 방파제와 마찬가지로 낚시자리가 높아 긴 뜰채를 준비하는 것이 좋다.

청사포방파제

- **소재지** : 부산광역시 해운대구 중동 591-17
- **길이** : 신방파제, 구방파제 각 190여m
- **위치 참조** : 〈최신 전국낚시지도〉 295p F3

찾아가는 길

해운대해수욕장에서 달맞이 고갯길을 따라가면 청사포 우회도로를 안내하는 이정표가 보인다. 청사포입구에 두 갈래 길이 나오는데 횟집단지 방향의 오른쪽 좁은 길로 들어선다. 끝까지 진입해 우회전하면 신방파제, 좌회전하면 구방파제이다.

■ 낚시 여건

예전부터 벵에돔을 비롯한 학공치 · 전갱이 · 농어가 잘 낚이는 곳으로 부산 낚시인들의 많은 사랑을 받아왔다. 게다가 서쪽 달맞이공원 방향의 신방파제가 완공이 된 이후 확실한 포인트로 자리 잡으면서 더욱 훌륭한 낚시터로 거듭났다.

방파제 주변에 발달한 수중여가 온갖 물고기들의 안식처 역할을 하는데, 근년의 테트라포드 보강 공사로 인해 예전의 좋은 여건이 다소 훼손되긴 했지만 여전히 청사포방파제는 많은 포인트를 보유한 일급 낚시터로 명성이 높다.

■ 어종과 시즌

볼락 루어낚시가 이곳 청사포방파제에서 히트를 치면서 더욱 명성을 높이게 되었는데, 8~11월의 무늬오징어, 9~10월의 삼치, 11월의 부시리, 6~10월의 농어 등 바다 루어낚시 거의 모든 대상어가 낚여 부산 루어낚시의 메카로 불리게 되었다.

청사포 시즌의 특징은 5~11월까지 거의 모든 루어낚시 대상어종을 만날 수 있다는 점이다. 특히 주변 다른 방파제의 볼락이 겨울철에 이르러 제 시즌을 맞이하는 것과는 달리 청사포방파제는 6~7월이 가장 좋은 시즌이다.

■ 포인트 및 참고 사항

서쪽의 신방파제는 테트라포드가 커 이동이 쉽지 않다. 7월부터 벵에돔과 전갱이가 낚이는데, 주로 방파제 입구에서 3분의 1 지점부터 3분의 2 지점까지가 좋은 포인트다. 방파제 끝부분은 본류가 지나가는 자리로 메탈지그를 이용해 최대한 원투하면 삼치나 부시리를 낚을 수 있다. 이 지점의 본류대를 노려 대형 무늬오징어를 노리는 꾼들이 많은데, 3.5호 이상의 빠르게 가라앉는 에기를 이용해 슬랙 저킹을 하면 입질을 받을 수 있다. 신방파제 주변 수심은 가까운 곳이 3m 내외, 먼 곳이 7~8m 정도다.

동쪽의 구방파제는 한때 거의 전역이 포인트로 각광 받았으나 테트라포드 보강공사를 하면서 예전 같지는 않다. 방파제 입구에서 전갱이 · 볼락 · 농어 · 무늬오징어까지 낚이는 명 포인트였으나 근년에는 왼쪽의 여밭에 들어가지 않고는 제대로 된 씨알을 만나기 어려워졌다. 그러나 방파제 중간 중간의 테트라포드 사이를 노려 민장대로 구멍치기를 하거나 볼락 루어 채비를 이용하면 제법 큰 씨알의 볼락과 우럭을 낚을 수 있다.

동쪽의 구방파제에서 낚시를 할 때는 외항 쪽으로 최대한 멀리 던져야 하는데 볼락이나 전갱이는 같은 채비로 공략할 수 있으며, 농어는 플로팅 타입의 120mm 이상의 미노우를 써야 한다. 구방파제 끝 지점에서는 가을에 무늬오징어가 잘 되는데, 잘피(해초 종류)가 많은 지역이므로 밑걸림에 주의하면서 천천히 가라앉는 타입의 에기를 써야 한다.

인근 낚시점(051)

*바다이야기 743-4165
해운대구 중동 590
*낚시슈퍼 703-5153
해운대구 중동 592

↓ 달맞이고개에서 내려다 본 청사포방파제 전경. 부산권 바다 루어낚시 대중화의 성지로 여겨질 정도로 의미 있는 곳이다. 무늬오징어 · 볼락 · 전갱이 · 삼치 · 농어 등 루어낚시 인기어종을 한자리에서 다 즐길 수 있다.

하리방파제

- **소재지** : 부산광역시 영도구 동삼동 884-1
- **길이** : 400여m
- **위치 참조** : 〈최신 전국낚시지도〉 295p D5

찾아가는 길

부산대교를 건너 영도에 진입한 후 봉래교차로에서 태종대 방면으로 좌회전 후 약 1km 정도 이동한다. 부산 저유소삼거리에서 영도구청(태종대) 방면으로 우회전 후 계속 직진하면 왼쪽에 해양대학교가 보인다. 이곳 해양대삼거리에서 450m 더 직진해 좌회전하면 된다.

■ 낚시 여건

해변 매립 공사가 완료된 이후 진입이 편리해졌다. 도시개발구역 공사가 계속 진행되고 있어 방파제 가까이까지 차량이 들어갈 수는 없지만 예전에 비해선 주차 공간이 넓어 낚시하기에 한결 편리해졌다. 바로 옆에 해양대방파제와 하리 선착장으로 낚시인들이 몰려 상대적으로 하리방파제는 실제의 여건보다 한동안 저평가되고 있었다. 그러나 볼락 루어낚시, 농어 루어낚시, 에깅, 쇼어 지깅을 하는 루어 전문 꾼들이 진입하면서 지속적으로 대물을 기록하게 되면서 인식이 달라졌다.

내항 쪽은 발판이 편한 석축이고 외항은 테트라포드로 축조되어 있다. 낚시는 주로 외항 쪽에서 하는데 상대적으로 볼락은 내항 쪽에서 많이 하는 편이다. 가로등이 없고 진입부가 산과 이어져 있어 매우 어둡다. 낚시를 위해서나 이동을 위해서나 밝은 랜턴이 필수다.

■ 어종과 시즌

부산권에서 낚이는 어종은 다 낚인다. 그 중에서도 주요 대상어종은 벵에돔. 6월 초부터 낚이기 시작하는데 9월에 절정의 시즌을 맞이한다. 씨알은 25~30cm 내외.

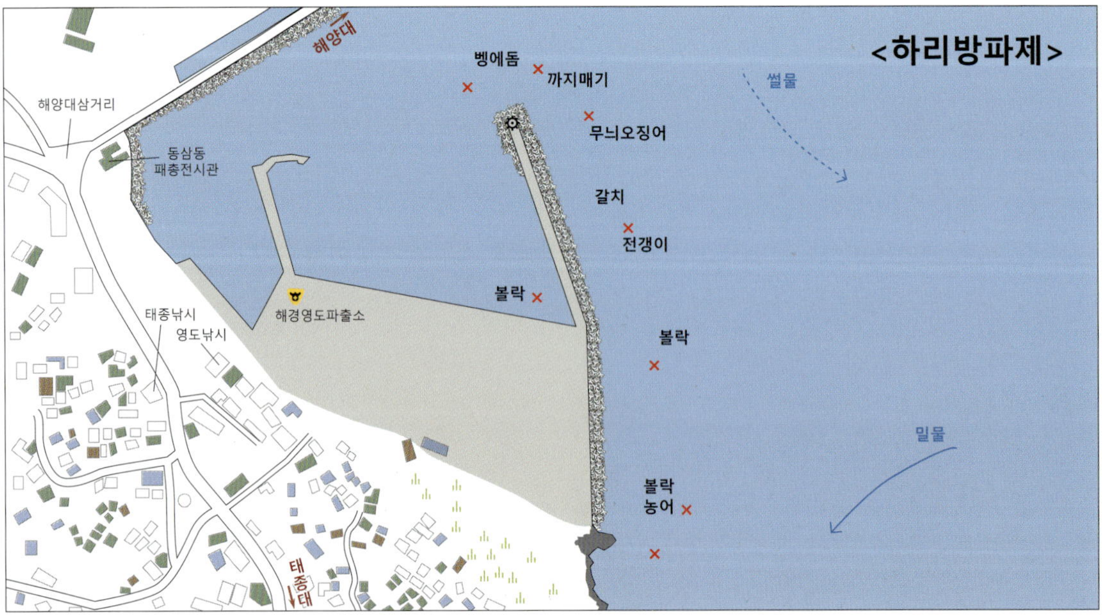

농어는 6월부터 잔 씨알이 낚이다가 초겨울이 되면 큰 씨알이 들어온다. 90cm 이상의 따오기급이 낚이는 곳이기도 하다.
무늬오징어는 8월 하순부터 잔 씨알이 보이다가 10월 말이 되면 킬로그램급이 나온다. 볼락은 10월부터 이듬해 3월까지 낚인다. 메탈지그로 먼 곳을 공략하면 부시리와 삼치가 낚이는데 10~11월 중순까지가 시즌이다.

인근 낚시점(051)

*영도낚시 403-5817
영도구 동삼2동 768
*태종낚시 405-1691
영도구 동삼2동 720-1
*피싱파크낚시 412-1238
영도구 동삼동 419-3

■ 포인트 및 참고 사항

포인트는 크게 세 군데로 나눌 수 있다. 방파제 끝과 입구 쪽 외항 그리고 중간의 꺾어지는 부분의 외항 방향. 내항 매립공사가 진행되기 전까지만 하더라도 입구 쪽의 내항에서도 볼락과 전갱이가 많이 나왔지만 지금은 이미 매립이 되어 낚시를 할 수 없게 되었다.
방파제 입구 외항 방향은 오른쪽의 갯바위 여밭과 이어지는 곳으로, 홈통 지역 특유의 정착성 어종이 많이 낚인다. 볼락이 주어종이며 겨울에는 큰 씨알의 농어가 출몰하기도 한다. 릴 찌낚시에 낮에 벵에돔이 낚이는데 씨알은 크지 않다.
방파제 중간의 꺾이는 지점은 벵에돔 찌낚시가 재미를 안겨준다. 테트라포드 가까운 곳에 품질을 충분히 하고 목줄찌 채비로 공략하면 입질이 잘 들어온다. 이 지점에서는 전갱이와 고등어도 곧잘 낚이는데 낮보다는 밤낚시에 조과가 좋은 편이다. 메탈지그로 삼치와 부시리도 노릴 수 있는데 사리를 전후한 물때에 40g 내외의 메탈 지그를 사용하면 된다.
방파제 끝 부분에서는 삼치와 부시리 쇼어 지깅을 할 수 있으며 가을에는 감성돔 릴 찌낚시나 에깅을 하면 좋은 조과를 거둘 수 있다.

↓ 한국해양대학교 방향의 호안도로에서 바라본 하리방파제 전경. 인근 갯바위 지역을 포함해 낚시 여건이 좋은 곳으로, 농어·볼락·전갱이 등이 주로 낚인다.

해양대학교방파제

- **소재지** : 부산광역시 영도구 동삼동 749-9 인근
- **길이** : 500여m
- **위치 참조** : 〈최신 전국낚시지도〉 295p D5

찾아가는 길

부산대교를 건너 영도에 진입한 후 봉래교차로에서 태종대 방면으로 좌회전 후 약 1.2km 정도 이동한다. 부산저유소삼거리에서 영도구청(태종대) 방면으로 우회전 후 계속 직진하면 왼쪽에 해양대학교가 보인다. 학교 진입로로 들어가 앵커탑 앞에서 우회전하여 빈 공간에 주차한 후, 담을 넘어 테트라포드에 진입하면 된다.

■ 낚시 여건

해양대학교 정문을 통과해 우회전하면 담벼락을 따라 이어진 테트라포드를 해양대 방파제라고 부른다. 해양대학교는 영도의 부속섬인 조도에 위치해 있는데 해안선을 따라 테트라포드가 둘러쳐 있다. 약 500m에 이르는 이 지역이 바로 주변에서 가장 뛰어난 방파제 낚시터다. 2m 정도 높이의 담장을 타고 올라가야 테트라포드에 오를 수 있는데 중간 중간 세워져 있는 사다리나 디딤대를 타고 오르면 된다. 테트라포드가 큰 편이라 포인트를 옮길 때에는 테트라포드를 따라가기보다는 바깥쪽 난간을 이용해 최대한 장소를 옮긴 다음 최단거리로 원하는 포인트로 들어가는 것이 바람직하다. 이동하기 불편하므로 짐은 최대한으로 줄이고 진입하는 것이 좋다.

■ 어종과 시즌

영도권의 대표적인 벵에돔 낚시터로 늦봄부터 잔 씨알의 벵에돔이 낚인다. 빵가루 몇 봉지만으로도 서너 마리의 벵에돔을 손쉽게 낚을 수 있어 동네 낚시꾼들에게 인기가 많다. 늦가을까지 낚이며 씨알은 9월경에 절정을 이룬다. 전갱이 · 고등

어 · 까지매기도 6~10월까지 잘 낚인다. 특히 전갱이는 씨알과 마릿수 면에서 영도권 방파제 중 으뜸을 자랑한다. 농어는 주로 까지매기급이 많이 낚이지만 안쪽 갯바위로 가까이 붙으면 가끔 70cm 이상의 씨알이 낚이기도 한다. 주로 루어낚시에 큰 씨알이 낚이며 청갯지렁이를 미끼로 쓰는 찌낚시에도 곧잘 반응한다. 한겨울에는 볼락이 낚이는데 마릿수는 많지 않다. 추석을 전후한 시기부터 무늬오징어도 낚인다. 수심이 그다지 깊지 않으므로 3~3.5호 크기의 천천히 가라앉는 타입의 에기를 쓰면 자잘한 씨알부터 킬로그램급의 오징어까지 다양하게 낚을 수 있다

인근 낚시점(051)

*피싱파크낚시 412-1238
영도구 동삼동 419-3
*한진낚시 405-2061
영도구 동삼동 213-9

■ 포인트 및 참고 사항

해양대학교방파제의 가장 큰 특징은 거의 전역이 포인트라는 점이다. 대표어종인 벵에돔은 밑밥만 충분히 준비한다면 어느 곳에서도 낚을 수 있는데 씨알의 차이만 있을 뿐 마릿수는 비슷하다. 벵에돔은 해가 뜬 직후에 좋은 반응을 보인다. 빵가루나 파래새우를 미끼로 쓰면 좋다. 입질 포인트가 멀리 형성되지 않으므로 비교적 수월하게 낚시를 할 수 있으며 민장대에도 곧잘 반응한다.

전갱이와 고등어는 찌낚시 채비에도 낚이지만 볼락 루어낚시 채비로 낚는 것이 훨씬 간단하다. 특히 밤낚시에는 야광웜을 이용하면 '일타일피'로 마릿수를 획득할 수 있으나 테트라포드가 높아 갈무리 단계에서 떨어뜨리는 경우가 많다. 뜰채를 준비하면 훨씬 안전하게 마릿수를 보탤 수 있다.

농어 루어낚시를 할 때에는 안쪽의 마린시뮬레이션센터 쪽의 갯바위 가까이 루어를 던지면 된다. 낮에는 스핀바이브나 싱킹 타입의 바이브레이션 계열의 작은 루어를 쓰고 밤에는 립리스 타입의 펜슬 미노우를 쓰면 좋다.

↓ 하리 방면에서 바라본 해양대학교 전경. 해양대학교를 감싸고 있는 호안 시설로, 원래 출입이 자유롭지 않았으나 학교 측의 배려로 비교적 자유롭게 낚시를 할 수 있다. 정문 쪽을 제외한 거의 전역이 포인트라 할 수 있다.

구복방파제 / 귀산방파제 / 명동방파제 / 삼포방파제 / 심리방파제 / 옥계방파제 / 우도방파제 /

Part 5. 창원시

경남 창원시 마산합포구 구산면 심리 197-7번지에 위치한 원전방파제.

육곡방파제 / 원전방파제 / 음지교방파제 / 음지도방파제(창원해양공원방파제)

구복방파제

• **소재지** : 마산합포구 구산면 구복리 275-62
• **길이** : 50여m
• **위치 참조** : 〈최신 전국낚시지도〉 292p B5

찾아가는 길

남해고속도로 내서IC로 나와 진동면 방면으로 직진한다. 현동교차로에서 고성(통영)방면으로 우측도로를 타고 1.4km 이동 후 동전고개로 저도연육교, 고산면 사무소(심리)방면으로 좌회전 후 다시 2.9km 진행한다. 이후 덕동삼거리에서 심리 방면으로 우회전 후 250m 정도 가면 유산삼거리가 나오는데 구산면사무소 방면으로 좌회전 후 2.6km를 가면 수정삼거리가 나오고 여기서 다시 구산로 저도연육교(심리) 방면으로 좌회전 후 5.6km를 간 다음 구복리 방면으로 우회전 후 70m 정도 진행한다. 반동초등학교 앞 갈림길에서 우측 도로를 따라 3.7km 가면 우측에 방파제가 보인다.

■ 낚시 여건

저도(猪島 · 돝섬) 연육교 진입 직전 마지막으로 만나는 방파제가 구복방파제다. 방파제가 위치한 구복리(龜伏里)는 마을 지형이 마치 거북이가 바다로 입수하려고 엎드려 있는 형국이라 해서 명명되었다고 한다. 거북등의 위치는 마을 중심부이며 거북동산의 앞은 잘록한 목(項)으로 바닷물이 드나들어 천연적으로 생긴 염전이 있었다고 전한다. 게다가 이곳 구복리 주변에는 크고 작은 섬들이 많은데 그 이름들이 한결같이 재미있다. 돝섬(猪島 · 돼지섬), 쇠섬(牛島), 곰섬(熊島), 자라섬 등등 마치 해상동물원을 꾸며 놓은 듯하다.

아무튼 석축으로 만들어진 구복방파제는 주변이 잔 자갈과 모래가 섞인 바닥으로 이루어진 곳이다. 주로 호래기 · 갈치 · 볼락 · 보리멸 등이 낚이는데, 아주 볼품없이 보여도 이 일대에선 제법 알아주는 낚시터이다. 진입이 수월하고 주변에 다른 방파제들이 많아 포인트 선택의 폭도 넓은 편이다. 방파제 바로 옆에 위치한 잔교 선착장 또한 무시해선 안 될 곳이다.

주로 원투낚시와 루어낚시를 하는 곳으로 전문 꾼들보다는 가족단위의 나들이객들이 많이 찾는다. 그러다 보니 한겨울을 제외한 거의 일년 내내 휴일이 되면 많은

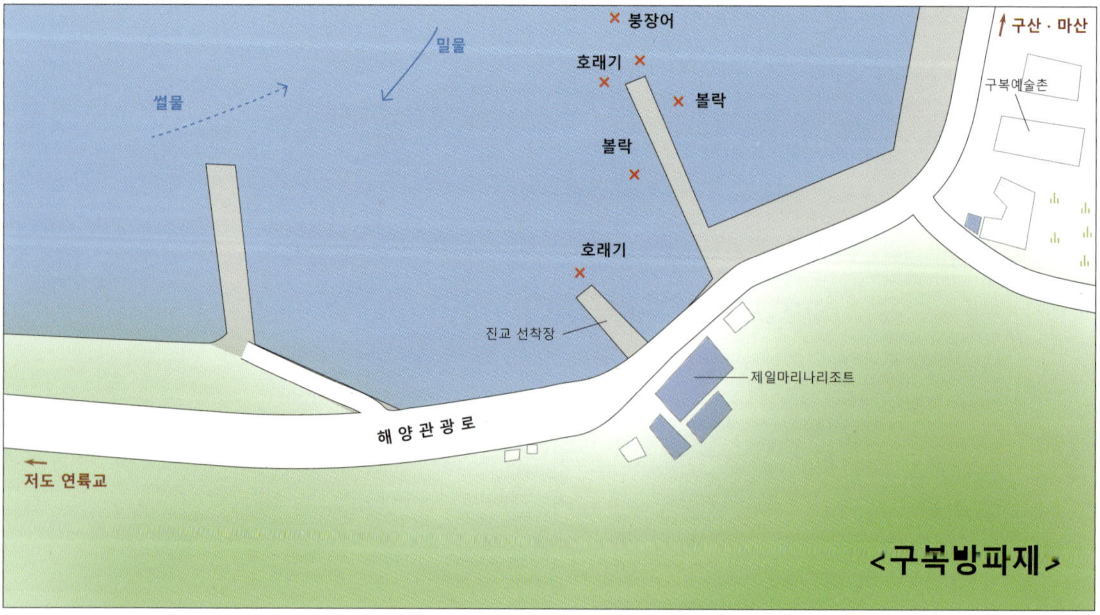

사람들로 북적인다.

■ 어종과 시즌

구복방파제의 가장 좋은 낚시 시즌은 여름부터 가을까지 그리고 한겨울이다. 여름~가을 시즌은 낮에는 원투낚시에 보리멸을 낚을 수 있으며 밤에는 갈치와 붕장어가 낚인다. 붕장어는 당연히 원투낚시에 걸려들고 갈치는 루어낚시나 민장대로 노리는데 집어등이 필수다. 원래 가로등이 훤하게 켜져 있는 방파제였으나 마을 주민들이 낚시인들이 버리는 쓰레기에 넌더리를 쳐 일부러 켜지를 않는다. 그래서 집어등이 없으면 생각만큼 마릿수 조과를 거둘 수 없다.

■ 포인트 및 참고 사항

사니질 바닥이 대부분으로 밑걸림이 거의 없어 원투낚시를 해도 채비 손실이 많지 않다. 내만에 위치한 방파제임에도 수심은 10m 내외로 상당히 깊은 편인데, 내만 깊숙한 곳의 특성상 조류 소통은 그다지 좋지 않은 편이다.
봄에는 인근에서 출항하는 작은 낚싯배를 타고 도다리 선상낚시를 하면 마릿수 조황을 올릴 수 있는데, 방파제에서 시도하는 원투낚시에는 거의 낚이지 않는다.
이곳 구복방파제는 2011년부터 호래기가 낚여 겨울 밤마다 사람들이 몰려들기 시작해 한결 주가가 높아진 곳이기도 하다. 호래기 밤낚시 때에는 집어등 준비를 잊지 말아야 한다. 볼락 시즌 초반에는 민물새우 미끼를 쓰면 20cm 정도의 괜찮은 씨알을 낚을 수 있다. 마릿수도 좋은 편이다.

인근 낚시점(055)

*지방낚시 222-0408
구산면 내포리 214-3
*공갈낚시 222-5994
구산면 수정리 408-11
*부산낚시 222-0154
구산면 수정리 408-8
*동우낚시 221-7772
구산면 수정리 408-9

↓ 구복예술촌에서 바라본 구복방파제. 방파제 입구에 각종 어구가 쌓여 있어 진출입이 수월하지는 않으나 낚시하는 데는 큰 지장이 없다. 겨울철 호래기·볼락 조황이 뛰어난 방파제로 인근 마산·창원 낚시인들의 냉장고 포인트다.

귀산방파제

- **소재지** : 성산구 귀산동 553-5 외
- **길이** : 각각 30여m
- **위치 참조** : 〈최신 전국낚시지도〉 292p B3

찾아가는 길

남해고속도로 서마산IC를 나와 서마산IC사거리에서 운동장 · 마산회원구청 방면으로 좌회전해 마산자유무역지역을 지나 봉암교까지 계속 직진한다. 봉암교를 완전히 건너기 직전의 오른쪽 봉암교차로로 빠져 적현로를 따라 9.4km 계속 직진하면 제4, 5부두와 마창대교 밑을 지나 귀산방파제에 닿는다.

■ 낚시 여건

해안도로를 따라 작고 낮은 방파제가 연이어 있는 곳으로 거의 전역에서 낚시를 할 수 있을 정도로 여건은 좋은 편이다. 다만 주변 수심이 얕고 바닥이 잔자갈과 사니질이 섞여 있어 주 대상어라고 부를 만한 족보 있는 어종은 낚이지 않는다는 점이 아쉽다.

귀산방파제는 인근 동네 낚시꾼들이 손쉽게 잡어를 마릿수로 낚아갈 수 있는 그야말로 동네낚시터의 전형이다. 원투낚시, 줄낚시에 청갯지렁이만 있어도 노래미 예닐곱 마리는 넉넉하게 낚아갈 수 있다.

볼락 루어낚시 열풍이 불면서 이 작은 방파제는 이 일대 루어낚시 입문자들의 연습장 같은 역할을 하면서 더욱 유명세를 탔다. 잔 씨알의 우럭과 볼락의 입질을 실컷 받을 수 있기에 초보 꾼들의 감각을 키우기에는 최적의 장소다.

■ 어종과 시즌

지형적인 여건으로 인해 주로 바닥고기들이 많이 서식한다. 봄에는 도다리가 원투낚시에 주로 낚인다. 여름까지 계속 낚이는데 어떤 땐 노래미가 더 많이 입질하기

도 한다. 노래미는 거의 연중 낚이는 편이다. 볼락과 우럭은 씨알도 잔 편이고 마릿수도 많지 않다. 간혹 원투낚시에 큰 씨알이 낚이기는 하지만 기대할 만한 수준은 아니다. 11월부터 3월까지 입질한다. 여름밤에는 원투낚시에 붕장어가 낚이고 겨울에는 학공치가 들어와 많은 꾼들이 몰려든다.
늦여름부터 늦가을까지는 밤에 갈치가 떼로 몰려들기도 한다. 밝은 집어등이 있으면 보다 많은 마릿수를 올릴 수 있다.

인근 낚시점(055)

*기장낚시슈퍼 264-4389
성산구 귀산동 513-2
*등대낚시슈퍼 264-3065
성산구 귀곡동 655-2
*마창낚시슈퍼 264-4999
성산구 귀곡동 719-1

■ 포인트 및 참고 사항

방파제 끝자락을 제외하고는 포인트 우열이 따로 없다. 낚시하기 수월한 곳이 곧 좋은 포인트라고 할 수 있는데, 학공치나 갈치 · 붕장어가 많이 나오는 시즌이면 낚시꾼들이 한꺼번에 몰려들기 때문에 일찌감치 도착해 자리를 잡는 것이 중요하다. 주로 원투낚시를 하므로 주변 사람과 간격을 두고 낚시를 해야 안전하다.
내항 쪽 방파제는 입구 쪽 수심이 너무 얕아 중썰물 이후로는 낚시를 거의 할 수 없다. 방파제 끝에서 원투낚시를 하거나 텍사스 리그를 써서 바닥을 공략하면 작은 양태나 노래미를 기대할 수 있다.
두 개의 방파제 가운데 크레인이 있는 방파제 조황이 단연 우세하다. 갈치 시즌 때 물결채비를 사용하면 방파제 끝에서 내 · 외항 쪽 가리지 않고 입질이 온다. 볼락 시즌에는 루어낚시 채비를 쓰는 것이 효과적이다. 2g 내외의 지그헤드를 최대한 멀리 던져 바닥을 끌어주면 입질을 받는다. 바닥 걸림이 심하지 않기 때문에 오프셋 바늘을 쓰거나 볼락볼을 써서 공략하면 수월하게 낚시할 수 있다.

↓ 용호마을 방면 해안가에서 바라본 귀산방파제 전경. 마을 안쪽 방파제(선착장)에서도 낚시를 하지만 크레인이 있는 사진의 방파제가 한결 우세하다. 바다 루어낚시가 유행하던 2007년부터 알려지기 시작한 곳이다.

명동방파제

- **소재지** : 진해구 명동 621-8 외
- **길이** : 동쪽, 서쪽 방파제 각 100여m
- **위치 참조** : 〈최신 전국낚시지도〉 293p D4

찾아가는 길

남해고속도로 가락IC를 지나 진해 방면으로 직진하면 나오는 대발령삼거리에서 명동-진해국가공단 방면으로 좌회전 후 명동 부둣길을 따라가면 해양공원 입구가 나온다. 해양공원 입구를 지나 200m 정도 가면 해변 끝에 명동방파제가 있다.

낚시 여건

창원해양공원 내에 있는 음지도방파제와 함께 볼락 루어낚시의 '성지'라고 할 수 있는 곳이 바로 명동방파제다. 예전에는 원투 낚시꾼들의 쉼터 정도로만 여겨졌지만 루어낚시의 활성화로 명당 반열에 올라선 방파제 중에서 가장 유명한 곳이라고 해도 과언이 아니다. 그만큼 가을~겨울에 낚이는 볼락이 단골 꾼들을 매료시킨다. 같은 시기에 낚이는 갈치와 호래기 조황 또한 뛰어난 곳이다. 뿐만 아니라 근년에는 쭈꾸미 · 낙지 같은 두족류도 잘 낚여 또 한 번 단골 꾼들을 열광시킨다.

명동방파제는 2개로 이루어져 있다. 안쪽에 위치한 방파제는 많은 어선들이 정박해 있기 때문에 낚시하기에는 그다지 좋은 여건이 아니다. 또 내항 포인트밖에 공략하지 못하는 한계로 인해 주로 지그헤드로 바닥을 긁어 잔 씨알의 볼락이나 우럭을 낚아내는 초보 꾼들의 연습장으로 활용되고 있다.

어종과 시즌

볼락이나 호래기 낚시터로 잘 알려진 명동방파제는 원래 진해 내만에서도 감성돔이 잘 나오는 방파제였다. 주로 가을에 30cm 내외의 씨알이 올라온다. 그러나 포

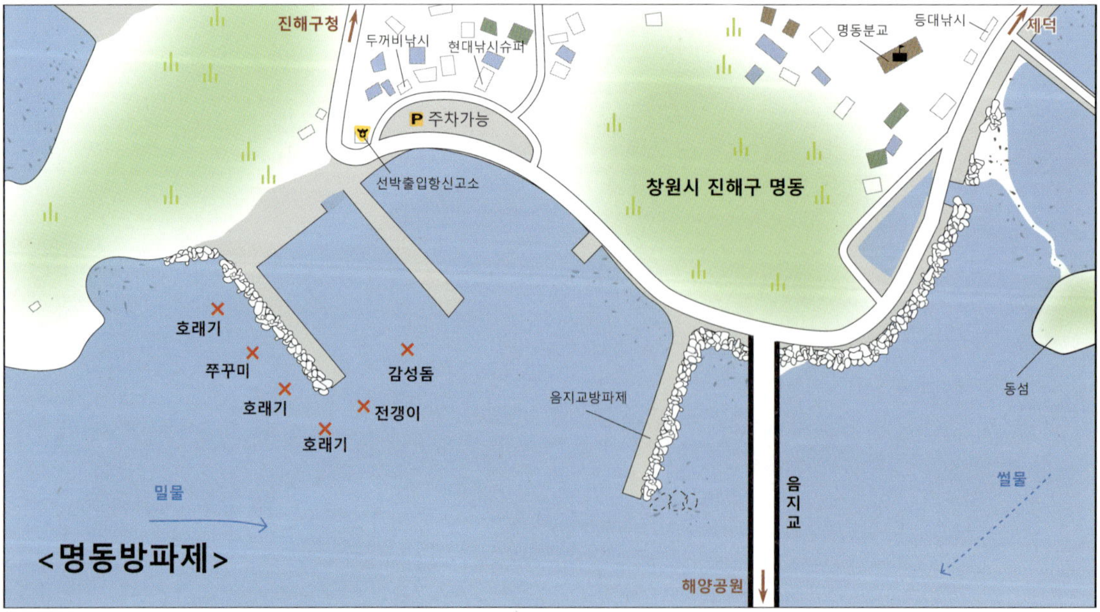

인트가 한정적인 것이 흠이다. 볼락은 11월 말부터 이듬해 4월까지가 시즌이며, 호래기는 12월부터 간간이 낚여 2월까지 드문드문 시즌을 이어간다.
10월 말부터 11월 중순까지는 낙지 · 쭈꾸미 같은 두족류들이 잘 낚인다. 원투낚시나 루어 채비에 마릿수로 낚여 많은 꾼들이 몰린다.

■ 포인트 및 참고 사항

조과는 두 개의 방파제 가운데 서쪽에 위치한 바깥쪽 방파제가 더 좋다. 수심은 가까운 곳은 3~4m, 먼 곳은 7~8m가 나온다. 낮에는 주로 원투 낚시꾼들이 자리를 차지하고 있다. 망상어나 노래미가 잘 낚이고 가끔 청어 같은 회유어들이 떼거리로 덤비기도 하지만 흔한 일은 아니다. 삼치나 고등어 · 전갱이가 들어오기도 한다. 밤에는 루어 꾼들이 많다. 가을에는 내항, 외항 방향 가리지 않고 갑오징어가 잘 된다. 주변이 대부분 뻘바닥이기 때문이다. 볼락은 가까운 곳에서는 잔 씨알이 마릿수로 낚이며 볼락볼을 이용해 먼 곳을 노리면 큰 씨알도 잘 낚인다. 석축 주변을 노리면 언제든지 자잘한 씨알의 우럭을 낚을 수 있다. 늦가을 밤낚시엔 갈치도 잘 낚인다. 집어등을 사용하면 훨씬 조과가 좋다.
12월이 되면 호래기가 들어온다. 명동방파제는 가로등 시설이 좋고 진입이 수월하며 주차공간도 넉넉해 호래기 시즌이 되면 많은 꾼들이 몰린다. 특히 주말에는 낚시인이 켜 놓은 집어등으로 불야성을 이룰 정도다. 호래기용 에기도 잘 효과를 발휘하지만 현지 꾼들은 민물새우 미끼를 더 많이 사용한다.
동쪽 250m 정도의 가까운 거리에 음지교방파제가 있으므로 조황이 여의치 않을 땐 부담 없이 장소를 이동해 볼 수도 있다.

인근 낚시점(055)

*두꺼비낚시 546-1955
진해구 명동 406
*바다낚시마트 545-7740
진해구 명동 405
*현대낚시슈퍼 545-9058
진해구 명동 402-2

↓ 음지교방파제 쪽에서 바라본 명동방파제. 진해권 방파제 중에서 최고의 명당으로 꼽히는 곳이다. 전갱이나 갈치 같은 회유어도 잘 낚이나 근년에는 호래기와 주꾸미 같은 두족류가 잘 낚여 밤낚시를 즐기는 꾼들이 많다.

삼포방파제

- **소재지** : 진해구 명동 78-1 외
- **길이** : 큰방파제 100여m, 작은방파제 70여m
- **위치 참조** : 〈최신 전국낚시지도〉 293p D5

찾아가는 길

남해고속도로 가락IC로 빠져 나와 진해 방향으로 진행한다. 송정사거리에서 창원 방면 우측 도로를 타고 약 800m 이동한 다음, 괴정 방면으로 좌회전하여 400m 가량 가면 제덕사거리가 나온다. 여기서 우회전 후 370여m 이동하다가 다시 좌회전하면 삼포마을에 도착한다.

인근 낚시점(055)

* 엿쟁이낚시 545-8126 진해구 명동 111
* 모닝낚시 552-3249 진해구 명동 125

■ 낚시 개황

진해 해양공원방파제와 함께 현지 꾼들이 즐겨 찾는 곳으로 큰 조황은 없으나 자잘한 어종이 잘 낚인다. 진해권의 방파제 중에서는 가장 방파제다운 모습을 갖추고 있는데, 계단식으로 되어 있어 낚시하기에도 편하며 가로등 시설도 잘 되어 있어 밤낚시하기에도 그만이다. 특히 이곳은 바람이 많이 부는 날에도 낚시를 할 수 있어 겨울에 많은 꾼들이 찾는다.

바닥이 사니질대로 주로 원투낚시에 돌팍망둑 · 노래미 · 도다리가 낚인다. 간혹 봄에 원투낚시에 감성돔이 낚이기도 한다. 여름에는 까지매기가 들어오는데 루어 채비에도 곧잘 반응하지만 청갯지렁이 미끼에 더 잘 낚인다. 삼포방파제 최고 인기 어종인 호래기는 11월 말부터 1월까지 조황 차이는 있지만 꾸준하게 나온다.

■ 참고 사항

호래기 포인트는 큰 방파제에서 형성된다. 방파제 끝부분에서 외항 쪽으로 절반 가까이가 모두 호래기 포인트다. 진해에서는 민장대로 호래기낚시를 할 때 좀 특이한 채비를 쓴다. 낚싯줄 전체에 일정 간격으로 케미컬라이트를 꽂아 채비가 가라앉는 움직임이나 속도 차이를 보고 입질을 파악한다. 이때 여러 개의 케미컬라이트는 집어 역할도 겸한다.

볼락 포인트는 동쪽의 작은 방파제다. 이곳 역시 외항 쪽과 방파제 끝부분이 포인트다. 민장대에 민물새우를 이용해 방파제 벽 가까이 채비를 붙이고 이동하면서 맥낚시를 해야 한다. 루어 채비를 쓸 때는 지그헤드에 웜을 사용하는데 일부 꾼들은 지그헤드에 청갯지렁이를 웜 대신 써 더욱 빠른 입질을 받기도 한다.

↓ 명제로 언덕길에서 내려다 본 삼포방파제. 주로 잡어가 낚이는 곳이지만 11월 말~1월의 호래기 시즌이 되면 주가가 상승한다.

표준명 ■ 농어
학명 ■ *Lateolabrax japonicus*
영명 ■ Common sea bass
일명 ■ 스즈키 (スズキ)
속명 ■ 까지메기(유어), 깔다구

생태 ■ 몸은 측편되어 있으며 주둥이가 작고 아래턱이 앞으로 돌출되어 있다. 등은 회청색, 배는 은회색이고 어릴 때 등 쪽에는 작고 검은 점이 산재한다. 등지느러미에는 12~15개의 강한 가시가 발달한다. 전 연안에 서식하며 1m까지 자란다.

농어의 아래턱

농어의 등지느러미

점농어의 아래턱

점농어의 등지느러미

표준명 ■ 점농어
학명 ■ *Lateolabrax maculatus*
영명 ■ Spotted sea bass
일명 ■ 다이리쿠스즈키 (タイリクスズキ)
속명 ■ 농어

생태 ■ 90년대 중반까지 농어와 같은 종으로 취급되었다. 전체적인 생김새는 농어와 유사하지만 어릴 때에는 등의 점이 농어보다 크고 그 수가 적다. 전남, 서해안 지방에 많이 서식하는 종으로 양식 대상 종으로 개발중에 있다. 1m까지 자란다.

심리방파제

- **소재지** : 마산합포구 구산면 심리 614-14 외
- **길이** :북쪽 방파제 80여m, 남쪽 방파제 60여m
- **위치 참조** : 〈최신 전국낚시지도〉 292p B5

찾아가는 길

남해고속도로 내서IC로 나와 내서읍내를 거쳐 구산 방면으로 남하하다 보면 현동교차로가 나온다. 오른쪽 구산·통영 방면으로 빠져 약 1km 지점의 옥동교차로에 이르면 좌회전 후 구산면 소재지까지 계속 직진한다. 수정삼거리에서 좌회전 후 1002번 지방도로를 타고 원전항 방면으로 계속 남하하면 심리마을이 나타나고 왼쪽으로 방파제가 보인다.

■ 낚시 여건

2개의 선착장과 2개의 방파제가 있는 심리마을에서 가장 낚시가 잘 되는 곳은 바깥쪽에 위치한 2개의 방파제 중에서 남쪽에 위치한 작은 방파제이다. 심리방파제라 지칭하는 곳이 바로 이 방파제를 가리키는 것이지만 편의상 위쪽의 큰 방파제는 북방파제로, 남쪽에 위치한 방파제를 남방파제로 구분하여 부르기도 한다. 남쪽과 북쪽 방파제 크기가 서로 거의 비슷해 보이지만 건너편 북쪽에 위치한 방파제 길이가 10~20m 정도 더 길다.

마산합포구 구산면 일대에는 크고 작은 방파제가 여러 곳 있지만 인근의 낚시꾼들에게 출조 1순위 포인트로 꼽힐 정도로 심리방파제는 다양한 어종이 사계절 내내 낚이는 곳이다. 감성돔·고등어·학공치·까지매기는 물론 우럭과 볼락 등이 주요 대상어로 손꼽히는데, 특히 고등어나 전갱이가 들어오는 여름~가을 시즌에는 단골 꾼들로 북새통을 이룬다.

모두가 석축으로 만들어진 방파제로 민장대만 있어도 손맛 보기에는 어려움이 없다. 잔 씨알의 고기가 많은 편이나 잡어낚시터로는 심심할 틈이 없을 정도로 어자원만큼은 풍부한 편이다.

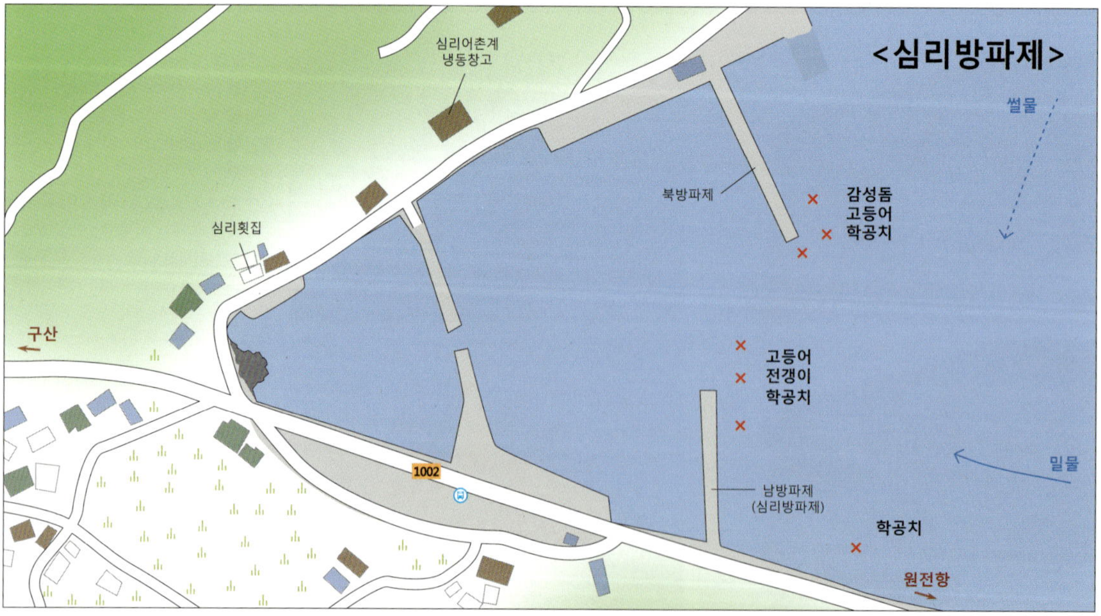

■ 어종과 시즌

이곳 심리방파제의 인기 어종인 까지매기는 여름 장마철을 전후한 시기에 가장 마릿수가 많다. 여름 밤낚시에 릴 찌낚시 채비로 공략해도 잘 낚이지만 볼락 루어낚시 채비에도 간단없이 입질한다. 감성돔은 10월이 제 시즌이며 학공치는 주로 1~2월에 많이 낚인다. 록피시 종류의 우럭과 볼락은 거의 연중 낱마리로나마 사계절 내내 끊이지 않고 낚인다.

■ 포인트 및 참고 사항

주로 민장대 채비로 낚시하는 이들이 많다. 워낙 많은 꾼들이 몰려드는 곳이라 루어낚시나 원투낚시처럼 탐색 범위를 넓게 차지하는 낚시는 옆 사람들과 마찰을 불러일으키기 쉽다. 주변 상황을 고려해야 한다는 것이다.

따라서 루어낚시를 할 때는 꾼들이 붐비는 낮 시간을 피해 밤낚시를 하는 것이 좋다. 이곳은 또 방파제뿐만 아니라 해안 도로변에서도 낚시를 할 수 있다. 방파제에 사람이 많을 때에는 아예 원투낚시로 전환해서 해안도로가에 자리를 잡는 것도 좋은 방법이다.

바닥 걸림은 없는 편이나 워낙 많은 사람들이 낚시를 하고, 드나드는 어선이 많아 폐어구나 버려진 낚시채비 등으로 인해 채비 손실은 어느 정도 각오해야 한다. 방파제의 가장 끝부분이 낚시하기에 편하다. 고등어나 전갱이 · 학공치가 들어올 때에는 입구 쪽을 제외한 방파제 전역에서 낚시가 잘 된다.

인근 낚시점(055)

*동우낚시 221-7772
구산면 수정리 408-9
*월척낚시할인마트
221-1331
구산면 수정리 511-3
*고래낚시슈퍼 221-9368
구산면 수정리 592-8

↓ 심리마을 남쪽 방파제 전경. 전형적인 내만에 위치한 방파제로 대물급 어종이 낚이지는 않지만 다양한 잡어로 손맛을 즐길 수 있는 곳이다. 주변 해안도로에서 원투낚시를 즐기는 꾼들도 많다.

옥계방파제

- **소재지** : 마산합포구 구산면 옥계리 292-24 외
- **길이** : 큰방파제 100여m, 작은방파제 50여m
- **위치 참조** : 〈최신 전국낚시지도〉 292p B5

찾아가는 길

남해고속도로 서마산IC에서 내려 서마산IC사거리에서 통영 방면의 북성로로 방향을 잡는다. 서마산IC사거리에서 1km 지점의 석전사거리에선 우회전하여 마산산복도로(무학로)를 타고 6.9km 진행하면 삼거리가 나온다. 오른쪽 고성·통영 방면으로 우회전하여 570m 지섬의 밤밭고개 너머 삼거리에서 2번 국도를 버리고 오른쪽 덕동·구산면 방면으로 빠진다. 여기서 밤밭고개로를 타고 1.6km 남하한 지점의 사거리에서 왼쪽 심리 방면의 현동로로 진입해 계속 심리 방면으로 9km 남하하면 옥계삼거리가 나온다. 여기서 왼쪽 옥계리 방향으로 3km만 진행하면 옥계마을 포구에 도착한다.

인근 낚시점(055)

*보해낚시 222-5251
구산면 수정리 361-11
*공갈낚시 222-5994
구산면 수정리 408-11
*부산낚시 222-0154
구산면 수정리 408-8

■ 낚시 개황

인근 낚시꾼들이 즐겨 찾는 곳으로 입구에 화장실까지 설치되어 있을 정도로 잘 정비된 방파제다. 규모도 적당하고 낚이는 어종도 다양해 가족단위로 나들이 겸해 하루 정도 낚시를 즐길 수 있는 곳이기도 하다. 총 4개의 방파제가 있는데 주로 낚시를 하는 곳은 큰 화장실이 있는 남쪽 큰 방파제와 건너편에 있는 작은 방파제다. 남북의 두 방파제는 만곡(彎曲)형 포구 입구를 가로질러 있는 형태라 조류의 소통도 적당해 회유성 어류가 많이 접근하는 편이다. 고등어·전갱이·갈치·우럭·볼락·붕장어·숭어·학공치·살감성돔까지 사계절 내내 어종이 바뀐다.
석축으로 만들어져 있어 낚시하기가 편한 데다 민장대로 가볍게 낚시를 하면서도 잔 씨알의 고기 손맛을 볼 수 있어 아이들이 낚시하기에도 좋다.

■ 참고 사항

낚시는 주로 외항 쪽을 바라보고 한다. 방파제 끝에서 중간 지점까지 좋은 포인트가 형성된다. 이 지점에서 최대한 멀리 원투하여 바닥층을 노리는 것이 좋다. 주변 수심은 3~5m가 대부분이다. 석축 가까이에는 민장대로 우럭이나 볼락을 낚을 수 있는데 씨알은 잘다. 봄 시즌의 밤낚시에는 간간이 큰 씨알이 낚이기는 한다. 가장 좋은 때는 가을로 밤낮을 바꿔가며 다양한 어종이 입질에 가세한다. 특히 전갱이와 노래미·갈치 등은 원투낚시나 릴 찌낚시로 손쉽게 낚아낼 수 있다. 볼락 루어낚시 채비로 내항 쪽을 공략하면 겨울에는 괜찮은 씨알의 볼락을 만날 수 있다. 내항 벽을 더듬거나 정박해 있는 선박 사이를 노리면 된다. 방파제의 가로등 시설이 좋아 밤에도 편하게 낚시를 할 수 있다.

옥계마을 진입로 언덕에서 건너다 본 옥계방파제.

우도방파제

- **소재지** : 진해구 명동 627-5 외
- **길이** : 서쪽 방파제 100여m, 동쪽 방파제 90여m
- **위치 참조** : 〈최신 전국낚시지도〉 293p D5

진해 명동에서 5분 정도 배를 타고 들어가야 하는 우도엔 총 3개의 방파제가 있다. 가장 낚시가 잘 되는 곳은 여객선이 닿은 북동쪽 방파제이다. 이 방파제 내항 쪽에 정박해 있는 선박 사이사이를 노리면 손바닥 씨알의 볼락이 물어준다. 초겨울 '몰'이 살짝 피어나기 시작될 무렵부터가 적기이며, 망상어 · 우럭도 섞인다. 외항 쪽 테트라포드 주변도 괜찮다. 테트라포드 사이사이나 양 사이드를 노리면 볼락과 우럭이 덤빈다. 내항 쪽에 비해 씨알도 굵은 편이며 마릿수도 좋다.

늦여름부터는 손가락 두 마디 씨알의 갈치와 청어가 들어온다. 갈치는 한번 떼가 들어오면 왕창 낚을 수 있는데, 이때는 물결채비를 쓰면 훨씬 빠르고 수월하게 낚아낼 수 있다.

찾아가는 길
진해구 명동 부둣길을 따라가면 해양공원 진입 직전에 명동 도선장이 있다. 도선장에서 정기 운항하는 객선을 타고 갈 수도 있고 낚싯배를 이용할 수도 있다. 여객선 요금은 왕복 3천원. 첫배는 6시 15분, 막배는(하절기) 6시 10분이다.

인근 낚시점(051)
*등대낚시슈퍼 545-8826 진해구 명동 335-2

방파제낚시 Tip ③

바다의 제방 모두가 방파제는 아니다

바다에 축조된 제방(둑)이라 해서 모두가 방파제는 아니다. 겉으로 보기에는 방파제 같고, 그래서 흔히 방파제라고 부르는 구조물 가운데는 방사제와 방조제 · 파제제 · 돌제(도류제) 등이 있다.

방사제(防砂堤)는 방파제의 기능과 달리 모래의 이동을 저지하여 일정 수심을 유지할 수 있도록 항 · 포구 외곽에 설치하는 구조물인데, 해안과 거의 직선을 이루는 것이 특징이다. 대부분 그 이름을 제대로 부르고 있는 방조제(防潮堤)는 간척지 제방이 대표적인데, 태풍이나 해일 등으로 고조(高潮) 때 바닷물이 육지로 침입하는 것을 방지하기 위해 해안선을 따라 쌓은 둑을 말한다. 이밖에 소형 선박을 보호하기 위해 항내에 따로 축조된 방파제를 파제제(破除堤)라 부르며, 하천의 합류 지점이나 하구에 토사가 쌓여 유로(流路)가 교란되는 것을 방지하기 위해 쌓은 둑을 돌제(突堤) 또는 도류제(道流堤)라 한다. 유수(流水) 방향을 따라 하구에서 바다 쪽으로 돌출되는 것이 특징이다.

방파제 가운데 또 익제(翼堤)라 부르는 구조물이 있다. 하나의 몸통에 별도로 가지처럼 뻗어난 방파제를 말한다. 또 하나. 일반 방파제는 육지에 뿌리를 두고 해상으로 뻗어난 형태인데, 바다 한가운데에 덜렁 축조된 것들이 있다. 우리 낚시인들이 흔히 '뜬방파제' '일자방파제'라 부르는 이들의 정식 명칭은 도제(島堤)이다. 이안제(離岸堤)라고도 부르는 도제 중에서도 또 특별한 방파제가 있다. 해저로부터 구조물을 쌓아 올리지 않고 그야말로 바다 위에 띄워 놓은 도제가 있다. 이를 별도로 부유식방파제(浮游式防波堤)라 부르는데, 창원시 구산면 심리 소재의 원전항에 국내 유일의 부유식방파제가 있다.

육곡방파제

- **소재지** : 마산합포구 구산면 내포리 1360-3 외
- **길이** : 동방파제 100여m, 서방파제 90여m
- **위치 참조** : 〈최신 전국낚시지도〉 292p A5

찾아가는 길

남해고속도로 내서IC로 나와 진동면 방면으로 직진한다. 현동교차로에서 고성·통영 방면으로 우측 도로를 타고 1.4km 이동 후 동전고개로 저도 연륙교, 고산면 사무소(심리) 방면으로 좌회전 후 다시 2.9km 진행한다. 이후 덕동삼거리에서 심리 방면으로 우회전 후 250여m 가면 유산삼거리가 나오는데 진동 방면으로 우회전 후 3km를 간다. 석곡로에서 진동 방면으로 우회전 후 160여m 더 가다가 내포, 명주·원전 방면으로 좌회전 후 3.4km 정도 이동하면 도착한다.

■ 낚시 여건

구산면 내포리 육곡마을에 150여m 간격을 두고 나란히 뻗어 있는 두개의 방파제는 거의 비슷한 특징을 가지고 있다. 크레인이 설치돼 있는 동쪽 방파제는 끝 지점은 석축이며 입구에서 중간까지는 계단식 선착장으로 되어 있다. 끝 지점엔 선박이 많아 낚시를 하기가 다소 까다로운 편인데 민장대로 공략하기에는 문제가 없다. 방파제 끝 지점엔 또 가로등이 있어 채비를 준비하거나 이동하기에 편리하다. 서쪽 방파제는 커다란 상판과 이어져 있어 밤낚시를 할 때 이리저리 이동하면서 낚시하기에 좋다. 가로등이 있으나 어두워서 집어등을 지참하는 것이 좋다.

■ 어종과 시즌

육곡방파제는 호래기가 주요 대상어다. 여름~가을철에는 전갱이·고등어 등이 낚이는데, 이들 낮낚시 어종을 제외하곤 이렇다 할 대상어종이 없다. 간혹 감성돔이 낚이기는 하지만 큰 씨알은 보기 어렵다. 여름 밤낚시에 풀치 수준을 면한 갈치가 간간이 낚인다. 같은 시기에 붕장어도 함께 입질을 한다. 주 어종인 호래기는 12월 중순부터 본격 시즌이 시작된다.

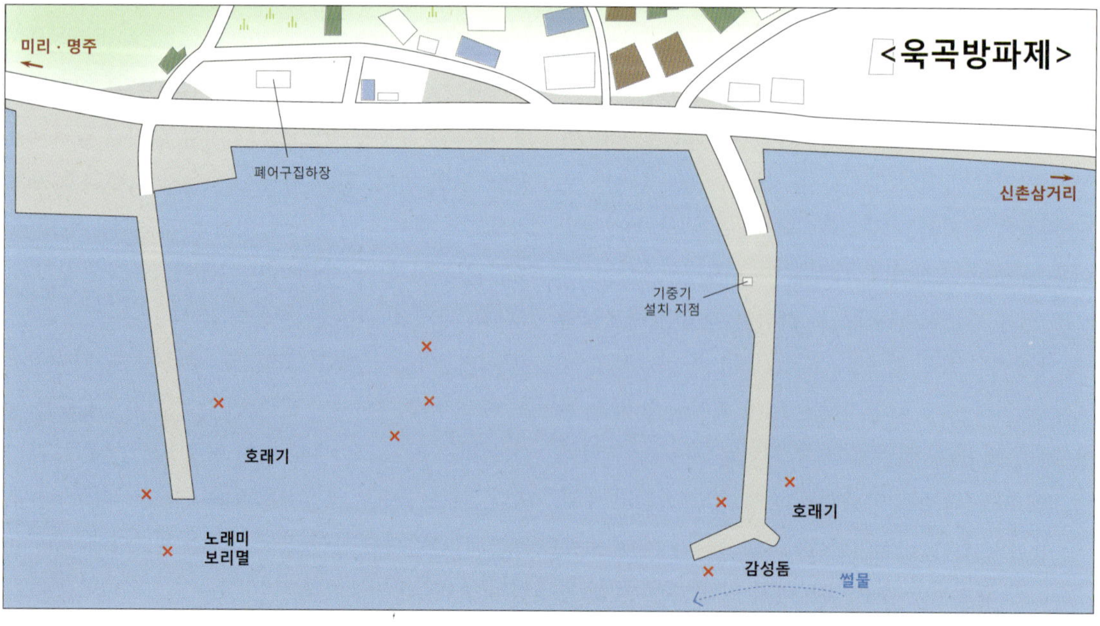

■ 포인트 및 참고 사항

호래기낚시를 할 때는 집어등을 꼭 휴대해야 한다. 방파제 전역에서 호래기가 낚이는데 루어낚시보다는 민물새우를 이용한 생미끼 채비에 입질이 빠르다. 석축 가까이에 채비를 붙이면 잔 씨알의 우럭 · 볼락을 겸할 수 있다. 그러나 역시 씨알은 자잘한 편이다. 낮에는 원투낚시에 노래미 · 돌팍망둑 · 보리멸이 낚인다.

감성돔은 9월부터 잔 씨알이 낚이는데 품질을 꾸준히 하면서 아침 해 뜰 무렵에 초들물을 만나면 2~3마리 정도는 올릴 수 있다. 채비는 0.8호 구멍찌에 잔존부력을 최소화한 밑채비를 구성한다. 수중찌 0.8호에 B 조개봉돌을 물리면 구멍찌 윗면이 깜박깜박하게 수면과 거의 일직선을 이룬다. 이때는 미끼를 건드리기만 해도 어신찌가 잠길 정도로 예민하다. 작은 밑걸림이나 해초에 스치기만 해도 어신처럼 보이는데 초보자의 경우 어신과 이외의 움직임을 구분 못하는 경우가 많으므로 주의해야 한다. 품질은 방파제 가까이 붙이면서 작은 양을 꾸준하게 해 준다. 감성돔 씨알은 25cm 내외가 대부분이며 가끔씩 30cm가 넘는 것이 나오는데 흔하지는 않다. 시즌이 짧은 것이 흠이다.

욱곡방파제 인근 해안도로에는 여름이 되면 낚시를 하기 위한 차량 행렬이 이어진다. 주로 해안도로변과 방파제에서 원투낚시를 하는데 이 채비에 붕장어가 잘 낚인다. 붕장어 씨알은 대개 손가락 하나 정도 굵기인데, 가끔 2개가 넘는 굵직한 것들도 올라온다.

호래기는 12월 초부터 비치기 시작해 1월 말까지 시즌을 이룬다. 초반에는 민물새우 미끼 낚시를 하고, 중반이 넘으면 루어를 혼합한 채비가 효과적이다.

인근 낚시점(055)

*유산삼거리낚시 221-4080
구산면 유산리 92-7
*대박낚시 222-6286
구산면 수정리 649-9
*구산낚시 221-1106
구산면 수정리 647-3

↓ 기중기가 설치돼 있는 욱곡 동쪽 방파제.

원전방파제

• **소재지** : 마산합포구 구산면 심리 197-7 외
• **길이** : 각각 280여m, 70여m, 150여m
• **위치 참조** : 〈최신 전국낚시지도〉 292p C5

찾아가는 길

남해고속도로 내서IC로 나와 내서읍내를 거쳐 구산 방면으로 남하하다 보면 현동교차로가 나온다. 오른쪽 구산 · 통영 방면으로 빠져 약 1km 지점의 옥동교차로에 이르면 좌회전 후 구산면 소재지까지 계속 직진한다. 수정삼거리에서 좌회전 후 1002번 지방도로를 타고 원전항 방면으로 계속 남하하면 된다.

■ 낚시 여건

멀리 거제도를 바라보는 구산면 최남단에 위치한 원전항에는 도합 4개의 방파제가 있다. 2개는 육지 접안식의 일반 방파제이고 2개는 해상 방파제이다. 이들 가운데 원전 마을 입구에 위치하는 동쪽의 해상 방파제는 '부유식 뜬 방파제'이다. 일반 방파제처럼 구조물이 해저 바닥으로부터 축조된 것이 아니라 이름 그대로 바다 위에 떠 있어서 파도는 막되 해수의 흐름은 막지 않는, 우리나라에선 보기 드문 친환경 공법으로 축조된 방파제이다.

그러나 낚시는 대개 서쪽 세 군데 방파제에서 이뤄지고, 우리가 흔히 원전방파제라 부르는 곳도 지도에 표시된 서쪽 지역 방파제를 가리킨다. 또한 이곳엔 방파제뿐만 아니라 부유식 잔교 선착장이 세 곳 있는데 이들 잔교 선착장에서도 낚시가 잘 된다. 따라서 넓은 원전항 일대를 돌아다니면서 낚시를 할 수 있으며 가까운 곳에 슈퍼와 식당, 화장실 같은 편의시설도 잘 갖춰져 있어 오랫동안 낚시를 하기에 편하다. 발판도 좋고 진입하기에도 수월해 가족낚시를 즐길 만한 장소로도 그만이다. 무엇보다 끊임없이 어떤 고기라도 입질해 주므로 심심할 겨를이 없다.

■ 어종과 시즌

봄부터 볼락과 도다리가 잘 낚인다. 원투낚시, 민장대, 루어낚시를 고루 구사할 수 있는데 값비싼 도다리는 원투낚시로 노린다. 이 외에도 노래미 · 우럭 · 개볼락도 잘 낚인다. 찬바람이 부는 늦가을부터는 굵직한 씨알의 감성돔이 출몰하는데 마릿수가 많은 편은 아니지만 씨알이 좋아 대물을 노리는 꾼들이 즐겨 찾기도 한다. 늦여름과 초가을에는 잔 씨알의 돌돔과 주꾸미 · 고등어 · 전갱이가 낚이며 초겨울에는 호래기와 볼락이 잘 낚인다. 대상 어종만 가리지 않는다면 일년 내내 손맛을 볼 수 있는 최고의 가족낚시터가 되는 셈이다.

■ 포인트 및 참고 사항

포인트는 크게 세 군데 정도로 나뉜다. 먼저 버스정류장 앞에 있는 작은 방파제는 마릿수 볼락을 낚을 수 있는 곳으로 9월부터 4월까지 시즌을 형성한다. 이곳은 상층에서는 잔 씨알의 볼락이, 바닥층에서는 중치급 이상의 볼락이 낚인다. 방파제 왼쪽 끝에서 가장 입질이 잦은데, 수심 9m 내외에 있는 수중여 사이를 공략하면 된다. 가을에는 민장대에도 잔 씨알의 감성돔이 낚이는 곳이다.

큰 방파제는 가을철 살감성돔이 마릿수로 낚이는 곳이다. 가끔 제법 쓸 만한 씨알이 낚이기도 하는데 마릿수는 극히 적다. 이곳에서는 빠른 시간에 정확하게 공략 수심대로 채비를 정렬시켜 입질을 받는 반유동 채비가 효과적이다.

작은 방파제는 전방의 실리도 방향에서 흘러드는 본류대가 받치는 곳으로 가장 다양한 어종이 낚인다. 가을철 주꾸미를 비롯한 고등어 · 전갱이 · 보리멸 · 쥐치는 물론 호래기 · 볼락에 이르기까지 안 낚이는 고기가 없을 정도다.

인근 낚시점(055)

*보해낚시 222-5251
구산면 수정리 361-11
*대박낚시 222-6286
구산면 수정리 649-9
*구산낚시 221-1106
구산면 수정리 647-3
*유산삼거리낚시 221-4080
구산면 유산리 92-7

↓ 마을 뒷산에서 본 원전 큰방파제와 뜬방파제(사진 좌측 뒤쪽). 마산권 최고 · 최대의 방파제 낚시터로, 해상방파제(뜬방파제)로 가려는 꾼들과 큰방파제에서 낚시를 하는 꾼들이 섞여 북새통을 이룰 때가 많다.

음지교방파제

- **소재지** : 진해구 명동 358-2
- **길이** : 100여m
- **위치 참조** : 〈최신 전국낚시지도〉 293p D5

찾아가는 길

남해고속도로 가락IC에서 진해 방향의 가락대로를 타면 된다. 진해 이정표를 따라 계속 직진하면 우측에 창원해양공원 이정표가 나온다. 지시하는 방향을 따라 약 15분 정도 가면 명동 선착장이 나온다. 이곳에서 해양공원으로 향하는 다리(음지교) 오른쪽에 방파제가 있다.

■ 낚시 여건

진해 일대는 바다를 끼고 있는 넓은 영역에 비해 낚시터는 매우 적은 편이다. 조선소를 비롯한 공업단지가 들어서면서 매립과 같은 개발로 인해 그나마 낚시할 공간은 줄어들고 출항지로서의 역할만 존속되고 있는 느낌이다.

그러나 바다 루어낚시가 활성화 되면서 진해 구석구석에 남은 방파제가 힘을 내기 시작했다. 깔끔하게 정비된 진입로와 훌륭한 가로등 시설이 낚시에 더 없이 좋은 조건을 제공하면서 부산 · 마산 · 창원 등지의 꾼들이 함께 몰려드는 유명 낚시터로 거듭난 것이다. 특히 초창기 볼락 루어낚시 붐이 일 때는 창원해양공원에 있는 음지도 방파제는 거의 매일 바람 가르는 소리가 밤새도록 끊이지 않을 정도였다.

이곳 음지교방파제는 해양공원이 있는 음지도로 향하는 다리(음지교) 밑에 위치해 얼핏 초라해 보일 수도 있다. 때문에 매번 이곳을 그냥 지나치기가 일쑤지만 자세히 보면 항상 이곳에는 상주하다시피 하는 꾼들이 있다. 항상 낚시하는 모습이 보인다는 것은 당연히 낚시가 잘 된다는 것. 실제 낚시를 해 보면 의외로 쏠쏠한 재미가 있다.

■ 어종과 시즌

예로부터 전마선(노 젓는 배)으로 볼락을 낚던 곳으로 유명한 장소였는데, 이곳에 축조된 방파제에서도 잔 씨알의 볼락이 잘 낚이기 시작했다. 몰(해초의 일종)이 피기 시작하는 11월부터 이듬해 봄까지가 곧 볼락낚시 시즌이다. 또한 봄철부터는 원투낚시에 도다리가 잘 낚이며 여름철이 되면 야간에 원투 채비를 날리면 붕장어 재미를 볼 수 있다. 여름부터 가을까지는 살오징어와 쭈꾸미 같은 두족류도 잘 낚이는데, 이들과 더불어 가을철 밤낚시에는 갈치가 낚여 재미를 더해 준다.

■ 포인트 및 참고 사항

방파제 끝에는 야트막한 암초가 연결돼 있는데 포인트는 바로 이 부근이다. 주변 수심이 워낙 얕아 간조가 되면 전방 20m 이내에선 낚시를 할 수 없을 정도로 바닥이 훤히 보인다. 그래서 원투 낚시꾼들이 주류를 이룬다. 하지만 루어낚시가 유행하면서 이곳 역시 판도가 바뀌었다.

사실 이 주변은 바로 앞바다에서 전마선 낚시가 성행하는 곳으로 볼락 · 우럭 · 노래미 등의 각종 록피시는 물론 도다리와 청어 같은 고기들도 잘 낚인다. 따라서 원거리를 세밀하게 공략할 수 있는 루어낚시가 의외로 위력을 발휘하는 곳이기도 하다. 최대한 먼 곳까지 캐스팅해서 다양한 수심층을 탐색하면 록피시는 물론, 늦여름부터는 갈치의 입질도 받을 수 있다. 중밀물~초썰물 정도까지만 제대로 낚시를 할 수 있다. 공략 지점은 방파제 우측과 11시 방향의 음지교 교각 지점이다.

야간 원투낚시에는 가끔 붕장어가 낚이고, 주간에는 노래미 · 도다리가 잘 낚인다. 미끼는 청갯지렁이가 무난하다.

인근 낚시점(055)

*덕천낚시 546-4450
진해구 명동 551-2
*와보래낚시 546-3939
진해구 명동 313-6
*나루터낚시 546-3939
진해구 명동 319

↓ 음지교 입구에서 바라본 모습(위 사진)과 명동방파제 가는 길에서 바라본 음지교방파제(아래 사진). 보기보다는 조황이 뛰어난 곳으로, 큰 씨알은 없지만 다양한 어종이 낚인다. 유난히 야영낚시꾼들이 많은 방파제이기도 하다.

음지도방파제 (창원해양공원방파제)

- **소재지** : 진해구 명동 656 인근
- **길이** : 500여m
- **위치 참조** : 〈최신 전국낚시지도〉 293p D5

찾아가는 길

남해고속도로 가락IC를 빠져 나와 진해 방면으로 진행하다 보면 해양공원 이정표를 만난다. 해양공원 이정표를 따라 20여 분 진행하면 정면에 음지도와 이어진 다리가 보이고 해양공원 입구에 도착한다.

■ 낚시 여건

통합 창원시 진해구를 대표하는 관광지인 창원해양공원. 이곳 '공원' 시설 속에 방파제가 있음에도 불구하고 낚시를 허용하고 있다. 예전에는 밤 10시가 되면 공원이 폐쇄되는 까닭에 밤낚시를 할 수 없었으나 최근에는 시설이 개방되어 시간제한 없이 낚시를 즐길 수 있다.

발판이 좋고 주변에 편의시설이 많아 인근의 루어 꾼들이나 원투, 민장대 꾼들을 비롯한 나들이객들까지 즐겨 찾는 친수공간이다.

해양공원 내에 있는 방파제라 창원해양공원방파제라 부르지만 원래 이 섬의 이름을 따 그냥 '음지도방파제'라고 부르기도 한다. 볼락 루어낚시 붐이 일기 시작한 2006년 겨울, 이곳 음지도방파제는 루어 꾼들의 천국이었다. 가로등과 몰(해초 종류)밭이 이상적으로 조화된 지형 조건과, 테트라포드와 석축까지 완벽하게 이어진 환상적인 포인트이기 때문이다. 당시에는 볼락 루어 채비에 대해 많이 알려져 있지 않아 민장대 꾼들 사이에 젓볼락(볼락 새끼)을 낚는 게 고작이었다.

■ 어종과 시즌

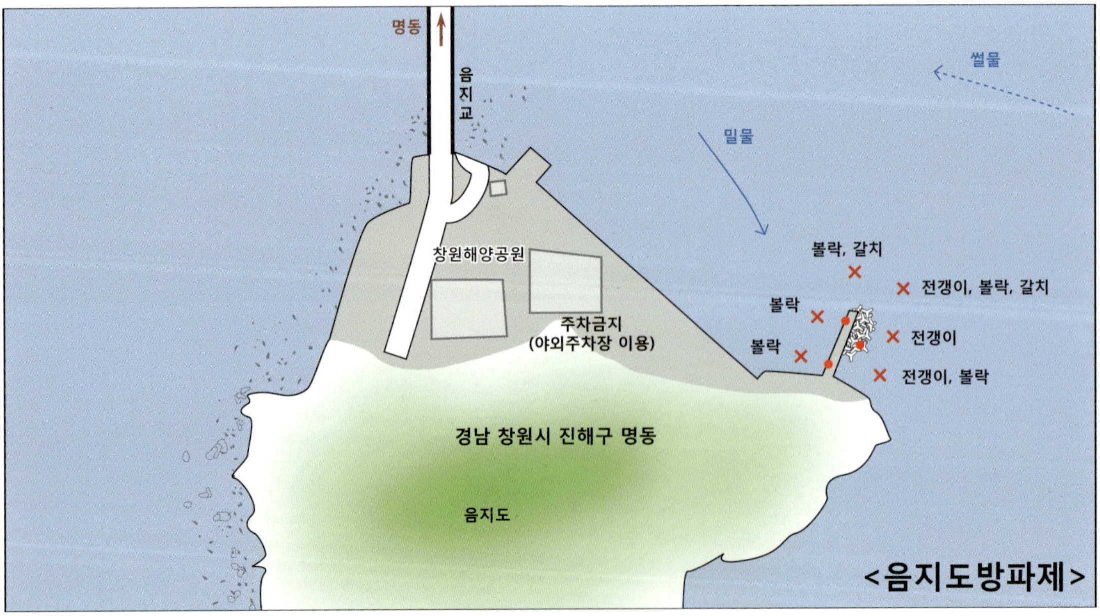

명동 선착장이 지척에 있어 볼락낚시로 유명한 우도 같은 곳으로 나서는 낚시꾼들의 왕래가 잦았다. 지금도 전마선을 타고 밤볼락낚시를 하는 꾼들을 심심찮게 볼 수 있다. 11월 말부터 볼락 시즌이 시작되어 이듬해 5월까지 활발한 입질을 보인다. 12월이면 학공치가 들어오고 9~10월에는 청어도 들어온다.

■ 포인트 및 참고 사항

방파제 길이는 40~50m 남짓하다. 넓이도 그다지 크지 않은 편이다. 외항 쪽으로는 테트라포드가 축조돼 있는데, 한낮이면 찌낚시 꾼들이 자리를 차지해 잡어 사냥에 열중한다. 록피시 종류를 겨냥하는 루어낚시는 내항 방향이나 방파제 끝 지점이 포인트다. 내항 쪽에서 지그헤드 채비를 이용해 방파제 입구 쪽에 형성되어 있는 몰밭 부근을 노리면 볼락 · 우럭 · 개볼락을 만날 수 있다. 씨알은 크지 않은 편이다. 몰밭이 매우 광범위하게 형성되어 있지만 가로등이 밝아 눈으로 확인하면서 낚시를 할 수 있다. 덕분에 채비 걸림은 덜한 편이나 몰밭에 채비를 바싹 붙이지 않으면 입질 받기가 어렵다. 정확한 캐스팅이 관건이다.

방파제 끝에서 싱킹 타입의 던질찌를 이용해 최대한 멀리 던지면 큰 씨알의 볼락이 왈칵 덤빈다. 마릿수는 좋은 편이 아니지만 20cm가 넘는 씨알을 서너 마리 이상 낚아낼 수 있는 포인트다.

외항 쪽에서는 늦여름에 청어가 선을 보이는가 하면 전갱이도 낚인다. 가을철이 되면 잔 씨알의 갈치가 낚인다. 특히 전갱이나 갈치는 볼락 루어 채비에도 쉽게 반응하기 때문에 이들 무리가 접근했을 경우는 뜻밖의 재미를 누릴 수 있다. 수심은 가까운 곳이 2m 내외, 먼 곳은 5m 내외를 이룬다.

인근 낚시점(055)

*덕천낚시 546-4450
진해구 명동 551-2
*와보래낚시 546-3939
진해구 명동 313-6
*나루터낚시 546-3939
진해구 명동 319

↓ 창원해양공원 입구에서 바라본 방파제 전경. 진입과 철수가 자유롭고, 안전하고 편안하게 낚시를 즐길 수 있는 여건이다. 진해권에서 바다 루어낚시가 시작될 당시 가장 인기를 끌었던 곳이다.

관포방파제 / 구영방파제 / 구조라방파제 / 군령포방파제 / 근포방파제 / 금곡방파제 / 느태방파제 / 능포방파제 /
다대방파제 / 다포방파제 / 대계방파제 / 대곡방파제 / 대포방파제 / 덕포방파제 / 도장포방파제 / 물안방파제 /
사등방파제 / 상유방파제 / 석포방파제 / 성포방파제 / 송포방파제 / 시방방파제 / 신교방파제 / 신전방파제 /

Part 6. 거제시

경남 거제시 장목면 유호리 449-13번지에 위치한 상유방파제.

실전방파제 / 쌍근방파제 / 어구방파제 / 여차방파제 / 연구방파제 / 옥계방파제 / 외포방파제 / 장승포방파제 / 저구방파제 / 지세포방파제 / 쪽박금방파제 / 창촌방파제 / 청곡방파제 / 팔랑포방파제 / 하유방파제 / 함박금방파제 / 황포방파제 / 흥남방파제

관포방파제

- **소재지** : 거제시 장목면 관포리 675-5
- **길이** : 170여m
- **위치 참조** : 〈최신 전국낚시지도〉 311p D1

찾아가는 길

부산에서 거가대교와 장목터널을 지나 관포교차로로 빠질 때까지 계속 진행한다. 관포교차로에서 좌측 농소리 방면의 굴다리를 통과해 400여m 계속 직진해 내려가면 관포마을이다. 해변에 도착해 오른쪽을 보면 방파제가 보인다.
신거제대교 방면에서는 14번 국도로 고현을 지나 송정교차로에서 거가대교 방면의 길을 타고 북상하다가 오른쪽 관포교차로로 빠져 직진하면 된다.

인근 낚시점(055)

*거가낚시 635-2112
장목면 장목리 317-1
*에이스낚시 635-2280
장목면 장목리 305-19
*우연낚시 635-8245
하청면 하청리 323-1

■ 낚시 개황

관포방파제는 증축 공사 후 조황이 예전만 못하다는 평가를 받고 있지만 여전히 다양한 어종을 낚을 수 있는 곳이다. 감성돔을 비롯한 돌돔 · 벵에돔 · 무늬오징어 · 볼락 · 전갱이 · 갈치 · 학공치 등 바다낚시 인기어종들이 빠짐없이 나타나 결코 미련을 버릴 수 없는 것이다.
거가대교 개통 후 부산 방면에서는 한결 찾기 쉬워져 감성돔 시즌이 되면 미처 갯바위로 나가지 못한 꾼들이 하나 둘씩 모여드는 곳이다. 방파제 끝에서 추가로 이어진 테트라포드를 따라 포인트가 계속 연결되는데 릴 찌낚시, 민장대낚시, 원투낚시, 루어낚시 등 장르에 관계없이 두루 낚시가 잘 될 뿐만 아니라 계절 따라 대상어종도 번갈아 다양하게 낚인다.

■ 참고 사항

가을부터 감성돔낚시가 파시를 이룬다. 씨알은 작은 편이다. 캐치앤 릴리즈를 하거나 포획금지체장을 반드시 명심해야 한다. 주로 해가 뜰 때 활발하게 입질을 한다. 이 시기에는 잡어 떼가 많아서 반드시 잡어 퇴치용 미끼 준비하는 것이 좋다.
주로 전방 7m 거리 이내의 범위에서 입질을 받을 수 있으며 해 뜰 무렵 1시간, 해 질 무렵 1시간에 집중해서 낚시를 해야 한다.
겨울 시즌으로 넘어갈수록 감성돔 씨알은 굵어지는 반면 마릿수는 현저하게 떨어진다. 이때부터는 볼락이 감성돔의 빈자리를 대신하는데 민장대로 테트라포드 사이를 공략하면 굵은 씨알을 올릴 수 있다.

↓ 계도 쪽에서 건너다 본 관포방파제. 규모는 작아도 가을 감성돔 포인트로 이름난 곳이다.

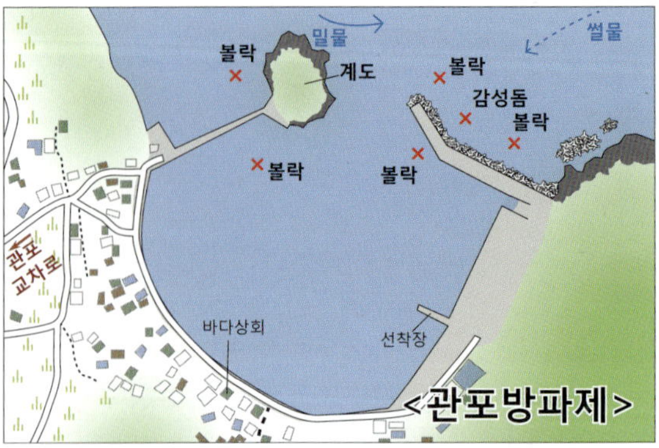

구영방파제

- **소재지** : 거제시 장목면 구영리 329-8
- **길이** : 100여m
- **위치 참조** : 〈최신 전국낚시지도〉 293p D6

■ 낚시 개황

큰 여객선터미널이 있던 곳인 만큼 주변 지형이 단조롭고 바닥도 완만한 편이다. 따라서 낚시터로서는 큰 매력이 없는 곳이었으나 호래기와 록피시를 겨냥한 루어 낚시가 유행하면서 좋은 포인트로 알려지게 되었다.

거가대교 개통과 함께 여객터미널이 폐쇄된 것도 낚시터로서는 좋은 여-건으로 작용했다. 사람들이 많이 찾지 않고 배도 거의 들어오지 않으니 고기들이 자연스레 많이 찾아드는 것으로 풀이된다. 특히 바닥 지형이 사니질로 이루어진 점이 겨울 호래기 낚시터로서의 호조건으로 작용한다.

인근에 편의시설이 잘 갖춰져 있으며 주차공간도 매우 넓어 편안하게 낚시를 할 수 있다. 방파제 입구와 중간까지는 가로등 시설도 잘 되어 있다. 밤낚시를 안전하게 즐길 수 있는 곳으로 가족 동반 낚시인들에게 권장할 만한 장소다.

■ 참고 사항

거제 최북단에 위치한 곳으로 진해에서 출항하는 카페리가 닿던 곳이었으나 거가대교가 생기면서 터미널이 폐쇄되었다. 단조로운 해안선에 사니질 바닥으로 인해 좋은 포인트로 보이지 않으나 실제 낚시를 해 보면 의외로 고기가 잘 낚인다. 특히 이 지역은 진해만 감성돔이 가장 먼저 붙는 곳으로 오름감성돔 시즌과 산란기 시즌에 피크를 맞이한다. 봄에는 대물급들이 낚이고 여름과 가을로 갈수록 씨알이 잘아진다. 밤낚시에는 민장대에도 감성돔이 낚일 정도로 활성도가 좋은 곳이다.

봄에는 찌낚시보다 원투낚시가 효과적이다. 감성돔은 물론 도다리 · 노래미 같은 손님고기 낚는 재미도 좋은 편. 큰 씨알의 양태나 보리멸도 잘 낚인다.

찾아가는 길

통영 방면에서는 신거제대교를 넘어 14번 국도로 신현을 지나 연초면 소재지에서 북쪽 5번 국도를 갈아타고 하청 · 장목을 지나 황포 · 구영 방향으로 계속 북상하면 된다.

부산 방면에서 거가대교를 이용할 경우는 거제도 거가대로 관포교차로로 나온 후 장목 방면의 장목농협앞삼거리에서 우회전하여 계속 북상해야 한다.

인근 낚시점(055)

*거가낚시 635-2112
장목면 장목리 317-1
*에이스낚시 635-2280
장목면 장목리 305-19
*우연낚시 635-8245
하청면 하청리 323-1

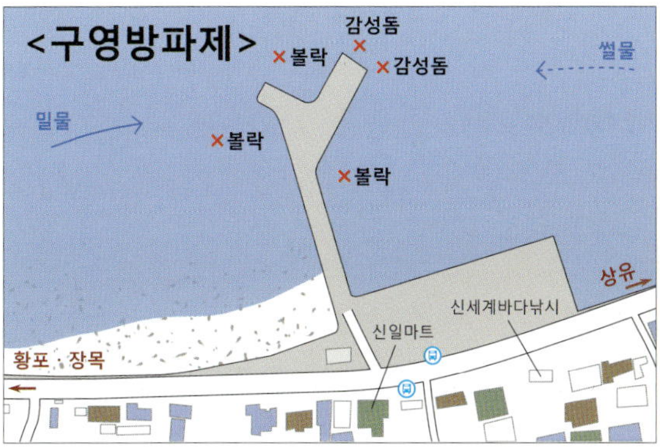

↓ 구영마을 동쪽에서 바라본 구영방파제. 여객선터미널이 있었던 곳이라 진입공간이 넓고 낚시하기 편한 장소다. 무명의 방파제였으나 루어낚시 포인트로 확인되면서 꾼들의 발길이 잦아졌다.

구조라방파제

- **소재지** : 거제시 일운면 구조라리 191-2
- **길이** : 350여m
- **위치 참조** : 〈최신 전국낚시지도〉 311p D6

찾아가는 길

거가대교방면에서는 송정IC로 나와 옥포 · 장승포를 거쳐 14번 국도로 구조라 · 해금강 방면으로 남하한다. 지세포를 지나 와현고개를 넘으면 와현마을이 나타나고 그 다음 마을이 구조라이다. 왼쪽 구조라항으로 끝까지 진행하면 방파제이다.
신거제대교 방면에서는 14번 국도로 성포와 사곡삼거리를 지나 장평고개에서 오른쪽 새 도로를 타고 곧장 옥포까지 진행한다. 이후 장승포를 지나 구조라 · 해금강 방면으로 남하하면 된다.

낚시 여건

해수욕장으로 유명한 구조라의 내항 오른쪽 끝자락에 위치한 구조라방파제는 길이 350여m에 이르는 대형 방파제다. 내항 방향은 석축, 외항 방향은 테트라포드로 이루어져 있다. 방파제 상판에는 안전을 위해 난간이 설치되어 있어 낚시를 하기 위해서는 어쩔 수 없이 난간을 넘어야 하는데 이동에 주의하는 것이 좋다.
구조라방파제는 규모가 큰 만큼 주변의 공간도 넓고 관광지인 까닭에 주변 편의시설도 훌륭하다. 낚시점과 온갖 해산물로 유혹하는 식당, 관광선 선착장까지 있는 곳이라 가족과 함께 관광을 즐기면서 낚시를 하기에 최적인 장소다. 게다가 주변에는 배를 타고 가지 않고도 충분히 좋은 조과를 거둘 수 있는 갯바위 포인트까지 있어 물때나 낚시 방법에 따라 다양한 낚시를 즐길 수 있다.

어종과 시즌

주요 어종은 학공치 · 벵에돔 · 감성돔 · 무늬오징어 · 볼락 · 망상어 · 노래미 등으로 바다낚시의 대표 인기 어종들이 시즌에 따라 두루두루 낚인다. 바닥이 대부분 사니질대이므로 원투낚시를 하기에 특히 좋다. 특히 봄~여름에는 도다리나 보리

<구조라방파제>

멸을 쉽게 낚을 수 있어 가족단위의 낚시객들이 많은 편이다.
늦봄부터 벵에돔낚시를 하는 꾼들의 발길이 이어진다. 이곳의 벵에돔낚시는 11월까지도 계속된다. 볼락과 우럭은 테트라포드 구멍치기에 잔 씨알이 낚이는데 주로 11월~5월까지가 피크다. 무늬오징어는 8월 말부터 11월 초까지가 시즌인데 방파제에서도 잘 낚이지만 오른쪽 갯바위에서도 잔 씨알이나마 마릿수 재미가 좋다.

인근 낚시점(055)

*태조낚시레져 635-7444
연초면 송정리 210-1
*포세이돈낚시 681-9779
일운면 구조라리 98
*거제대구낚시 681-5779
일운면 구조라리 92-1
*서울낚시 682-3200
일운면 지세포리 809

■ 포인트 및 참고 사항

원투낚시의 경우 4.5m 내외의 3호 릴대를 사용한다. 미끼는 청갯지렁이나 참갯지렁이를 쓴다. 릴 찌낚시로 벵에돔을 노릴 때에는 일반적으로 크릴 미끼를 쓰지만 봄철 수온이 낮을 때에는 홍갯지렁이를 사용하면 입질이 빠르다.
이곳의 대표 어종인 벵에돔은 한겨울을 제외하고는 거의 연중 낚인다고 할 수 있는데 가장 씨알이 좋을 때는 늦여름이다.
포인트는 방파제 중간부터 끝 지점까지다. 방파제 중간에 꺾이는 부분이 있는데 이 곳부터가 포인트다. 릴 찌낚시를 할 때에는 너무 멀리까지 채비를 던지면 안 된다. 방파제에서 조금만 벗어나도 모래바닥이어서 원투낚시 대상 어종이나 낚일 뿐 벵에돔이나 감성돔은 낚이지 않는다.
내항 쪽은 수심이 깊지 않아 제로찌 채비로 벵에돔을 공략하는 것이 좋다. 내항 쪽 수심은 3m 내외, 외항 쪽은 가까운 곳이 4~5m 정도다.
구조라방파제 우측으로는 아주 좋은 갯바위 포인트가 펼쳐져 있다. 볼락 루어낚시나 에깅 시즌에 진입하면 마릿수 조과를 거둘 수 있다. 봄까지는 모자반 군락이 넓게 펼쳐져 있어 낚시를 하기가 성가신 편이다.

↓ 구조라마을 진입부에서 본 방파제 전경. 구조라방파제는 거의 전역이 포인트라고 할 수 있다. 벵에돔 · 무늬오징어 · 볼락 등 인기 어종들이 잘 낚이는데 내 · 외항 가릴 것 없이 포인트도 다양해 많은 낚시인들이 찾는다.

군령포방파제

- **소재지** : 거제시 사등면 창호리 1808-11 외
- **길이** : 큰방파제 100여m, 작은방파제 50여m
- **위치 참조** : 〈최신 전국낚시지도〉 310p A3

찾아가는 길

신거제대교 방면의 경우 14번 국도 성포삼거리를 지나 700여m 지점에서 오른쪽 가조도 방면으로 진행한다. 가조연륙교를 건너 실전 방면으로 직진하다가 730여m 지점에서 군령포 표지석을 보고 우측으로 빠져 해안길을 따라가면 금방 군령포방파제가 나온다.
거가대교 방면에서는 송정IC로 나와 통영 방면으로 진행하다가 금포를 지나 가조도 이정표를 보고 우측으로 진행하면 된다.

■ 낚시 여건

2009년 7월에 개통된 연륙교로 인해 섬 속의 육지가 되어버린 가조도(加助島)는 오랫동안 꾼들의 발길이 닿지 않아 아직도 곳곳의 방파제에서 잔 씨알의 감성돔을 수월하게 낚을 수 있는 곳들이 많다. 게다가 섬 전체에 포장도로가 잘 깔려 있어 전역의 낚시터로 이동하기에도 편리한 여건이다.
넓고도 깊숙이 후미진 만곡(彎曲) 지형에 위치한 군령포방파제는 테트라포드 없이 그냥 석축으로 축조된 방파제로, 수면과 낚시발판의 간격도 높지 않아 낚시하기게 아주 적합한 구조이다. 한가롭게 낚시하기에 이보다 더 좋은 곳이 없을 정도로 조용하고 아늑한 분위기다.
따라서 낚시를 할 때도 평소의 분위기가 그대로 유지될 수 있도록 정숙해야 한다. 특히 고기가 가장자리로 붙는 야간에는 낚시 도중 불빛과 소음을 극도로 줄여야 소기의 성과를 거둘 수 있다.

■ 어종과 시즌

이곳 군령포방파제에서 가장 잘 낚이는 어종은 볼락 · 호래기 · 감성돔 · 우럭 · 도

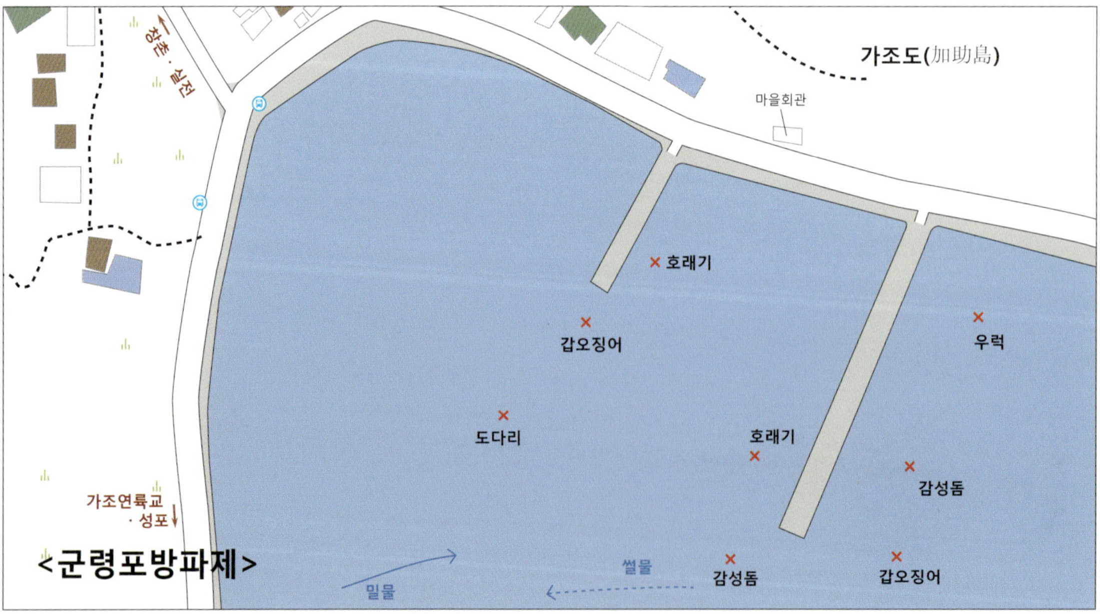

<군령포방파제>

다리 · 노래미 · 망상어 등으로 내만권 방파제 낚시터임에도 다양한 어종이 낚이는 편이다. 11월부터 이듬해 봄까지는 볼락과 우럭이 잘 낚인다. 감성돔은 봄철에 한 번, 가을에 또 한 번 시즌을 안겨주는데 특히 가을 시즌의 마릿수 재미가 좋은 편이다. 갑오징어는 9~11월에 가장 많이 낚인다.
노래미나 망상어 · 도다리는 봄부터 가을까지 잘 낚인다. 호래기는 12월 중순부터 2월까지 꾸준하게 낚이지만 조황의 편차가 심하다. 호래기낚시를 할 때는 반드시 집어등을 준비해야만 마릿수 조과를 거둘 수 있다.

인근 낚시점(055)

*가조도낚시 632-2356
거제시 사등면 성포리 390-25
*태조낚시레저 635-7444
연초면 송정리 210-1
*뉴대교낚시 649-1782
통영시 용남면 장평리 120-2
*일요낚시마트 649-5260
통영시 용남면 동달리 305-3

■ 포인트 및 참고 사항

군령포방파제는 가조도 내의 다른 방파제들에 비해서도 낚시꾼들이 많지 않은 편이다. 방파제 끝 부분이 주요 포인트이며 감성돔은 봄철과 가을 시즌에 낚을 수 있다. 씨알은 20~30cm급이 주류를 이루며 원투낚시에는 노래미와 우럭을 낚을 수 있다. 현지 특효 미끼인 쏙이나 멍게를 미끼로 쓰면 봄 시즌에는 간혹 큰 씨알의 감성돔이 낚이기도 한다.
야간에는 민장대를 이용해 석축 주변에 붙어 있는 볼락이나 우럭을 뽑아낼 수 있는데 씨알은 크지 않은 편이다. 겨울 시즌의 호래기를 공략하기 위해서는 민물새우를 이용한 민장대 낚시나 볼락 루어대에 숫테를 이용하는 루어낚시가 시도된다. 두 방법 모두 집어등은 필요하다. 시즌 초반에는 민물새우가 잘 먹히고 후반으로 갈수록 씨알 선별력과 속도에서 앞서는 루어 채비가 강세를 띤다.
이곳 군령포마을 주변에는 이렇다 할 편의시설이 없으므로 필요한 간식거리와 낚시준비물을 빠뜨리지 않아야 한다.

⬇ 마을 입구에서 바라본 군령포방파제. 포인트 여건에 비해 찾는 이들이 그리 많지 않은 편이다. 큰 방파제, 작은 방파제 가리지 않고 낚시가 잘 되며 다양한 장르의 낚시를 즐길 수 있는 곳이다.

근포방파제

• **소재지** : 거제시 남부면 저구리 489-9 인근 • **길이** : 90여m
• **위치 참조** : 〈최신 전국낚시지도〉 328p B3

대포근포항 북쪽 근포마을에 있는 방파제로 규모는 작아도 현지 꾼들의 냉장고 같은 곳이다. 포인트는 외항 방향이다. 내항 쪽은 수심이 얕아서 안 된다. 수심은 간조 때 6m 내외, 만조 때 7~8m 정도. 입질을 하는 시간이 있어서 이 시간대를 놓치면 안 된다. 주로 5~10m 거리에서 입질을 하지만 캐스팅 거리는 15~20m 정도까지 넉넉하게 던지는 것이 좋다.

주요 포인트는 방파제 끝 부분과 테트라포드가 많이 무너진 곳이지만 일단 감성돔이 붙었다 하면 거의 전역이 된다. 테트라포드 구멍치기에는 굵은 우럭이 낚인다. 숭어 · 농어도 간간이 낚이며 루어낚시에는 볼락도 입질한다. 초겨울 민장대, 민물새우로 구멍치기를 하면 볼락이 푸짐하다.

찾아가는 길
신거제대교 방면의 경우 사곡삼거리에서 남부 방면의 우측 길을 택해 동부면 소재지에서 오망천교를 건넌다. 다리 건너 오망천삼거리에서 좌회전해 탑포사거리를 지나 저구삼거리까지 진행한다. 명사해수욕장 방면으로 우회전하여 2.3km 지점에 이르면 우측으로 근포마을 입구가 나온다.

인근 낚시점(055)
*피싱라이프 638-3288 남부면 저구리 464-16
*미래낚시 632-1685 남부면 저구리 641-4

방파제낚시 Tip ④

신생 방파제는 물고기들의 뉴타운

새로운 방파제 준공 직후에는 어족이 거의 사라져 낚시가 잘 되질 않는다. 그러나 완공 후 1년도 지나지 않아 놀랄 정도로 낚시가 잘 되기 시작하는 경우가 많다. 방파제 공사가 완료되어 얼마 지나면 주변 해저에 패류가 붙고, 투입된 돌이나 테트라포드에 해조류가 우거지기 때문이다.

해조류(海藻類)는 바다 속의 영양염을 흡수, 성장하면서 식물성플랑크톤을 만들어낸다. 이것을 동물성플랑크톤이 먹고, 이 동물성플랑크톤을 물고기가 또 열심히 먹어댄다. 신축 방파제 주변 해저에 붙은 패류나 충류 역시 물고기들의 싱싱한 먹잇감이다.

신생 방파제 주변은 이러한 사이클로 새로운 생태계가 구축되는 것이다. 그리고 그것을 지탱하는 해조류나 틈새가 많은 테트라포드는 물고기들의 은신처이자 산란장이 되기도 한다. 결국 외양의 파도로부터 항구를 지키는 방파제는 물고기들의 뉴타운이 됨으로써 낚시인들에게는 황금 낚시터가 되는 것이다.

내수면 낚시터 또한 마찬가지 아니던가. 대단위 수면의 저수지, 특히 대형 댐이 축조되면 초기 몇 년간의 낚시에 일대 호황을 보이는 것과 같은 이치다. 과거 충주댐의 추억이 대표적인 사례가 될 것이다.

그러나 방파제낚시라고 해서 반드시 방파제 구조물 위에서만 낚시를 할 게 아니다. 많은 방파제들의 경우 어느 한 곳 외항 쪽이 갯바위 지대와 연결돼 있는 곳들이 많다. 이런 갯바위 지역 앞쪽엔 크고 작은 암초들이 발달해 방파제보다 조황이 월등한 경우가 많다. 따라서 방파제와 연결된 갯바위 지역은 물때 시각에 맞춰 꼭 탐색전을 펼쳐 볼 필요가 있다.

표준명 ■ 도다리
학명 ■ *Pleuronectes cornutus*
영명 ■ Fine-spotted flounder, Frog flounder
일명 ■ 메이타가레이(メイタガレイ)
속명 ■ 담배도다리

생태 ■ 몸은 체고가 높은 마름모꼴로 눈이 있는 쪽은 자갈색, 황갈색 바탕에 크고 작은 구름 모양의 반점들이 산재한다. 눈은 돌출하며 주둥이 끝에 위치하고 두 눈 사이에 짧은 골질 돌기가 있다. 전 연안, 일본, 동중국해에 서식하며 크기는 20~30cm. 비교적 먼 바다에서 어획되어 시장에서는 살아 있는 것을 보기 어렵다. 우리들이 흔히 '도다리'라 부르는 고기는 몇몇 가자미 일족들이다.

● 돌가자미(도다리)

● 문치가자미(도다리)

금곡방파제

- **소재지** : 거제시 하청면 연구리 429-4
- **길이** : 40여m
- **위치 참조** : 〈최신 전국낚시지도〉 310p C2

찾아가는 길

부산 방면에서는 거가대교를 건너 관포교차로로 빠져나와 우회전하여 관포고개 넘어 장목면소재지에서 칠천도로 방향을 잡는다. 칠천교 건너 200m 지점의 장안마을삼거리에서 연구 방면으로 좌회전하여 해변길(칠천서로)로 계속 주행한다. 칠천초등학교가 보이는 전방 150m 지점의 삼거리(금곡마을 정류장)에서 왼쪽 해변길로 170m만 들어가면 방파제 앞이다.
통영 방면에서는 신거제대교를 건너 14번 국도로 고현을 지나 연초삼거리에서 왼쪽 5번 국도로 갈아타 하청면소재지를 지나 칠천도로 방향을 잡으면 된다.

■ 낚시 여건

거제도의 부속 섬으로, 다리로 연결되어 있는 칠천도는 크고 작은 포구마다 방파제가 있으며 낚시터로 알려진 곳들도 많다. 금곡방파제는 칠천도의 많은 방파제 중에서도 감성돔이 가장 먼저 붙는 곳으로 익히 소문난 곳이다. 연구리 금곡마을에 있는 두 개의 방파제 가운데 여기에 소개하는 곳은 금곡 작은방파제이다.
방파제에 가로등이 있어 밤에도 안전하게 낚시를 할 수 있으며, 계단식으로 깔끔하게 축조된 내 · 외항 방향 모두 물때에 따라 자리를 옮겨 가며 채비를 던지기에도 편리하다. 무엇보다 주변 수중여가 발달해 물고기들의 좋은 은신처가 된다. 게다가 웬만큼 기상이 악화되어도 별 상관없이 낚시를 즐길 수 있어 인근 방파제 중에서는 가장 많은 꾼들이 찾는 낚시터이다.

■ 어종과 시즌

낚시 대상어종은 감성돔 · 볼락 · 호래기 · 숭어 · 도다리 · 노래미 등으로 다양하다. 봄에는 원투낚시에 도다리와 숭어가 낚이고, 6월부터 11월까지는 감성돔이 낚이는데 가장 좋은 시즌은 가을이다.

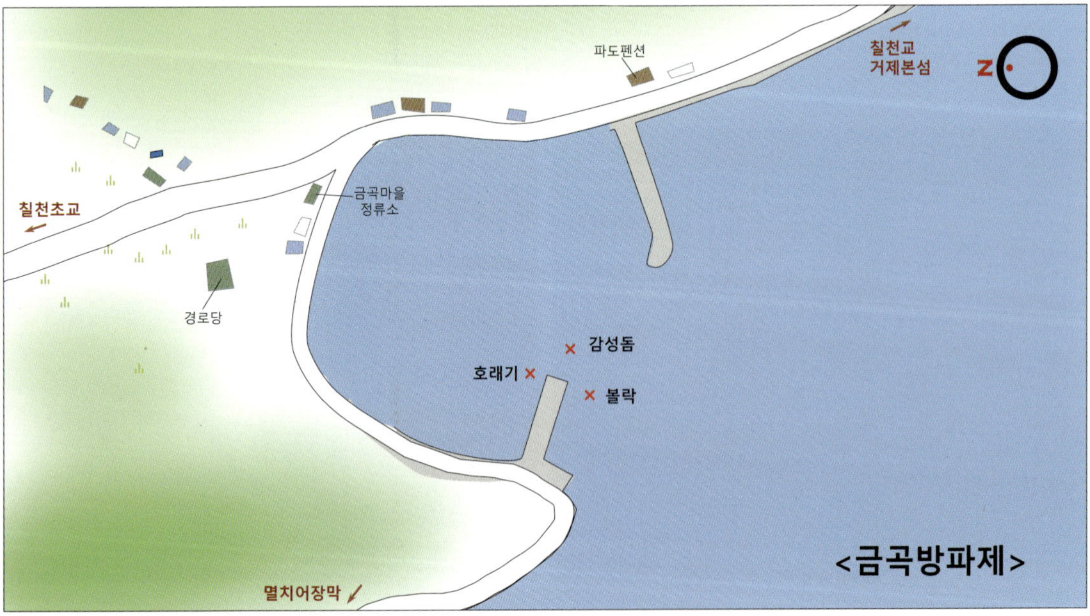

11월~4월 시즌에는 루어낚시를 하면 굵은 볼락과 개볼락, 우럭을 낚을 수 있다. 볼락낚시 도중에 호래기(꼴뚜기)가 올라타기도 하는데 이때는 작은 에기 슷테로 바꿔 달면 호래기 조과가 배가된다. 초겨울에는 민물새우를 대바늘 채비에 꿰면 슷테보다 빠른 입질을 받는다.
방파제 주변의 낚시 여건이 좋아서 잔 씨알의 잡어낚시는 연중 가능하다.

■ 포인트 및 참고 사항

길가에 위치한 관계로 낮에는 예민한 감성돔의 입질이 약아빠지기 이를 데 없다. 이른 새벽이나 해질 무렵, 혹은 의외로 밤낚시에 감성돔이 잘 낚인다. 가을과 봄 시즌에 씨알과 마릿수가 좋은데 포인트는 주로 방파제 끝에서 형성된다.
겨울에는 가로등 불빛에 홀려 몰려드는 호래기가 재미있다. 칠천도 쪽 호래기는 특히 씨알이 굵기로 유명한데 이곳 금곡방파제는 낚시하기도 편해 가족 단위의 호래기 낚시객들이 즐겨 찾는다. 집어등을 이용하면 인위적으로 포인트를 만들 수 있어 보다 오붓하게 낚시를 즐길 수 있다.
호래기낚시는 시즌 초반에는 민물새우와 슷테를 병행해서 쓰고 시즌 중반이 넘어서면 2단 슷테 채비나 3단 슷테 채비를 하면 보다 빠르게 마릿수를 채울 수 있다.
이곳 방파제는 일대의 평균 수심이 얕아 물이 빠지면 방파제 입구 쪽에서는 낚시를 할 수가 없다. 따라서 처음 자리를 잡을 때부터 되도록 방파제 끝자락부터 서는 것이 좋다. 방파제 끝 지점에서는 낮에 원투낚시를 많이 하는 편인데, 바닥이 사니질대가 많아 양태 · 노래미 · 문절망둑 · 도다리 등이 낚인다. 밑걸림이 덜한 지형이라 낚시하기에는 편하다.

인근 낚시점(055)

*에이스낚시 635-2280
장목면 장목리 305-19
*거가낚시 635-2112
장목면 장목리 317-1
*우연낚시 635-8245
하청면 하청리 323-1
*진주낚시 636-3986
연초면 죽토리 1106-1
*연초낚시 636-1017
연초면 죽토리 1104-13

⬇ 칠천도(七川島) 특유의 소박한 방파제로 거제 본섬 방파제들에 비해 상반되는 매력을 가진 곳이다. 조류가 약하고 바닥이 사니질대로 원투낚시나 릴찌낚시로 잔 씨알의 고기를 낚을 수 있다.

느태방파제

- **소재지** : 거제시 능포동 592-1
- **길이** : 1,000m
- **위치 참조** : 〈최신 전국낚시지도〉 311p D4

찾아가는 길

부산 방면에서는 거가대교를 이용해 거제도에 진입한 후 거대대로를 따라 계속 직진하다가 송정IC로 나온다. 14번 국도로 옥포를 지나 장승포로 진입해 시외버스터미널 못 미쳐에서 느태 쪽으로 좌회전하여 산길을 넘어가면 입구에 도착한다.
통영 방면에서는 14번 국도로 사곡삼거리 지나 장평고개에서 왼쪽 고현 · 연초 방면으로 향하지 말고 오른쪽 새 도로를 타고 옥포까지 곧장 진행하는 것이 빠르다.

■ 낚시 여건

거제도엔 대소 방파제가 무려 150여개에 이른다. 300m가 넘는 대형 방파제만도 10여개에 달한다. 느태방파제는 그 중에서도 단연 으뜸이다. 그 길이가 거의 1km에 달한다. 건너편 팔랑포방파제와 함께 드넓은 옥포만(玉浦灣) 입구에 위치해 국내 최대 규모의 조선(造船) 단지를 옹호하고 있는 형국이다.
옥포만의 대규모 관문 역할은 낚시에도 그대로 적용된다. 이곳 느태방파제엔 계절따라 거의 모든 해수어종이 들락거릴 뿐만 아니라 양적인 면에서도 확실히 덩치값을 한다. 당연히 낚시인구 수용 능력도 엄청나 몇 년 전부터 에깅(Eging) 전국대회가 이곳에서 개최될 정도.
방파제 진입부에 국가기간시설이 위치한 관계로 왕래가 자유롭지 못한 불편이 따르는 곳임에도 불구하고 연중 낚시꾼들의 발길이 끊이지 않는 것은 그만큼 꾸준하게 낚시가 잘 되는 때문이다.

■ 어종과 시즌

지형적인 여건으로 인해 다양한 어종보다는 바닥고기들이 주로 서식하는 곳이다.

시즌에 따라 다양한 어종이 나타나 '안 낚이는 고기가 없다'고 표현할 수 있다. 봄에는 감성돔과 볼락이 주 어종인데 볼락은 씨알이나 마릿수 모두 만족할만한 수준이다. 원투낚시에는 또 도다리가 낚인다.

여름에는 감성돔 · 참돔 · 농어와 함께 인기어종인 벵에돔이 시작된다. 벵에돔의 경우 마릿수는 건너편 팔랑포방파제를 우선으로 꼽는 이들이 있는데, 씨알은 이곳 느태방파제가 우세하는 게 단골 꾼들의 평가다.

가을에는 다시 감성돔이 주력어종으로 부상하면서 전어와 갈치가 그 대열에 가세한다. 겨울에는 감성돔 · 볼락과 함께 입맛의 진객 학공치가 찾아온다.

이처럼 다양한 어종이 넉넉하게 낚이기 때문에 어한기인 한겨울을 빼고는 대상어만 잘 선택해도 '꽝'이 없는 곳이다. 굳이 한 가지 어종만 고집하지 않는다면 어떤 것으로든 횟감은 장만할 수 있다는 얘기다.

■ 포인트 및 참고 사항

아무리 다양한 고기가 낚인다고 해도 느태방파제의 특성에 맞는 낚시를 하지 않으면 풍요 속의 빈곤을 느끼기 십상. 감성돔을 낚을 때에는 1호 대에 예민함에 초점을 맞춘 막대찌 채비가 우선이다. 방파제낚시인 까닭에 고기의 경계심이 높아 입질이 시원하지 않을 경우가 많다. 채비를 최대한 멀리 던져서 작은 입질이라도 알아볼 수 있고 이물감이 적은 막대찌를 쓰는 것이 효과적이다.

포인트는 거의 내 · 외항 전역이라고 할 수 있는데, 파도나 바람이 있을 때는 내항 쪽이 유리한 편이다. 다른 곳과는 달리 방파제의 위치가 난바다에 있으므로 내항 쪽이라고 해서 조류나 수심 여건이 나쁘지 않기 때문이다.

인근 낚시점(055)

*태조낚시 635-7444
연초면 송정리 210-1
*피싱코리아 687-3444
옥포1동 546-29
*리드낚시 682-4424
능포동 724-1

↓ 옥포만을 가로지르며 수문장 노릇을 하는 느태방파제는 낚시대회를 개최할 수 있는 규모의 몇 안 되는 방파제다. 한꺼번에 많은 사람이 진입해서 낚시를 할 수 있으며 기상 여건이 좋지 않아도 꾸준한 조황을 보여준다.

능포방파제

- **소재지** : 거제시 능포동 31-5 외
- **길이** : 동방파제 420여m, 서방파제 180여m
- **위치 참조** : 〈최신 전국낚시지도〉 311p D4

찾아가는 길

통영 방면에서는 신거제대교를 건너 14번 국도 사곡삼거리 지나 장평고개에 이르러 왼쪽 고현 방면으로 향하지 말고 오른쪽 새 도로를 타고 옥포까지 곧장 진행한다. 이후 장승포 방향으로 직진하다가 두모고개(두모로터리)에서 왼쪽 능포 방향으로 진입하면 된다.

거가대교를 이용하는 경우는 거대대로 송정IC로 나와 14번 국도로 장승포 방면의 옥포를 지나면 곧 두모고개(두모로터리)에 이른다.

■ 낚시 여건

능포방파제가 위치한 능포항은 1971년 국가어항으로 지정된 곳으로, 1989년에 시설물 안전도 진단 용역조사와 함께 현재의 기본시설도 완공되었다. 이후 친수공간 조성 사업이 지속된 이래 해변 데크와 바닥조형분수, 야외무대, 관람스탠드, 상징 조형물, 주차장 시설 등이 완공되는 등 관광지로서의 여건도 갖추게 되었다.

능포항이 제대로의 모습을 갖추기 전까지만 해도 이웃한 느태방파제의 유명세에 가려 이곳 능포방파제를 찾는 외지 꾼들이 많지 않았으나 갯바위 못지않은 대물 감성돔이 배출되면서 차츰 느태방파제의 명성을 능가하게 되었다. 크게 만곡(彎曲)진 지형에 위치한 방파제이면서도 조류가 제대로 흐르고 수심도 깊어 바다낚시터로서의 여건을 제대로 갖췄을 뿐만 아니라 동쪽과 서쪽에서 나란히 뻗어 있는 두 개의 방파제 모두 고른 조황을 보여 우열을 가리기 힘들 정도다. 참고로 방파제 규모에 있어서도 톱클래스다. 능포항 동쪽에 위치한 큰 방파제는 길이가 420m로 느태방파제와 지세포방파제에 이어 세 번째 규모다.

초겨울 대형 감성돔은 물론 사계절 다양한 어종이 붙는 능포방파제 주변은 유난히 푸른 물색이 인상적이다. 그만큼 조류가 좋다는 얘기다. 동서 방파제 모두 접근

<능포방파제>

성도 좋다. 차량, 도보 진입 모두 수월하고 식당가와 매점이 가까워 낚시를 하면서 배달음식까지 편안하게 즐길 수 있다.

■ 어종과 시즌

사계절 내내 낚시를 즐길 수 있는 곳으로 봄부터 벵에돔과 볼락 · 감성돔이 낚인다. 가장 인기 어종인 감성돔은 초겨울부터 늦봄까지가 피크인데 대물급 씨알이 심심찮게 나와 거제권의 여느 갯바위 못지않은 화제를 불러일으키기도 한다. 벵에돔은 4월부터 시작해 가을까지 이어진다. 씨알은 25cm 내외. 마릿수 재미가 좋은 편이다. 전문 꾼, 초보자 가리지 않고 벵에돔 손맛은 쉽게 볼 수 있다. 초겨울에는 볼락 씨알이 좋다. 한겨울에 찾아오는 학공치 떼는 놓칠 수 없는 진객이다.

■ 포인트 및 참고 사항

긴 방파제를 따라 급격한 수심 변화를 보이는 것이 특징이다. 이러한 바닥 지형으로 인해 굳이 방파제 끝까지 가지 않아도 여러 곳에 포인트가 형성되어 있다. 특히 동쪽 방파제의 꺾어지는 지점이 주요 포인트로 대물 감성돔이 나온다. 작은 방파제 중간 지점과 내항 쪽을 노려도 감성돔이 잘 나온다. 어떤 채비를 쓰든지 바닥을 섬세하게 더듬어야 입질을 받는다. 벵에돔은 거의 전역에서 낚시를 할 수 있으며 큰 방파제 꺾어지는 지점의 외항 방향과 맨 끝 지점의 내항 방향이 좋은 포인트다. 릴 찌낚시 채비가 주효한 곳이지만 볼락이나 벵에돔은 민장대 채비에도 낚인다. 평균수심이 깊은 관계로 밑밥은 비중을 높게 배합하며 벵에돔은 빵가루를 많이 섞어 품질하는 것이 좋다.

인근 낚시점(055)

*나이스낚시 681-9565
능포동 480-50
*등대낚시 681-7244
능포동 477-4
*낚시전성시대 681-3390
능포동 489-3
*가이드낚시 682-4774
능포동 371-3

↓ 능포방파제는 바닥 지형과 수심층이 다양해 구간에 따라 낚시방법과 대상어종을 달리하는 패턴을 구사해야 한다. 내항 쪽은 민장대로, 외항 쪽은 루어나 릴 찌낚시로 공략하는 것이 효과적이다.

다대방파제

- **소재지** : 거제시 남부면 다대리 458-3
- **길이** : 240여m
- **위치 참조** : 〈최신 전국낚시지도〉 328p C2

찾아가는 길

거가대교를 이용할 경우는 옥포 · 장승포를 거쳐 14번 국도 지세포 · 구조라 · 학동을 지나 계속 직진, 남하하다 보면 해변가에 다대마을을 알리는 삼거리가 나온다. 왼쪽 다대낚시점을 끼고 좌회전하면 방파제까지는 500여m 거리다.
통영 방면의 경우는 신거제대교 건너 사곡삼거리에서 우측 길로 접어들어 동부면 소재지에서 오망천교를 건넌다. 다리 건너 오망천삼거리에서 좌회전하여 탑포사거리를 지나 저구삼거리에서 해금강 방면으로 2km만 가면 다대마을 입구 삼거리가 나온다.

■ 낚시 여건

다대다포항을 가로지르며 건너편 다포방파제와 함께 관문 역할을 하고 있는 다대방파제는 그 자체가 낚시터로 인정받기보다는 거제 남부권 갯바위 출조를 하는 꾼들의 터미널 정도로 인식돼 왔었다. 그러나 바다 루어낚시의 활성화 함께 이곳 또한 저력 있는 낚시터로 거듭났다. 내항은 개펄 지형이지만 방파제 입구 외항 쪽은 몽돌밭으로 형성되어 있는 데다 얕은 여밭도 광범위하게 발달해 있어 록피시 어종들의 입질이 활발한 것으로 드러났다.
방파제 주변의 조류 소통 또한 원활해 벵에돔 · 감성돔 · 망상어 같은 찌낚시 어종도 선보이는가 하면, 삼치 · 갈치 · 고등어 · 전갱이 등의 회유어종들까지 찾아들어 그야말로 만능 낚시터임을 인식시켜 준다. 갯바위 출조객들이 사계절 끊이지 않고 드나드는 곳이라 낚시점은 물론 각종 편의시설이 고루 갖춰져 있어 낚시에 불편함이 없다. 넓은 주차장이 방파제 바로 옆에 위치하는 점도 호조건이다.

■ 어종과 시즌

연중 다양한 어종이 낚인다. 봄에는 벵에돔 · 볼락과 함께 도다리 · 보리멸이 잘 나

온다. 여름에는 벵에돔이 주력어종으로 부상하고 참돔이 선보이는가 하면 루어낚시에 까지매기가 잘 낚인다. 가을에는 살감성돔이 잔재미를 안겨주면서 삼치 · 갈치 · 고등어 · 전갱이가 주력어종으로 떠오른다. 특히 삼치는 스푼이나 메탈지그를 이용하면 짧은 시간에 마릿수 조과를 누릴 수 있다. 고등어나 전갱이는 카드채비를 이용하면 한꺼번에 서너 마리씩을 올린다.

겨울에는 감성돔을 주축으로 망상어나 노래미 같은 잡어낚시가 이루어진다. 밤낚시로 방파제 주변을 탐색하면 볼락과 우럭 같은 록피시들을 많이 낚을 수 있다. 가까운 거리에선 잔 씨알만 선보이지만 구멍치기를 하거나 루어낚시로 먼 곳을 노리면 굵은 씨알을 구경할 수 있다.

■ 포인트 및 참고 사항

내항은 뻘밭으로 낚시가 거의 되지 않는다. 정박한 어선들 사이로 볼락 루어낚시를 하면 모두가 잔 씨알들뿐이다. 이와는 달리 외항 쪽은 대부분 모래와 자갈인데 원투낚시로 먼 거리를 노리면 도다리 · 보리멸 등의 잡어를 손쉽게 낚을 수 있다.

주요 대상어종인 감성돔이나 벵에돔은 테트라포드가 빠져 있는 가까운 거리에서 포인트가 형성된다. 조류의 흐름이 좋아 인근 갯바위 여밭에 머물던 고기들이 밤이 되면 방파제 가까이 몰려든다. 그래서 해질녘에 주로 낚시를 많이 하는 편이다. 수심은 4m 전후. 어떤 낚시를 하건 테트라포드 가까이 채비를 붙여야 입질을 받을 수 있다.

품질은 한꺼번에 많이 하기보다는 조금씩 꾸준해야 한다. 가까운 거리에서 많은 사람들이 낚시를 하기 때문에 지속적인 품질을 해야 포인트를 빼앗기지 않는다..

인근 낚시점(055)

*태조낚시레저 635-7444
연초면 송정리 210-1
*대도낚시 633-1093
남부면 다대리 456
*대흥낚시 634-4884
남부면 다대리 457-4
*다대낚시 633-1123
남부면 다대리 408-1

↓ 다포방파제 남쪽 방향에서 바라본 다포 · 다대방파제. 사진의 앞쪽이 다포방파제, 뒤쪽이 다대방파제다. 외항과 내항 쪽에서 낚이는 어종이 서로 달라 포인트 선정과 낚시 채비에 만전을 기해야 하는 곳이다.

다포방파제

- **소재지** : 거제시 남부면 다포리 199-7
- **길이** : 340여m
- **위치 참조** : 〈최신 전국낚시지도〉 328p C2

찾아가는 길

통영 방면의 경우 신거제대교 건너 사곡삼거리에서 우측 길로 접어들어 동부면 소재지에서 오망천교를 건넌다. 다리 건너 오망천삼거리에서 좌회전하여 삼거림 · 마하병원 · 탑포사거리 순으로 진행한다. 탑포사거리에선 왼쪽 1018번 지방도로로 계속 직진하면 저구삼거리가 나온다. 여기서 90m 전방의 오른쪽 샛길로 빠지면 다포마을이다.
거가대교 방면에서는 옥포 · 장승포를 거쳐 남부 방면의 14번 국도로 계속 남하하다 한목을 지나면 다대 입구가 나타난다. 여기서 1.2km 전방의 다포삼거리에서 좌회전하면 된다.

■ 낚시 여건

국립수산과학연구원 어류육종연구센터 앞에 위치한 다포방파제는 찌낚시 대표어종인 감성돔이 잘 낚이는 방파제로, 발판이 좋아 가족과 함께 출조해도 안전하게 낚시를 즐길 수 있는 곳이다. 바람이 많이 불어 미처 낚싯배가 뜨지 못하는 날에도 다포방파제 내항에서는 낚시를 할 수 있다. 내항을 잘만 공략해도 갯바위 못지않은 조과를 기대할 수 있다.
방파제뿐만 아니라 방파제 입구와 이어진 테트라포드에서도 낚시를 할 수 있다. 파도의 영향을 거의 받지 않고 주변의 조류 소통이 좋아 특별히 좋은 포인트를 선점하기 위해 애쓰지 않아도 된다는 것이 장점이다. 다른 방파제에 비해 테트라포드가 촘촘하게 쌓여 있어 이동도 비교적 수월한 편이다. 마주보는 건너편 다대방파제와 함께 다대다포항을 지키는 관문이다.

■ 어종과 시즌

거제도에서 손꼽히는 규모의 방파제임에도 능포 · 느태 등 유명 방파제들의 인기에 가려 찾는 이들의 숫자는 그리 많지 않은 편이다. 그러나 가장 호황인 시즌은

여름철이면 벵에돔을 낚기 위해 몰려드는 현지 꾼들로 장사진을 이룬다.
이곳 다포방파제는 뭐니 뭐니 해도 9월부터 12월까지가 피크 시즌이다. 주력어종은 감성돔으로 한번 붙었다 하면 갯바위 못지않은 조황을 과시한다. 씨알도 35~45cm까지로 준수한 편. 봄에는 볼락 · 도다리 · 노래미가 잘 낚이며 여름에는 벵에돔과 함께 전갱이 · 고등어가 주종을 이룬다.
가을부터 초겨울까지는 감성돔 입질이 계속 이어지고, 겨울에는 볼락과 학공치가 명맥을 유지한다. 루어낚시 대상어로는 여름부터 가을 동안 무늬오징어가 힘겨루기를 하며, 늦가을부터 12월까지의 볼락 루어는 밤낚시가 효과적이다.

■ 포인트 및 참고 사항

날씨가 좋지 않을 때는 어쩔 수 없이 내항에서 낚시를 해야겠지만 여건이 허락할 때는 아무래도 외항 쪽이 좋은 포인트가 된다. 가장 좋은 곳은 방파제 끝부분이다. 평균 10m 내외의 수심이며 바깥쪽으로 흐르는 썰물 조류에 채비를 태워 감성돔을 노린다. 1호 구멍찌 또는 막대찌 채비를 이용한다. 막대찌 채비를 쓰는 것은 조류가 센 편인 데 반해 수심은 깊어서다. 구멍찌 채비를 쓸 때는 폭이 좁고 슬림한 것을 이용하는 것이 좋다.
내항 쪽은 9월까지는 벵에돔이 잘 낚이는 곳이다. 바닥에 수중여가 많고 해초가 자라 있어 감성돔이나 벵에돔 같은 어종들이 쉬어 갈 만하다. 벵에돔은 빵가루가 잘 먹히는데 간간이 홍갯지렁이를 써도 입질이 빠르다. 수심은 4~5m. 입질은 전방 8~9m권에서 잘 오는 편이다. 파도가 치는 날에는 감성돔이 잘 들어온다. 품질은 어디 곳에서든 발 앞에 해 주는 것이 원칙이다.

인근 낚시점(055)

*거성낚시 633-1075
남부면 다대리 396
*자유시간낚시 633-1232
남부면 다대리 112
*태조낚시레저 635-7444
연초면 송정리 210-1
*한국낚시 637-0179
동부면 산양리 818-4

↓ 사진 앞쪽이 다포방파제다. 내 · 외항 쪽 모두 낚시가 잘 된다. 특히 벵에돔과 감성돔이 주종으로 현지꾼들이 시즌에 맞춰 반드시 짚어 보는 포인트다.

대계방파제

- **소재지** : 거제시 장목면 외포리 1228-5
- **길이** : 500여m
- **위치 참조** : 〈최신 전국낚시지도〉 311p D3

찾아가는 길

통영 방면에서는 신거제대교 건너 신현·연초를 지나 송정IC에서 거가대교 방향의 거가대로를 갈아탔다가 잠시 후 덕포교차로로 나와 외포리 방향으로 북상하면 된다. 덕포교차로에서 김영삼 전 대통령 생가가 있는 대계마을 입구까지는 약 4km 거리다.

부산 방면에서는 거가대교를 건너 거가대로를 타고 내려오다 외포교차로로 나오면 된다.

■ 낚시 여건

거제시 장목면 외포리 대계마을은 김영삼 전 대통령의 생가가 있는 곳으로 유명하다. 대계(大鷄)라는 지명이 어디서 유래했는지는 잘 모르지만 방파제가 위치한 곶부리 지형이 마치 닭의 머리를 닮아 보인다. 40~50m 정도로 규모가 작은 방파제 외항은 테트라포드, 내항은 석축으로 구성돼 있는데 규모만 보고 얕잡아 봤다가는 큰 손해 본다. 평이한 지형 같으면서도 방파제 입구는 갯바위로 둘러쳐져 있고 주변 수중여도 발달해 인근 방파제들에 비해 쏠쏠한 재미를 안겨준다.

방파제 바로 앞까지 차량 진입이 용이해 무척 편리하고 내만권에 위치한 방파제임에도 불구하고 수심 또한 비교적 깊은 편이다. 때문에 계절별로 다양한 어종이 찾아드는데 조류 소통이 좋은 점도 한몫 거든다.

이곳에선 방파제 외항 쪽에 낚시를 드리워야 하는데 큰 테트라포드가 쌓여 있어 안전한 자리를 확보하고 낚시를 하는 것이 우선이다. 자리를 한번 잡고 나면 잦은 이동은 하지 않는 것이 바람직하다.

■ 어종과 시즌

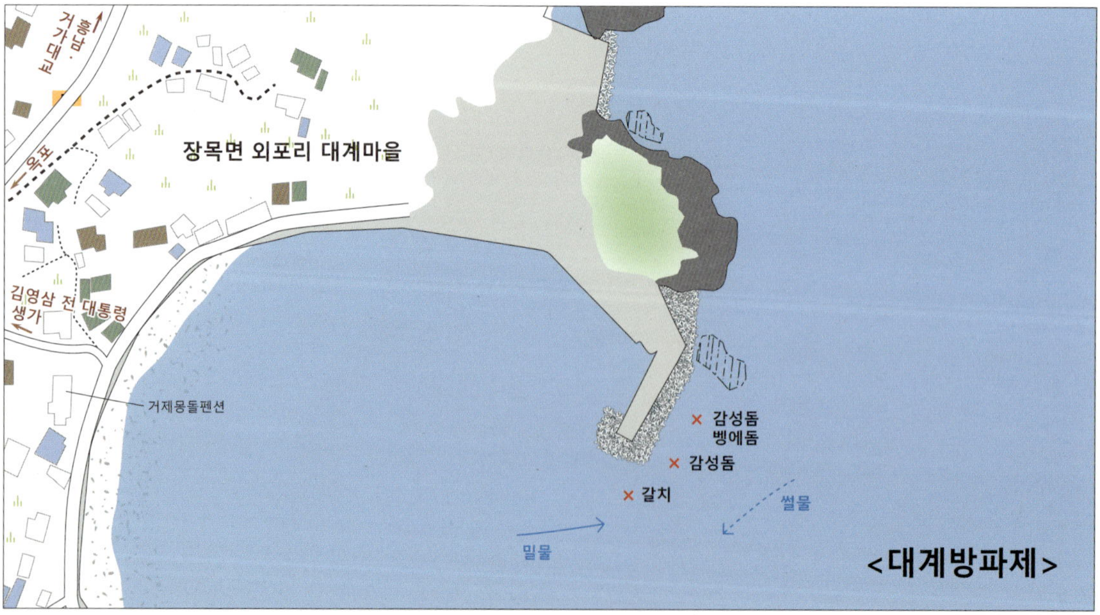

주요 어종은 감성돔과 벵에돔. 감성돔은 9~11월 말까지 잔 씨알이지만 서너 마리는 수월하게 올릴 수 있다. 평균 씨알은 30cm 내외. 감성돔낚시를 할 때는 낚시자리에서 최대한 멀리 공략하는 것이 좋다. 30m 정도는 채비를 보내야 조류에 태울 수 있으며 입질 포인트까지 닿는다.
벵에돔은 6~10월까지가 시즌이며 주로 해 뜰 무렵에 입질이 집중된다. 테트라포드 가까운 곳에 품질을 하면서 낚아내는데 25cm 내외가 주종이다. 잡어만 분리할 수 있으면 마릿수 조과를 거둘 수 있다.
여름 밤낚시에는 손님고기로 갈치가 낚이는가 하면, 작은 씨알의 참돔도 낚인다. 겨울에는 볼락도 드문드문 낚이며 호래기도 간혹 들어온다.

인근 낚시점(055)

* 태조낚시레저 635-7444
연초면 송정리 210-1
* 연초낚시 636-1017
연초면 죽토리 1104-13
* 거제도낚시여행 688-5454
옥포동 771-2
* 거제대물낚시 687-7327
거제시 옥포동 753

■ 포인트 및 참고 사항

수중여가 산재한 외항 쪽이 특급 포인트다. 릴 찌낚시, 루어낚시, 민장대낚시 어떤 장르의 낚시로도 공략이 가능하며 특정 어종만 고집하지 않는다면 잔잔한 손맛을 볼 수 있다.
물색이 맑은 까닭에 파도가 적당히 치는 날에 조황이 좋은 편이다. 봄~늦가을까지 감성돔 · 벵에돔 · 돌돔 · 참돔 · 숭어 등이 서로 번갈아 대상어가 된다. 특히 가을 감성돔이 들어올 무렵이면 이곳 대계방파제가 성황을 이룬다.
테트라포드 사이에 구멍치기를 하면 볼락이나 우럭 같은 록피시 종류를 손쉽게 낚을 수 있다. 미끼는 청갯지렁이나 민물새우를 쓴다. 파도가 잔잔한 날에는 최대한 먼 거리까지 원투해서 공략한다.

⬇ 마을 입구에서 본 대계방파제 전경. 작은 섬과 연결된 방파제로 록피시 종류와 감성돔이 주종이다. 방파제가 있는 대계 마을은 김영삼 전 대통령 생가가 있는 곳으로 관광객들이 많이 찾는 곳이다.

대곡방파제

- **소재지** : 거제시 하청면 대곡리 318-2
- **길이** : 60여m
- **위치 참조** : 〈최신 전국낚시지도〉 310p C1

찾아가는 길

거가대교 관포교차로로 나와 장목면소재지에서 칠천도로 방향을 잡는다. 칠천교를 건너 200m 지점의 장안마을삼거리에서 '어온' 방면으로 우회전하여 칠천동로를 따라 북상하다가 어온, 조곡마을을 지나 나타나는 삼거리에서 왼쪽 대곡 방향의 칠천중앙길을 넘어 대곡삼거리에서 좌회전 후 800여m만 직진하면 된다.
통영 방면에서는 신거제대교 건너 고현을 지나 연초삼거리에서 왼쪽 5번 국도로 갈아타 하청면 소재지를 지나 칠천도로 방향을 잡으면 된다.

인근 낚시점(055)

*에이스낚시 635-2280
장목면 장목리 305-19
*진주낚시 636-3986
연초면 죽토리 1106-1

↓ 주변 수심은 얕으나 다양한 어종이 낚인다. 찾는 이들도 많지 않아 조용한 분위기다.

■ 낚시 개황

황덕도를 바라보는 칠천도 북서쪽에 위치한 방파제다. 규모는 볼품없이 작은 편이지만 섬과 섬 사이로 흐르는 조류 소통이 좋아 봄철에는 대물급 감성돔도 낚인다. 우럭 · 볼락과 함께 여름에는 숭어와 전갱이가 입질에 가세하며, 가을에는 살감성돔과 볼락 · 전갱이 · 고등어가 주종을 이룬다. 이어 겨울에는 호래기와 함께 볼락이 밤낚시에 입질이 좋은 편이다.
방파제 주변의 수심이 얕은 편이라 간조 때보다는 만조를 전후한 때에 입질이 잘 들어오며 가을 감성돔과 겨울 호래기낚시를 호젓하게 즐기기에 최상의 장소다. 그야말로 '뚝배기보다 장맛'이라는 표현이 딱 들어맞는 방파제다.

■ 참고 사항

대곡방파제는 봄과 가을에 제 시즌을 형성하는 곳으로 주변 수심이 얕은 것에 비해 다양한 어종이 들어온다. 대개의 낚시꾼들은 수심이 얕은 곳을 꺼려하기 때문에 자연스레 이 방파제에서의 낚시에 관심을 갖는 이들이 많지 않다.
그러나 알음알음 찾는 이들이 있다. 이곳을 잘 아는 단골 꾼들은 주로 방파제 끝부분의 수심 좋은 지점을 찾아 자리를 잡는다. 이 자리에는 감성돔과 숭어가 잘 낚이는데 감성돔은 봄철 오름감성돔 시기에 가장 입질이 활발하다. 가끔 5짜 대물이 나와 화제가 되기도 한다.
방파제 가까이에 있는 양식장 상판 위까지 낚싯배가 실어다 주기도 한다. 이 상판 위에서는 봄철에는 도다리, 여름에는 전갱이나 고등어를 마릿수로 낚을 수 있다.

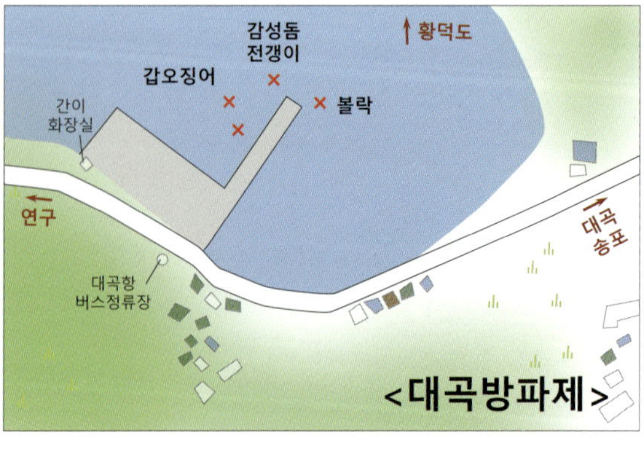

표준명 ■ 문절망둑
학명 ■ *Acanthogobius flavimanus*
영명 ■ Common blackfish goby
일명 ■ 마하제(マハゼ)
속명 ■ 꼬시레기, 문절이, 망둥어, 운저리

생태 ■ 몸은 옅은 회갈색에 작은 갈색 점이 산재한 원통형이다. 눈은 작고 입은 큰 편이며 배지느러미는 흡반형이다. 우리나라 전 연안 내만, 항포구의 사니질 바닥에 살며 Y자형 굴을 파고 산란하는 습성이 있다. '꼬시레기 제살 뜯기'란 말이 있을 정도로 새우, 게, 물고기 살 등 먹이에 대한 탐식성이 강하다. 남해안에 많으며 20cm 전후로 자란다.

표준명 ■ 풀망둑
학명 ■ *Synechogobius hasta*
영명 ■ Javelin goby
일명 ■ 하제쿠치(ハゼクチ)
속명 ■ 문절이, 망둥어, 망둥이

생태 ■ 체형은 문절망둑과 닮았으나 꼬리가 더 가늘고 길며 체장은 40cm로 대형이다. 산란 후에는 여위고 검은색이 강해진다. 제2등지느러미 줄기 수가 19개로 문절망둑(12~14개)보다 많다. 서해안에 자원이 많아 특히, 가을에는 낚시 대상어로도 인기 있다.

● 가시망둑

● 돌팍망둑

대포방파제

• **소재지** : 거제시 남부면 저구리 767-3
• **길이** : 100여m
• **위치 참조** : 〈최신 전국낚시지도〉 328p B3

찾아가는 길

통영 방면에선 신거제대교 건너 사곡삼거리에서 남부 방면의 우측 길로 접어든다. 거제면 소재지를 지나 동부면 소재지에 이르면 해금강 방면과 가배 · 남부 방면으로 갈라지는 삼거리가 나온다. 우회전하면 곧 나오는 오망천삼거리에서 마하병원 쪽으로 좌회전해 탑포사거리를 지나 저구삼거리까지 진행한다. 여기서 명사해수욕장 방면으로 우회전하여 약 3km 달리면 오른쪽에 대포마을 입구를 알리는 표지석이 나온다.
거가대교 방면에서는 옥포 · 장승포를 지나 계속 14번 국도로 남하하여 구조라 · 학동 · 다대를 지나 저구삼거리로 진행하면 된다.

■ 낚시 여건

대포근포항의 만곡(彎曲) 지형에 위치한 방파제로, 항구 입구 해상에 따로 축조돼 있는 대규모의 '뜬방파제'가 큰 파도는 거의 다 막아주는 까닭에 이곳 대포방파제 주변은 항상 정온을 유지하는 편이다. 테트라포드가 없기 때문에 낚시를 하기에는 편하지만 반대로 딱히 눈길을 끄는 포인트가 그만큼 작다는 약점도 있다.
대물을 기대하기는 어려운 곳이지만 잠깐 동안 잔 손맛을 즐기기에는 그다지 부족함이 없는 방파제다. 석축 사이에 있는 다양한 씨알의 우럭과 볼락 같은 록피시는 물론 망상어 같은 잡어들이 많기 때문이다.
유람선이 수시로 오가는 곳이라 방파제 끝 부분은 낚시를 하기가 성가신 조건이다. 낮에는 내항 쪽에서 낚시를 하는 게 편하고 밤낚시를 할 때는 외항 쪽으로 방향을 잡는다. 인근에 주차를 할 만한 공간도 넓고 가로등 시설이 잘 되어 있는 곳으로 낚시를 하기에 더없이 편하다. 낚시점도 서너 곳 있다.

■ 어종과 시즌

시즌이 되면 벵에돔과 감성돔도 낚이는데 벵에돔은 조류 흐름이 좋은 사리 물때

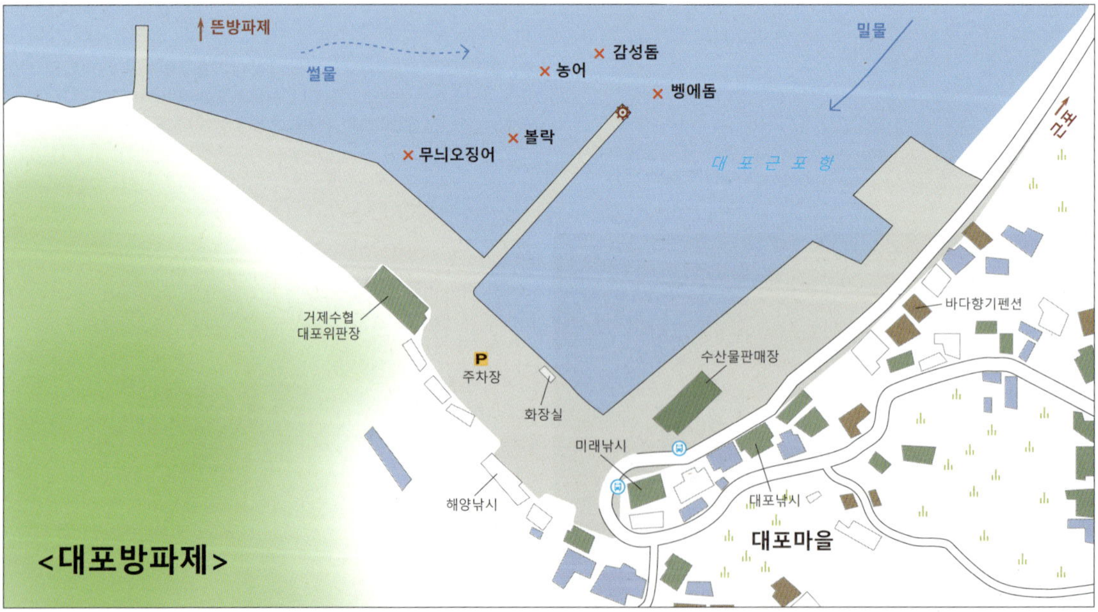

전후를 택해야 입질 확률이 높다. 이 외에도 볼락 · 우럭이 겨울철에 잘 낚인다. 감성돔은 가을, 벵에돔은 한여름이 제 시즌이다. 가을에는 무늬오징어와 함께 갈치도 손님고기로 가세한다.
대포방파제는 특히 볼락 루어낚시 포인트로 거제도 현지 꾼들에게 인기있는 장소다. 방파제 전역에서 볼락 손맛을 볼 수 있다.

인근 낚시점(055)

*해양낚시 632-1561
남부면 저구리 642-22
*미래낚시 632-1685
남부면 저구리 641-4
*대포낚시 634-6159
남부면 저구리 640

포인트 및 참고 사항

대포근포항은 항의 규모에 비해 낚시꾼이나 관광객들의 출입이 잦은 곳이다. 따라서 방파제 부근도 낮에는 산만하기 때문에 조황이 그다지 좋지 않다. 그러나 밤이 되면 한적해지는 것과 동시에 고기들의 입질도 살아난다. 밤에도 벵에돔이 낚이는데 밝은 가로등 아래에서 낚시를 하면 마릿수 재미가 쏠쏠하다.
볼락 루어는 방파제 전역에서 이루어지는데, 외항 쪽에서는 5~10m 가량 캐스팅 후 천천히 감아주는 간단한 패턴으로 낚시를 한다. 겨울이 되면 주변에 몰밭이 형성되는데 이 몰밭 옆을 스치듯이 루어를 운용해야 입질을 받는다. 바닥을 공략하기보다는 중층과 상층을 겨냥하는 것이 좋다. 지그헤드는 1.0g 내외를 쓴다.
낮 시간에는 찌낚시보다는 원투낚시를 많이 하는 편이다. 방파제 끝에서 12시 방향으로 채비를 최대한 멀리 던지면 노래미가 잘 낚인다. 방파제 중간 지점에서 내항 쪽으로도 잔 손맛을 볼 수 있다. 밤에 민장대로 방파제 가까운 곳을 탐색하면 볼락과 우럭 입질을 받는다.
이곳을 흔히 대포항이라 일컫는데 정식명칭은 대포근포항이다. 방파제가 있는 곳이 대포마을이고 작은 방파제 2개가 있는 건너편 마을이 근포다.

↓ 내항 쪽에서 바라본 대포방파제 전경. 여객선이 드나드는 곳이라 낮에는 낚시하기 번거로우나 밤낚시를 하는 덴 별 지장이 없다.

덕포방파제

- **소재지** : 거제시 덕포동 81-7
- **길이** : 100여m
- **위치 참조** : 〈최신 전국낚시지도〉 311p D4

찾아가는 길

부산 방면에선 거가대교로 진입해 거가대로 덕포교차로로 빠져나와 700여m만 진행하면 덕포해수욕장 입구가 나타난다.
통영 방면의 경우 신거제대교 건너 14번 국도 신현·연초를 지나 옥포 방면의 송정IC에서 거가대교 방면의 거가대로로 진입해 약 2.5km 지점의 덕포교차로로 빠지면 된다.

■ 낚시 여건

옥포에서 불과 5분 거리인 덕포해수욕장 동쪽 끝에 위치한 방파제로 내항 쪽은 석축, 외항 쪽은 테트라포드로 이루어져 있다. 해수욕장과 접해 있는 까닭에 바닥이 모래나 자갈로 이루어져 있어 원투낚시 정도 밖에 못할 것 같지만 외항 쪽으로는 수중여가 발달해 있어 다양한 어종이 몰려든다.
부산에서 거제로 향하는 거가대교를 넘어 거제시내로 진입하는 송정IC 못 미쳐 덕포교차로에서 빠지면 금방 나타나는 곳이므로 부산 방면에서는 특히 찾기가 편리하다. 내만 깊숙한 곳에 위치한 방파제이지만 본류대가 가까이 붙어 있어 시즌별로 다양한 어종이 낚이는 곳이다. 주변의 웬만한 갯바위보다 훨씬 조황이 더 좋은 방파제로 손꼽힌다.

■ 어종과 시즌

여름에는 손바닥 씨알의 벵에돔이 마릿수로 낚이고, 9월이면 25cm 안팎 씨알의 감성돔과 굵직한 숭어, 벵에돔이 앞 다투어 입질해 연중 최고의 낚시시즌을 형성한다. 늦봄에서 가을까지 숭어 떼가 심심찮게 출몰하는 곳으로 훌치기 낚시꾼들이

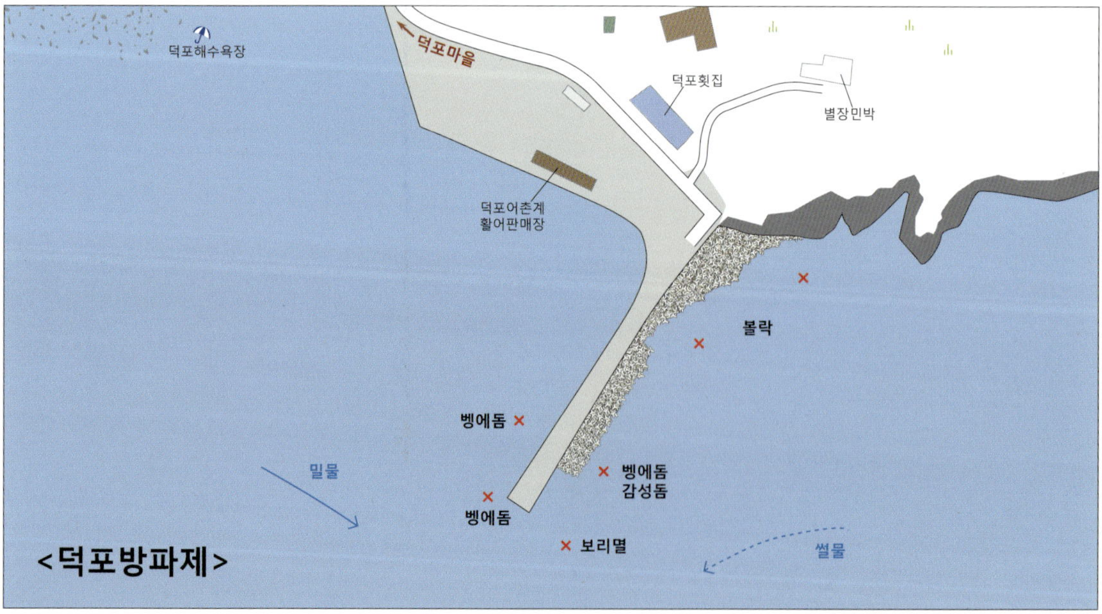

<덕포방파제>

즐겨 찾는 곳이기도 하다.

방파제 외항 쪽으로는 또 가두리 양식장이 설치돼 있어 여기에서 흘러나오는 먹잇감들이 풍부해 방파제 가까이로 고기가 잘 붙는 편이다. 이로 인해 사철 내내 고기들이 방파제 주변에서 끊이질 않는다.

여름에는 전갱이와 고등어가 나타나 잔재미를 안겨 주는가 하면 밤낚시에는 갈치와 붕장어도 곁들여진다.

인근 낚시점(055)

*태조낚시레저 635-7444
연초면 송정리 210-1
*진주낚시 636-3986
연초면 죽토리 1106-1
*연초낚시 636-1017
연초면 죽토리 1104-13
*거제도낚시여행 688-5454
옥포동 771-2

■ 포인트 및 참고 사항

릴 찌낚시로 공략하는 것이 좋지만 민장대로도 의외의 수확이 가능하다. 야간에 채비를 방파제 가까이에 바싹 붙이면 잔 씨알과 함께 가끔씩 큰 씨알의 감성돔 · 벵에돔 · 볼락이 입질을 한다. 미끼는 민물새우나 청갯지렁이를 쓴다.

벵에돔과 감성돔 포인트는 외항 쪽과 방파제 끝 부분인데 되도록 먼 지점을 공략해야 입질이 잘 들어온다. 평균 수심은 4~5m 정도.

방파제 외항에서 가두리양식장을 바라보는 자리도 감성돔 포인트이다. 수심 7m 정도를 형성하는 곳인데, 낚이는 씨알은 30~40cm 정도로 제법 굵직하다. 약 30m 정도 채비를 던져 조류에 태워야 한다. 숭어나 보리멸은 방파제 끝에서 저부력 채비로 흘리면 입질한다.

이곳 덕포방파제는 깊숙이 만곡(彎曲)을 이룬 홈통 입구에 위치한 관계로 바람이나 파도가 웬만큼 닥쳐도 무리 없이 낚시를 할 수 있는 곳이다. 따라서 인근 지역에서 낚시를 하다 바람과 파도 때문에 낚시가 어려울 경우 자리 이동을 고려해 볼 만한 낚시터이기도 하다.

↓ 어촌계 위판장에서 바라본 덕포방파제. 작은 규모의 방파제지만 감성돔과 벵에돔 · 볼락이 잘 낚이는 곳이다. 인근 가두리 양식장이 훌륭한 먹이 공급원으로 일년 내내 많은 고기를 불러 모은다.

도장포방파제

- **소재지** : 거제시 남부면 갈곶리 222-1
- **길이** : 50여m
- **위치 참조** : 〈최신 전국낚시지도〉 328p C2

찾아가는 길

통영 방면에서는 신거제대교를 건너 사곡삼거리에서 남부면 방향의 우측 도로로 접어들어 거제와 동부를 차례로 지나 동부저수지 상류의 연담삼거리에서 우회전한 후 1018번 도로를 타고 학동까지 계속 달린다. 학동삼거리에서 우회전하여 14번 국도로 남하하다가 함목(한목)삼거리에서 해금강 방향으로 좌회전 후, 1km 지점에 이르면 왼쪽 도장포로 내려가는 입구가 나타난다.
거가대교 방면에는 옥포 · 장승포 · 지세포 · 학동을 차례로 거쳐 함목삼거리에 이르면 된다.

■ 낚시 여건

해금강으로 향하는 도로변 왼쪽 언덕 밑에 깊숙이 파묻힌 듯 자리한 도장포는 천연 요새와도 같다. 풍랑이 심해 학동 · 구조라 · 지세포 등지에서는 유람선이 못 떠도 이곳만큼은 운항을 하는 경우가 많다. 마치 빗장을 지른 곳간 같은 지형이기 때문이다. 게다가 '바람의 언덕'을 포함한 주변 신선대 등지의 경치가 빼어나 거제도 관광의 새로운 명소로 자리 잡은 지 오래다.
그러나 이곳 방파제에선 낚시가 어렵다. 길이 30여m의 해상방파제가 있으나 도보로 진입할 수 없고 만조 시 수면과의 높이도 너무 낮아 낚시가 어렵다. 따라서 낚시는 석축으로 된 선착장 주변에서 이뤄진다. 그 중에서도 유람선 선착장을 벗어나 '바람의 언덕'으로 향하는 선착장 구간에서 이루어진다. 선박이 항상 접안되어 있어 낮에는 낚시하기가 번거로울 수도 있으나 벵에돔 조황이 좋아 욕심을 버릴 수가 없다. 석축 끝 지점의 돌출부에서 릴 찌낚시와 원투낚시를 하면 된다.

■ 어종과 시즌

바람의 영향을 많이 받지 않아 전천후로 낚시를 할 수 있으며 선착장 전역에서 망

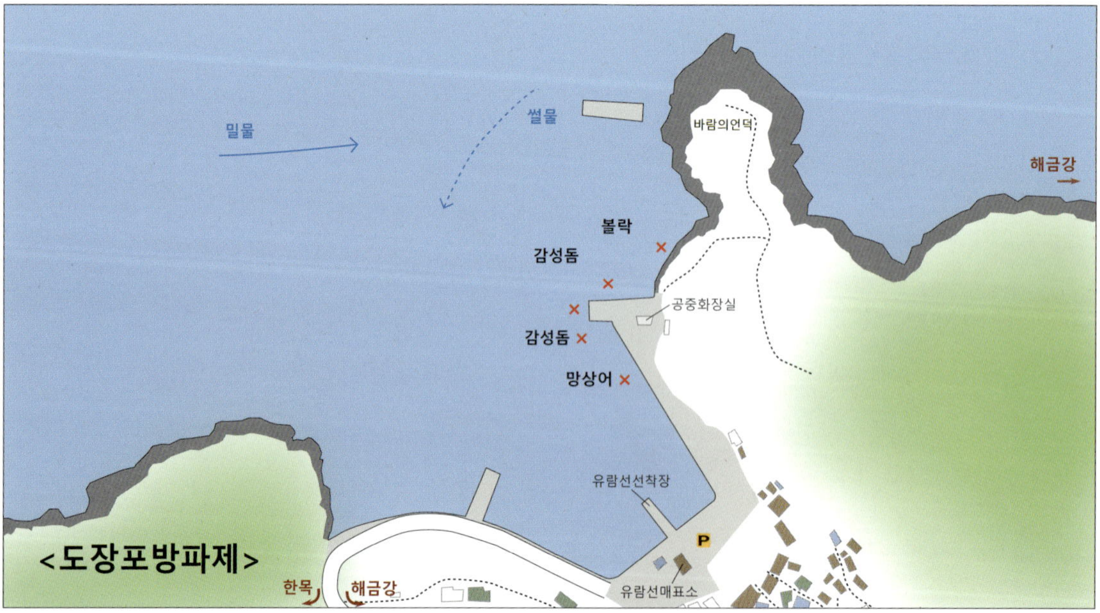

상어 · 학공치 · 고등어 · 자리돔 · 전갱이 등이 철따라 낚인다. 그러나 가장 대표 어종은 벵에돔이다. 빠르면 5월부터 입질을 시작해 7월이면 30cm급의 씨알로 마릿수 재미를 볼 수 있다. 이밖에도 시즌에 따라 망상어 · 볼락 · 노래미 · 문어 · 살감성돔 · 쥐치 등도 입질에 가세한다.

■ 포인트 및 참고 사항

공중화장실이 있는 선착장 끝 부분이 주요 포인트다. 릴 찌낚시를 할 때는 내항 방향으로 공략하면 벵에돔 · 볼락 · 감성돔 · 참돔까지 기대할 수 있는데 큰 씨알은 아니어도 마릿수는 심심찮다. 11시 방향이 가장 좋은 포인트로 바닥의 수중여를 찾아내는 것이 관건이다. 큰 수중여가 7m 정도 형성돼 있는데 30m 정도 원투해 이 여 너머로 채비를 던진 후, 여를 태워 넘겨 온다는 생각으로 채비 운용을 하는 것이 좋다. 수심은 11m 정도. 고부력 막대찌나 구멍찌를 쓰면 이 포인트에는 거의 연중 굵은 씨알의 감성돔이 낚인다. 5~7물때와 11~13물때가 적기이고, 저녁 무렵 초들물을 만나면 마릿수 재미를 볼 수 있다.

12시 방향은 원투낚시를 하는 곳으로 볼락 · 노래미 · 문어 · 쥐치 같은 다양한 어종이 낚이며 민장대로도 가까이 붙은 볼락을 노릴 수 있다. 낮보다는 밤에 조황이 좋은 편으로 낮에는 유람선이 자주 드나들어 집어가 어렵다. 밤에는 관광객도 없고 배도 움직이지 않아 포인트를 넓게 잡고 낚시를 할 수 있다. 초겨울에 집어등을 켜면 잔 씨알이나마 볼락을 마릿수로 낚을 수 있다.

날씨나 시즌에 큰 영향은 받지 않지만 조류와는 밀접한 관련이 있는 곳으로 조금 때는 피하는 것이 좋다.

인근 낚시점(055)

*태조낚시레저 635-7444 연초면 송정리 210-1
*낚시인의집 632-4812 남부면 갈곶리 74-1
*태성낚시 637-1531 남부면 갈곶리 69-2
*반반낚시 638-5832 동부면 산양리 818-2

↓ 유람선 선착장에서 바라본 도장포 호안(護岸) 전경. 낮에는 유람선을 비롯한 어선들의 출입이 빈번해 낚시가 잘 되지 않지만 밤이 되어 선박의 왕래가 없어지면 명 포인트로 변한다. 벵에돔 · 볼락 · 감성돔 · 고등어 등이 낚인다.

물안방파제

- **소재지** : 거제시 하청면 어온리 50-4 외
- **길이** : 작은방파제 60여m, 큰방파제 110여m
- **위치 참조** : 〈최신 전국낚시지도〉 310p C1

찾아가는 길

거가대교 쪽에선 관포교차로로 빠져나와 우회전하여 장목면소재지에서 칠천도로 방향을 잡는다. 칠천교를 건너 200m 지점의 장안마을삼거리에서 '어온 · 옆개해수욕장' 방면으로 우회전하여 칠천동로를 따라 계속 북상한다. 어온을 지나 옆개해수욕장 못미쳐에 물안마을과 방파제가 있다.
통영 방면에서는 신거제대교 건너 고현을 지나 연초삼거리에서 왼쪽 5번 국도로 갈아타 하청면 소재지를 지나 칠천도로 방향을 잡으면 된다.

인근 낚시점(055)

*에이스낚시 635-2280
장목면 장목리 305-19
*진주낚시 636-3986
연초면 죽토리 1106-1

■ 낚시 개황

물안방파제는 칠천도 해안순환도로변에 있지만 진입 거리가 멀어서인지 그 존재를 몰라서인지 간혹 지나가는 낚시인들조차 그다지 눈여겨보지 않는 경우가 많다. 그 때문인지 아직 꾼들의 손길이 덜 닿아 가끔 찾아보면 의외의 조과가 누릴 때가 많다. 주변의 다른 방파제보다 수심이 좋고 방파제 인근에 수중여가 발달해 있는데다 아래쪽 방파제 부근의 갯바위 여건도 좋다.
유난히 볼락이 많은 곳으로 남쪽에 새로 준공된 큰 방파제도 잔재미가 쏠쏠한 곳이다. 이곳 큰 방파제는 꺾어진 지점의 외항 쪽이 포인트로 주목 받는다.
사니질대의 바닥은 잔 씨알의 잡어들이 모여들기 좋은 환경이다. 큰 씨알은 없지만 내만권에서 낚을 수 있는 잡어 손맛을 쏠쏠하게 볼 수 있다.
송진만(灣) 안쪽에 위치한 까닭으로 파도나 바람의 큰 영향을 받지 않고 조용하게 낚시를 즐길 수 있는 것이 장점이다.

■ 참고 사항

9~10월에는 감성돔이 들어와 30cm급 안팎으로 손맛을 볼 수 있으며, 밤낚시에는 볼락과 우럭 · 호래기가 잘 낚인다. 여름에는 도다리와 보리멸을 원투낚시로 낚을 수 있다. 이 밖에 노래미나 숭어 · 까지매기(농어 새끼)도 곧잘 입질을 하며, 여름 밤낚시에는 붕장어도 올라온다.
겨울밤에 낚는 호래기(꼴뚜기)야말로 물안방파제의 백미다. 가로등이 밝기 때문에 이로 인해 호래기가 꾸준하게 들어온다. 마릿수는 많지 않지만 씨알이 크다. 또 타지의 낚시인들에게 아직 알려지지 않아 자리다툼 없이 낚시를 할 수 있어 좋다.

↓ 깔끔하게 정돈된 소규모 방파제로 가족단위 낚시객들에게 추천할 만한 곳이다. 자잘한 잡어들이 많다.

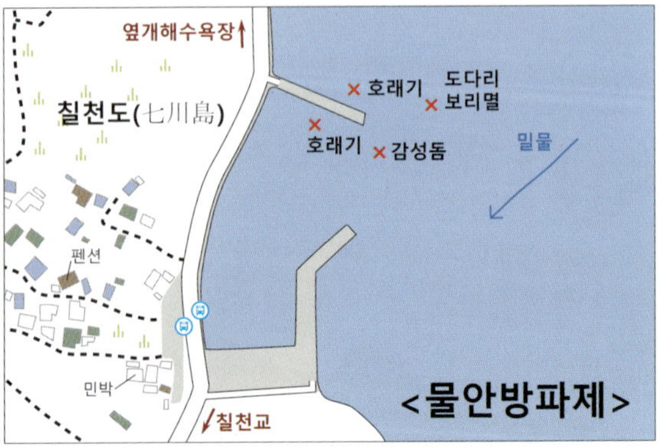

사등방파제

- **소재지** : 거제시 사등면 사등리 498 인근 · **길이** : 120여m
- **위치 참조** : 〈최신 전국낚시지도〉 310p A4

사니질대의 바닥에 길이 100m가 조금 넘는 소박한 규모의 방파제다. 테트라포드나 석축을 높게 쌓은 방파제가 아니라 선박의 접안이 용이하도록 계단식으로 만들어져 있다.

바닥이 모래다 보니 보리멸 · 도다리 · 노래미가 주어종이다. 4월부터 원투낚시에 도다리가 낚이는데 묶음추 채비에 청갯지렁이만 꿰면 채비는 끝이다. 밑걸림도 거의 없어 초보자들도 채비만 던져 놓으면 손쉽게 도다리를 올릴 수 있다. 보리멸은 6월 말부터 낚이는데 청갯지렁이를 잘게 꿰어 쓰면 된다. 방파제 끝에서 최대한 멀리 채비를 던지는 것이 요령. 방파제 오른쪽으로 사등천이 유입되는데 장마철을 전후한 때에는 까지매기가 몰려들기도 한다.

찾아가는 길
신거제대교 방면에선 사곡삼거리 900여m 못 미친 지점의 '성내마을' 진출 표지판을 보고 오른쪽으로 빠진다. 곧장 지하도를 통해 유턴 형식으로 200여m 진행하면 지금까지 오던 길 반대편(14번 국도 통영 방향) 위로 오르게 되는데, 오르자마자 정류장을 끼고 우측으로 빠진다. 200m 정도 들어가 주차 후 오른쪽으로 조금만 걸어 들어가면 된다. 거가대교 방면에서는 송정IC로 나와 통영 방면의 사곡삼거리를 지난 900여m 지점의 성내정류장을 끼고 오른쪽으로 빠지면 된다.

인근 낚시점(055)
*통영바다낚시 633-0357 사등면 사등리 1954-4

방파제낚시 Tip ⑤

빨강 · 노랑 · 흰색… 등대 이야기

선박 운항의 길잡이가 되는 등대는 설치 장소에 따라 고유의 특징이 있다. 우선은 색깔이다. 대부분 등대의 색깔은 빨간색 또는 흰색인데, 간혹 노란색 등대도 눈에 띈다.

많은 선박이 드나드는 항구에는 입구를 가로지르는 두 개의 방파제가 항내의 평온을 지킨다. 그 사이로 선박이 드나드는데, 오른쪽 방파제 끝에는 빨간색 등대가 있고 왼쪽 방파제 끝에는 흰색 등대가 서 있다. 여기서 말하는 오른쪽 · 왼쪽은 선박이 항구로 입항할 때의 방향, 즉 바다에서 본 기준을 말한다. 따라서 육지에서 볼 때는 이와 반대 방향(왼쪽 빨강, 오른쪽 흰색)이 되는데, 등대의 방향은 육지에서가 아니라 바다 쪽에서 바라보는 기준이어야 한다.

이런 기준으로 입항하는 선박은 붉은색 등대를 보고 오른쪽으로 붙어 운행해야 하고, 항구에서 밖으로 출항하는 선박은 흰색 등대를 보고 오른쪽으로 붙어 운행해야 한다. 그래야 야간 운항 시 충돌을 방지할 수 있는 것이다.

부산 앞바다의 오륙도방파제와 조도방파제를 보자. 대형 선박이 출입하는 두 방파제 사이는 각각 빨간색, 흰색 등대가 서 있다. 입항 기준의 오른쪽이 되는 오륙도방파제 서남쪽 끝에는 빨간색 등대가, 맞은편 조도방파제 동쪽 끝에는 흰색 등대가 서 있다. 그런데 조도방파제 서쪽과 오륙도방파제 서북쪽에는 각각 노란색 등대가 서 있다. 조도방파제와 조도 사이, 오륙도방파제와 백운포 사이는 작은 선박들이 다니는 뱃길로, 결국 노란색 등대는 소형 선박이 다니는 간이 통로를 뜻하는 것이다.

상유방파제

- **소재지** : 거제시 장목면 유호리 449-13 외
- **길이** : 큰방파제 150여m, 작은방파제 70여m
- **위치 참조** : 〈최신 전국낚시지도〉 311p D1

찾아가는 길

통영 방면에선 신거제대교 건너 14번 국도 연초삼거리에서 좌회전, 5번 국도 하청면 소재지를 거쳐 장목농협앞삼거리에서 농소 방면으로 다시 우회전하여 10분 정도 진행하면 유호(상유)마을에 닿는다.
거다대교 방면에서는 관포교차로로 빠진 후 왼쪽 지하도로 빠져나오면 관포삼거리. 왼쪽으로 계속 북상하면 신촌 · 궁농 · 간곡 · 임호 · 농소를 지나게 되고 오른쪽으로 거가대교가 보인다. 다음으로 하유마을 입구를 지나 430여m 지점에서 나타나는 삼거리에서 오른쪽 바닷가로 내려가면 상유마을이다.

■ 낚시 여건

거가대교로 연결되는 거제도의 방파제 중에서 하유방파제와 함께 가장 가까운 곳으로, 거제의 다른 유명 방파제에 비해 알려지지는 않았으나 조과로는 크게 뒤질 것이 없는 명당이다. 두 개의 방파제 가운데 낚시는 주로 큰 방파제에서 이루어진다. 포인트가 외항 쪽 테트라포드 지역이라 이동이 불편하다는 것이 단점. 전형적인 감성돔 포인트로 내만 방파제 낚시터 치고는 대물급 씨알이 나온다. 현지 꾼들의 말로는 1.5호 목줄이 터질 정도의 대물이 심심찮게 나온다고 한다.
입질 포인트는 특정 지점에 한정된 것이 아니라 방파제 외항 쪽 전역에 분포한다. 방파제 입구 오른쪽 갯바위로도 진입할 수 있다.

■ 어종과 시즌

가장 인기있는 시즌과 어종은 5~7월의 감성돔낚시다. 이때야말로 상유방파제에서 가장 큰 씨알의 감성돔을 만날 수 있다. 개볼락 · 용치놀래기 · 보리멸 · 도다리 · 볼락이 낚이며 7월부터는 벵에돔도 곧잘 입질을 한다.
볼락과 개볼락은 주로 11월 말부터 이듬해 4월까지가 시즌이며, 보리멸과 도다리

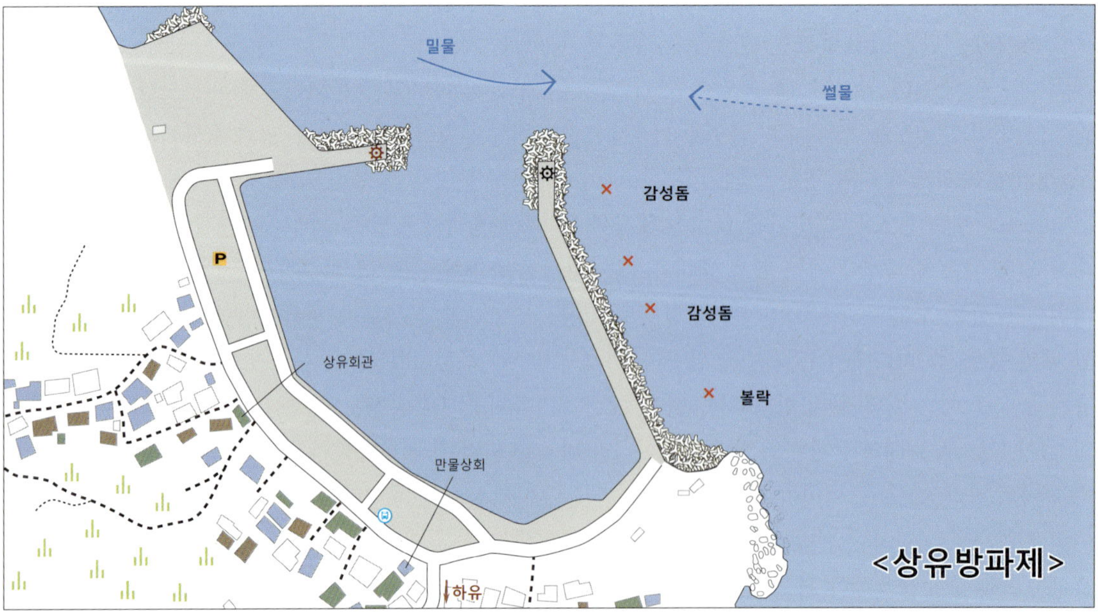

는 5월부터 10월까지 잘 낚인다.

■ 포인트 및 참고 사항

산란을 위해 진해만으로 들어오는 오름감성돔들이 반드시 스쳐 오르는 길목에 위치한다. 굳이 큰 씨알이 아니더라도 잔 씨알의 마릿수 재미가 좋아 현지 꾼들은 봄부터 가을까지 항상 특급 포인트로 분류한다. 여름~가을에는 전갱이 · 고등어가 잘 낚이며 늦여름부터 늦가을까지는 밤낚시에 갈치가 마릿수로 낚인다. 이 외에도 볼락 · 우럭 같은 록피시들이 민장대나 루어낚시 채비에 올라온다.

왼쪽 작은 방파제는 수심이 얕아 끝부분에만 포인트가 형성되며 오른쪽의 큰 방파제는 외항 전역이 감성돔 포인트가 된다. 수심은 5~6m이며 조류의 흐름이 좋아 다양한 어종이 몰려드는 장점을 가진 곳이다. 테트라포드가 쌓여 있는 지역을 조금만 벗어나면 곧바로 사니질 바닥이 나오므로 채비를 최대한 테트라포드 가까이 붙이는 것이 좋다.

왼쪽의 작은 방파제에선 원투낚시가 잘 되는 편이다. 방파제 입구 외항 쪽 갯바위를 바라보거나 방파제 끝에서 낚시를 한다. 아침 물때에 원투낚시를 하면 시즌에 따라 도다리 · 보리멸 등을 낚을 수 있다. 원투낚시를 하면서 바닥을 슬슬 끌어주면 입질 확률이 높아진다.

상유방파제 북서쪽 800여m 거리의 해변에는 별도의 작은 방파제 하나가 있는데 이곳 역시 좋은 포인트다. 벵에돔 · 볼락 · 개볼락이 잘 낚이는데, 특히 볼락 루어낚시 채비로 밤낚시를 하면 밤새 시간 가는 줄을 모른다. 상유방파제에서 도보로 이동해야 하기 때문에 이곳을 아는 이들이 많지 않다.

인근 낚시점(055)

*거가낚시 635-2112
장목면 장목리 317-1
*에이스낚시 635-2280
장목면 장목리 305-19

↓ 거가대교 지척에 있는 곳으로 오름감성돔 포인트로 예전부터 소문난 곳이다.

석포방파제

• **소재지** : 거제시 하청면 석포리 358-8 • **길이** : 60여m
• **위치 참조** : 〈최신 전국낚시지도〉 310p B3

하청면 서쪽 해변에 위치한 석포리에는 두 개의 방파제가 동서로 멀찍이 떨어져 있다. 낚시가 잘 되는 곳은 마을 서쪽 산기슭 밑에 위치한 큰 방파제이다. 수심이 4~5m로 비교적 얕은 편이지만 봄부터 원투낚시에 도다리가 낚이며 여름에는 보리멸도 잘 낚인다. 가을이 되면 납마리나마 30cm급 정도의 제법 쓸 만한 씨알의 감성돔이 선을 보인다.

방파제만 고집할 필요가 없다. 왼쪽 갯바위 지역 조황도 좋은 편이다. 밀물 때 입질이 집중되며 5~6월에는 밤낚시에 씨알 좋은 오징어가 낚인다. 시장에서 흔히 볼 수 있는 살오징어로 마릿수 또한 좋은 편이다. 호래기 채비로 낚을 수 있으며 에기나 생미끼에도 두루 반응한다.

찾아가는 길

거가대교를 지나 장목 동쪽 해안로를 타고 10km 정도 이동한 후 하청로 연초(시청) 방면의 좌측 도로를 따라 3km 가량 진행한 지점에 나오는 교차로에서 우회전하여 다시 7km 가량 이동한다. 석포길을 따라가다 우측에 나오는 마을이 석포마을이며 방파제는 왼쪽 끝에 있다.

인근 낚시점(055)

* 우연낚시 635-8245 하청면 하청리 323-1
* 거가낚시 635-2112 장목면 장목리 317-1

성포방파제

• **소재지** : 거제시 사등면 성포리 351-40 • **길이** : 120여m
• **위치 참조** : 〈최신 전국낚시지도〉 310p A3

거제 서북쪽의 부속 도서인 가조도 다리 밑에 위치한 방파제로 조류 소통이 좋고 바닥 지형 여건이 빼어나 다양한 어종이 낚인다. 감성돔 · 우럭 · 전갱이 · 볼락은 물론 방파제에서는 만나기 힘든 돌돔까지 낚인다. 포인트는 입구로부터 20~30m 구간, 그리고 방파제 끝에서 20~30m 구간이다. 난간이 있는 왼쪽 방향을 보고 주로 낚시를 한다.

민장대, 릴 찌낚시, 원투낚시 모두 가능하며 전갱이 · 학공치 같은 계절어종이 붙으면 많은 꾼들로 문전성시를 이룬다. 12월~1월 밤에는 호래기가 붙기도 하는데 잠깐 기간이어서 많은 마릿수를 거두기는 어렵다. 볼락은 민장대나 루어낚시에 잔 씨알 손맛 보기는 어렵지 않다.

찾아가는 길

통영 방면에선 신거제대교 건너 고현 방면의 성포삼거리 못 미쳐에서 성포 · 가조도 이정표를 보고 우측으로 빠지자마자 왼쪽 지하통로를 통과해 가조도 방향으로 진행하다 보면 가조연륙교 못 미쳐에 방파제가 보인다. 거가대교 방면에서는 송정IC에서 내려 통영 방면으로 진행하다가 금포를 지나 가조도 이정표를 보고 우측으로 진행하면 된다.

인근 낚시점(055)

* 친구낚시편의점 633-9997 사등면 성포리 351-15
* 신성낚시 632-5259 사등면 성포리 351-39

송포방파제

- **소재지** : 거제시 하청면 대곡리 77-7
- **길이** : 110여m
- **위치 참조** : 〈최신 전국낚시지도〉 310p C1

■ 낚시 개황

칠천도 최북단에 위치한 송포방파제는 루어, 민장대, 릴 찌낚시 등 다양한 장르의 낚시를 한꺼번에 즐길 수 있는 매력있는 낚시터이다. 방파제의 규모는 크지 않지만 전역이 포인트라고 할 수 있을 정도로 낚시 여건이 좋다.

방파제 입구는 찌낚시 포인트로 봄 · 가을 시즌에 수심 2~3m에서도 감성돔 입질 활발한 편이다. 칠천도 방파제 가운데 감성돔 포인트로는 상당히 유명한 곳으로 잔 씨알과 굵은 씨알의 감성돔이 섞여 낚인다.

칠천도 최북단에 위치하면서도 좌우 산자락이 날개처럼 길게 뻗어나가 있는 데다 앞바다는 또 수야방도라는 섬이 포구의 입구만 열어둔 채 세로로 길게 막고 있어 천혜의 요새 같은 지형이다. 날씨가 웬만큼 궂어도 충분히 낚시를 즐길 수 있으며, 평소에도 파도의 영향을 거의 받지 않는다.

■ 참고 사항

방파제 중간 지점은 민장대로 석축 가까이에 있는 볼락을 공략하는 자리다. 방파제 끝자락에선 루어낚시로 볼락과 호래기(꼴뚜기)를 낚을 수 있다. 여름~가을에는 고등어나 전갱이 떼가 들어와 밤낚시에 굵직한 씨알과 마릿수 재미를 동시에 안겨 준다. 가로등이 없는 곳이기 때문에 상대적으로 집어등을 설치하면 훨씬 빠른 시간 내에 많은 조과를 거둘 수 있다.

11월이 되면 볼락의 씨알과 마릿수가 좋아진다. 물때만 잘 맞추면 20마리 정도는 문제가 없다. 방파제 가까이 채비를 붙이거나 루어 채비를 이용해 멀리 던져 바닥에 가라앉혀도 입질을 받을 수 있다.

찾아가는 길

거가대교 쪽에선 관포교차로로 나와 장목면소재지에서 칠천도로 방향을 잡는다. 칠천교를 건너 200m 지점의 장안마을삼거리에서 '어온' 방면으로 우회전하여 칠천동로를 따라 북상하다가 어온, 조곡마을을 지나 나타나나는 삼거리에서 왼쪽 대곡 방향의 칠천중앙길을 넘어 대곡 삼거리에서 우회전 후 1.2km 정도 진행하면 된다.

통영 방면에선 신거제대교 건너 14번 국도 연초삼거리에서 왼쪽 5번 국도로 갈아타고 칠천도 방면으로 길을 잡으면 된다.

인근 낚시점(055)

* 거가낚시 635-2112 장목면 장목리 317-1
* 우연낚시 635-8245 하청면 하청리 323-1
* 연초낚시 636-1017 연초면 죽토리 1104-13

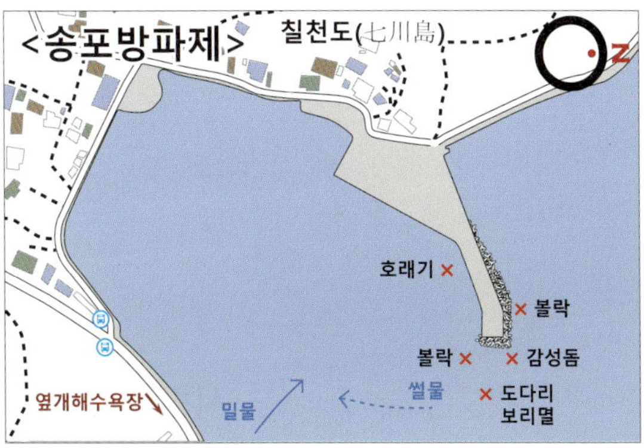

↓ 칠천도 최북단에 위치한 방파제로 규모는 작으나 다양한 장르의 낚시가 가능한 곳이다.

시방방파제

- **소재지** : 거제시 장목면 시방리 731-14
- **길이** : 110여m
- **위치 참조** : 〈최신 전국낚시지도〉 311p D2

찾아가는 길

거가대교를 건너 계속 남하하다가 대금교차로로 나와 왼쪽 지하도를 통과하면 곧 삼거리가 나타난다. 삼거리에서 흥남·외포리 방향의 우측으로 꺾어 840여m 진행하면 왼쪽으로 시방마을 입구가 나타난다. 왼쪽 길을 따라 내려가면 시방마을과 방파제가 보인다.
통영 방면에선 신거제대교 건너 14번 국도 송정IC에서 거가대교 방면 거가대로를 탔다가 대금교차로로 빠지면 된다.

인근 낚시점(055)

*연초낚시 636-1017
연초면 죽토리 1104-13
*가우낚시 636-6496
연초면 연사리 1395-6
*피싱코리아 687-3444
옥포1동 546-29

■ 낚시 개황

이수도로 들어가는 관문으로 도선 선착장이 있는 곳이다. 봄~여름까지 원투낚시에 도다리가 곧잘 올라오는 곳으로, 여름~가을까지는 전갱이 · 보리멸과 함께 감성돔을 만날 수 있다.

감성돔은 외항 방향의 테트라포드에서 수심 4~5m 정도를 주고 가까운 거리를 노리면 의외로 입질이 잦은 편이다. 적당한 크기의 방파제로 7월 중순에서 10월 초순까지가 감성돔 피크 시즌이다. 볼락은 7월부터 시작해 이듬해 2월까지 입질이 이어지는데, 민장대나 루어 채비로 내항 방향에서 벽치기를 하거나 외항 테트라포드 사이에서 구멍치기를 하면 된다.

■ 참고 사항

시방방파제는 마을과 인접해 있으면서도 무척 조용한 곳이다. 낚시터로서의 역할보다는 도선 선착장으로서 잘 알려진 곳인데, 이와 비슷한 다른 방파제가 그러하듯 일부러 낚시를 하러 오는 이들은 뜸한 편이다.

하지만 낚싯대를 드리우면 수고한 만큼의 조과를 올릴 수 있는 곳이다. 구석구석 이빨 빠진 테트라포드 사이나 수중여 주변을 공략하면 볼락이나 우럭을 손쉽게 낚을 수 있다. 방파제 끝에서 꾸준히 품질을 하면서 바닥층을 노르면 잔 씨알이나마 감성돔도 낚인다.

특히 집어등을 켜고 조용히 기다리면 11~12월에 볼락을 마릿수를 올릴 수 있는데 외항 테트라포드 사이의 빈 공간을 잘 노리면 굵은 씨알도 덤빈다.

↓ 대금교차로에서 본 시방방파제. 이수도로 향하는 선착장이 있는 곳이다.

신교방파제

- **소재지** : 거제시 사등면 창호리 18-3 외
- **길이** : 큰방파제 200여m, 작은방파제 90여m
- **위치 참조** : 〈최신 전국낚시지도〉 310p A2

■ 낚시 개황

가조도 북동단에 위치한 신교마을을 두 팔로 깍지 끼듯 껴안고 있는 두 개의 방파제 가운데 낚시를 주로 하는 곳은 왼쪽(동쪽) 팔에 해당하는 큰방파제이다. 낚시를 하는 곳은 주로 외항 방향이다.

감성돔이 주요 대상어종으로 7~11월 사이가 시즌이다. 벵에돔은 6월부터 시작해 10월 말까지 시즌을 이룬다. 이 밖에도 노래미 · 도다리 · 볼락 · 무늬오징어가 낚이며 루어낚시도 잘 되는 곳이다.

주변 바닥이 주로 사니질대(沙泥質帶)이지만 수중여가 듬성듬성 박혀 있는 지형이어서 원투낚시도 잘 된다. 밑걸림이 적어 채비 손실 또한 적으므로 초보자들도 수월하게 낚시를 할 수 있다.

■ 참고 사항

감성돔은 방파제 끝 지점이 포인트이며 벵에돔은 외항 쪽 석축 가까이에 꾸준하게 품질하면 거의 전 구간에서 낚을 수 있다.

11월부터 볼락 시즌으로 접어들면 내항 쪽에서도 잔 씨알의 볼락을 만날 수 있다. 민장대로 방파제 가까이 바싹 붙여 고패질을 반복하면 입질이 들어온다. 그러나 큰 씨알을 겨냥하기 위해서는 역시 외항 쪽을 노려야 하는데 외항 쪽은 오히려 루어낚시 채비가 효과적이다.

원투낚시는 방파제 외항 쪽에서 한다. 여름 주간낚시에는 보리멸이 낚이고, 밤낚시에는 붕장어가 올라온다. 다시 가을로 접어들면 릴 찌낚시에 감성돔이 낚인다.

찾아가는 길

신거제대교 방면의 경우 14번 국도 성포삼거리를 지나 700여m 지점에서 오른쪽 가조도 방면으로 진행하여 가조연륙교를 건너 실전 방면으로 계속 직진하다가 사등면가조출장소 앞에서 실전 쪽으로 우회전하여 실전마을과 유교마을을 지나면 곧 신교마을이 나온다.

거가대교 방면에서는 송정IC로 나와 통영 방면으로 진행하다가 금포를 지나 가조도 이정표를 보고 우측으로 진행하면 된다.

인근 낚시점(055)

＊뉴대교낚시 649-1782
통영시 용남면 장평리 120-2
＊백수낚시 649-1751
통영시 용남면 원평리 779-225
＊일요낚시마트 649-5260
통영시 용남면 동달리 305-3

↓ 가조도 내 방파제 중에선 A급 낚시터다. 감성돔을 비롯한 벵에돔 · 볼락 · 무늬오징어는 물론 봄 도다리낚시도 재미있는 곳.

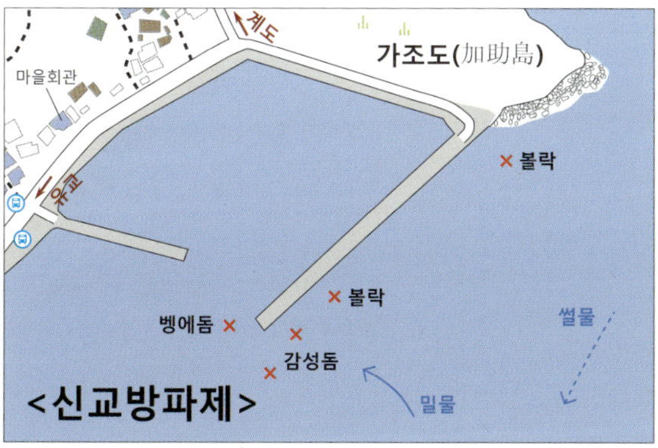

신전방파제

- **소재지** : 거제시 사등면 창호리 2657-11 외
- **길이** : 큰방파제 130여m, 작은방파제 70여m
- **위치 참조** : 〈최신 전국낚시지도〉 310p A3

찾아가는 길

통영 방면에선 신거제대교 건너 고현 방면으로 진행하다가 성포 삼거리 못미쳐에서 성포·가조도 이정표를 보고 우측으로 빠지자마자 왼쪽 지하통로를 통과해 가조도 방향으로 진행한다. 또는 성포삼거리를 지나 700여m 지점에서 오른쪽으로 빠져 상사근육교를 통해 가조도 방면으로 진행해도 된다. 가조연륙교 건너 2200여m 지점 삼거리에서 왼쪽 '가조서로'로 접어들어 1km 정도 가면 신전방파제이다.
거가대교 방면에서는 송정IC로 나와 통영 방면으로 진행하다가 금포를 지나 가조도 이정표를 보고 우측으로 진행하면 된다.

■ 낚시 여건

섬 속의 섬. 그러나 연륙교가 개통되어 거제도에서 차량으로 곧장 진입이 가능한 가조도는 해안을 따라 곳곳에 방파제가 축조돼 있고 곳곳의 방파제들이 유명 낚시터이다. 갯바위보다는 선상낚시나 방파제낚시 포인트가 많아 섬을 따라 이동하면서 낚시를 즐길 수 있는 것이 장점이다. 또 거제 본섬의 방파제들보다 아직 꾼들의 발길이 덜 닿은 곳이 많아 의외의 수확을 거둘 수 있다.
이곳 신전방파제는 가조도 연륙교 초입에 위치한 곳으로, 두 개의 방파제 모두 내·외항이 석축으로 이루어져 있다. 그래서 낚시 자리가 편안하고 도로에 근접해 있어 진입도 수월한 편이다. 가로등 시설이 좋아 밤낚시하기에도 편리하다.

■ 어종과 시즌

신전방파제는 전형적인 산란기 감성돔 낚시터로 4~7월까지 내만 깊숙이 들어오는 감성돔이 몰린다. 이때는 30~50cm까지 다양한 씨알의 감성돔을 손쉽게 낚을 수 있다. 원투낚시에는 노래미가 잘 낚이며 숭어·볼락도 나온다. 봄부터 여름까지 가장 낚시가 잘 되며 가을에는 오히려 조황이 떨어지는 편이다. 겨울이 되면 호

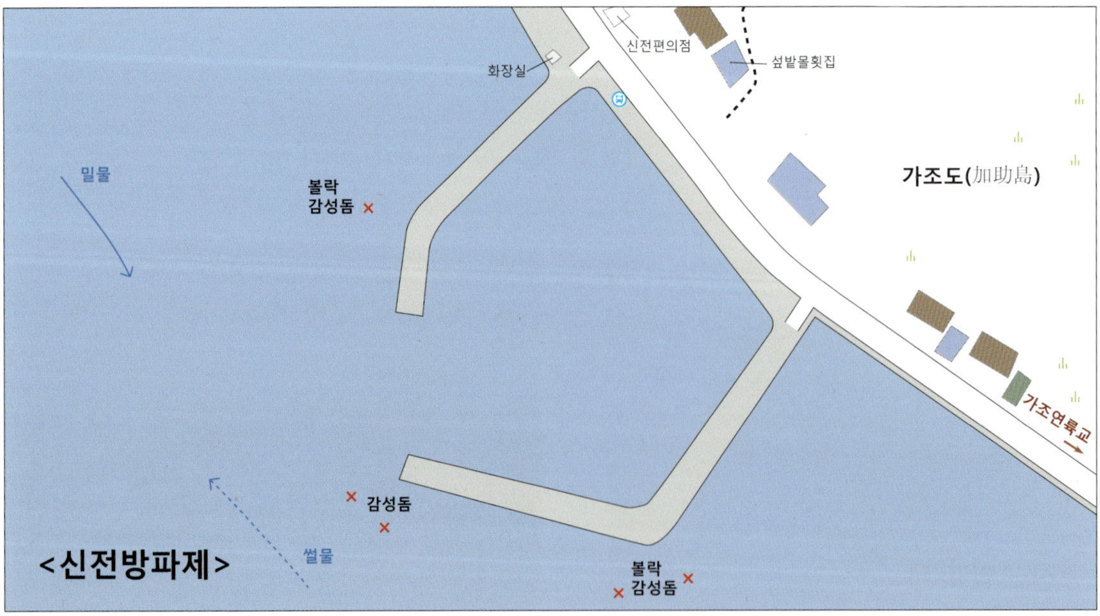

래기가 낚이지만 마릿수가 좋은 편은 아니다.

■ 포인트 및 참고 사항

두 개의 방파제가 있는데 위쪽의 작은 방파제는 어구나 멸치 등을 말리는 작업장 용도로 자주 쓰이므로 낚시하기에 불편할 때가 많다. 주로 낚시를 하는 장소는 큰 방파제로 주요 포인트는 방파제가 꺾이는 지점 주변이다. 수심은 만조 때 약 11m 내외다. 초썰물과 초밀물 때, 조류가 섰다가 다시 움직이는 물돌이 시각에 입질이 잦다. 밑걸림이 거의 없어 낚시하기에도 매우 편하다. 조류도 매우 천천히 흐르기 때문에 초보자가 낚시를 배우는 데에 이상적이다.

낚시 방법은 고부력 막대찌나 저부력 구멍찌 채비를 이용하는 것이 효과적이다. 큰 방파제 끝 지점에서도 낚시가 잘 되는 편이며, 작은 방파제에 어민들의 작업이 없을 때에는 역시 꺾이는 부분에서 외항을 보고 낚시를 해도 잘 낚인다. 한창 시즌 때 밤낚시를 하면 석축 가까운 곳에서도 감성돔 입질이 온다.

방파제 입구 쪽은 수심이 얕은 편이라 낚시가 잘 되지 않는다. 중밀물 이후부터 방파제 중간부터 끝 지점까지에 포인트가 형성된다. 방파제 주변으로 몰밭이 형성되어 있으므로 초겨울부터 늦봄까지는 이 지역이 특히 좋은 포인트가 된다. 몰밭 주변은 볼락을 비롯해 감성돔과 망상어가 잘 낚인다.

호래기낚시를 할 때는 방파제 끝 지점도 좋지만 조류가 거의 없는 방파제 입구나 호안 직벽 부근에서 집어등을 켜면 오히려 마릿수가 좋은 편이다. 방파제 전체에 가로등이 켜져 있어 자연스러운 집어 효과를 볼 수 있으나, 집어등을 켜면 빠른 시간에 더욱 마릿수를 배가할 수 있다.

인근 낚시점(055)

*태조낚시레저 635-7444
연초면 송정리 210-1
*가조도낚시 632-2356
사등면 성포리 390-25
*뉴대교낚시 649-1782
통영시 용남면 장평리 120-2
*백수낚시 649-1751
용남면 원평리 779-225

↓ 가조도 해안도로에서 본 신전방파제. 가조도를 대표하는 방파제 낚시터로 산란철 감성돔 낚시 시즌에 최고의 호황을 맞이하는 곳이다. 봄철 방파제 주변에 광활하게 형성되는 몰밭이 포인트가 된다.

실전방파제

- **소재지** : 거제시 사등면 창호리 650-3
- **길이** : 180여m
- **위치 참조** : 〈최신 전국낚시지도〉 310p A2

찾아가는 길

신거제대교 방면에선 성포삼거리를 지나 오른쪽 가조도 방면으로 빠져 가조연륙교를 건넌다. 실전 방면으로 계속 직진하다가 사등면가조출장소 전방의 가조식당 쪽 우측 길로 빠져 곧장 또 우회전하면 실전마을이다. 해변을 따라 계속 진행하면 유교방파제와 신교방파제가 잇따라 나온다.
거가대교 방면에서는 송정IC로 나와 통영 방면으로 진행하다가 금포를 지나 가조도 이정표를 보고 우측으로 진행하면 된다.

■ 낚시 여건

가조도에 위치한 방파제는 대부분 만곡(彎曲) 지형에 축조돼 있고 규모가 그다지 크지 않은 데다 방파제의 높이가 낮은 것들이 대부분이다. 이곳 실전방파제는 높이가 낮은 석축 방파제이긴 해도 기역자로 길게 뻗어 있어 조류 소통이 원활하고 낚시를 할 만한 포인트도 많은 편이다.
조용한 도로변에 위치해 진입 여건이 좋고 마을에서 선착장으로 사용하는 곳인 만큼 가로등 시설도 잘 되어 있어 밤낚시를 하기에도 아주 편리하다.
이 같은 여건으로 인해 실전방파제는 가조도의 많은 방파제 중에서도 감성돔낚시터로 단연 손꼽히는 곳이다. 큰 씨알은 아니어도 마릿수 재미를 보기에 더없이 좋은 곳이기 때문이다. 그래서 거제 현지 낚시인들은 물론 부산·통영 지역에서도 원정을 올 정도다.

■ 어종과 시즌

주력 어종은 감성돔으로 4~7월 그리고 9~11월까지가 시즌이다. 봄 산란 시즌에는 다소 큰 씨알의 감성돔이 낚이기도 하지면 대부분 40cm를 넘지는 못한다. 가을

시즌에는 손바닥 크기의 감성돔이 잘 낚이는데 포획금지 체장을 염두에 두고 잔챙이들은 방류하는 미덕을 보여야 한다.
감성돔 외에도 겨울에는 호래기낚시가 잘 되는 편이며 원투낚시엔 노래미 · 숭어 · 도다리 같은 잡어류가 잘 낚이는 편이다.

■ 포인트 및 참고 사항

실전방파제는 여름 시즌이 피크다. 손바닥 정도 크기의 감성돔이 이 시기에 가장 잘 낚이는데 방파제가 꺾이는 지점부터 끝 부분까지가 가장 좋은 포인트이다. 주변수심이 10~15m에 달할 정도로 매우 깊은 편이므로 다른 방파제와는 달리 고부력 찌를 써야 한다.
많은 사람들이 밑밥을 주면서 낚시를 하다 보니 방파제 가까운 곳에서는 항상 잡어가 들끓는다. 복어 · 망상어 새끼들이 많은데 확실한 잡어 방지 대책을 세우고 낚시에 임해야 한다.
낚시는 외항 방향을 보고 하는데 채비를 최대한 멀리 던져서 가까운 곳으로 끌어오는 패턴으로 한다. 조류가 세차게 흐르는 곳이 아니고 옆 자리 꾼들과 다닥다닥 붙어서 낚시를 하기 때문에 느긋하게 채비를 흘릴 수 있는 여유가 없다.
방파제 중간 지점에서부터 끝자락까지의 외항 쪽이 유력 포인트이지만 밤낚시만큼은 내항 쪽도 노려볼 만하다. 시즌에 따라 볼락과 호래기 손맛을 볼 수 있기 때문이다. 릴 찌낚시는 외항 방향을 공략하고 민장대나 루어낚시는 내항 쪽에 계류된 선박 사이를 노리는 것이 효과적이다. 방파제 끝자락에선 원투낚시나 릴 찌낚시를 하는데 가급적 먼 곳을 공략해야 쓸 만한 씨알을 얻을 수 있다.

인근 낚시점(055)

*가조도낚시 632-2356
거제시 사등면 성포리 390-25
*뉴대교낚시 649-1782
통영시 용남면 장평리 120-2
*백수낚시 649-1751
통영시 용남면 원평리 779-225

↓ 실전마을 진입부에서 바라본 전경. 맨 앞이 실전방파제, 뒤로 보이는 방파제가 유교, 신교방파제다. 실전방파제는 만(灣) 안쪽에 위치해 있으나 조류 소통이 좋아 가을 감성돔 낚시터로 제격이다.

쌍근방파제

- **소재지** : 거제시 남부면 탑포리 539-7
- **길이** : 140여m
- **위치 참조** : 〈최신 전국낚시지도〉 328p B2

찾아가는 길

통영 방면에서 신거제대교를 건너 14번 국도 사곡삼거리에서 남부 방면의 우측 길로 접어든다. 거제면 소재지를 지나 동부면 소재지에 이르면 해금강 방면과 가배 · 남부 방면으로 갈라지는 삼거리가 나온다. 우회전하면 곧 나오는 오망천삼거리에서 마하병원 쪽으로 좌회전해 탑포사거리가 나올 때까지 무조건 직진한다. 탑포 · 쌍근 이정표를 보고 그대로 직진하여 탑포마을을 지나 끝까지 주행하면 쌍근방파제이다.

인근 낚시점(055)

* 한국낚시 637-0179 동부면 산양리 818-4
* 반반낚시 638-5832 동부면 산양리 818-2
* 거제바다피싱 632-8820 거제면 서정리 532-2

낚시 개황

거제도 율포만(栗浦灣) 남쪽 입구에 위치한 쌍근방파제는 몇 년 전까지만 해도 현지 꾼들이 심심풀이 원투낚시나 하던 곳이었다. 그러나 루어낚시와 호래기낚시가 인기를 끌면서 거제도 구석구석에 자리한 크고 작은 방파제들과 함께 그 이름을 알리기 시작하였다. 특히 호래기낚시를 좋아하는 꾼들은 거제도에서도 가장 조용하고 호래기 조황이 꾸준한 곳으로 이곳을 꼽는 데 주저하지 않는다. 이곳 쌍근방파제를 포함한 탑포리 일대에는 크고 작은 5개의 방파제와 선착장이 있는데, 포인트 이동이 수월하고 많은 사람이 찾아도 비좁지 않게 낚시를 할 수 있는 것이 장점이다. 인근에 위치한 여러 개의 방파제 가운데 흔히 쌍근방파제라 하면 율포만 서남쪽 끝에 위치한 이곳 큰 방파제를 일컫는다.

참고 사항

포인트는 여러 군데다. 우선 큰 방파제의 끝 부분과 입구 외항 쪽이다. 조황의 기복이 다소 심한 곳으로 집어등을 약하게 켜고 낚시를 해야 한다. 방파제에서 10~20m 떨어진 곳에서 약하게 집어등을 켜는 것이 가장 확률이 높다.

방파제 우측의 선착장에서도 낚시를 한다. 이곳은 보안등이 밝아서 집어등도 필요가 없다. 바깥쪽에 파도가 심할 때 이곳에서 나올 확률이 높다. 사람들이 눈여겨보는 곳이 아니라 경쟁 없이 낚시할 수 있는 것이 장점이다.

선착장과 연결된 상판 오른쪽도 좋은 포인트이다. 또한 방파제 왼쪽으로 돌아가면 뒤편에 작은 선착장이 있는데 이곳에선 집어등을 켜야 호래기가 잘 낚인다.

↓ 호래기와 볼락 루어낚시가 성행하면서 인기몰이를 시작한 곳으로 방파제와 선착장 전역이 겨울 시즌 포인트이다.

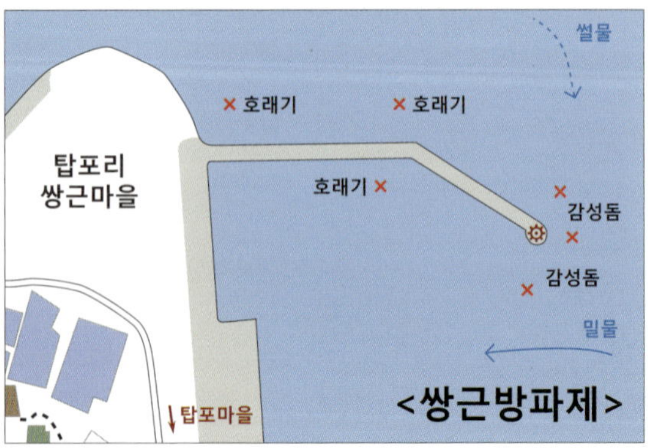

● 망상어의 출산 모습

학명 ■ *Ditrema temmincki*

영명 ■ Surfperch, Sea chub

일명 ■ 우미타나고(ウミタナゴ)

속명 ■ 망시, 망사, 맹이, 망치어

생태 ■ 몸은 타원형으로 측편되었으며 정백색, 적갈색, 회백색 등 서식 장소나 성장에 따라 다양한 체색을 띤다. 비늘은 작고 연하며 빰 아래에 두 개의 검은 점이 있다. 봄에 수십 마리의 새끼를 낳는 태생어이며 연안의 해조가 무성한 얕은 연안 암초지대에 산다. '바다의 붕어'라고 불릴 정도로 낚시 대상어로 인기가 있다.

어구방파제

- **소재지** : 거제시 둔덕면 어구리 142-10
- **길이** : 120여m
- **위치 참조** : 〈최신 전국낚시지도〉 310p A6

찾아가는 길

통영 방면에서 거제대교를 건너 오른쪽 방향의 1018번 도로를 타고 내려가다 둔덕면 소재지의 하둔사거리에서 우회전하면 400m 못 미친 지점에 삼거리가 나타난다. 어구리 · 어구낚시마을 표지를 보고 오른쪽 길로 2.5km 가면 어구마을회관 앞 방파제에 닿는다.

■ 낚시 여건

120여m 길이의 방파제가 있는 어구마을 앞바다는 드넓은 수하식양식장이 펼쳐져 있어 예부터 감성돔 배낚시가 성행된 곳이다. 그래서인지 거제시로부터 낚시정보화마을로 지정되어 해상콘도낚시터도 조성돼 있고 전마선과 선외기들이 많아 편리하게 이용할 수 있다.

거제권 방파제의 전형적인 모습을 보여주는 곳으로 조류 소통이 좋아 릴 찌낚시로 공략하면 다양한 어종을 낚을 수 있다. 주변 수심 5~6m 정도에 바닥은 사니질대와 자갈이 섞여 있고, 초겨울부터 광활한 모자반 군락이 형성되어 볼락이 대거 몰려든다.

비산도 · 한산도 · 화도 등 남북으로 이어진 주변 섬들이 바람막이 역할을 해 날씨가 웬만큼 나빠도 낚시에 큰 영향을 받지 않는다. 계단식으로 만들어진 방파제라 이동도 무척 편하며 물때에 따라 낚시 자리 높이를 바꿔가며 공략할 수 있다. 가로등 시설이 잘 되어 있어 밤낚시 여건도 좋은 편이다.

■ 어종과 시즌

주요 어종은 봄 · 가을 시즌의 감성돔과 볼락 · 우럭 · 호래기 등이다. 감성돔은 특히 산란철인 봄에 씨알과 마릿수에서 압도적이다. 원투낚시, 릴 찌낚시로 공략한다. 굵은 씨알도 낚이지만 잔 씨알의 마릿수 재미도 상당한 편이다. 봄에는 원투낚시에 참갯지렁이를 달아 최대한 멀리 공략하면 굵은 씨알을 올릴 수 있다.

볼락은 11월 말부터 낚여 이듬해 봄까지 시즌을 이루며 한겨울에는 호래기 밤낚시가 가장 인기 있다. 늦봄과 늦가을에는 갑오징어와 무늬오징어가 섞여 나온다. 사니질대가 있는 지점에서는 갑오징어가, 조류 소통이 좋은 방파제 끝 부분과 수중여가 있는 곳에서는 무늬오징어가 낚인다.

■ 포인트 및 참고 사항

포인트는 방파제 끝 지점과 꺾이는 부분의 외항 방향이다. 릴 찌낚시를 할 때 특히 염두에 두어야 할 자리다. 민장대나 루어로 볼락을 노릴 때는 방파제 중간 부분이나 내항 쪽에 계류된 선박 사이가 최우선이다. 지그헤드에 청갯지렁이를 달아 던지면 먼 거리에 있는 씨알 좋은 볼락을 솎아낼 수 있다. 민장대로 낚시를 할 때는 민물새우를 쓰는 것이 좋다. 수심을 4m 가량 주고 맥낚시를 해야 한다.

감성돔 포인트는 방파제가 꺾이는 지점부터 끝 지점까지로 방향은 외항 쪽이다. 수심은 7~8m. 약 30m 이상까지 원투를 해야 입질 지점에 닿는다. 튼튼한 원투대에 카고를 달아 처박기를 해도 감성돔이 입질을 한다.

감성돔이 방파제 가까이로 붙는 5~6월에는 민장대 채비로 밤낚시를 하면 잔 씨알이나마 손맛을 드높일 수 있다. 낮에는 꾸준하게 밑밥을 주면서 집어를 해야 한 두 마리의 감성돔을 낚을 수 있다.

인근 낚시점(055)

* 어구낚시 633-5294
둔덕면 어구리 89
* 부산낚시백화점 637-7754
사등면 덕호리 107-36
* 해금강낚시 635-2354
사등면 덕호리 140-9

↓ 둔덕 방향의 선착장에서 바라본 어구방파제. 낚시정보화 마을로 지정되어 해상콘도낚시터와 선상낚싯배가 즐비해 편리하게 낚시를 즐길 수 있다.

여차방파제

- **소재지** : 거제시 남부면 다포리 52-7
- **길이** : 80여m
- **위치 참조** : 〈최신 전국낚시지도〉 328p C3

찾아가는 길

통영 방면에서는 신거제대교 건너 사곡삼거리에서 우측 길로 접어들어 거제면 소재지를 지나 동부면 소재지의 오망천삼거리에서 좌회전하여 산거림 · 마하병원 · 탑포사거리 · 저구삼거리 순으로 진행한다. 저구삼거리에서 다대 방향 750여m 지점의 다포삼거리에서 우회전하면 다포마을을 지나 여차에 이른다.
거가대교 방면에서는 옥포 · 장승포를 거쳐 남부 방면의 14번 국도로 계속 남하하다가 다대 입구를 1.2km 지난 다포삼거리에서 좌회전하면 다포를 지나 여차에 이른다.

낚시 여건

몽돌해수욕장으로 명성이 자자한 여차해수욕장이 있는 여차마을 앞 방파제다. 거제 남단의 손대 · 매물도 지역으로 출조하는 갯바위 꾼들이 많이 오르내리는 곳이지만 본격 낚시터로도 손색이 없는 입지조건이다. 길이는 100m도 안 되지만 방파제 주변의 조류 소통이 좋고, 내항이 자갈밭 지형인 데다 곧장 드넓은 갯바위 지역이 연결돼 있어 갯바위 낚시터 분위기와 다를 바 없고 조황 또한 그러하다.
방파제 끝 부분으로부터 외항 쪽으로 테트라포드가 감싸고 있는데, 내항 쪽은 선박이 빽빽하게 들어차 낚시할 만한 곳이 없다. 결국 포인트는 외항 쪽에 형성되므로 부담을 감수하고서라도 테트라포드를 타지 않을 수 없다. 방파제 앞까지 차량이 들어가므로 진입은 편한 셈이다.

어종과 시즌

3월 초순 무렵의 이른 봄부터 숭어와 감성돔이 낚인다. 거제의 다른 방파제와 마찬가지로 벵에돔 시즌에는 25cm 내외 씨알이 잘 낚이며, 초여름부터 가을까지는 밤낚시에 까지매기의 입질도 잦다.

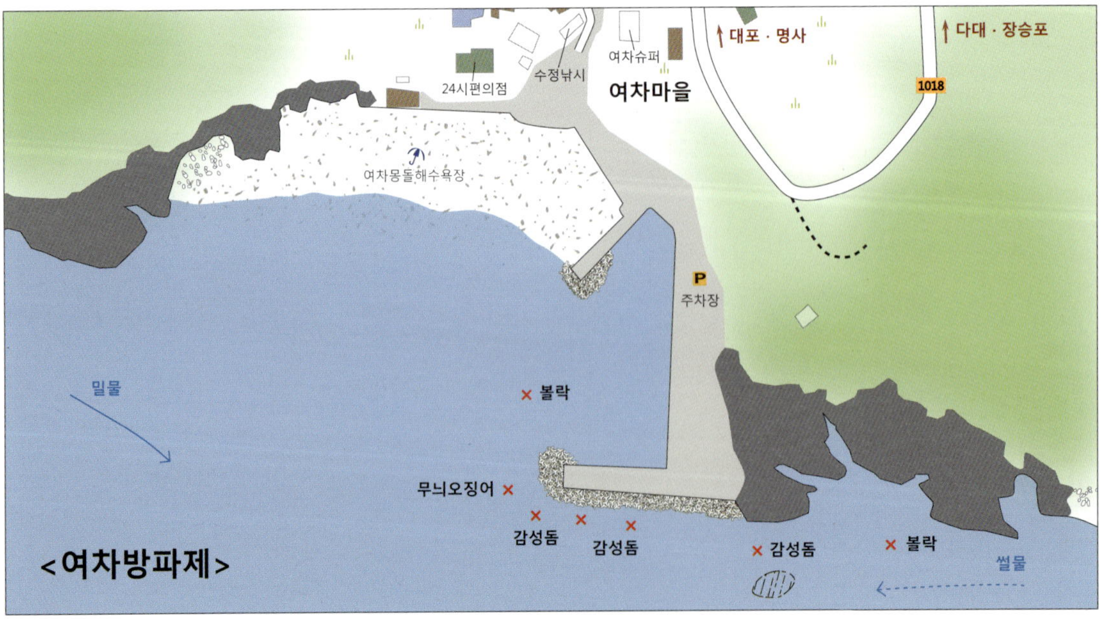

내만권에서는 흔치 않은 겨울 감성돔 포인트로 거제도의 웬만한 갯바위보다 앞서는 조황을 자랑하는 곳이 여차방파제다. 주변 수심이 깊고 수온이 안정적이라 유난히 겨울에 감성돔이 많이 낚인다. 테트라포드 사이를 공략하면 굵은 볼락도 낚이는데 구멍치기나 루어낚시가 바람직하다. 12월부터 4월까지가 시즌이다.

인근 낚시점(055)

*여차낚시 633-1132
남부면 다포리 10-17
*자유시간낚시 633-1232
남부면 다대리 112
*반반낚시 638-5832
동부면 산양리 818-2

■ 포인트 및 참고 사항

낮낚시보다는 밤낚시에 조과가 좋은 편이다. 테트라포드 주변에 포인트가 형성되기 때문에 밤에 이동을 할 때는 주의를 기울여야 한다. 조금 물때보다는 사리 전후에 찾는 것이 조과에 유리하다.

수심이 깊고 조류가 빠르며 바닥 지형이 고르지 않고 들쭉날쭉하다. 수심을 제대로 파악하지 못하면 밑걸림에 고역을 치룰 수 있다. 고부력 막대찌 채비로 먼 곳에 있는 포인트를 노리는 것이 정석이다. 최하 30m 이상 원투를 해야 한다. 방파제 입구 쪽 전방에 있는 간출여를 보고 낚시를 해도 입질을 받는다. 또한 방파제 왼쪽의 갯바위 지역도 훌륭한 포인트이다. 이곳 방파제 규모가 작아 고기가 좀 낚인다 하면 자리가 붐비는데, 이때 갯바위를 이용하면 절반의 성공은 거둘 수 있다.

여차방파제는 인근 갯바위와 함께 겨울 볼락 낚시터로도 가치가 높다. 테트라포드를 따라 구멍치기를 하면 체색이 시커먼 볼박이들이 얼굴을 내민다. 지그헤드를 이용한 루어낚시에 마릿수가 좋은 편이다. 초겨울에 마릿수와 씨알이 좋다.

테트라포드 일부가 유실되어 중간 중간 위험한 곳이 많으니 이동에 유의해야 한다. 한편으론 테트라포드가 유실된 위치를 낮에 눈여겨 봐 두었다가 밤에 그 지점을 집중 공략하면 조과를 더 높일 수 있다.

↓ 지난 2012년 10월 태풍 볼라벤에 파손된 외항 쪽 방파제가 개축됨으로써 테트라포트 범위가 넓어졌다.

연구방파제

- **소재지** : 거제시 하청면 연구리 713-3
- **길이** : 60여m
- **위치 참조** : 〈최신 전국낚시지도〉 310p C1

찾아가는 길

거가대교 쪽에선 관포교차로로 빠져나와 우회전하여 장목면소재지에서 칠천도로 방향을 잡는다. 칠천교를 건너 200m 지점의 장안마을삼거리에서 연구 방면으로 좌회전하여 해변길(칠천서로)로 계속 주행한다. 금곡과 곡천을 지나 연구마을회관 앞에서 왼쪽 길로 진입하면 곧바로 방파제이다.
통영 방면에서는 신거제대교 건너 14번 국도 고현을 지난 연초삼거리에서 왼쪽 5번 국도로 갈아타 하청면소재지를 지나 칠천도로 방향을 잡으면 된다.

인근 낚시점(055)

*거가낚시 635-2112
장목면 장목리 317-1
*우연낚시 635-8245
하청면 하청리 323-1

■ 낚시 개황

칠천도는 거제도 부속 섬으로 다리가 연결되어 자유롭게 드나들 수 있는 곳이다. 섬 전체를 둘러가는 해안도로를 따라 크고 작은 방파제에서 낚시를 즐길 수 있다. 눈에 띄는 명당은 없어도 조용하게 낚시를 하고 싶은 꾼들이 꾸준하게 찾는 방파제가 많다. 연구방파제는 작은 만곡 지형에 위치해 바람과 파도로부터 영향을 거의 받지 않는다. 따라서 겨울 호래기낚시가 가장 매력적인 곳이다.
주변 수심이 3~4m 정도로 얕은 편이고 바닥은 사니질대로 밑걸림도 거의 없다. 시즌 초반에는 민장대 생미끼 낚시로 호래기와 함께 잔 씨알의 볼락도 낚을 수 있다. 1월이 지날 무렵 집어등을 이용하면 큰 씨알의 호래기와 볼락이 낚인다.

■ 참고 사항

연구마을에는 두 개의 방파제가 있는데 낚시가 잘 되는 곳은 흔히 '뒷방파제' 또는 '회관 앞 방파제'라고 불리는 이곳이다. 정면으로 황덕도를 마주하보는 곳이며 길이는 60m 정도로 작은 편이다. 작은 포구의 선착장으로 낚시터로서의 매력이 겉으로 드러나진 않아도 다양한 어종이 낚이는 알짜배기 명당이다.
주변 수심은 깊은 편으로 늦여름부터 감성돔이 낚이기 시작해 10월 말까지 피크를 이룬다. 30cm급 내외로 어렵지 않게 두세 마리는 거둘 수 있다. 민장대 맥낚시로는 우럭 · 볼락을 낚는데 밤에는 잔 씨알의 감성돔도 낚인다.
진입부가 넓어 주차공간도 넉넉하며 주변 마을이 농어촌 분위기를 함께 풍겨 조용하게 주말을 가족과 함께 보낼 수 있는 곳으로 추천할 만하다.

↓ 작은 포구에 있는 방파제로 규모와는 달리 밤낚시 재미가 쏠쏠한 곳이다. 특히 겨울 호래기낚시가 제격이다.

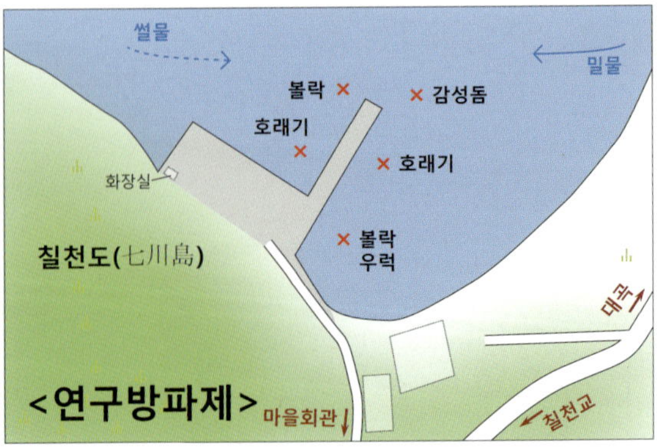

옥계방파제

- **소재지** : 거제시 하청면 연구리 39-7
- **길이** : 큰방파제 200여m, 작은방파제 90여m
- **위치 참조** : 〈최신 전국낚시지도〉 310p C2

■ 낚시 개황

칠천도 남쪽, 하청면 연구리 옥계마을에는 세 개의 방파제가 있다. 소개하는 방파제는 옥계마을 동쪽 입구에 위치하여 '옥계 동방파제'라 부르기도 한다. 규모는 작지만 방파제 입구와 중간 지점에 가로등이 있어 밤낚시를 하기에 무척 편하고, 멀리서 보면 주차 공간이 없을 것 같지만 방파제 가까이 들어가 보면 주차를 할 만한 공간이 있다.

방파제 주변은 사니질대(沙泥質帶)이면서도 물색이 맑아 바닥까지 훤히 보일 정도다. 따라서 낮낚시보다는 밤낚시 조황이 좋은 곳이다. 방파제 입구 쪽으로는 수심이 얕아 낚시가 잘 되지 않지만 끝자락으로 나아가면 그런대로의 수심이 나온다. 칠천도 내에서는 그리 알려진 방파제가 아니라 찾는 사람은 많지 않은 편이다. 주말에 1~2대의 차량이 들어와 야영을 하면서 조용하게 낚시를 즐기는 장소다.

■ 참고 사항

여름철에는 전갱이 · 보리멸 · 도다리 · 붕장어가 원투낚시에 잘 낚인다. 방파제 끝에서 최대한 멀리 던져야 하는데 자리에 따라 조과 차이가 많이 나는 편이다. 겨울 밤에는 호래기낚시와 볼락낚시가 단연 으뜸이다. 특히 이곳에서 낚이는 겨울철 호래기는 씨알이 굵어 멀리서 원정을 오는 단골 꾼들이 많다. 가로등 불빛에만 의지하지 말고 집어등을 사용해야 마릿수 조과를 거둘 수 있다.

볼락은 민장대 채비엔 주로 잔챙이 씨알이 낚이는 데 비해, 먼 거리를 공략하는 루어낚시엔 괜찮은 씨알들이 나와 그 재미가 쏠쏠하다. 석축 가까이에는 잔 씨알 일색이라 피하는 것이 좋다.

찾아가는 길

거가대교를 건너 관포교차로로 빠져나와 장목면소재지에서 칠천도로 방향을 잡는다. 칠천교를 건너 200m 지점의 장안마을삼거리에서 연구 방면으로 좌회전하여 해변길(칠천서로) 따라 1.1km 지점(옥계마을회관 140m 못 미친 지점)에 이르면 왼쪽으로 방파제가 보이는데, 좌회전하여 60m만 들어가면 방파제 앞이다.

통영 방면에서는 신거제대교를 건너 14번 국도로 고현을 지나 연초삼거리에서 왼쪽 5번 국도로 갈아타 하청면소재지를 지나 칠천도로 방향을 잡으면 된다.

인근 낚시점(055)

*에이스낚시 635-2280
장목면 장목리 305-19
*우연낚시 635-8245
하청면 하청리 323-1

⬇ 간조 무렵의 옥계방파제. 주변 수심이 얕은 곳이지만 다양한 어종이 낚여 야영 밤낚시터로 인기가 높다.

외포방파제

- **소재지** : 거제시 장목면 외포리 1216-2 외
- **길이** : 내항 140여m, 외항 방파제 200여m
- **위치 참조** : 〈최신 전국낚시지도〉 311p D3

찾아가는 길

통영 방면에서 진입할 경우는 신거제대교를 건너 14번 국도 사등 · 신현 · 연초를 차례대로 지난다. 송정IC에서 거가대교 방향의 거가대로를 타고 북상하다가 외포교차로에서 빠지면 곧 삼거리가 나타나고 여기서 좌회전해 1km여 진행하면 외포초등하교와 함께 외포리 입구가 기다린다.

부산 방면에서는 거가대교를 건너 거가대로에서 외포교차로로 빠져나온 후 삼거리에서 좌회전해 1km만 북상하면 된다.

■ 낚시 여건

대개 깔끔하게 잘 단장된 방파제일수록 사실 낚시터로서는 그다지 매력이 없는 편이다. 오히려 울퉁불퉁한 석축이나 이곳저곳 깨어진 테트라포드가 물속에 박혀 있는 못생긴 방파제일수록 묘한 궁금증과 함께 낚싯대를 드리워 보고 싶은 충동을 불러일으킨다. 깔끔하게 단장된 외포방파제는 이런 측면에서 썩 마음 내키는 낚시터로 보이지 않을 수도 있다.

그러나 외포방파제는 이 같은 통념을 깨뜨린다. 눈에 보이지 않는 방파제 주변의 물 밑 상황은 수중여가 잘 발달해 있는 데다 조류 소통 또한 원활해 유명 갯바위 못지않은 포인트 여건을 형성한다. 이에 외포방파제는 사철 다양한 어종이 낚이는 수준급 낚시터로, 오래 전부터 바다낚시 천국 거제도 내에서도 순위권에 드는 명소로 꼽히고 있다. 차량으로 방파제까지 편리하게 진입할 수 있다는 것도 장점인데 붉은 등대가 외항 쪽 큰 방파제만큼은 낚싯배로 진입해야 한다.

■ 어종과 시즌

감성돔과 벵에돔이 주요 대상어로 갯바위 못지않은 재미를 안겨준다. 6월부터 시

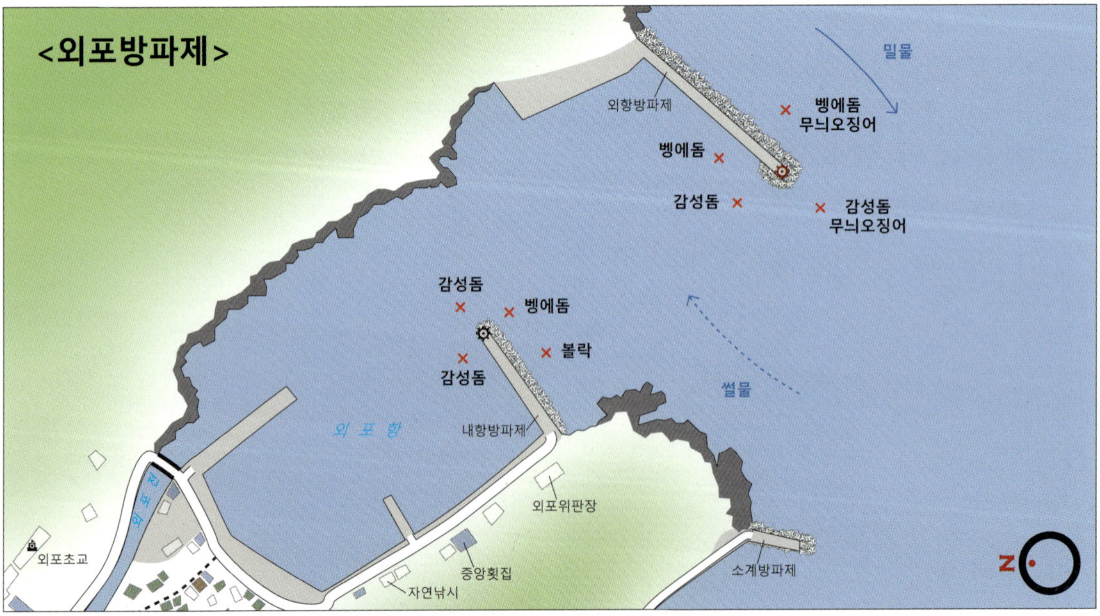

작되는 벵에돔은 10월까지 시즌을 이어간다. 주로 25cm 전후의 잔 씨알이 낚이지만 마릿수 재미가 좋아 방파제 최고의 인기어종이다. 감성돔은 적은 마릿수나마 꾸준하게 1년 내내 낚이는 어종이다. 가을에 마릿수 조황이 가장 좋고 초겨울에는 씨알이 굵어져 손맛을 더해준다.

이 외에도 겨울에는 볼락과 우럭이, 원투낚시에는 보리멸과 도다리가 낚인다. 외항 쪽은 밑걸림이 심해 내항 쪽에서 원투낚시를 하는 것이 바람직하다.

인근 낚시점(055)

*자연낚시 636-6345
장목면 외포리 131-31
*태조낚시레저 635-7444
연초면 송정리 210-1
*진주낚시 636-3986
연초면 죽토리 1106-1
*365일낚시 638-5000
신현읍 고현동 1016-1

▪ 포인트 및 참고 사항

릴 찌낚시를 주로 하는 곳이다. 물 밑에 테트라포드가 인공어초 구실을 하면서 대상어종을 불러 모은다. 하지만 이 테트라포드 때문에 입질을 받은 후 강제집행을 하지 않으면 낚싯줄이 쓸려 그만 낭패를 보기 십상이다. 다소 굵은 채비를 사용해 입질을 받으면 빠르게 갈무리해야 한다. 미끼는 크릴이 무난하다.

벵에돔낚시를 할 때는 잡어 대책용으로 홍갯지렁이 미끼를 준비하는 것이 필수다. 거제권은 통상 물색이 맑은 편이므로 채비는 최대한 예민하게 쓰는 것이 좋다. 제로찌나 B 구멍찌 전유동낚시를 하거나, 아니면 던질찌에 스티로폼 염주알을 어신찌로 이용해 낚시를 하면 최소한의 이물감을 주면서 입질을 파악할 수 있어 효과가 좋은 편이다. 감성돔을 노릴 때에는 0.6~0.8호 구멍찌를 이용한 반유동 채비로 바닥을 공략해야 한다.

외포방파제에는 9월부터 무늬오징어가 들어온다. 에깅을 하면 킬로그램급 사이즈의 오징어를 낚을 수 있다. 외항 쪽에서 최대한 멀리 에기를 던져 바닥까지 가라앉힌 다음 액션을 주는 것이 효과적이다.

↓ 벵에돔낚시와 무늬오징어낚시가 잘 되는 외포항에선 두 개의 방파제에서 낚시를 할 수 있다. 내항 쪽 작은 방파제는 차량으로 진입할 수 있으나 외항 쪽 큰 방파제는 낚싯배로만 진입할 수 있다.

장승포방파제

- **소재지** : 거제시 장승포동 549-4 외
- **길이** : 서방파제 150여m, 동방파제 90여m
- **위치 참조** : 〈최신 전국낚시지도〉 311p D5

찾아가는 길

부산 · 창원 방면에서 거가대교를 이용하는 경우는 거대대로 송정IC로 나와 14번 국도로 옥포 · 장승포 방면으로 진행한다. 옥포를 지나 두모고개(두모로터리)의 신호등에 이르러 11시 방향으로 진입하면 장승포항이다.

통영 방면에서는 신거제대교 건너 14번 국도 사곡삼거리를 지나 약 2.5km 지점의 장평고개에 이르면 갈림길이 나타난다. 왼쪽 고현 · 신현 쪽으로 향하지 말고 오른쪽 새 도로를 타고 옥포까지 곧장 진행해 장승포 방향으로 향하면 된다.

■ 낚시 여건

거제도의 관문이라고 할 수 있는 곳으로, 2010년 12월 거가대교가 개통되면서 거의 빛을 바랬지만 옛날엔 거제로 수월하게 오고자 했던 부산 꾼들이 자동차를 싣고 카페리를 타고 들어오던 곳이 바로 장승포항이다. 이제는 부산 - 장승포 간 여객선이 끊기고 외도 · 해금강 · 매물도 · 홍도 등지의 거제 해상관광지를 안내하는 유람선 출항지로 그 역할이 바뀌었지만, 아직도 거제 해상교통의 중추적 역할을 담당하는 이곳 장승포항을 감싸고 있는 두 개의 방파제 또한 역사와 전통을 자랑한다. 붉은 등대가 있는 동쪽 작은 방파제는 그 길이가 90여m에 이르고 흰 등대가 있는 서쪽의 큰 방파제는 150여m에 달해 두 개의 방파제 모두 길이와 너비가 낚시하기에 더 없이 좋은 여건이다.

거제 동단을 흐르는 본류대가 지나가는 곳이지만 항아리처럼 생긴 항구 입구에 위치한 관계로 평소 방파제 주변의 조류는 강한 편이 아니어서 오히려 사리 물때를 전후한 시기에 조황이 좋은 편이다. 거제 시가지와 가깝고 주변에 숙박시설과 식당, 낚시점이 즐비하므로 관광과 낚시를 겸할 수 있어 환영받는 낚시터다.

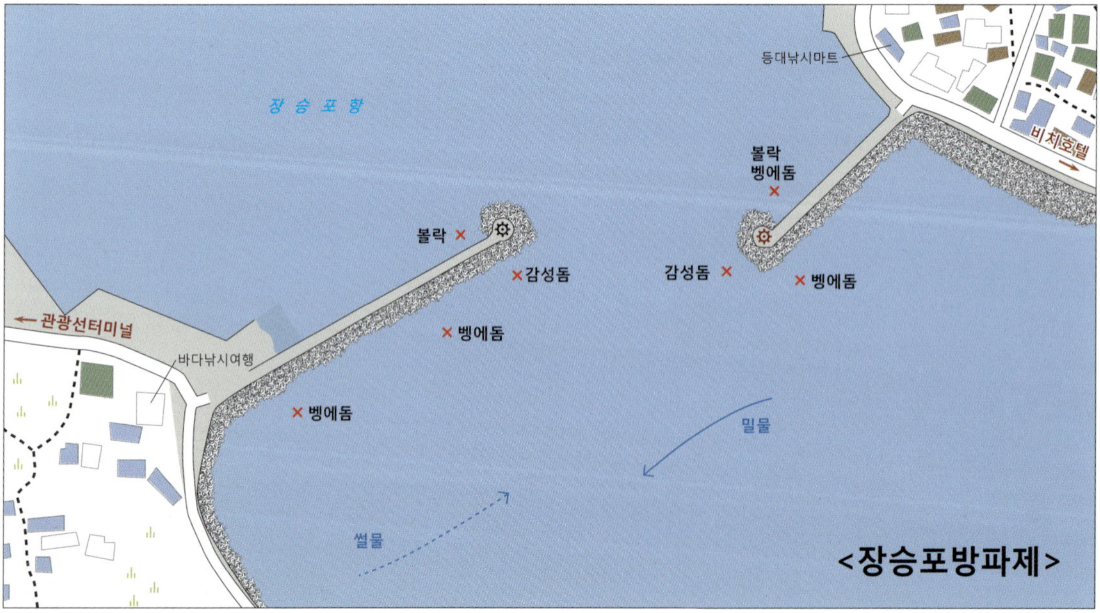

<장승포방파제>

■ 어종과 시즌

규모가 큰 까닭에 방파제 구간마다 다양한 해저 지형이 형성돼 몰려드는 어종 또한 많은 편이다. 봄에는 감성돔과 숭어 · 학공치 · 보리멸이, 여름에는 감성돔과 함께 벵에돔 · 까지매기 · 갈치가 호황을 보인다. 가을에도 감성돔 입질이 계속 이어지면서 벵에돔과 함께 마릿수 조황을 보여 최고의 피크 시즌을 이룬다. 겨울에는 또 학공치와 감성돔 · 볼락이 꾼들을 반긴다.

장승포방파제는 대체적으로 벵에돔과 감성돔이 주요 대상어 반열에 오르며, 8~10월 밤낚시에 낚이는 갈치는 손가락 세 개를 겹친 '3지(三指)' 크기가 넘는 대형급들이 많아 최고 인기 대상어로 꼽힌다.

■ 포인트 및 참고 사항

뭐니 뭐니 해도 가장 인기있는 대상어종은 벵에돔과 감성돔이므로 주로 릴 찌낚시를 하는 곳이다. 벵에돔 자원이 많아 민장대를 이용해 테트라포드 근처를 노려도 손바닥 씨알은 많이 낚아낼 수 있다. 찌낚시를 할 때는 3B 이하의 부력을 가진 저부력 구멍찌나 막대찌를 이용한다. 포인트는 멀리 형성되지 않으므로 품질을 할 때도 테트라포드 가까이에 바짝 붙이는 것이 좋다.

장승포방파제는 내항, 외항 가리지 않고 낚시를 하는데 외항 쪽의 조황이 다소 나은 편이다. 날씨가 좋지 않을 때는 아무래도 내항 쪽을 노리게 된다. 조류의 흐름이 세지 않아 포인트는 주로 방파제 끝 부분을 중심으로 형성된다.

벵에돔낚시에는 빵가루 조법을 쓰면 잡어를 분리하는데 효과를 본다. 입질이 약을 때에는 홍갯지렁이 미끼를 쓰면 된다.

인근 낚시점(055)

*바다낚시여행 681-8888
장승포동 549-2
*다도낚시 682-4677
장승포동 537-17
*장승포낚시 681-3636
장승포동 535-14
*부산낚시 681-6086
장승포동 531-25

↓ 지세포 가는 국도변에서 내려다 본 장승포항. 거가대교가 개통된 후 부산행 여객선터미널 기능은 없어지고 유람선이 그 역할을 대신하고 있다. 방파제 낚시터의 위력은 여전해서 시즌 때는 민장대로도 감성돔을 낚을 수 있는 몇 안 되는 명당이다.

저구방파제

- **소재지** : 거제시 남부면 저구리 216-6
- **길이** : 120여m
- **위치 참조** : 〈최신 전국낚시지도〉 328p B2

찾아가는 길

신거제대교 방면에서는 거제 사등면 사곡삼거리에서 남부 방면의 우측 길로 접어든다. 거제면 소재지를 지나 동부면 소재지에 이르면 해금강 방면과 가배 · 남부 방면으로 갈라지는 삼거리가 나온다. 우회전하면 곧 나오는 오망천삼거리에서 마하병원 쪽으로 좌회전해 탑포사거리를 지나 저구삼거리까지 진행한다. 여기서 주유소를 끼고 우회전하여 1500여m 지점에서 오른쪽으로 빠지면 저구마을이다.
거가대교 방면에서는 옥포 · 장승포를 지나 계속 14번 국도로 남하하여 구조라 · 학동 · 다대를 지나 저구삼거리로 진행하면 된다.

낚시 여건

저구방파제는 매물도로 향하는 여객선터미널이 있는 곳으로 꾼들에게 더 잘 알려진 곳이다. 루어낚시가 인기를 끌면서 덩달아 대물 볼락낚시터로 명성을 드높인 매물도로 향하는 관문이 되어 루어 꾼들이 많이 찾는다.
저구방파제는 예부터 낚시가 잘 된다는 소문이 난 곳은 아니었다. 방파제의 규모에 비해 빼어난 조황이 없었기 때문에 거제 방파제 이곳저곳을 돌다가 별 기대 없이 채비를 던져보는 곳에 불과했다. 그러나 낚시의 장르가 바뀌고 기법이 변하면서 이 방파제는 꾼들의 기대를 한 몸에 받는 명 낚시터 반열에 오르게 되었다.
낮에는 방파제를 오가는 배들과 관광객들이 많아 제대로 낚시를 하기 어렵다. 방파제 외항 쪽에 포인트가 형성되는데, 방파제 끝에는 자주 대형 유람선이 오가기 때문이다. 내항 쪽에도 항상 배가 정박되어 있다. 그래서 낮에는 대부분 방파제 중간이나 입구 쪽에서 민장대나 원투낚시를 하는 것이 고작이지만 밤에는 방파제 전역에서 낚시를 할 수 있다.

어종과 시즌

낚시터로서의 저구방파제는 충분히 매력적이다. 예전에는 잔 씨알의 감성돔 낚시터로 늦여름~늦가을까지 시즌을 형성했지만 근년에는 호래기 낚시터로서 거듭나고 있다. 11월 말부터 이듬해 1월까지 밝은 가로등 아래 모여든 호래기가 밤새도록 꾼들을 잠 못 들게 한다. 한 가지 아쉬운 점은 호래기가 많이 나오는 포인트가 한정되어 있다는 것이다. 또 사람들의 왕래가 많아 집어를 하기가 여간 어려운 것이 아니다. 집어등을 켜고 공을 들여야 호래기의 활성도를 높일 수 있다.

인근 낚시점(055)

*저구낚시 633-9575
남부면 저구리 89-6
*함박낚시 633-1561
거제면 서정리 803
*통영바다낚시 633-0357
사등면 사등리 1954-4

포인트 및 참고 사항

호래기 채비는 민장대에 전용 바늘을 써서 민물새우를 미끼로 하는 방법과 작은 에기인 슷테를 이용하는 루어 전용 채비가 있다. 밝은 집어등을 쓰면 단시간에 많은 마릿수를 올릴 수 있다. 이곳의 호래기 포인트를 방파제 어느 특정 지점을 예로 들기보다는 가로등 아래로 불빛이 밝게 내려쬐는 곳이면 포인트라고 보면 된다. 그 중에서도 특히 방파제 끝 부분이 명당이다. 그러나 이 자리에서 유독 마릿수 조과가 뛰어나다 보니 자리다툼이 심한 편이다. 또 집어가 되어 입질이 한창일 때면 이 자리를 향해 옆 자리 꾼들이 채비를 던짐으로써 기분을 거슬리게 할 때가 많다. 따라서 이 자리에서 낚시를 할 때는 2~3명의 동료끼리 팀을 맞춰 자리를 잡는 것이 바람직하다.

릴 찌낚시를 할 때는 방파제 끝에서 외항 쪽을 보고 공략한다. 원투낚시에는 노래미 · 우럭 · 붕장어가 낚인다. 초여름부터 가을까지는 무늬오징어도 잘 나온다. 방파제 외항 쪽으로 최대한 에기를 멀리 던져서 바닥층을 공략하면 큰 씨알도 간간이 낚인다. 마릿수 재미도 좋은 편이다.

↓ 여객선터미널에서 본 저구방파제. 낚시터로서의 명성보다는 매물도행 여객선 선착장으로 더 알려진 곳이다. 낮에는 오가는 배들로 인해 낚시가 잘 되지 않지만, 밤에는 쏠쏠한 조과를 올릴 수 있는 곳이다.

지세포방파제

- **소재지** : 거제시 일운면 지세포리 275-1
- **길이** : 460여m
- **위치 참조** : 〈최신 전국낚시지도〉 311p D6

찾아가는 길

거가대교 방면의 경우는 거가대로 송정IC로 나와 옥포 · 장승포를 거쳐 14번 국도 지세포 · 구조라 방면으로 남하한다. 일운면 소재지에 이르러 좌회전하면 지세포항이다. 해변길을 따라 오른쪽(동쪽) 끝까지 진입하면 된다.
신거제대교 방면의 경우는 사곡삼거리를 지나 약 2.5km 지점의 장평고개에서 오른쪽 새 도로를 타고 옥포까지 직진해 장승포를 지나 지세포 방향으로 남하하면 된다.

■ 낚시 여건

옛날에 비해 진입이 편리해졌다. 방파제 입구까지 차량 진입이 가능해졌을 뿐만 아니라 주차 시설도 잘 마련돼 있다. 방파제 못 미쳐 선착장에서도 가볍게 낚시를 할 수 있고, 해상좌대낚시터(유료)에선 초보자들도 마릿수 재미를 즐길 수 있다. 해상좌대낚시터를 지나 방파제 못 미친 지점에는 또 길이 170m 가량의 피싱피어(Fishing Pier · 잔교 낚시터)가 조성돼 있어 방파제에서의 낚시가 여의치 않을 때 안전하게 낚시를 즐길 수 있다.
피싱피어 주변엔 낚시테마공원 시설의 일환으로 오토캠핑장까지 마련돼 있어 가족 동반 출조에도 최적의 여건이다. 깨끗한 공중화장실을 비롯한 넓은 주차 공간, 정자 쉼터 같은 편의시설도 돋보인다. 공원 주변의 호안 석축 위에서도 낚시를 즐길 수 있지만 본격 낚시 포인트는 역시 방파제 쪽이다.

■ 어종과 시즌

볼락 · 감성돔 · 벵에돔 · 학공치가 시즌에 따른 주력어종이다. 겨울에는 노래미 · 볼락 · 학공치와 함께 감성돔이 잘 낚인다. 봄에는 산란을 위해 진입하는 감성돔이

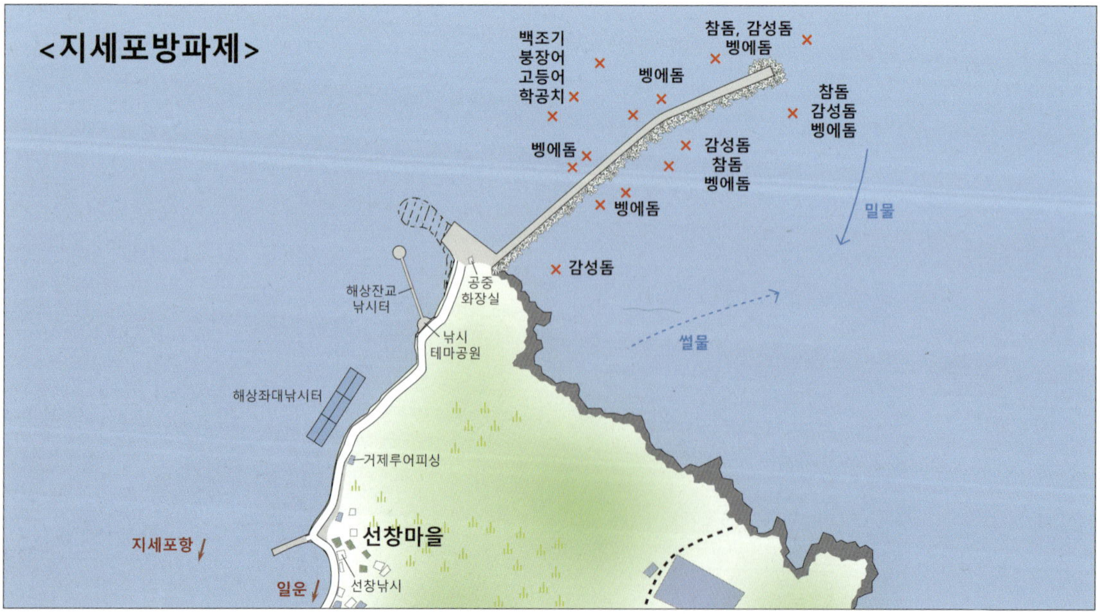

주요 대상어종으로 벵에돔과 함께 보리멸 · 도다리까지 입질에 가세한다.

여름에는 감성돔과 벵에돔 외에도 인기어종인 전갱이와 고등어가 마릿수로 낚인다. 가을에는 감성돔이 제철로 30~50cm까지 제법 굵직한 씨알을 갯바위 낚시터 못지않게 낚을 수 있다.

여름부터 가을까지는 무늬오징어도 잘 낚인다. 늦가을에는 킬로 오버급의 큰 씨알도 낚이며 마릿수도 좋은 편이다.

■ 포인트 및 참고 사항

주력어종인 감성돔과 벵에돔은 릴 찌낚시 채비를 기본으로 한다. 미끼는 기본적으로 크릴이지만 잡어가 많을 때에는 민물새우를 쓰기도 한다. 벵에돔은 빵가루, 고추씨 조법을 쓰면 잡어 분리와 함께 마릿수 조과를 올리는 낚시를 할 수 있다.

다양한 수심층을 형성하는 곳이라 어떤 채비로 어느 수심층을 공략하느냐에 따라 여러 가지 어종을 낚을 수 있다. 봄부터 가을까지 원투낚시로 바닥을 노리면 노래미 · 우럭은 물론 보리멸과 쏨뱅이가 낚인다. 겨울에는 상층을 공략하여 학공치를 낚을 수 있는데 이 일대에서 낚이는 학공치는 유난히 씨알이 큰 편이다.

루어낚시로는 볼락 및 무늬오징어와 삼치를 노려볼 수 있다. 특히 무늬오징어는 10월 한 달 동안 피크를 맞이하는데 킬로급 이상의 굵직한 씨알이 낚인다. 무늬오징어를 노릴 때에는 방파제 외항 방향으로 포인트로 잡고 최대한 멀리 에기를 던지되, 에기가 충분히 바닥에 가라앉기까지 다소 오랫동안 기다리는 것이 좋다. 바닥을 찍기 위해 기다리는 동안에 에기는 조류를 타고 흘러가면서 오징어의 관심을 끌기 때문이다.

인근 낚시점(055)

*선창낚시 681-8585
일운면 지세포리 301
*우리낚시 681-8289
일운면 지세포리 949-2
*거제바다낚시 682-5454
일운면 지세포리 991-4

↓ 공영주차장 쪽에서 바라본 지세포방파제. 조류 소통이 좋은 데다 규모가 큰 만큼 포인트도 많고 다양한 어종이 낚인다(위 사진).
낚시테마공원으로 조성된 170m 길이의 피싱피어(Fishing Pier · 잔교 낚시터) 전경(아래 사진).

쪽박금방파제

• **소재지** : 거제시 동부면 가배리 873-11 • **길이** : 30여m
• **위치 참조** : 〈최신 전국낚시지도〉 328p A1

잡어낚시 도중 간간이 감성돔을 낚을 수 있는 곳으로, 옛날엔 선상낚싯배를 타기 위해 오르내리던 방파제였다. 호래기낚시가 인기를 끌면서 이곳 방파제 역시 겨울철에 즐겨 찾는 낚시터가 되었다. 집어등을 이용해 호젓한 분위기에서 호래기를 줄줄이 올리는가 하면, 덩달아 볼락 · 우럭 같은 손님고기까지 걸려들어 입소문이 나기 시작한 곳이다.

길이가 30여m에 불과하지만 호래기는 방파제 중간 지점에서 잘 낚이는데, 반드시 집어등을 가지고 가야 한다. 볼락 민장대낚시는 방파제와 이어진 상판이나 방파제 끝이 좋다. 호래기 이외의 조황은 부실하지만 볼락은 루어나 민장대로 부지런히 움직이면 먹을 만큼은 낚을 수 있다.

찾아가는 길
통영 방면에서 신거제대교를 건너 사곡삼거리에서 남부 방면의 우측 길로 접어든다. 거제면 소재지를 지나 동부면 소재지에서 오망천교를 건너 곧장 직진한다. 오송 · 동호 · 영월을 지나 '함박' 표지석이 있는 고갯마루 삼거리가 나오면 오른쪽 '함박금길'로 직진한다. 600여m 지점의 좁은 삼거리에서도 오른쪽 길을 택해 1.5km 가면 방파제가 보인다.

인근 낚시점(055)
*반반낚시 638-5832 동부면 산양리 818-2
*한국낚시 637-0179 동부면 산양리 818-4

방파제낚시 Tip ⑥

해초(海草)와 해조(海藻)의 차이

흔히 바다에 서식하는 종자식물을 통틀어 '해초'라 부르지만 해초와 해조는 엄밀히 구분해야 한다.

먼저 해초(海草)는 바다에 서식하는 다년생 외떡잎식물로, 난(蘭)처럼 잎이 가늘고 길며 녹색 계열의 꽃이 핀다. 대개 물 흐름이 약한 모래밭 지형에 자라는데, 우리 낚시인들이 흔히 '진질' 또는 '잘피'라 부르는 거머리말이 이에 속한다.

해조(海藻)는 해초와 달리 뿌리와 줄기, 잎으로 분화되지 않아 몸 전체로 광합성을 한다(해초는 잎을 통해 광합성을 한다). 또한 포자로 증식하기 때문에 꽃도 피지 않는다. 우리 낚시인들이 흔히 '몰'(남해안 속명) 또는 '몸'(제주도 속명)이라 부르는 모자반이 이에 속한다. 파래 · 청각(녹조류), 미역 · 다시마(갈조류), 김 · 우뭇가사리(홍조류) 등이 모두 해조류이다.

대부분 해조류의 뿌리는 영양을 얻기 위한 목적이 아니라 바위에 붙어 있기 위한 것이다. 따라서 해조류는 모랫바닥이나 진흙바닥에서는 자라지 않는다. 즉, 낚시 도중 해조류가 달려 나오면 암초 또는 암반이 섞인 지형, 해초가 달려 나오면 사니질 바닥이라 생각해도 좋다.

만조 때의 녹조류 지대는 잡식성 어류의 먹이 공급처로, 특히 벵에돔낚시의 좋은 포인트가 된다. 모자반이 밀생하는 '몰밭' 또한 볼락의 대표적인 산란처이자 성장기의 은신처가 된다. 루어낚시 대상어로 인기가 높은 무늬오징어 역시 바위짬의 해조류에 산란을 하는데, 수심 얕은 해초 지대는 은신하기는 어려워도 해적이 적은 만큼 알을 보호하는 데 적합해 해초 지대 또한 오징어낚시의 좋은 포인트가 된다.

● 포말이 이는 암초지대에 군집한 벵에돔 무리

표준명 ■ 벵에돔
학명 ■ *Girella punctata*
영명 ■ Girella, Largescale blackfish
일명 ■ 메지나(メジナ)
속명 ■ 깜정이, 구로, 수만이
생태 ■ 몸은 전체적으로 청흑색을 띠며 배는 조금 연하다. 비늘마다 검은 점이 하나씩 있다. 입은 작고 양 턱에는 끝이 세 갈래로 갈라진 작은 이빨이 밀생하여 해조류를 갉아먹기에 알맞은 구조를 하고 있다. 연안 암초 지대에 서식하며 등각류, 단각류, 새우, 갯지렁이 등을 먹고 겨울철에는 해조류도 먹는다. 동해 남부, 남해, 제주도 연안에 서식하며 50~60cm로 자라고 낚시 대상어로 인기가 높다.

표준명 ■ 긴꼬리벵에돔
학명 ■ *Girella melanichthys*
영명 ■ Smallscale blackfish
일명 ■ 구로메지나(クロメジナ)
속명 ■ 벵에돔, 검정벵에돔, 구릿
생태 ■ 벵에돔과 외모가 유사하여 오랫동안 벵에돔으로 취급되어온 종이다. 꼬리지느러미가 길고 상하엽 끝이 뾰족한 점, 아가미 뚜껑 뒷가장자리가 검다는 점이 벵에돔과의 구분 기준이다. 몸은 전체적으로 회흑색을 띤다. 제주도 연안에 자원량이 많고 벵에돔보다는 따뜻한 해역에 사는 남방종이며 60~70cm로 자라는 대형 종이다.

창촌방파제

- **소재지** : 거제시 사등면 창호리 1422-2 외
- **길이** : 작은방파제 80여m, 큰방파제 120여m
- **위치 참조** : 〈최신 전국낚시지도〉 310p A2

찾아가는 길

통영 방면에서는 신거제대교를 건너 고현 방면으로 진행하다가 성포삼거리를 지나 700여m 지점에서 오른쪽으로 빠져 상사근육교를 통해 가조도 방면으로 진행한다. 가조연륙교를 건너 실전 방면으로 계속 직진하다가 사등면가조출장소 앞에서 왼쪽 창촌마을 표지석을 보고 7시 방향으로 좌회전, 200여m만 내려가면 창촌마을 가운데 방파제에 닿는다.
거가대교 방면에서는 송정IC로 나와 통영 방면으로 진행하다가 금포를 지나 가조도 이정표를 보고 우측으로 진행하면 된다.

■ 낚시 여건

8자처럼 생긴 가조도 서쪽 허리 부위에 위치한 창촌마을에는 나름대로의 구색을 갖춘 크고 작은 4개의 방파제가 있다. 이 중에서 낚시가 제대로 이루어지는 곳은 아래쪽(남쪽)에 위치한 두 개의 방파제인데, 둘 중에서도 더 좋은 곳은 맨 남쪽에 위치한 방파제다.
이곳 창촌마을의 방파제는 모두 테트라포드가 없고 석축으로만 이루어져 있다. 테트라포드가 없다는 것은 파도의 영향을 비교적 덜 받는 지형이며, 이는 날씨에 관계없이 낚시를 즐길 수 있다는 것으로 풀이된다. 가조도의 잘록한 허리 부분에 위치한 때문인데, 큰 조황은 없어도 잔 손맛은 꾸준히 볼 수 있는 곳이다.

■ 어종과 시즌

봄~가을이 감성돔 시즌으로 25cm 내외의 잔 씨알들이 대부분이다. 본격적으로는 가을이 한창 무르익는 9~10월에 가장 조황이 좋다. 겨울 밤낚시에는 볼락과 호래기가 낚이고, 낮에는 학공치가 들어온다.
이 지역 방파제는 시즌에 따른 어종 출몰 시기가 거의 비슷하다. 가장 인기 있는

어종은 감성돔인데 방파제마다 편차가 그리 크지 않으므로 가까운 거리의 방파제를 옮겨 다니며 낚시를 하는 것도 좋은 방법이다. 겨울밤에 낚는 호래기(꼴뚜기)는 되도록 사람이 없는 곳을 찾아다녀야 좋은 조과를 거둘 수 있다.

■ 포인트 및 참고 사항

릴 찌낚시는 주로 각 방파제 끝에서 한다. 수심은 5~6m 내외. 안쪽 방파제 부근은 이렇다 할 수중여가 없어 방파제 가까이에 충분한 양의 품질을 해 줘야 낱마리 조과나마 거둘 수 있다. 맨 왼쪽(남쪽) 방파제를 제외한 곳에서는 방파제 끝에서 원투낚시를 하면 보리멸 · 도다리 · 노래미 같은 잡어 입질 재미가 짭짤하다.

민장대로 내항 쪽을 부지런히 쑤시고 다니면 우럭 · 망상어 · 볼락이 심심찮게 낚인다. 겨울 밤낚시에 볼락 루어 채비로 꼼꼼하게 공략하면 의외로 좋은 조과를 거둘 수 있는 포인트다.

볼락 루어낚시를 할 때는 내항 쪽에서는 바닥을, 외항 쪽에서는 던질찌를 이용해 멀리 던져야 효과적인 공략이 가능하다. 내항 쪽에서 바닥을 노릴 때는 2g 이상의 지그헤드를 이용하거나 텍사스 리그를 사용하면 된다.

텍사스 리그를 써서 낮에 바닥을 공략하면 의외로 큰 씨알의 양태가 얼굴을 내밀기도 한다. 플렛피시 대상어종인 양태는 낚이는 씨알이 큰 편이다. 50cm급도 간간이 낚일 정도다. 텍사스리그는 밑걸림이 거의 없으므로 최대한 채비를 멀리 던지고 바닥을 긁으면서 살짝 띄웠다가 가라앉히는 호핑(Hopping)을 반복하는 것이 좋다. 양태는 입질이 강하지 않고 작은 우럭과 같이 툭툭 건드리는데 이때 힘차게 챔질을 하는 것이 요령이다.

인근 낚시점(055)

*뉴대교낚시 649-1782
통영시 용남면 장평리 120-2
*백수낚시 649-1751
용남면 원평리 779-225
*일요낚시마트 649-5260
통영시 용남면 동달리 305-3

↓ 계도마을 가는 도로변에서 바라본 창촌방파제. 양태 씨알이 큰 곳으로 플랫피시 루어낚시 장소로 최적이다. 오름감성돔 포인트로도 단골 꾼들을 불러 모은다.

청곡방파제

- **소재지** : 거제시 사등면 청곡리 518-7 외
- **길이** : 큰방파제 80여m, 작은방파제 60여m
- **위치 참조** : 〈최신 전국낚시지도〉 310p A4

찾아가는 길

통영에서 신거제대교를 건너 성포 방면의 14번 국도로 3.3km 정도 진행하면 청곡마을 이정표가 나온다. 그 곳에서 우측으로 빠진 후 왼쪽 지하도를 통과해 700여m만 진행하면 청곡마을 방파제가 나타난다. 거가대교 방면에서는 송정IC로 나와 14번 국도로 신거제대교·통영 방면의 성포를 지나 청곡마을 이정표가 보이는 지점에서 우측으로 빠지면 된다.

■ 낚시 여건

청곡에는 두 개의 방파제가 있다. 북쪽에 있는 방파제가 큰 방파제이고 남쪽에 있는 방파제는 넓은 주차장이 입구에 있어 진입이 수월해 많은 꾼들이 찾는 곳이다. 예전에는 현지 꾼들이 주로 봄·여름에 원투낚시로 도다리나 노래미·보리멸 같은 잡어를 낚거나 가을 시즌에 들어오는 잔 씨알의 감성돔낚시를 간간이 할 정도의 무명에 가까운 낚시터였다. 그러나 겨울 호래기낚시가 유행하면서 이곳도 일약 유명세를 타기 시작했다.

생활낚시의 대명사라 할 수 있는 호래기낚시는 짧은 시즌에 많은 꾼들이 몰리기 때문에 지역 주민들의 원성이 끊이지 않기도 했다. 청곡방파제는 가로등 시설이 잘 되어 있어 호래기가 많이 몰려드는데, 이로 인해 주민들이 가로등을 아예 꺼버리기도 했다. 쓰레기나 소음 등의 문제점만 없다면 겨울 내내 편하게 낚시할 수 있는 장소다.

■ 어종과 시즌

방파제 주변의 바닥 지형이 사니질((沙泥質)인 까닭에 회유어종이 시즌 따라 낚이

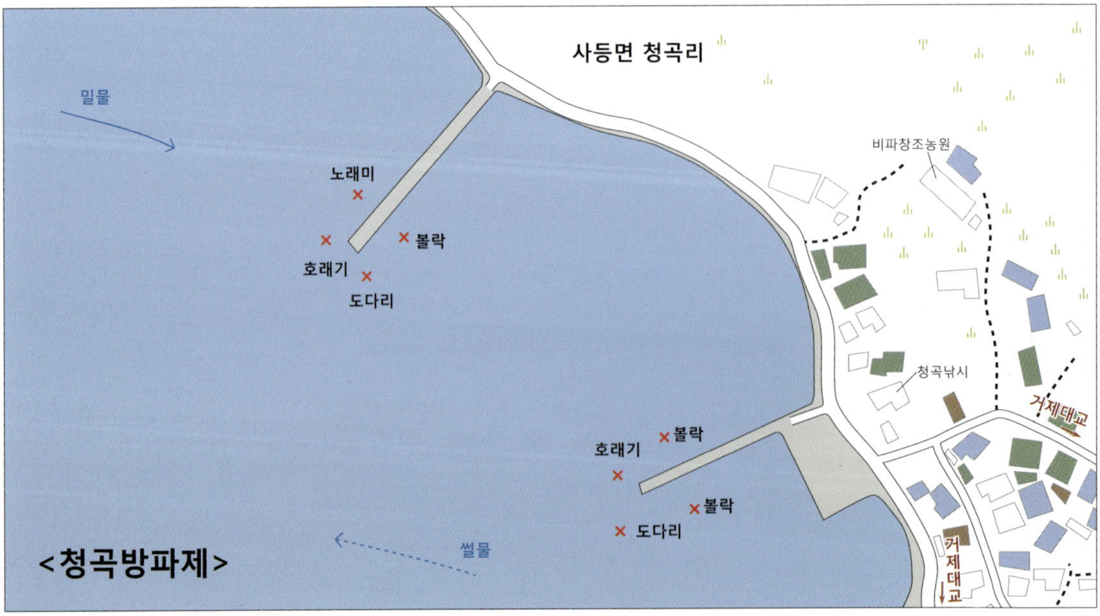

는 반면 록피시 같은 정착성 어종은 드문 편이다. 봄~여름 원투낚시에 잔 씨알의 도다리를 시작으로 보리멸과 노래미가 낚인다. 숭어나 갈치는 여름부터 가을까지 잘 낚인다.

그러나 뭐니 뭐니 해도 청곡방파제 최고의 어종은 호래기로 12~2월까지 시즌을 맞이한다. 호래기는 붙었다 빠지기를 반복하기 때문에 시즌이라 할지라도 매일 매일 좋은 조황이 이어지는 것은 아니다. 초반일수록 마릿수가 좋은 편이나 생미끼를 써야 한다는 단서가 붙는다. 후반으로 갈수록 루어에 굵은 씨알이 낚이지만 아무래도 마릿수는 떨어진다.

▪ 포인트 및 참고 사항

방파제 주변이 사니질 바닥이라 밑걸림이 없다는 것이 장점이다. 다양한 채비로 낚시를 할 수 있는데, 특히 호래기낚시를 할 때는 입질 수심층을 빨리 찾아내는 것이 좋은 조과의 지름길이다.

호래기낚시를 위해 이곳으로 출조할 때는 반드시 집어등을 준비해야 한다. 현지 방파제 주변의 가로등 시설이 열악하기 때문에 자연적으로 모여 있는 호래기는 거의 없다고 봐야 한다. 다른 사람들보다 조금이라도 밝은 집어등을 사용하되 방파제 끝 지점으로부터 20m 정도 구간에 자리 잡으면 100여 마리는 손쉽게 낚을 수 있다. 집어가 잘 되었을 경우에는 루어낚시를 하는 게 좋겠지만, 집어가 신통찮다면 아무래도 민물새우 미끼를 사용하는 것이 유리하다. 활성도가 낮을 때에는 생미끼에 훨씬 반응이 빠르기 때문이다.

인근 낚시점(055)

*통영바다낚시 633-0357
거제시 사등면 사등리 1954-4
*뉴대교낚시 649-1782
통영시 용남면 장평리 120-2

↓ 남쪽에서 본 청곡 큰 방파제. 보잘 것 없는 작은 포구의 방파제였으나 호래기낚시가 유행하면서 새로이 각광받기 시작한 곳이다. 주변이 사니질 바닥으로 정착성 어종은 드문 편이다.

팔랑포방파제

- **소재지** : 거제시 옥포동 3-2 인근
- **길이** : 400여m
- **위치 참조** : 〈최신 전국낚시지도〉 311p D4

찾아가는 길

부산 방면에서는 거가대교를 건너 거가대로 덕포교차로로 빠져나와 옥포동 방면으로 우회전 후 약 1.5km 지점의 고갯마루 옥포대첩기념공원 입구에서 좌회전해 끝까지 진입하면 된다. 통영 쪽에서는 신거제대교를 건너 14번 국도 신현 · 연초를 지나 송정IC에서 거가대교 방향의 거가대로를 타고 터널 통과 후 덕포교차로로 빠지면 된다.

■ 낚시 여건

거제 대우조선소가 위치한 옥포만(玉浦灣)에는 거대한 방파제 두 개가 서로 마주보며 옥포만의 관문 역할을 하고 있다. 북쪽에 위치한 작은 방파제가 바로 팔랑포방파제(길이 400여m)이고 남쪽에 위치한 큰 방파제가 느태방파제(980여m)이다.

팔랑포방파제로 향하는 진입로는 노폭이 좁을망정 깨끗하게 잘 단장되어 있다. 방파제 입구에 옥포대첩기념관이 있기 때문이다. 1592년 임진왜란 발발 초기, 당시 전라 좌수사였던 이순신 장군이 경상 우수사 원균과 함께 이곳 옥포만에서 왜선 50여척 중 26척을 격침시킨 대첩(大捷)을 기념하는 곳이다. 아이를 동반한 경우는 뜻 깊은 체험학습장이 될 수 있으므로 잠시 시간을 할애할만하다.

길이 400여m에 달하는 팔랑포방파제는 건너편 느태방파제에 견주어 볼 때는 그 절반 크기에 불과할지라도 인근 능포 · 지세포방파제와 함께 거제도를 대표하는 초대형급 방파제이다. 주변 수심이 다양할 뿐만 아이라 조류가 원활한 데다 바닥 지형도 다양해 온갖 어종이 다 모여든다. 한 마디로 웬만한 바다낚시 종류는 거의 다 즐길 수 있는 만능 낚시터라 할만하다.

이곳 옥포방파제는 옥포대첩기념관 매표소를 통과해야 하기 때문에 관람이 아닌

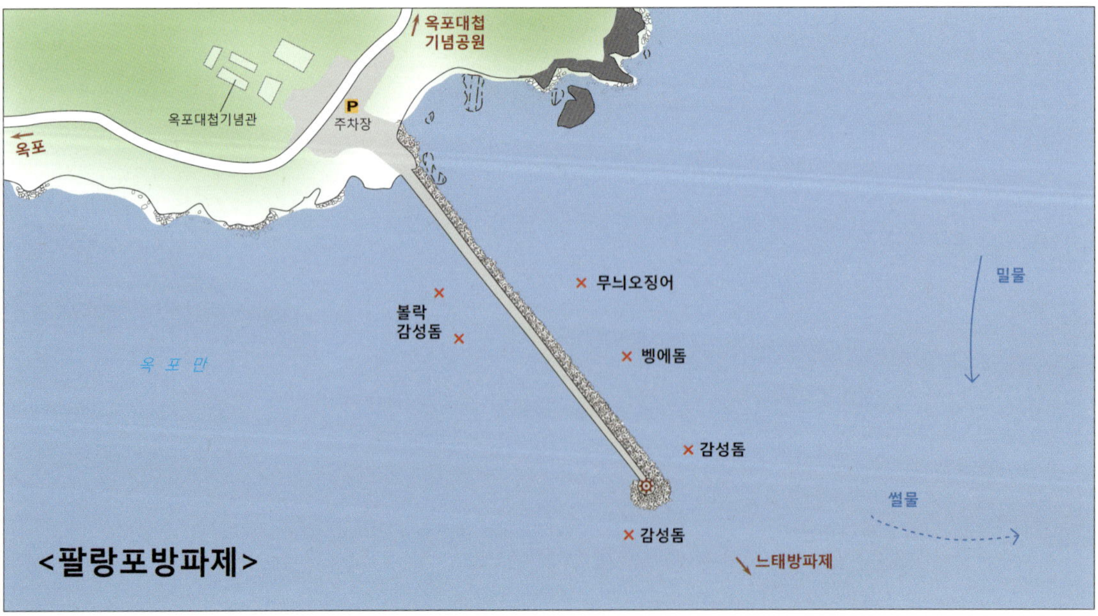

낚시가 목적인 점을 밝혀야 한다. 그래야 불필요한 관람료를 내지 않는다. 그러나 주차료는 지불해야 한다.

■ 어종과 시즌

300여m 간격을 두고 서로 마주보는 건너편 느태방파제와 조건이 매우 흡사하다. 따라서 낚이는 어종도 거의 똑같다. 봄에는 감성돔과 볼락, 도다리가 낚이는데 볼락 씨알과 마릿수가 좋은 편이다. 여름에는 상사리(참돔 새끼) 떼와 감성돔, 농어가 낚이며 벵에돔이 붙으면서 많은 꾼들이 몰린다.

가을에는 감성돔이 주력 어종으로 떠오르며 벵에돔 · 전갱이 · 전어 · 갈치가 돌아가며 낚인다. 특히 갈치와 까지매기(농어 새끼)는 밤낚시에 마릿수 조황이 좋다. 겨울에는 학공치가 들어와 손맛을 달래준다. 감성돔은 드물게 대물이 낚이기도 한다.

■ 포인트 및 참고 사항

1호 릴 찌낚싯대를 이용한 흘림낚시 장비와 채비면 다양한 낚시를 즐길 수 있다. 벵에돔은 제로찌와 목줄찌, 빵가루 조법이면 잡어 등쌀을 이기고 마릿수를 채울 수 있다. 봄철에는 릴 찌낚시보다는 민장대에 학공치 찌를 달아 벵에돔의 예민한 입질을 받아낸다. 숭어 떼가 회유하기 때문에 훌치기 꾼들이 진을 치고 있는 경우가 허다하다. 낚시를 하는 동안 주의를 요한다.

포인트는 방파제 내 · 외항 방향을 가리지 않고 형성되는데 주로 방파제 끝부분에서 내항 쪽 약 20m 내외 구간이 가장 인기 높은 곳으로 꼽힌다.

인근 낚시점(055)

*태조낚시레저 635-7444
연초면 송정리 210-1
*덕포낚시 687-0523
옥포2동 509-9
*피싱코리아 687-3444
옥포동 546-29
*유진낚시 687-0114
옥포동 505-11

↓ 옥포대첩기념공원에서 바라본 팔랑포방파제. 건너편 느태방파제와 함께 거제도를 대표하는 초대형 방파제다. 온갖 어종이 모여들어 바다낚시의 재미를 제대로 즐길 수 있는 유명 낚시터다.

하유방파제

- **소재지** : 거제시 장목면 유호리 164-5
- **길이** : 80여m
- **위치 참조** : 〈최신 전국낚시지도〉 311p D1

찾아가는 길

거가대교 방면의 경우 거가대로 관포교차로로 나와 왼쪽 굴다리를 통과한 관포삼거리에서 왼쪽(북쪽) 방향으로 꺾어 계속 북상하면 신촌 · 궁농 · 간곡 · 임호 · 농소를 차례로 지나게 된다. 농소마을에서 1.5km 정도 더 진행하면 오른쪽으로 거가대교가 보이는 산비탈 지점이 나오는데 여기서 첫 번째로 나타나는 마을이 하유마을이다.
통영 방면에선 신거제대교 건너 14번 국도 연초삼거리에서 좌회전, 5번 국도 하청면 소재지를 거쳐 장목농협앞삼거리에서 관포 · 농소 방면으로 우회전하여 유호리 방향으로 계속 북상하면 된다.

■ 낚시 여건

부산에서 거가대교를 타고 저도를 지나 거제도 장목터널로 들어서기 직전, 오른쪽으로 내려다보이는 아담한 포구가 바로 장목면 유호리 하유마을이다. 따라서 하유마을 방파제에서 낚시를 하다보면 거가대교가 한눈에 들어와 심심하지가 않다.
인근 북쪽에 위치한 상유방파제와 함께 거제 동북단에 위치하는 만큼 감성돔낚시가 일찍 시작될 뿐만 아니라, 작은 규모의 방파제지만 조황도 뛰어나 예로부터 감성돔낚시 명소로 알려진 곳이다. 전방의 저도(猪島)와 이곳 거제 북단 사이를 흐르는 조류가 세찬 반면, 하유 포구는 만곡(彎曲) 지형인 데다 방파제가 입구를 가로막고 있어서 아늑한 분위기에서 낚시를 즐길 수 있다. 바람이나 파도의 영향을 많이 받지 않는 전천후 낚시터라 할 수 있는데, 테트라포드 위에서의 이동만 주의하면 느긋하게 손맛을 볼 수 있는 일급 포인트다.

■ 어종과 시즌

전형적인 가을 감성돔 포인트로 대물보다는 마릿수로 승부하는 곳이다. 지형적으로 거제 북부권의 바깥쪽에 위치해 조류 소통이 원활하고 진해만(鎭海灣)으로 오

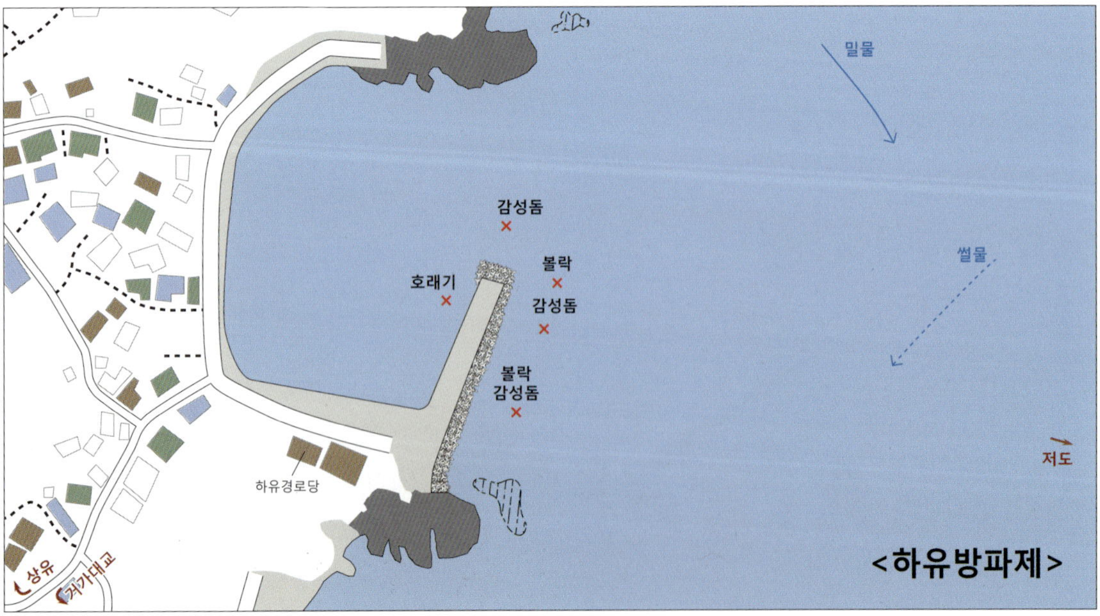

가는 감성돔들의 길목에 해당된다. 그래서 봄철 오름감성돔 시즌에 한 번, 가을 내림감성돔 시즌에 또 한 번의 피크를 맞이하는데, 방파제에서의 조황이라고 믿을 수 없을 정도의 마릿수가 낚이는 것이 이곳의 장점이다.
감성돔 이외에도 볼락 · 용치놀래기 · 전갱이 등이 시즌에 따라 낚이며 벵에돔도 여름철에는 만만찮게 낚인다.

인근 낚시점(055)

*에이스낚시 635-2280
장목면 장목리 305-19
*거가낚시 635-2112
장목면 장목리 317-1

■ 포인트 및 참고 사항

작은 방파제라 한창 시즌에는 일찌감치 자리를 잡지 않으면 좋은 포인트를 놓치기 일쑤다. 가장 좋은 포인트는 방파제 입구 쪽과 끝 부분이다. 방파제 끝 쪽은 조류 소통이 좋아 굵직한 씨알의 감성돔은 물론 다른 회유어종들도 간간이 낚을 수 있다. 입구 쪽은 갯바위와 어우러진 여밭으로, 다양한 물 밑 지형으로 인해 낚이는 어종도 다양한 편이다.
주변 수심은 4~7m 내외로 얕은 편이다. 방파제 입구에서는 민장대로 공략하기가 편하다. 발 밑에 밑밥을 주면서 채비 수심을 2m 내외로 주고 낚시를 하면 된다. 큰 씨알의 감성돔이 낚이지는 않으므로 민장대로도 충분히 제압할 수 있다.
방파제 입구에서는 겨울철에 볼락 루어낚시를 하면 마릿수 재미가 쏠쏠하다. 민장대로 공략할 수 있는 지점까지 볼락볼을 이용해 채비를 던지면 의외로 큰 씨알의 볼락이 낚인다. 마릿수도 두 자릿수는 거뜬하게 올릴 수 있다. 여밭 지형에서는 지그헤드를 쓰지 말고 무게가 없는 바늘이나 0.2~0.3g 정도의 가벼운 지그헤드에 던질찌를 달아 쓰는 것이 효과적이다.

↓ 포구 안쪽에서 바라본 하유 방파제. 뒤쪽으로 보이는 다리가 거가대교다. 거제도 동북단에 위치하는 방파제로 봄 · 가을 두 번의 감성돔 손맛을 안겨주는 전통적인 낚시 명소다.

함박금방파제

- **소재지** : 거제시 동부면 가배리 818-6
- **길이** : 500여m
- **위치 참조** : 〈최신 전국낚시지도〉 328p A1

찾아가는 길

통영 방면에서 신거제대교를 건너 14번 국도 사곡삼거리에서 남부 방면의 우측 길로 접어든다. 거제면 소재지를 지나 동부면 소재지에서 우측 오망천교를 건넌다. 다리 건너 오망천삼거리에선 남부 · 가배량성 방면의 1018번 도로로 직진한다. 오송 · 동호를 지나 계속 해안도로를 달리면 '함박' 표지석이 있는 고갯마루 삼거리가 나온다. 오른쪽 '함박금길'로 직진하여 600여m 가면 다시 좁은 삼거리가 나오는데 왼쪽 길로 끝까지 진행하면 된다.

인근 낚시점(055)

* 반반낚시 638-5832 동부면 산양리 818-2
* 한국낚시 637-0179 동부면 산양리 818-4
* 파도낚시 633-2576 동부면 산양리 813-4

↓ 거제 남서부 지역에 숨겨진 방파제로, 호젓한 겨울밤 호래기낚시가 일품이다.

■ 낚시 개황

항아리처럼 크게 후미진 가배만(加背灣) 입구에 위치한 함박금방파제는 이 일대에서 성행하던 감성돔 배낚시 출항지로 인기가 높았다. 규모가 작은 방파제라 낚시할 공간이 넉넉하지 못한 데다 드나드는 배들도 많아 여럿이 낚시를 하다 보면 더더욱 비좁은 느낌이다. 따라서 이곳은 낮 시간보다는 밤낚시가 좋다.

이곳 함박금방파제 역시 호래기낚시가 유행하면서 인기 낚시터 떠오른 장소다. 작은 갯마을의 선착장 역할을 하는 곳으로, 보안등 시설과 사니질대 바닥으로 인해 호래기낚시를 하기에 더없이 좋은 여건이다. 무엇보다 거제 지역 다른 방파제들보다 이름이 덜 알려져 찾는 이들이 많지 않아 느긋하게 낚시를 즐길 수 있다.

■ 참고 사항

호래기낚시는 겨울밤에만 하므로 무엇보다 마을 주민들에게 피해를 주지 않도록 조용하게 낚시를 하는 것이 중요하다. 함박금방파제는 규모는 작으나 보안등 시설이 잘 되어 있어 굳이 집어등을 사용하지 않아도 호래기가 자연스레 모려 들어와 있는 경우가 많다. 그러나 보다 효율적으로 낚시를 하기 위해서는 집어등을 켜는 것이 바람직하다.

낚시는 방파제 끝이나 입구를 가리지 않아도 된다. 그러나 한 사람이 집어등을 방파제 끝에서 켜면 안쪽에 자리한 사람에게는 거의 입질이 오지 않는 경향을 보인다. 가을에는 잔 씨알의 감성돔과 온갖 잡어가 입질하는 곳으로 낮에도 적은 인원끼리 오붓하게 낚시를 즐길 만하다.

방파제 크기는 작으나 주변 공간은 넓은 편이라 주차하기에도 편하다.

황포방파제

- **소재지** : 거제시 장목면 구영리 1080-42 인근
- **길이** : 100여m
- **위치 참조** : 〈최신 전국낚시지도〉 310p C1

■ 낚시 개황

거제도 북서단에 위치한 장목면 구영리 황포마을은 멀리 마산합포구 구산면의 심리 해변을 마주보는 지리적 여건이다. 서남쪽으로는 또 광지말도를 지척에 둔 곳에 위치한 황포방파제는 석축으로만 이루어진 방파제로 가로등 시설이 잘 되어 있어 밤낚시를 하기에 그만이다. 외지 낚시인들에게는 잘 알려지지 않은 곳이지만 현지꾼들은 여름~가을 시즌에 밤낚시를 하기 위해 즐겨 찾는다.

주요 대상어종은 갈치 · 전갱이 · 고등어 등으로 민장대낚시를 구사하기에도 좋고 릴 찌낚시, 루어낚시 모두 효과적이다. 겨울밤에는 호래기가 몰려들기도 하는데, 가로등 불빛이 워낙 좋아 집어등 없이도 먹을 만큼의 조과를 올릴 수 있다. 석축 사이에 있는 잔 씨알의 록피시 종류도 낚을 수 있으며 방파제 끝에서 원투낚시를 하면 노래미나 잔 씨알의 감성돔이 낚이기도 한다.

■ 참고 사항

깔끔하게 정리된 석축형 방파제로 누구나 안전하게 낚시를 할 수 있다. 인기 좋은 계절어종인 갈치와 고등어 · 전갱이 · 호래기 · 볼락이 시시때때로 붙으면서 1년 내내 단골꾼들을 불러 모은다. 바닥은 모래와 돌이 섞여 있어 원투낚시를 해도 밑걸림이 크게 없는 것이 장점이다. 덕분이 봄철에는 도다리가 많이 낚인다.

정박되어 있는 선박 사이를 민장대로 노려 잔 씨알의 고기를 낚을 수 있으며, 릴 찌낚시와 원투낚시는 방파제 끝 부분에서 하는 것이 좋다.

황포마을 남쪽 인근에 아담한 해수욕장이 자리하고 있어 가족 단위 나들이객이 많이 찾는 곳이다.

찾아가는 길

거가대교를 건너 관포교차로로 빠져나와 관포고개 넘어 장목농협앞삼거리에서 송진포 · 구영 방면으로 우회전한다. 약 4.5km 진행하면 나타나는 황포해수욕장 안내판을 보고 좌측으로 꺾어 들어가 850여m만 진행하면 된다.
통영 방면에서는 신거제대교를 건너 신현 · 연초 · 하청 · 장목 순으로 진행하여 장목농협앞삼거리에서 좌회전하여 북상하면 된다.

인근 낚시점(055)

＊거가낚시 635-2112
장목면 장목리 317-1
＊에이스낚시 635-2280
장목면 장목리 305-19
＊우연낚시 635-8245
하청면 하청리 323-1

↓ 전형적인 동네낚시터로 대상어종 역시 자잘한 손맛을 안겨주는 잡어 일색이다.

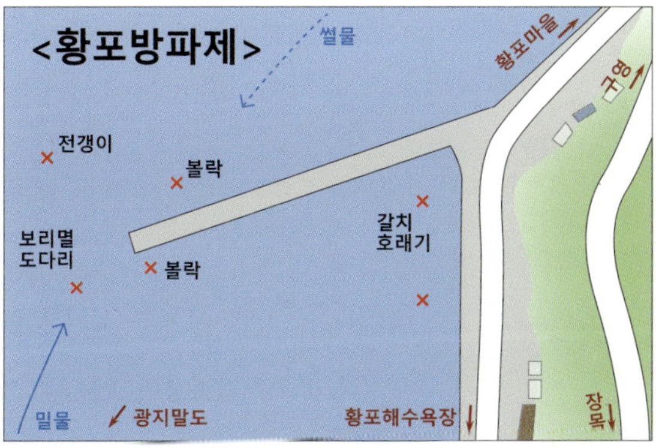

흥남방파제

- **소재지** : 거제시 장목면 시방리 280-11
- **길이** : 100여m
- **위치 참조** : 〈최신 전국낚시지도〉 311p D2

찾아가는 길

통영 방면에서는 신거제대교로 14번 국도 사등 · 신현 · 연초를 지나 송정IC에서 거가대교 방향의 거가대로를 갈아타고 달리다 외포교차로에서 빠진다. 곧 나타나는 삼거리에서 좌회전하면 곧 오른쪽으로 외포항이 내려다 보이는데 계속 북상하다 보면 오른쪽으로 흥남해수욕장을 알리는 안내판이 나타난다.
부산 방면에서는 거가대교 건너 거가대로에서 대금교차로로 빠진 후 흥남 방향으로 남하하면 된다.

■ 낚시 여건

거제도 동북부 지역에 위치한 방파제로 이수도와 정면으로 마주보는 곳이다. 방파제 입구까지 차로 진입할 수 있어 무척 편리한 데다, 모래가 아주 고운 흥남해수욕과 연결돼 있어 가족과 함께 찾아볼만한 곳이다.
여름에는 피서객들과 낚시객들이 이 방파제로 몰려들어 자리다툼이 심하다. 특히 내항 쪽은 계단식으로 낚시하기가 편리하기 때문에 잡어라도 낚아보려는 사람들의 경쟁이 치열하다. 잔 씨알의 우럭이나 망상어 · 개볼락 · 전갱이 등 잡어가 많이 들어와 잔재미는 얼마든 볼 수 있다. 원투낚시나 루어낚시를 즐기기에도 그만이다. 흥남방파제가 진가를 발휘하는 시즌은 하필이면 여름이다. 그래도 다행인 것은 피서객들이 한꺼번에 몰리는 여름철, 거제도 동부와 남부면 지역은 차량으로 인해 진입조차 힘든데 흥남방파제는 비교적 찾는 이들이 덜한 편이다. 그래서 바로 옆에 있는 흥남해수욕장에서 피서를 즐기고 이곳 방파제에서 낚시도 할 수 있어 여름철 피서 낚시터로 추천하는 것이다.

■ 어종과 시즌

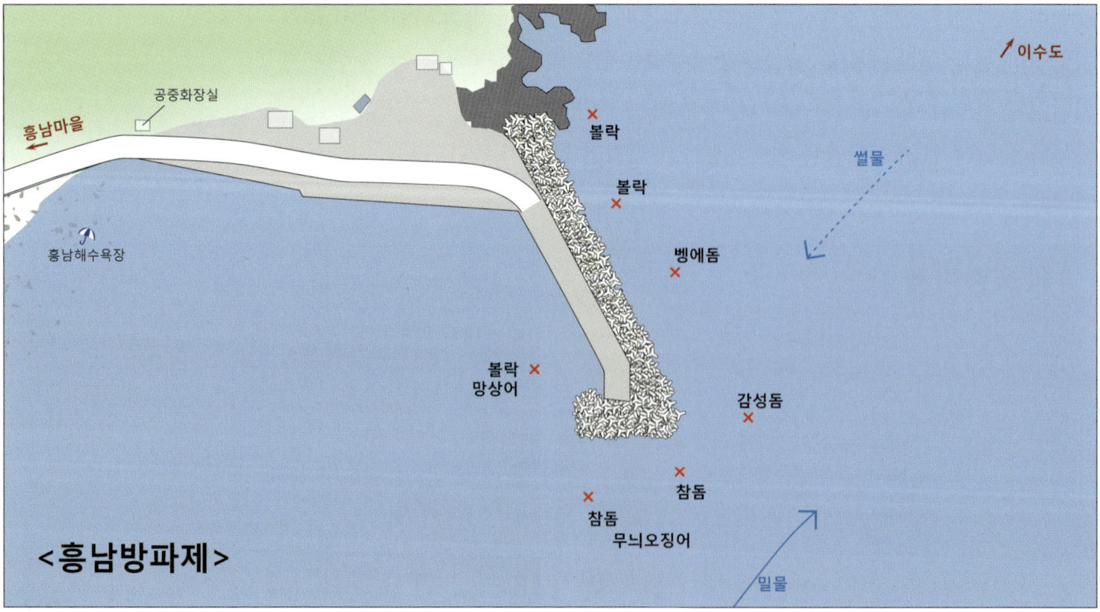

<흥남방파제>

감성돔 · 벵에돔 · 볼락 · 도다리 · 망상어 그리고 가끔씩 서대까지 낚인다. 벵에돔은 6~10월이 시즌이며 도다리는 4~10월까지 꾸준하게 나온다. 볼락도 거의 사계절 내내 낚이지만 10월 말부터 이듬해 4월까지 가장 마릿수와 씨알이 좋은 편이다. 보리멸은 7~9월에 씨알과 마릿수가 좋다. 감성돔은 9~10월에 낱마리 조황을 보인다. 전문적으로 감성돔을 노리는 꾼들은 거의 보이지 않는다.

인근 낚시점(055)

*진주낚시 636-3986
연초면 죽토리 1106-1
*가우낚시 636-6496
연초면 연사리 1395-6

■ 포인트 및 참고 사항

거제도의 대표적인 부속 섬인 이수도를 바라보는 곳에 위치한 흥남방파제는 넓고 잘 정리된 진입로가 먼저 깔끔한 인상을 안겨 준다. 외항 쪽엔 테트라포드가 빽빽하게 쌓여 있다. 방파제와 연결된 수중여밭과 암초대가 멀리 뻗어 있어 볼락 · 우럭 같은 정착성 어종들이 많고, 조류 소통도 원활해 감성돔 · 벵에돔 같은 회유성 어종들도 잘 드나드는 곳이다.

봄철에는 민장대 채비에 볼락이 잘 낚이고 여름철이 되면 릴 찌낚시 채비에 참돔 · 돌돔 · 까지매기(농어 새끼) · 감성돔이 낚인다.

원투낚시에는 양태 · 보리멸 · 도다리가 곧잘 낚이는데, 인근 해수욕장의 피서객들도 눈이 휘둥그레져 낚시에 끼어들고 싶어 한다. 원투낚시는 내 · 외항 방향을 가리지 않는다. 방파제 끝자락에서 내항 방향으로 원투를 하면 도다리와 노래미가 낚인다. 미끼는 청갯지렁이를 2~3마리 꿰어 쓰며 바늘은 묶음추 채비의 바닥 쪽 바늘을 떼 내고 1개만 쓰는 것이 좋다.

주변 갯바위 역시 낚시터로 잘 알려진 곳으로, 시즌에 따라 주요 대상어종들이 고루 잘 낚여 낚시꾼들의 왕래가 빈번한 곳이다.

↓ 흥남해수욕장 끝에 있는 깔끔한 방파제로 정착성 · 회유성 어종을 모두 기대할 수 있다.

견유방파제 / 달아방파제 / 봉전방파제 / 삼덕방파제 / 수륙터방파제 / 연명방파제 /
이운방파제(영운리방파제) / 일운방파제 / 중화동방파제 / 척포방파제(마동방파제) / 당동방파제 /

Part 7. 통영시 · 고성군 · 사천시

경남 통영시 산양읍 영운리 62-2번지 인근에 위치한 수륙터방파제.

맥전포방파제 / 우두포방파제 / 삼천포화력발전소방파제 / 삼천포항방파제 / 실안방파제 / 진널방파제

견유방파제

- **소재지** : 통영시 용남면 장평리 298-12 외
- **길이** : 남방파제 270여m, 북방파제 160여m
- **위치 참조** : 〈최신 전국낚시지도〉 309p F4

찾아가는 길

대전 · 통영 간 고속도로를 이용해 통영IC로 나온다. 통영시내로 진입하지 말고 14번 국도를 타고 거제도 방면으로 진행하여 신거제대교 700여m 못 미친 지점에 이르면 견유마을 푯말이 보인다. 이곳에서 우회전하여 진입하면 견유방파제에 도착한다.

■ 낚시 여건

통영시와 거제시를 연결하는 두 개의 다리(거제대교와 신거제대교) 사이에 위치하는 견유마을에 있는 두 개의 큰 방파제다. 견유마을 앞은 거제와 통영을 가르는 해협(견내량)으로 빠르고 거센 물살이 흐르는 곳이다. 따라서 이곳 견유방파제 주변도 조류가 강하고 수심도 깊은 편이다.

이러한 지형을 바탕으로 방파제라고는 하지만 원도권 갯바위 못지않은 낚시터 여건을 가지고 있어 낚이는 어종 또한 다양하다. 주변 바닥이 사니질대로 형성되어 문어나 주꾸미 같은 두족류도 잘 낚인다. 근년에는 갑오징어도 잘 낚여 가을에는 에깅 꾼들이 많이 몰리고 있다.

■ 어종과 시즌

주요 바다낚시 대상어종은 다 낚인다고 해도 과언이 아니다. 그 중에서도 대표어종을 꼽는다면 감성돔 · 참돔 · 볼락 · 우럭 · 농어 · 도다리 · 노래미 등이다. 늦여름부터는 주꾸미도 많이 낚여 선상낚시로 전문적으로 낚는 낚싯배들이 즐비할 정도다.

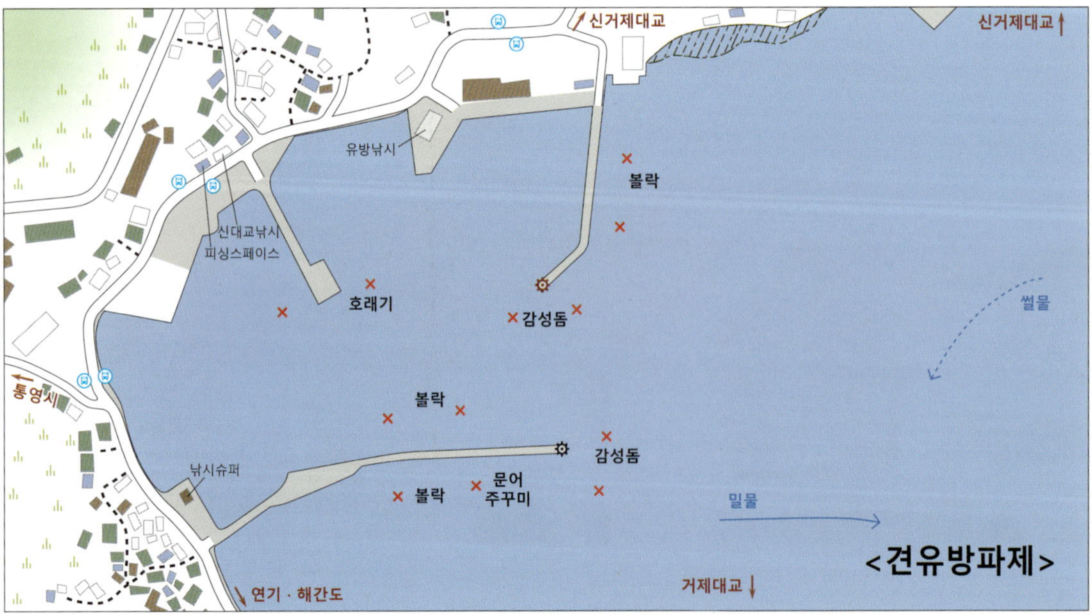

봄에는 도다리 원투낚시와 볼락이 주종이다. 여름에는 주꾸미 · 참돔 · 농어가 밤낚시에 잘 낚인다. 가을로 접어들면서 이곳 견유방파제는 최고의 시즌을 맞이하는데 바로 감성돔의 입질이 활발해지기 때문이다. 겨울에도 드문드문 감성돔의 입질이 이어지는데, 틈틈이 원투낚시를 하면 노래미가 낚이고 민장대로 볼락이나 우럭을 낚을 수도 있다.

인근 낚시점(055)

*신대교낚시 646-7531
용남면 장평리 415
*유방낚시 648-1931
용남면 장평리 95-9
*나룻터낚시 648-4075
용남면 장평리 64

■ 포인트 및 참고 사항

조류가 빠른 곳이라 사리를 전후한 물때는 피하는 것이 좋다. 특히 릴 찌낚시를 할 때는 조금을 전후한 물때라야 채비를 흘리기 적당하다.

겨울부터 시작되는 볼락낚시는 민장대와 루어낚시 채비 둘 다 효과적이다. 민장대는 방파제 가까운 곳을 짚어가며 부지런히 발품을 팔면 금방 마릿수를 채운다. 주로 초겨울에 마릿수가 좋은 편이다. 루어낚시를 할 때는 지그헤드를 이용해 가까운 지점을 노려보다가 입질이 없으면 볼락볼을 이용해 서서히 가라앉히며 먼 곳을 공략하는 것이 조과를 높이는 방법이다.

이곳은 조류가 거센 까닭에 일반적으로 릴 찌낚시보다는 원투낚시를 많이 하는 편이다. 감성돔 시즌에도 원투낚시를 하는 꾼들이 많은데 이 일대의 특효 미끼인 쏙을 이용해서 굵직한 씨알의 감성돔을 낚아낸다.

낚시는 주로 외항 쪽을 보고 한다. 방파제가 꺾이는 지점의 바깥쪽이 가장 좋은 포인트다. 안쪽은 수심이 얕아 낚시를 거의 할 수 없다.

견유방파제는 규모가 큰 마을 안에 있어 민박을 비롯한 편의점 · 낚시점 · 식당 등 각종 편의시설이 많아 장시간 낚시를 해도 불편함이 없다.

↓ 통영타워휴게소 방향에서 바라본 견유방파제 일대. 견내항의 빠른 조류를 타고 들어온 다양한 어종이 머무는 곳으로 3개 방파제 전역에서 낚시가 이루어진다. 가을이 최고의 시즌이며 어떤 장르의 낚시로도 손맛을 볼 수 있는 전천후 낚시터다.

달아방파제

- **소재지** : 통영시 산양읍 미남리 822-11
- **길이** : 70여m
- **위치 참조** : 〈최신 전국낚시지도〉 327p E1

찾아가는 길

대전 · 통영 간 고속도로나 남해고속도로를 이용해 통영시로 진입한 후 북신사거리에서 충렬사 방면의 산복도로(여황로)로 길을 잡아 곧장 직진하여 통영대교를 건넌다. 다리 건너 삼거리에서 우회전하여 산양일주도로(1021번 지방도)를 타고 계속 남하하여 달아공원을 지나면 산비탈 아래로 달아마을이 보인다. 마을 오른쪽(서쪽)에 방파제가 있다.

■ 낚시 여건

달아방파제는 인근에 위치한 달아공원 및 통영아쿠아리조트, 통영수산과학관, 클럽ES통영리조트 등으로 인해 덩달아 유명세를 타고 있는 곳이지만 사실 낚시터보다는 출항지나 관광지로 잘 알려진 곳이다. 그나마 인근 삼덕 및 척포 등지의 낚시 명소에 눌려 더욱 어정쩡한 위치라 할 수도 있다. 반듯하고 그럴싸한 모양새의 방파제이지만 여름 시즌의 벵에돔낚시를 제외하고는 이렇다 할 '히트' 꺼리가 없는 곳이었기 때문이다.

그러나 호래기와 볼락 루어낚시라는 새로운 장르가 등장하면서 이 방파제는 일약 관심의 표적이 되기 시작했다. 봄~가을의 벵에돔과 함께 겨울 호래기에 이어 봄철의 볼락낚시가 계속 시즌을 이어감에 따라 방파제 인근에는 루어낚시 전문점까지 생겨났을 정도다.

진입 여건이 좋고 가로등 불빛도 밝아 편안한 낚시를 즐길 수 있는데, 여기에 또 다른 편의시설까지 있어 꾼들의 발길을 유도한다. 방파제 바로 뒤쪽에 있는 통영아쿠아리조트이다. 낚시 도중 피곤을 느끼면 찜질방에서 몸을 녹일 수 있고, 특히 추위를 견디기 어려운 겨울 밤낚시 때에는 숙박도 해결할 수 있어 금상첨화다.

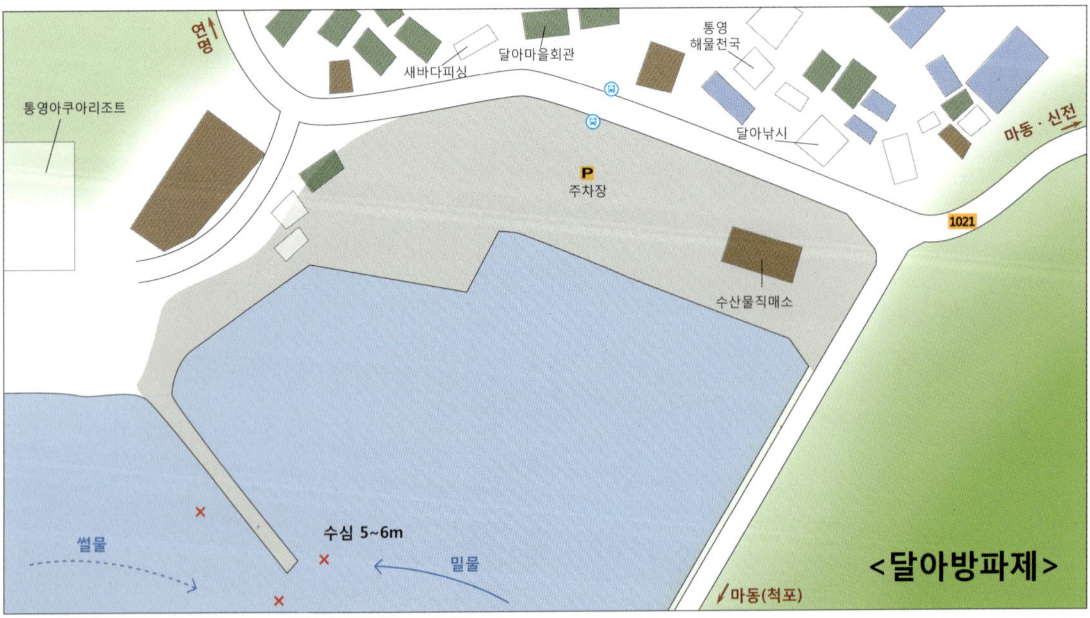

■ 어종과 시즌

달아방파제는 서쪽의 달아공원과 동쪽의 척포 사이에서 안쪽으로 깊숙이 후미진 지형에 위치하면서도 의외로 조류 소통이 좋은 편이다. 그래서 회유어종도 곧잘 낚이는데, 예나 지금이나 가장 대표적인 대상어는 벵에돔이다. 시즌은 4~10월까지며 한여름에 씨알이 가장 굵은 편이다.

겨울 시즌에 잠깐 호래기가 나오는데 마릿수는 그다지 뛰어난 편은 아니다. 씨알은 다소 굵은 편이나 집어등 효과를 봐야 가능하다. 볼락은 구멍치기나 석축 사이를 노리면 된다. 봄 시즌에 마릿수와 씨알이 좋은 편이다.

주변 수심은 방파제 치곤 상당히 깊은 편이다. 만조 때 6~7m 정도가 나온다.

■ 포인트 및 참고 사항

벵에돔 시즌이 한창일 때에는 굳이 릴 찌낚시를 하지 않아도 된다. 품질만 잘 하면 민장대로도 벵에돔을 낚을 수 있다. 가을에는 감성돔도 간혹 낚이는데 굳이 감성돔을 목적으로 한다면 포인트는 따로 있다. 방파제 건너편 해안도로변인데, 달아에서 척포(마동)로 향하는 해안도로변 초입에 축조돼 있는 테트라포드 구역이 그곳이다. 가을 감성돔 시즌 때는 도로변 갓길에 승용차를 세우고 낚시하는 모습이 많이 보일 정도로 인기있는 감성돔 포인트이다.

겨울 시즌의 달아방파제에서 낚이는 볼락과 우럭은 마릿수나 씨알 면에서 크게 흡족한 편은 못 되지만 호래기가 붙었다 하면 마릿수와 씨알 모두 흡족할만하다. 에깅에는 또 낱마리나마 오징어도 걸려든다.

인근 낚시점(055)

*달아낚시 646-3260
산양읍 미남리 723-9
*새바다피싱랜드 645-9776
산양읍 미남리 813-3

↓ 아쿠아리조트에서 내려다 본 달아방파제. 조용한 미륵도의 포구에서 일약 명 포인트로 도약한 달아방파제의 대표어종은 벵에돔. 하지만 루어낚시의 등장과 함께 볼락 · 호래기 · 오징어 등의 포인트로 변화 중이다.

봉전방파제

- **소재지** : 통영시 산양읍 신전리 165-2
- **길이** : 60여m
- **위치 참조** : 〈최신 전국낚시지도〉 327p E1

찾아가는 길

대전 · 통영 간 고속도로 종점인 통영IC를 나온 후 북신사거리에서 충렬사 방향의 산복도로(여황로)로 진행하여 통영대교 건너 삼거리에서 우회전한다. 약 3.6km 진행한 삼덕삼거리에서 박경리기념관 방면으로 좌회전하여 4.3km 달리면 신전삼거리와 새바지선착장을 지나 화양분교(폐교) 앞에 이른다. 이곳에서 좌회전하여 답하마을 방향으로 300여m 진행하다가 주차를 한 후 산길로 조금 내려가야 한다.

인근 낚시점(055)

*흥부낚시 649-0707
산양읍 신전리 740-8
*폴라리스피싱 646-5211
산양읍 영운리 724
*낚시친구 643-2779
산양읍 영운리 539-1

■ 낚시 개황

매우 소박한 규모다. 50~60여m 길이에 가로등도 없는 이 석축 방파제는 낚시깨나 했다는 꾼들조차도 무심코 지나칠 정도로 별다른 특징이 없어 보인다. 그리고 이 방파제는 낮에는 낚시가 잘 되지 않는다. 여름에도 원투낚시에서 잡어들이 간간이 낚일 뿐 특별한 회유어종이 붙지 않는 한 낮낚시 조황은 별로다.
그러나 밤에는 완전히 다른 낚시터로 변신한다. 굵직한 감성돔이 석축 가까이 붙어 입질을 하는 특급 포인트로 변신하는 것이다. 물론 잔 씨알도 낚이지만 인근의 방파제 중에서는 1,2위를 다툼 정도로 굵은 씨알의 감성돔을 만날 수 있다. 단점이라면 역시 방파제의 규모가 작기 때문에 포인트가 제한되어 있다는 점이다.

■ 참고 사항

방파제 중간부터 끝 지점까지가 포인트인데 해질녘부터 충분히 밑밥을 주기 시작한 후, 먼 곳부터 가까운 곳으로 채비를 조금씩 끌어주는 방식으로 바닥층을 공략하면 입질을 받을 수 있다. 가장 좋은 포인트는 방파제 끝. 2시 방향으로 약 20m 정도 던진 후 밀물 조류에 태워 흘리면 된다. 특별한 장애물이 없기 때문에 바닥 공략도 손쉬운 편이다. 의외로 감성돔이 가까이에서 입질을 하므로 채비가 석축 가까이 붙는다 하더라도 성급한 채비 회수는 금물이다. 대상어종은 주로 감성돔이지만 볼락과 우럭도 루어낚시나 민장대에 잘 낚이는 편이다.
봉전방파제는 산길을 따라 짐을 지고 진입해야 하는 불편 때문에 웬만큼 호황 소식이 전해지지 않는 한 찾는 이들이 드물다. 따라서 그만큼 호젓한 낚시를 즐길 수 있다. 가로등이 없으므로 밝은 랜턴이나 보조플래시를 꼭 챙겨야 한다.

↓ 새바지선착장 쪽에서 본 봉전방파제. 밤낚시에 감성돔을 낚을 수 있는 몇 안 되는 방파제다. 찾는 이들이 많이 않아 여유롭게 낚시할 수 있는 장소다.

방파제낚시 대상어 도감 ⑪ – 보리멸

학명 ■ *Sillago japonca*

영명 ■ Silver whiting

일명 ■ 시로기스(シロギス)

속명 ■ 소래미

생태 ■ 표준명에 있어서 청보리멸과 혼동이 있는 종이다. 몸은 긴 원통형이며 주둥이는 뾰족하고 위턱이 약간 돌출해 있다. 분홍색을 띤 살색으로 배는 은백색이다. 동해 남부, 남해에 서식한다. 바닥이 모래 또는 사니질인 연안에 살며 수온이 상승하는 여름이면 얕은 해수욕장에서도 흔히 만날 수 있다. 게, 새우, 갯지렁이 등을 먹는다. 크기는 20cm급이 흔하며 30cm까지 자란다. '백사장의 미녀'란 별명이 있으며 횟감, 구이로 좋다.

방파제낚시 대상어 도감 ⑫ – 볼락

학명 ■ *Sebastes inermis*

영명 ■ Dark-banded rockfish

일명 ■ 메바루(メバル)

속명 ■ 뽈라구, 뽈락

생태 ■ 야생성이 강한 종으로 눈이 크다. 전체적으로 갈색을 띠고 체측에 뚜렷하지 않는 갈색 가로 무늬가 있다. 등·뒷지느러미 가시는 강하며 약한 독성도 갖는다. 연안 암초밭에 떼를 지어 살며 겨울에 새끼를 낳는 난태생어이다. 크기는 15~25cm가 흔하지만 35cm급도 가끔 볼 수 있다. 남·동해에 서식하며 경남 지방에 자원량이 많아 경남도어로 지정된 어종이다.

삼덕방파제

• **소재지** : 통영시 산양읍 삼덕리 868-23 외
• **길이** : 동방파제 200여m, 서방파제 130여m
• **위치 참조** : 〈최신 전국낚시지도〉 327p E1

찾아가는 길

대전 · 통영 간 고속도로나 남해고속도로를 이용해 통영시로 진입한 후 북신사거리에서 충렬사 방면의 산복도로(여황로)로 길을 잡아 곧장 직진하여 통영대교를 건넌다. 다리 건너 삼거리에서 삼덕 · 달아 방면으로 우회전하여 산양일주도로(1021번 지방도)를 타고 4.5km 남하하면 삼덕항에 도착하고 전방에 방파제가 보인다.

■ 낚시 여건

사량도 · 추도 · 두미도 · 노대도 · 욕지도 · 욕지도 · 연화도 등지의 갯바위낚시 출항지로 잘 알려진 삼덕항은 미륵도 남단의 척포와 함께 통영권을 찾는 외지 낚시인들의 발길이 가장 많이 닫는 곳이다. 조선 초기에 '당포만호진(唐浦萬戶鎭)'이 설치된 이후로 크게 번성한 곳이다. 삼면이 산줄기에 에워싸여 있는 데다가 앞바다엔 곤리도가 바람과 파도를 막아 천혜의 어항이자 요새(要塞) 역할을 해 임진왜란 때는 이순신 장군이 당포대첩을 이룬 곳이기도 하다.

1991년에 국가어항으로 지정된 이곳 삼덕항 입구에는 두 개의 방파제가 있다. 서쪽 해상에 있는 길이 130여m의 뜬방파제(서방파제)와 동쪽에 있는 길이 200여m의 동방파제가 삼덕항의 관문을 이루는 형상이다. 이 가운데 주로 낚시를 하는 곳은 직접 도보로 진입하는 동방파제이다. 큰 여객선이 드나드는 까닭에 산양읍 일대에선 방파제의 규모가 가장 큰 편인데, 주변 해상에는 가두리양식장이 많아 이로 인해 다양한 어종이 방파제 가까이로 유입된다. 특히 여름~가을 무렵에는 가두리를 빠져 나온 참돔이나 우럭이 몰려들어 낚시꾼들로 문전성시를 이루기도 한다. 여객선터미널이 있는 항구로 각종 편의시설과 함께 낚시점도 즐비하다. 주차할 수

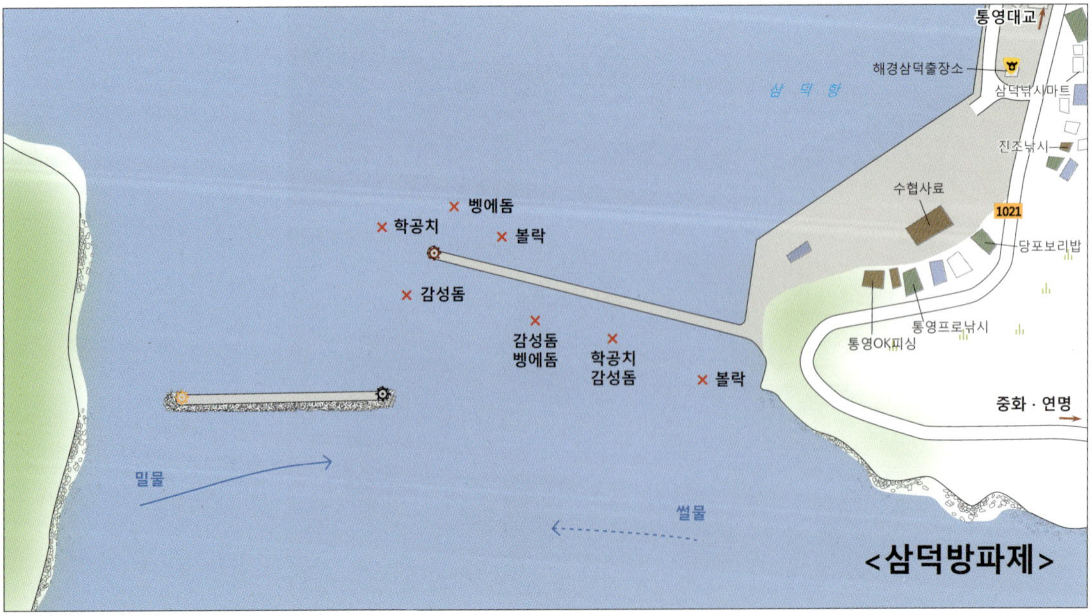

<삼덕방파제>

있는 공간 또한 넉넉해 누구나 편리하게 낚시할 수 있는 여건이다.

■ 어종과 시즌

봄에는 주변에 형성된 광활한 몰밭으로 몰려드는 볼락이 주인공이다. 큰 씨알은 없지만 15cm 내외의 크기로 마릿수 조과를 만끽할 수 있다. 여름에는 벵에돔, 가을에는 감성돔과 벵에돔이 함께 낚이면서 최고의 피크 시즌을 이룬다. 감성돔은 씨알이 굵은 편은 아니지만 25cm 내외의 크기로 서너 마리씩은 올릴 수 있어 현지 꾼들은 인근의 척포방파제와 함께 이곳 삼덕방파제를 최고의 명소로 꼽는다.
겨울에는 집어등을 밝히면 100여 마리의 호래기(꼴뚜기)를 낚을 수 있는 곳이기도 하다. 호래기뿐만 아니라 겨울 내내 학공치와 볼락도 잘 낚여 이곳 삼덕방파제의 겨울은 밤낮이 따로 없다.

■ 포인트 및 참고 사항

삼덕방파제는 발판이 높아 웬만한 민장대로는 공략이 힘들다. 주로 릴 찌낚시를 하는데 미끼는 크릴 · 청갯지렁이 · 참갯지렁이가 사용된다. 특히 벵에돔낚시를 할 때는 홍갯지렁이가 특효다. 볼락 시즌에는 사백어나 민물새우를 많이 쓰는 편이다. 볼락은 거의 전역이 포인트라고 할 수 있을 정도다. 테트라포드 구멍치기나 테트라포드 가까이 채비를 붙여서 공략한다. 외항 방향은 수심이 깊어 벵에돔과 감성돔 포인트가 된다. 특히 방파제 끝 부분은 조류 소통이 좋아 감성돔이 잘 낚이는 편이다. 내항 쪽은 밤에 볼락이나 우럭을 노리면 마릿수 재미가 좋다. 민장대로도 충분히 공략할 수 있으며 볼락 루어낚시를 해도 효과적이다.

인근 낚시점(055)

* 통영OK피싱 641-2255 산양읍 삼덕리 868-3
* 통영프로낚시 643-0045 산양읍 삼덕리 868-14
* 두모낚시 649-1788 산양읍 삼덕리 864-1
* 열바다낚시 643-4756 산양읍 삼덕리 371

↓ 통영권 도서 지역을 잇는 여객터미널로 유명한 삼덕항에 위치한 방파제로 발판이 높다. 대부분 갯바위 꾼들은 거들떠보지 않지만 단골 꾼들도 많다. 볼락 · 벵에돔 · 감성돔 · 무늬오징어가 잘 된다.

수륙터방파제

- **소재지** : 통영시 산양읍 영운리 62-2 인근
- **길이** : 70여m
- **위치 참조** : 〈최신 전국낚시지도〉 309p F6

찾아가는 길

대전 · 통영 간 고속도로를 타고 통영IC로 나온 다음, 북신동오거리에서 충렬사 방향의 산복도로(여황로)로 길을 잡아 충무교를 건넌다. 봉평동 · 도남동 방향의 도남로를 타고 도남관광단지를 지나 고갯길을 넘으면 왼쪽으로 수륙마을과 해수욕장(통영해수욕장)이 보인다. 마을로 진입하면 오른쪽으로 방파제 방향의 해안도로가 연결된다.

■ 낚시 여건

통영시 도남동의 도남관광단지를 지나 산양읍으로 들어가는 진입부에 위치한 수륙터방파제는 도심과 바다가 만나는 전형적인 친수공간의 모습이다. 넓은 주차 공간과 안전한 진입로, 가로등과 석축, 게다가 해수욕장을 배경으로 하고 있어 누구나 쉽게 다가갈 수 있는 곳이다.

대개 해수욕장 옆의 방파제가 모양만 근사한 '허당'인 것에 반해 낚시터로서 훌륭한 역할을 하는 곳들도 있다. 수륙터방파제는 통영 꾼들이 자주 찾는 번듯한 낚시터다. 바로 옆에는 통영시가 유료낚시터로 조성한 '등대낚시공원'이 있다. 바다낚시터로서의 입지 조건이 그만큼 좋다는 반증이다.

■ 어종과 시즌

찌낚시 대상어종으로는 감성돔과 벵에돔이 꼽히고, 루어낚시에는 무늬오징어와 볼락 · 우럭 이 잘 낚인다. 벵에돔은 6월 초순부터, 감성돔은 5~10월까지 잘 된다. 특히 봄 시즌에 굵은 씨알이 잘 낚인다. 이외에도 볼락과 잔 씨알의 우럭도 마릿수 조황을 보인다.

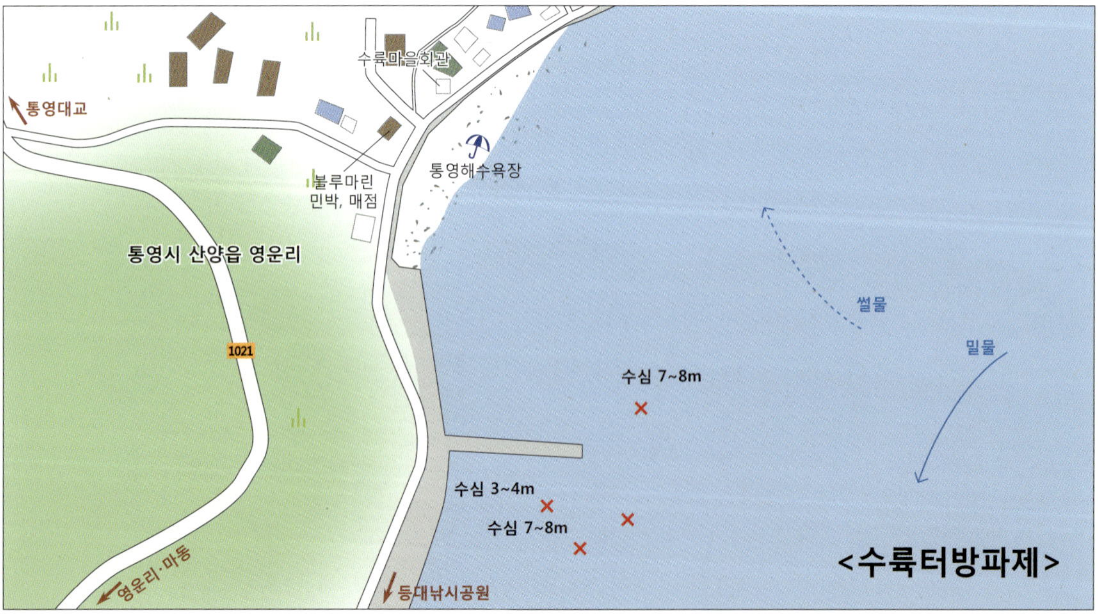

해수욕장과 인접해 있으면서도 수심은 의외로 깊은 편이다. 가까운 곳은 6~7m, 먼 곳은 10m까지 나온다. 조류의 흐름은 다소 약한 편이고 파도의 영향도 다소 덜 받아 바람이 어느 정도 불어도 낚시하기에는 어려움이 없다.

■ 포인트 및 참고 사항

가장 좋은 포인트는 방파제 끝 부분이다. 입구와 중간 부분은 석축 가까이에 붙은 잔챙이 잡어들이나 가지고 놀 수 있는 자리다. 방파제 끝 지점에서 반경 10m 정도가 가장 좋은 포인트로, 남쪽에 위치한 등대낚시공원을 바라보는 방향으로 채비를 드리워야 한다. 초밀물~중밀물 때 뻗어 나가는 조류에 입질이 잦은 편이다. 릴 찌낚시를 할 때는 채비를 최대한 멀리 던져야 한다. 바닥에 조그만 수중여들이 산재한 때문인데, 그러나 바닥을 긁는 낚시를 해야 입질을 받는다. 이곳에서 낚이는 감성돔은 25~30cm 내외로, 이보다 작은 씨알도 많이 낚이므로 포획 금지 체장이 낚이면 미련 없이 방생해야 한다.

밤에는 볼락 루어낚시 채비로 공략한다. 이때 역시 공략 지점은 찌낚시와 비슷하다. 다만 밤낚시에는 선착장이나 석축 사이, 혹은 상판이나 정박한 어선들 사이에 은신한 록피시 종류나 먹이활동을 위해 들어오는 까지매기(농어 새끼) 같은 다양한 어종을 염두에 두고 방파제 일대를 샅샅이 탐색하는 것이 중요하다.

여름~가을 시즌에는 무늬오징어가 간간히 낚이지만 다른 곳에 비해 많은 편은 아니다. 이 시즌에는 찾는 사람이 많기 때문에 낚시하기가 다소 번거롭다는 단점도 있다. 따라서 꼭 방파제를 고집하기보다는 옆 선착장이나 도로변, 혹은 상판 쪽을 공략하는 것도 좋은 방법이다.

인근 낚시점(055)

*KGP낚시 643-3260
도남동 197-1
*일출낚시 648-3305
도남동 192-2
*대성낚시 649-3344
도남동 191-1

↓ 통영권의 여러 방파제 중에서 1급 낚시터로 꼽히는 수륙터 방파제. 특히 봄 시즌에는 감성돔과 농어 씨알이 굵게 낚인다. 사진은 산양일주도로에서 내려다 본 방파제 전경.

연명방파제

- **소재지** : 통영시 산양읍 연화리 254-3 외
- **길이** : 큰방파제 150여m, 작은방파제 60여m
- **위치 참조** : 〈최신 전국낚시지도〉 327p E1

찾아가는 길

대전 · 통영 간 고속도로나 남해고속도로를 이용해 통영시로 진입한 후 북신사거리에서 충열사 방면의 '여황로'로 길을 잡아 곧장 직진하여 통영대교를 건넌다. 다리 건너 삼거리에서 우회전하여 산양일주도로(1021번 지방도)를 타고 7.9km 남하하면 '바다목장'과 '연명마을'을 알리는 표지판이 나온다. 오른쪽 내리막길로 140m만 내려가면 방파제 두 개가 나타난다. 등대가 있는 왼쪽의 큰 방파제가 낚시터다.

낚시 여건

감성돔 · 벵에돔 · 참돔 · 돌돔, 이른바 4대 돔낚시가 전부인 것으로 생각하던 시절에는 낚시터 취급도 받지 못하던 크고 작은 방파제들이 최근 생활낚시가 득세하면서 일급 낚시터로 각광받고 있는 곳들이 많다. 특히 통영시 산양읍 미륵도 일대의 작은 포구에 위치한 여러 방파제들은 호래기 · 볼락 · 우럭 · 무늬오징어 조황이 속출하면서 생활낚시의 본거지가 되었다.

산양읍 연화리 연명마을에 위치한 연명방파제는 특히 찬바람이 불면서 낚이는 호래기 조황이 뛰어나 전문 루어 꾼들은 물론 가족 동반 출조객들까지 가세해 조용한 포구가 일약 활기를 띠는 양상을 빚기도 했다. 물론 그 이전에도 감성돔이 간간이 낚이기도 해 인근 곤리도나 추도 등지로 출조하는 갯바위 꾼들이 들고나며 잠시 시간을 보내거나 현지민들이 주로 찾는 낚시터로 인식돼 왔었다.

어종과 시즌

연명방파제의 주요 어종은 벵에돔 · 감성돔 · 볼락 · 호래기 등이다. 이 가운데 인기 어종인 벵에돔은 5~9월까지가 시즌이다. 볼락은 봄부터 잘 낚이며 초겨울에도

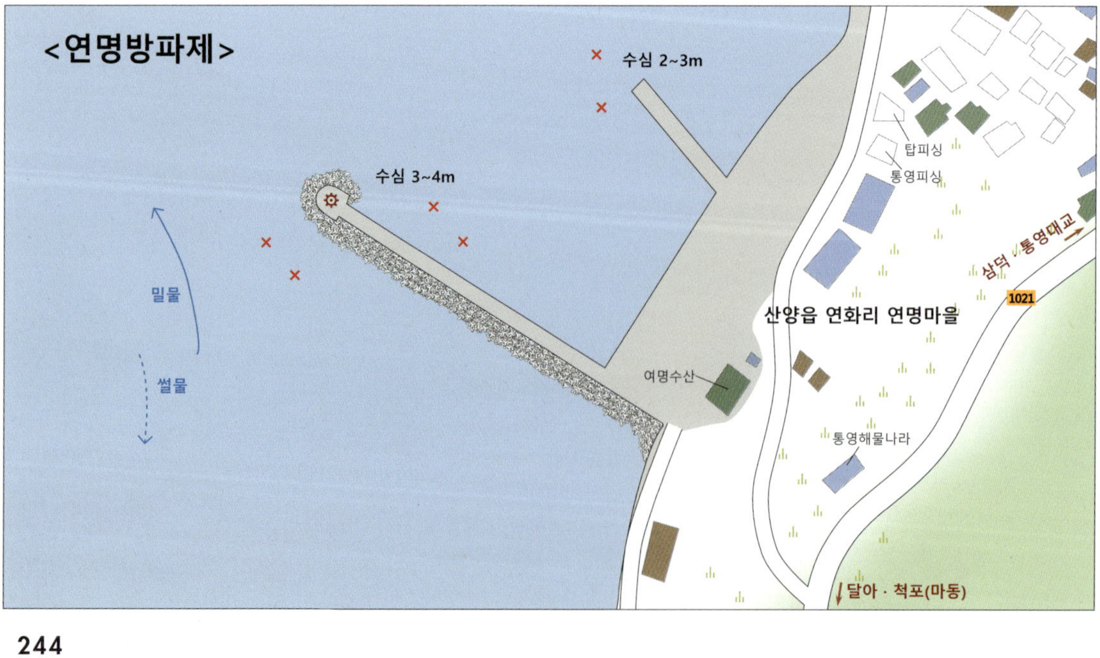

반짝 피크를 이룬다. 감성돔은 9~11월까지 25~30cm급이 낚이는데 마릿수는 그다지 흡족할만한 수준은 못 된다.

이곳 연명방파제의 가장 인기 어종은 역시 호래기(꼴뚜기)이다. 집어등만 잘 활용하면 두레박을 수월하게 채울 수 있을 정도다. 인근의 다른 방파제에 비해 마릿수와 씨알 모두 월등한 조과를 선사한다.

인근 낚시점(055)

*통영피싱 643-9247
산양읍 연화리 256
*탑피싱 643-5557
산양읍 연화리 307
*국도낚시프라자 642-2009
산양읍 연화리 884

■ 포인트 및 참고 사항

이곳 연화리 연명마을에는 두 개의 방파제가 있다. 위쪽에 있는 60여m 길이의 작은 방파제에선 호래기나 우럭 같은 어종들이 잘 낚이고, 아래쪽에 있는 길이 150여m의 큰 방파제에선 원투낚시나 릴 찌낚시로 다양한 어종을 노릴 수 있다. 두 방파제 모두의 인근 수심은 3~4m를 형성한다.

릴 찌낚시 포인트는 큰 방파제의 끝 부분과 중간 부분에서 왼쪽 방향으로 형성된다. 특히 방파제 끝 부분에서 에깅을 하면 무늬오징어가 낚이기도 한다.

볼락 루어낚시는 방파제 내항 쪽의 석축 가까이에서 잔 씨알이 입질을 한다. 그러나 볼락보다는 우럭의 비율이 압도적이다. 밤에는 어선들이 많이 정박해 있는데 이 어선들 사이의 바닥을 노리면 비교적 굵은 씨알의 우럭을 낚을 수 있다. 민장대를 사용할 경우는 방파제 끝에서 테트라포드 무더기 사이를 노리면 볼락이나 우럭 · 노래미로 손맛을 볼 수 있다.

이곳 연명방파제에서 서남쪽 바다를 바라보면 작은 섬(대장두도) 앞에 가두리 시설물 같은 게 보인다. 우리나라 바다목장사업이 제일 먼저 추진된 곳으로 볼락과 우럭이 집중 증식됨으로써 많은 양이 낚시 대상어로 유입되고 있다.

↓ 연명마을 진입부에서 본 방파제 전경. 다양한 루어낚시 대상어종이 낚인다. 특히 록피시 종류가 많고, 가을에는 무늬오징어, 겨울에는 호래기가 잘 낚인다.

이운방파제 (영운리방파제)

- **소재지** : 통영시 산양읍 영운리 269-5
- **길이** : 130여m
- **위치 참조** : 〈최신 전국낚시지도〉 327p E1

찾아가는 길

대전 · 통영 간 고속도로 통영IC를 나와 북신사거리에서 충렬사 방향의 여황로를 이용해 충무교를 건넌다. 다리 건너 삼거리에서 왼쪽 도남관광지 방향으로 꺾어 도남관광단지를 지나 산양일주로(1021번 지방도)를 타고 계속 직진하면 해안가에 영운리 일운마을이 나타나는데, 일운마을회관을 100m 지난 지점에서 왼쪽 샛길로 빠져 470m 들어가면 이운방파제가 보인다.

■ 낚시 여건

영운리에 위치한 두 개의 방파제 가운데 남쪽에 있는 큰 방파제를 말한다. 영운리 이운마을에 위치하기 때문에 인근 일운마을에 있는 일운방파제와 구분하여 이운방파제라 부르며, 영운리를 대표하는 방파제이기 때문에 영운리방파제로도 불린다.

산양읍 일대에서 유명한 척포(마동)방파제의 명성에 가려 크게 알려진 곳은 아니지만 방파제의 규모나 조황 면으로 볼 때 절대 지나칠 수 없는 곳이다. 낚이는 어종만 살펴봐도 감성돔 · 벵에돔 · 볼락 등 고급 어종이 많은 편이다.

늦여름부터 늦가을까지는 잔 씨알의 감성돔이 잘 낚인다. 릴 찌낚시 채비가 주류를 이루지만 민장대로 잡어낚시를 하는 사람들에게도 낚일 만큼 감성돔이 가까이 붙는다. 방파제라 무시하지 말고 밑밥을 넉넉하게 준비하면 의외로 좋은 조과를 거둘 수 있는 곳이다.

방파제 진입 여건이 좋고 내항의 석축에서도 손맛을 볼 수 있어 이 일대 방파제 낚시터 중에서 비교적 상위권에 속하는 장소라 할 수 있다. 인근 소문난 방파제들에 비해 낚시 시즌이 되어도 찾는 이들이 많지 않아 느긋하게 낚시를 즐길 수 있다.

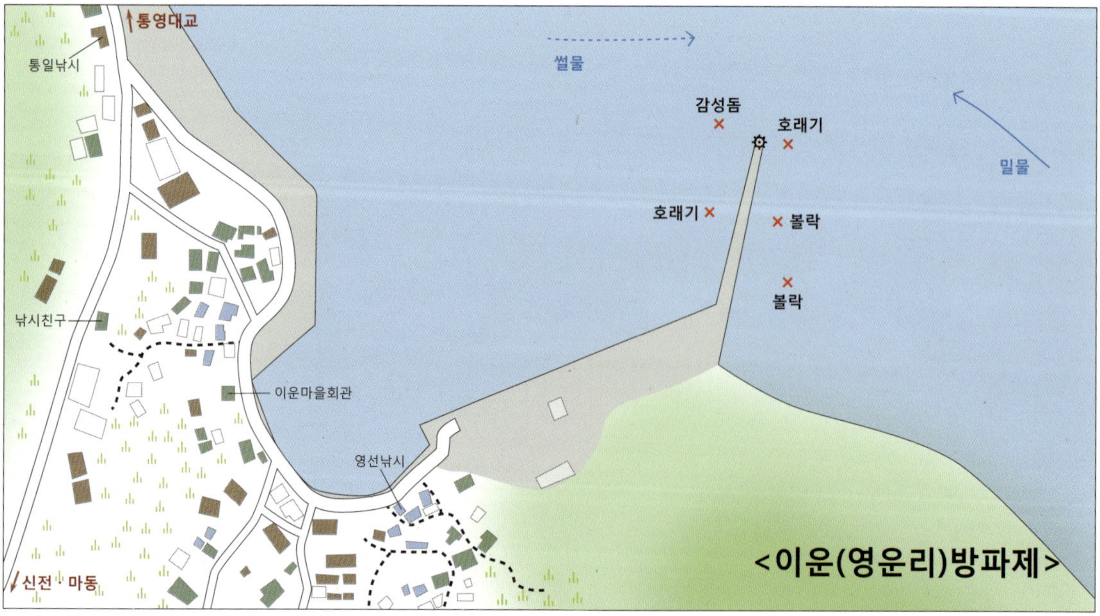

■ 어종과 시즌

볼락은 루어낚시보다는 민장대 채비가 효과적이다. 청갯지렁이나 민물새우 미끼에 굵은 씨알의 볼락이 낚인다. 내항의 석축 사이에서도 우럭이나 볼락이 낚이긴 하지만 씨알은 잔 편이다. 외항 쪽에서 굵은 씨알이 잘 낚인다. 겨울에는 호래기도 낚인다. 통영권의 여러 방파제 중에서도 빼어난 마릿수와 씨알을 보일 정도로 호래기 조황만큼은 뛰어난 편이다.

감성돔과 광어 · 돌돔 · 노래미 · 고등어 · 전갱이 · 망상어도 곧잘 낚인다. 이 가운데 감성돔은 가을이 시즌이며, 고등어와 전갱이는 늦봄부터 늦여름까지 시즌이 이어지는데 밤낚시에 조황이 좋은 편이다.

■ 포인트 및 참고 사항

주변 수심은 가까운 곳은 5~6m, 먼 곳은 8~10m 정도. 릴 찌낚시로는 전방 15m 이상 채비를 날려 조류에 태워야 한다. 조류 소통이 좋아 겨울에는 학공치 같은 회유성 어종도 많이 낚이는 편이다. 밤에는 간혹 큰 씨알의 감성돔이 내항 쪽으로 접근해서 소동을 일으키기도 한다. 외항 · 내항 가릴 것 없이 부지런히 낚시를 하면 다양한 손맛을 볼 수 있는 곳이다.

이곳 영운리방파제는 외항 쪽보다는 방파제 끝에서 바라보는 외항과 내항의 경계선 방향으로 포인트가 형성된다. 잔 씨알의 잡어낚시를 하려면 내항이 좋지만, 감성돔이나 광어 · 볼락 같은 고기를 노리려면 방파제 끝에 자리 잡는 것이 좋다.

감성돔낚시를 할 때는 무척 입질이 예민하므로 구멍찌보다는 1~3호 막대찌를 쓰는 것이 효과적이다.

인근 낚시점(055)

*통일낚시 643-7847
산양읍 영운리 568
*낚시친구 643-2779
산양읍 영운리 539-1
*들물낚시 641-5346
산양읍 영운리 723

↓ 이운마을회관에서 바라본 영운리방파제 전경. 통영권 방파제 중에서는 큰 규모에 속한다. 내만에 위치한 방파제임에도 조류 소통이 좋아 회유성 어종이 다양하게 들어온다. 시즌에 따라 낚시하는 재미가 색다른 낚시터다.

일운방파제

- **소재지** : 통영시 산양읍 영운리 724-5 인근
- **길이** : 50여m
- **위치 참조** : 〈최신 전국낚시지도〉 309p E6

찾아가는 길

대전 · 통영 간 고속도로 통영IC를 나와 북신사거리에서 충렬사 방향의 여황로를 이용해 통영대교를 건넌다. 다리 건너 삼거리에서 왼쪽 도남관광지 방향으로 꺾어 도남관광단지를 지나 산양일주로(1021번 지방도)를 타고 계속 직진으로 달리면 해안가에 영운리 일운마을이 나온다. 도로변 왼쪽으로 보이는 작은 T자형 선착장이 목적지다.

인근 낚시점(055)

*영운낚시 642-2149
산양읍 영운리 724-4
*폴라리스피싱 646-5211
산양읍 영운리 724
*들물낚시 641-5346
산양읍 영운리 722-16
*통일낚시 643-7847
산양읍 영운리 568

■ 낚시 개황

인근의 이운방파제와 함께 영운리에 있는 2개의 방파제 중에서 작은 선착장 방파제이다. 어떤 이들은 이곳 일운방파제를 영운리방파제라 부르기도 하고, 남쪽에 위치한 이운방파제를 영운리방파제라 부르기도 한다. 하지만 이곳 방파제는 영운리 중에서도 일운마을에 위치하므로 일운방파제로 구분하는 게 옳다.

산양일주도로변에 위치한 작은 방파제로 수심도 얕고 주변이 시끄러워 낚시가 크게 잘될 것 같지 않으나 밤이 되어 차량 통행이 잦아들면 방파제 가까이로 온갖 잡어가 몰려든다. 망상어 · 우럭 · 볼락 외에도 겨울에는 호래기가 잘 낚여 꾼들에게 인기가 높다. 게다가 봄 감성돔 시즌에는 의외로 큰 씨알의 감성돔과 까지매기(농어 새끼)가 낚여 현지꾼들에게는 냉장고와 같은 곳이다.

■ 참고 사항

엄밀해 따져 방파제라기보다는 낚싯배와 어선들이 들고나는 선착장으로 T자형으로 축조되어 있다. 주변 수심이 얕아 입구 쪽에서는 낚시가 거의 되지 않는다. 방파제 끝에서 원투낚시나 릴 찌낚시로 망상어 · 노래미 같은 잡어낚시를 하는 이들이 대부분이다. 그러나 겨울이 되면 호래기낚시를 하는 꾼들이 많이 몰려든다. 가로등이 바다 가까이 있어 자연스러운 집어 효과를 발휘한다. 방파제와 이어진 접안 시설의 가교를 넘어가서 낚시를 하면 잔 씨알의 볼락과 우럭을 낚을 수 있다. 늦가을부터는 에깅으로 갑오징어를 낚을 수 있다.

석축 틈 사이에 의외로 굵은 우럭이 낚이기도 하는데 마릿수는 많지 않다. 지그헤드로 접안해 있는 선박 사이를 노려도 우럭이나 볼락이 낚인다.

↓ 작은 선착장임에도 의외로 낚시가 잘 되는 곳이다. 해안도로에 접해 있어 주변이 조용해지는 밤 시간이 유리하다.

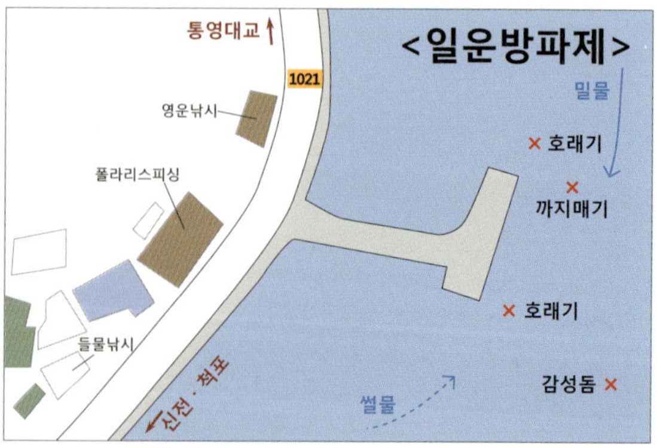

방파제낚시 대상어 도감 ⑬ – 붕장어

학명 ■ *Conger myriaster*
영명 ■ White-spotted congor
일명 ■ 마아나고(マアナゴ)
속명 ■ 아나고, 바다장어
생태 ■ 측선을 따라 흰 점이 있는 것이 특징이다. 시중에서 가장 흔히 볼 수 있는 바다 장어류의 일종으로 횟감, 구이용으로 유명하다. 여름철에는 연안 가까이 접근하여 낚시로도 쉽게 잡을 수 있다.

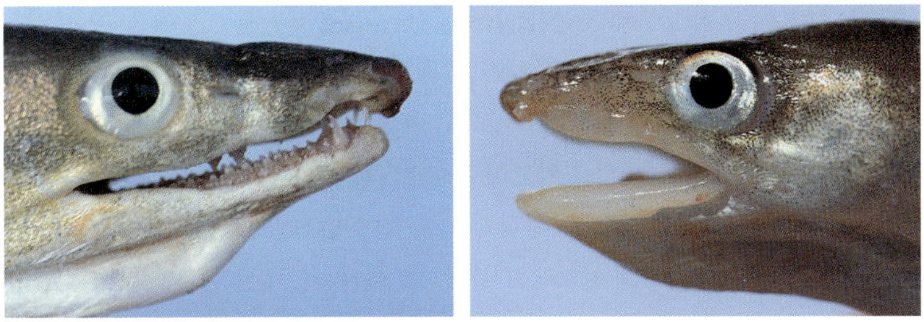

● 붕장어(오른쪽)와 붕장어를 닮은 갯장어(왼쪽)의 입 및 이빨의 비교

방파제낚시 대상어 도감 ⑭ – 성대

학명 ■ *Chelidonichthys spinosus*
영명 ■ Bluefin searobin
일명 ■ 호우보우(ホウボウ)
속명 ■ 승대, 끗달갱이
생태 ■ 몸은 꼬리 쪽이 가는 원통형이며 머리는 강한 골판으로 덮여 있다. 몸은 붉은 빛을 띠며 부채 모양의 커다란 가슴지느러미 안쪽은 초록색을 띤다. 그 가장자리는 청색이고 15개 전후의 작은 흰 점들이 산재해 있어 매우 아름답다. 남해, 서해의 수십m 바닥에서 어류, 새우 등을 먹고 사는 육식성이며 40cm까지 자란다.

중화동방파제

• **소재지** : 통영시 산양읍 연화리 880-3 인근
• **길이** : 60여m
• **위치 참조** : 〈최신 전국낚시지도〉 327p E1

찾아가는 길

대전 · 통영 간 고속도로나 남해 고속도로를 이용해 통영시로 진입한 후 북신사거리에서 충렬사 방면의 여황로를 이용해 통영대교를 건넌다. 다리 건너 삼거리에서 우회전하여 산양일주도로(1021번 지방도)를 타고 삼덕항을 지나면 다음에 나타나는 마을이 중화동이다. 통영대교 건너 삼거리에서 5.7km 거리다. 도로변에 낚시점이 여러 개 모여 있고 낚시점들 바로 앞에 방파제가 있다.

■ 낚시 여건

통영시 산양읍 미륵도의 해변가 마을 구석구석에는 크고 작은 방파제가 즐비하다. 개중에는 척포방파제처럼 유명 갯바위 못지않은 조황을 뽐내는 방파제가 있는가 하면 그저 배 대는 선착장에 불과한 곳도 있다. 중화동방파제는 후자에 속하는 편이다. 방파제라고 하기에는 규모도 작고 볼품없으며 물속은 맨 바닥에 자잘한 자갈만 깔려 있다. 이렇듯 겉보기에는 특별히 낚시가 잘 될 것 같지 않은데도 항상 낚시인들이 모여 있고, 곁에서 지켜보면 꽝을 치는 사람도 거의 없어 보인다.
중화동방파제에 도착해 보면 어디에서 낚시를 해야 할지 모를 정도로 포인트가 협소하지만 루어를 던져 보면 전역에서 볼락 · 호래기 · 갑오징어가 낚인다. 물때는 중밀물 이후부터 중썰물까지가 타이밍이다. 수심이 얕기 때문에 간조 때는 거의 입질을 하지 않으므로 피하는 것이 좋다.

■ 어종과 시즌

따로 꼬집어 시즌이 어떻다 말할 수 없을 정도로 볼락과 우럭은 거의 1년 내내 낚인다. 그러나 씨알이나 마릿수는 그다지 뛰어난 편은 아니다. 갑오징어는 10월부

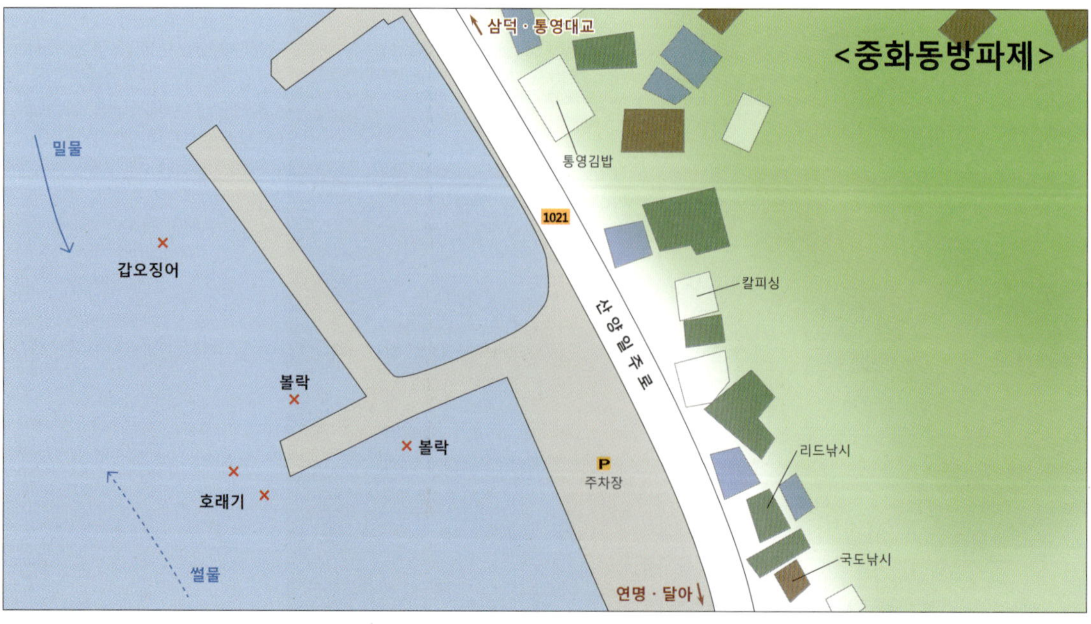

터 입질을 하며 호래기는 12월부터 낚인다.

■ 포인트 및 참고 사항

공략법은 간단하다. 방파제 주변을 이리저리 맴돌며 수면을 자세히 들여다보면 해초가 듬성듬성 자란 곳이 눈에 띈다. 무조건 볼락 루어를 던져본다. 해초 무더기 주변에서 자잘한 볼락이 입질하며 해초 너머에서는 큰 볼락이 걸려든다. 에기로 바닥을 노리면 갑오징어가 잘 낚이는데, 특이한 점은 12월 초가 되어도 낱마리지만 큰 갑오징어가 낚인다는 사실이다. 오히려 먼 거리를 노리면 갑오징어가 걸려들지 않고 가까운 곳에서 더 잘 낚인다.

11월 중순부터 많은 양의 호래기가 들어오기 시작하는데 이때부터 중화동방파제의 낚시 피크가 시작된다. 호래기가 들어오기 시작하면 여기저기 낚시꾼이 몰려들어 낚시 자리가 다소 비좁게 느껴지기도 한다. 이렇게 되면 볼락이나 갑오징어를 노리기는 어렵고 호래기를 낚는 것에 집중하면 먹을 만큼의 마릿수는 올릴 수 있다.

마지막으로 도로변 석축 일대와 굵은 밧줄이 있는 자리에서는 생각지도 못한 입질을 받고 채비를 터뜨려 먹는 경우가 있다. 이것들은 30cm 가 넘는 우럭으로 주변 양식장에서 빠져나온 것으로 추정되고 있다. 하지만 루어가 아닌 릴 찌낚시나 민장대로 노려보면 거의 입질을 하지 않는다.

참고로 중화동방파제는 도로와 인접해 있어 초저녁까지는 지나다니는 차량들로 인해 다소 시끄러운 분위기를 감안해야 한다. 낚시할 때는 주변에 널려 있는 밧줄에 걸리지 않게 조심해서 다녀야 한다.

인근 낚시점(055)

＊국도낚시프라자 642-2009
산양읍 연화리 884
＊리드낚시 644-9793
산양읍 연화리 882-1
＊중화낚시클럽 642-0068
산양읍 연화리 700-5

↓ 산양일주 해안도로변에 위치한 중화동방파제. 낚시가 전혀 될 것 같지 않아 보이지만 엄청난 저력을 가진 낚시터다. 호래기 · 갑오징어 · 볼락 등 루어낚시 어종을 중심으로 이 일대에서 가장 빼어난 조과를 자랑한다.

척포방파제 (마동방파제)

- **소재지** : 통영시 산양읍 미남리 338-5
- **길이** : 110여m
- **위치 참조** : 〈최신 전국낚시지도〉 327p E2

찾아가는 길

대전 · 통영 간 고속도로 종점인 통영IC를 나와 북신사거리에서 충렬사 방향의 산복도로(여황로)를 이용해 통영대교를 건넌다. 다리 건너 삼거리에서 우회전하여 산양일주로(1021번 지방도로)를 타고 10km 달리면 달아마을 삼거리에 이른다. 오른쪽 통영수산과학관 입구를 지나 해안도로를 2km 진행하면 척포방파제이다.

▪ 낚시 여건

통영시 산양읍 미륵도 남단에 위치한 척포항은 통영권 도서 갯바위 낚시터로 향하는 주요 출항지이다. 수많은 낚시점과 낚싯배들이 몰려 있어 가히 '낚시포구'라 일컬을만하다. 이 '낚시포구'에 위치한 척포방파제 또한 연중 꾼들의 발길이 끊이지 않는다. 특히 가을 감성돔 시즌이 되면 어깨를 맞대고 낚시를 해야 할 정도다.

웬만한 갯바위 포인트보다 더 각광 받는 곳으로 진입이 수월하고 인근에 낚시점도 많아 편리하게 낚시를 즐길 수 있다. 여느 때는 좋은 포인트를 선점하기 위해 갯바위 출조 못지않은 이른 시간에 줄을 서야 할 정도. 갯바위낚시를 떠나기 전이나 다녀온 직후의 꾼들까지 가세할 때가 많기 때문이다.

▪ 어종과 시즌

시즌을 바꿔가며 사계절 내내 다양한 어종이 낚이지만 단연 압권은 감성돔이다. 연중 낚이지만 특히 가을에는 마릿수로 낚여 낚싯대끼리 부딪히는 이른바 '칼싸움'이 자주 일어나다 보니 다툼도 잦다. 주로 낮에는 감성돔낚시를, 밤에는 볼락 · 우럭 같은 잔 고기를 낚는다. 밤에는 민장대에도 간혹 감성돔이 낚이기도 한다.

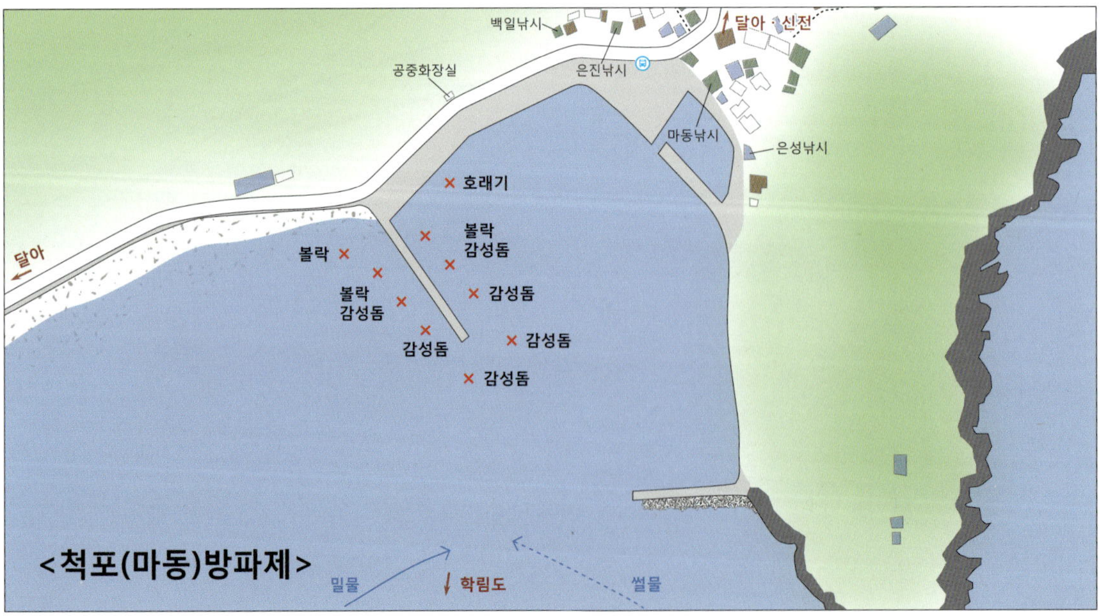

겨울밤에는 호래기낚시로 또 한 번의 북새통을 이룬다. 낚시가 잘 되는 곳은 어떤 어종도 잘 되는 모양. 척포방파제의 겨울 호래기낚시는 이 일대에서 가장 좋은 조황을 보여준다.

▪ 포인트 및 참고 사항

미륵도 남단에 위치한 지리적인 영향으로 탁 트인 바다를 보고 있어 조류 소통이 좋고, 수심 또한 원도권 갯바위를 연상케 할 정도로 깊은 편이다. 내항의 수심이 15~18m에 이를 정도. 오히려 외항 쪽 포인트 수심은 10~14m 정도가 나온다. 썰물은 내항 쪽에서 외항 쪽으로 흐르며 밀물은 외항 쪽에서 내항 쪽으로 들어오는 반대 현상을 보인다. 감성돔낚시 포인트는 방파제 끝에서 3분의 2 지역에 걸쳐 형성되는데 내 · 외항 방향을 가리지 않고 고루 입질을 한다.

어느 위치에서 낚시를 하거나 마치 갯바위낚시를 하듯 품질을 넉넉하게 해 주어야 한다. 척포방파제의 특성을 잘 아는 꾼들 역시 품질을 아끼지 않는다. 아마 이러한 지속적인 품질이 감성돔의 꾸준한 입질에 영향을 줄 것이라는 설도 있다.

낚시 방법도 간단하다. 채비를 멀리 흘릴 필요도 없다. 발 밑에서 입질이 오기 때문이다. 아예 처음부터 발 밑에 채비를 던지고 바닥을 더듬으면 된다. 입질이 없을 때에는 채비를 조류에 태워 흘리다가 바닥까지 내려가 정렬이 되면 살살 끌어주는 패턴으로 입질을 기다린다. 이 일대는 무조건 바닥을 공략해야 입질을 받는다. 주로 낚이는 감성돔 씨알은 25~30cm 정도.

많은 꾼들이 지속적으로 낚시를 하기 때문에 채비를 예민하게 쓰고 간사한 입질을 잘 파악해야 좋은 조과를 거둘 수 있다.

인근 낚시점(055)

*은진낚시 646-3406
산양읍 미남리 353
*마동낚시 646-3434
산양읍 미남리 202-4
*은성낚시 646-1790
산양읍 미남리 235

↓ 남해동부권 최고의 방파제 낚시터라고 할 수 있는 척포방파제. 이 일대 갯바위를 포함한 낚시터 중에서도 감성돔 조황이 가장 돋보이는 곳이다. 특히 가을에 마릿수로 낚이는 감성돔으로 인해 방파제가 내려앉을 정도로 꾼들이 몰린다.

당동방파제

- **소재지** : 고성군 거류면 당동리 146-18
- **길이** : 240여m
- **위치 참조** : 〈최신 전국낚시지도〉 309p E2

찾아가는 길

대전 · 통영 간 고속도로 동고성 IC를 나와 좌회전 후 거류면 방향의 지방도로(거류로)를 타고 3.5km 가량 이동하면 당동사거리가 나온다. 직진하여 450여m 지점의 동부농협 건물을 끼고 오른쪽으로 꺾어 들어가면 방파제에 닿는다.

■ 낚시 여건

남해동부권 원정낚시 출항지인 고성-통영 라인에서 동쪽으로 벗어나 있는 고성군 동해면과 거류면 지역은 외지에 크게 알려지지 않아 미답의 낚시터로 남아 있는 곳들이 많다. 그러나 이 일대에 소재한 방파제 중에는 오래 전부터 단골 꾼들이 찾아 의외의 조황을 만끽하는 곳들도 있다.

잔챙이나마 마릿수 재미를 안겨주는 감성돔 선상낚시가 발달한 동해면과 거류면의 크고 작은 포구에 위치한 여러 방파제 중에서도 이곳 당동방파제는 봄 · 가을 시즌이면 현지 꾼들은 물론 외지의 단골 꾼들까지 몰려 일약 활기를 띤다.

통상적인 방파제들과는 달리 석축으로만 축조된 당동방파제의 내항 쪽으로는 상판과 어선들이 들어차 낚시할 공간이 많지는 않다. 그러나 민장대나 루어대로 좁은 공간이나마 사이사이를 공략하면 잔재미를 볼 수 있는 급소가 꽤 있다.

갯벌이 산적할 정도의 내만에 위치한 까닭에 날씨의 영향도 크게 받지 않으며 방파제 주변의 해안도로나 양식장 공터에서도 수월하게 낚시를 즐길 수 있다는 것이 장점이기도 하다.

■ 어종과 시즌

당동방파제의 주요 대상어종 가운데 가장 인기있는 주인공은 역시 감성돔이다. 봄철에 산란을 위한 오름감성돔이 선보이기 시작해 여름까지 낚이는데 30cm 내외의 씨알이 민장대에도 간혹 올라온다. 이때는 낚시꾼들이 많아 자리다툼이 심할 정도다. 선상낚시를 하는 이들도 많다.

여름~가을에는 전갱이와 갈치가 낚이고, 늦가을~겨울에는 볼락이 제철을 맞는다. 가을 시즌에는 다시 감성돔이 피크를 맞이함으로써 추석 고기를 장만하려는 현지꾼들이 몰려든다. 한겨울에는 또 학공치가 입성해 손맛을 달래준다.

■ 포인트 및 참고 사항

감성돔낚시 포인트는 방파제 끝부분에서 왼쪽 석축 방향으로 약 10m 정도 지점이다. 그러나 자리가 협소해 함께 낚시를 할 수 있는 인원은 많아야 5명 정도다. 반대쪽 끝에서도 낚시를 할 수는 있지만 조과가 떨어진다.

원투낚시는 방파제 전역에서 가능하지만 릴 찌낚시를 하는 이들이 많을 때에는 방파제 입구나 방파제에서 떨어진 도로변에 자리를 잡은 것이 좋다. 민장대를 사용하거나 볼락 루어낚시의 경우는 방파제 전역이 포인트라 할 수 있는데, 어선과 어선 사이나 석축 사이에서 잔 씨알의 고기들이 잘 물어준다. 밤낚시를 하면 의외로 까지매기나 큰 씨알의 우럭이 낚이기도 한다.

인근에 양식장이 있기 때문에 사철 다양한 고기들이 머무는 곳으로, 큰 재미는 없어도 어종을 가리지만 않으면 잔 손맛을 확실히 볼 수 있는 곳이다.

인근 낚시점(055)

*당동낚시마트 672-2599
거류면 당동리 176-3
*안전낚시 672-1045
거류면 당동리 176-2

↓ 입구에서 바라본 당동방파제. 석축으로 만들어진 방파제로 내항 쪽으로는 선박이 즐비해 낚시하기 다소 어려우나 외항 쪽으로는 편하게 낚시할 수 있다. 방파제 끝자락이 포인트로 봄철 감성돔낚시 시즌을 놓치지 말아야 한다.

맥전포방파제

- **소재지** : 고성군 하일면 춘암리 791-1 외
- **길이** : 서방파제 400여m, 동방파제 200여m
- **위치 참조** : 〈최신 전국낚시지도〉 308p A4

찾아가는 길

대전 · 통영 간 고속도로 고성IC에서 내려 고성읍을 지나 14번 국도를 따라가면 상족암군립공원 이정표가 나온다. 상족암과 공룡박물관 이정표를 따라 1010번 지방도로를 타고 30분 정도 가면 왼쪽으로 두 개의 큰 방파제가 보인다. 남해고속도로를 탈 경우는 사천IC에서 내려 삼천포로 진입한 후 삼천포시외버스터미널을 지나 77번 국도로 고성 방면으로 진행한다. 하이면 소재지를 지나 월흥사거리에서 우회전하여 1010번 지방도로를 타고 계속 직진하면 된다.

■ 낚시 여건

삼면이 산으로 둘러쳐진 내만에 자리한 맥전포항은 바람과 파도의 영향을 덜 받고 일조량도 풍부해 아늑한 분위기를 자아낸다. 이 같은 맥전포항을 2개의 방파제가 또 바람과 파도를 겹겹이 막고 있는 형국이다. 내항을 에워싼 동쪽 방파제에는 빨간 등대가, 외항 쪽에서 수문장 역할을 하고 있는 서쪽 방파제에는 흰 등대가 설치돼 있다. 낚시인들이 흔히 말하는 맥전포방파제는 흰 등대가 있는 서쪽의 큰 방파제를 가리키는 것이다.

이 방파제는 큰 규모와 뛰어난 조황으로 인해 이미 오래 전부터 갯바위 못지않은 유명세를 떨쳐 왔다. 벵에돔 · 감성돔 · 돌돔 · 볼락 · 우럭 · 노래미 · 숭어 · 학공치 · 전갱이 등 안 낚이는 고기가 없다 해도 과언이 아니다. 특히 감성돔 최대 산란장인 고성만 안쪽에 위치한 까닭에 내만 감성돔 시즌이 되면 굵은 씨알도 기대할 수 있어 좋은 포인트에서 진을 치고 기다리는 단골 꾼들이 많다.

■ 어종과 시즌

다양한 어종이 낚이는 맥전포는 감성돔이나 돌돔 · 볼락 같은 주요 대상어종은 물

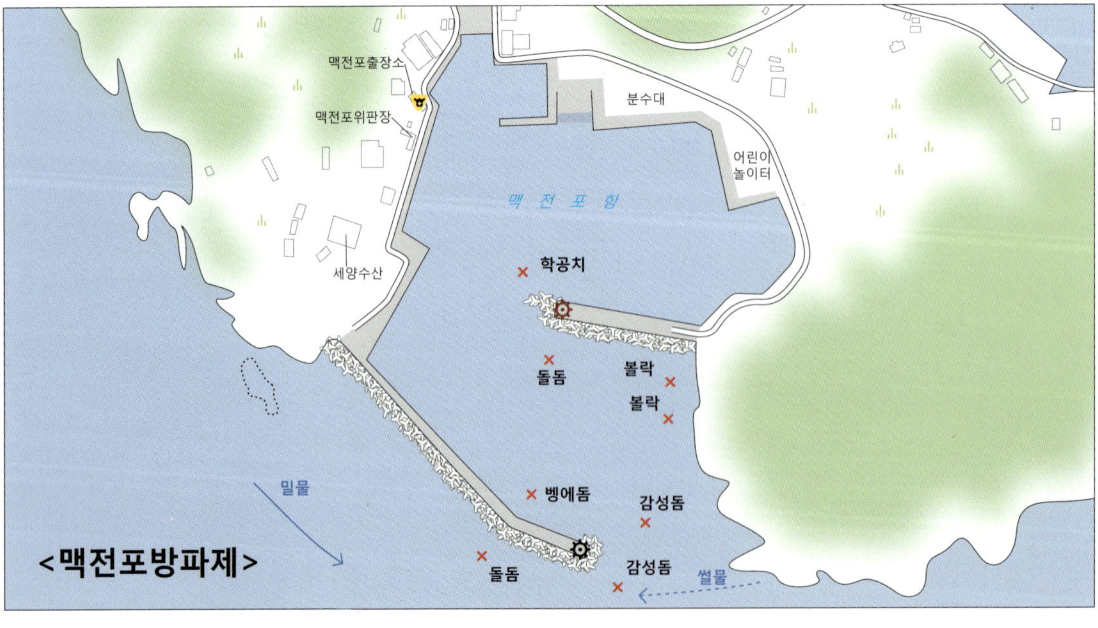

론 계절에 따라 학공치 · 고등어 · 전갱이 등의 먹거리 어종까지 풍성하게 낚여 가족 동반 나들이 낚시터로도 아주 적합한 곳이다.
4~7월까지는 볼락이 민장대로 잘 낚이며, 8~11월까지는 감성돔이 주종이다. 이 시기에는 '뺀찌' 크기의 돌돔도 낚인다. 12~2월까지는 학공치가 제철이다. 대개 여름 내내 전갱이나 고등어가 들어왔다 빠지기를 반복한다.

인근 낚시점(055)

*푸른낚시마트 673-1755
고성군 마암면 보전리 843-1
*하이낚시 834-5252
고성군 하이면 덕호리 630-3
*대어낚시 835-2491
사천시 향촌동 995-2

■ 포인트 및 참고 사항

사량도가 정면으로 보일 정도로 난바다와 인접한 데다 방파제의 규모가 크고 수심도 깊어 찌낚시는 물론 루어낚시도 잘 되는 곳이다. 조류의 소통도 좋아 감성돔 · 벵에돔 · 돌돔 같은 찌낚시 어종이 잘 낚이는데 외항 쪽이 주력 포인트이다. 내항 쪽은 볼락이나 우럭 · 노래미 · 숭어 같은 고기들이 잘 낚인다.
겨울철 주력 어종은 감성돔과 볼락이다. 감성돔은 방파제가 꺾이는 부분의 외항 방향과 끝 부분이 포인트다. 내항 쪽에서 민장대로 간혹 잔 씨알을 낚을 수도 있지만 이는 가을에만 한정된다. 볼락은 내항 석축과 상판 사이를 노리면 된다. 민물새우를 미끼로 하는 민장대 채비나 루어낚시로 씨알 굵은 볼락을 낚을 수 있다.
이곳 맥전포방파제는 웬만한 바람이나 파도에도 내항 쪽에서는 충분히 낚시를 즐길 수 있는 장점이 있다. 또한 다양한 어종이 출몰하므로 단순히 한 어종을 노리는 낚시보다는 다양한 어종을 공략할 수 있는 사전 준비가 바람직하다. 주변 수심은 평균 5~6m이며 방파제에서 떨어진 곳은 10m 내외로 깊은 편이다. 방파제 길이가 워낙 길기 때문에 한 번 진입하면 다시 돌아 나오기가 상당히 번거롭다. 따라서 사전 준비를 철저히 하되 가급적 짐을 줄이는 것이 좋다.

↓ 산들이 병풍처럼 둘러쳐진 가운데에 위치한 맥전포방파제는 큰 규모답게 풍성한 조과를 안겨 준다. 두 개의 방파제 모두 낚시가 잘 되는 편이나 안쪽 작은 방파제에서 낚시를 많이 하는 편이다. 웬만한 바람이나 파도에도 낚시를 할 수 있는 것이 장점이다.

우두포방파제

- **소재지** : 고성군 동해면 장좌리 5-4 외
- **길이** : 북방파제 100여m, 남방파제 120여m
- **위치 참조** : 〈최신 전국낚시지도〉 309p F1

찾아가는 길

대전 · 통영 간 고속도로 동고성IC를 나와 좌회전 후 거류면 방향의 지방도로(거류로)를 타고 3.5km 가량 이동하면 당동삼거리가 나오는데 계속 직진하여 1.3km 더 나아가면 봉곡삼거리가 나온다. 여기서 우회전하여 77번 국도를 타고 계속 진행하면 장좌리 우두포마을이 나온다. 창원 · 부산 방면에서는 남해안고속도로 서마산IC로 나와 고성 방면의 2번 국도를 타고 진목교차로에서 내려 진전면 창포리에서 동진교를 건너 남하해도 된다.

■ 낚시 여건

고성군 동해면 일대의 방파제 중에서 가장 유명한 낚시터 중의 하나로 꼽힌다. 특히 이곳 우두포마을의 방파제는 '허탕'이 없는 곳으로, 어떤 고기로든 손맛과 입맛을 볼 수 있어 낚시 초보자들에게 추천할 만하다.

외항 쪽으로는 테트라포드가 축조돼 있고 내항 쪽은 석축이 어우러진 전형적인 방파제낚시터 골격이다. 깊숙이 만곡(彎曲) 지형을 이룬 포구 입구를 남북으로 두 개의 방파제가 나란히 가로지르고 있는데, 조황이 좋아 낚시인들이 많이 찾는 곳은 역시 바깥 바다에 위치한 북쪽 방파제이다. 이곳 북방파제 외항 쪽은 조류 소통이 좋고 수심도 깊은 편이다.

한때 여러 가지 문제로 방파제 입구를 철문으로 막고 낚시인들의 출입을 통제한 적도 있었으나 지금은 출입이 가능한 상태다. 매년 가을 시즌이 되면 낚시꾼들로 인산인해를 이루는 곳으로 갯바위 못지않은 저력을 가진 유명 낚시터이다.

■ 어종과 시즌

감성돔낚시는 가을이 피크 시즌이지만 산란철인 봄~초여름 기간에도 만만찮은

조황을 보인다. 특히 봄 시즌에 낚이는 감성돔은 씨알이 큰 것들이 많고, 가을에는 잔 씨알이지만 마릿수 재미가 좋다. 늦가을부터 이듬해 봄까지는 밤낚시에 볼락이 낚이는데 테트라포드 사이에서 얼굴을 내미는 볼락의 씨알이 굵을 뿐만 아니라 마릿수도 좋아 몇 시간 손놀림을 빨리 하면 두레박을 채울 수 있다.

이 외에도 여름에는 까지매기(농어 새끼)가 밤낮 없이 입질을 하며 전갱이와 고등어도 간간이 들어온다. 겨울 밤낚시에는 호래기(꼴뚜기)도 잘 낚이는 등 거의 모든 생활낚시 어종이 선보이는 곳이다.

인근 낚시점(055)

*당동낚시마트 672-2599
거류면 당동리 176-3
*안전낚시 672-1045
거류면 당동리 176-2

포인트 및 참고 사항

우두포방파제는 한마디로 다양한 어종이 사철 내내 낚이는 만능 낚시터이다. 따라서 시도할 수 있는 낚시 방법도 다양하다. 릴 찌낚시, 원투낚시, 민장대낚시는 물론 거의 모든 루어낚시도 구사할 수 있다. 주로 낚시를 하는 외항 쪽 테트라포드 부근 수심은 가까운 곳이 7~8m, 먼 곳은 11~12m 정도다.

릴 찌낚시는 방파제 중간 부분이 핵심 포인트로 꼽히며, 원투낚시를 하려면 방파제 끝 부분에 자리하는 것이 좋다. 볼락 루어낚시는 방파제 전역에서 가능하다. 집어등을 켜 놓고 테트라포드 가까이로 볼락을 집어 시키면 쿨러를 채울 만한 마릿수를 낚아낼 수 있다.

내항 쪽에서는 민장대 채비에 잔 씨알의 볼락이나 우럭이 낚인다. 릴 찌낚시로 감성돔을 노릴 때에는 먼 거리보다는 가까운 곳에 있는 수중여나 유실된 테트라포드 근처를 노리는 것이 정석이다.

↓ 마을 입구 도로에서 본 우두포방파제. 동해면에서 가장 인기있는 방파제 중 하나로 밤낮을 가리지 않고 다양한 어종이 입질을 한다. 포인트가 내 · 외항 골고루 분포하며 조류 소통도 좋은 편이다.

삼천포화력발전소 방파제

- **소재지** : 고성군 하이면 덕호리 810-2 인근
- **길이** : 520여m
- **위치 참조** : 〈최신 전국낚시지도〉 327p F4

찾아가는 길

남해고속도로 사천IC로 나와 사천IC 사거리에서 사천대로 사천공항 방면(남해, 고성 방면)으로 좌회전 후 15.2km 이동한다. 송포교차로에서 우측 도로를 따라 삼천포항 방면으로 3.6km 이동한 다음에 나오는 신치삼거리에선 문화예술회관 방면의 우측 도로를 택해 수도교사거리와 목전빌딩사거리 모두 직진한다. 목전빌딩사거리에서 남일대해수욕장·고성 방면으로 직진 1.3km 지점에 이르면 작은 사거리가 나오는데, 오른쪽 진널전망대·신항만 쪽으로 꺾어 550여m 진입 후 왼쪽으로 들어가면 남일대해수욕장 선창작이 나온다. 여기서 낚싯배를 타야 한다. 선비는 1인당 2만원.

■ 낚시 여건

삼천포화력발전소는 그 이름 때문에 많은 이들이 사천시에 소재하는 것으로 생각하지만 사실은 고성군 하이면 덕호리가 그 소재지이다. 또한 이곳 방파제는 삼천포화력발전소 외벽을 따라 쌓아 놓은 테트라포드 구간을 가리키는 것이다. 국가기반시설물로 원래는 접근이 금지된 구역이나 보안에 관련 없는 지역에 한해 개방하고 있다. 도보로는 진입을 할 수가 없어 사천 남일대해수욕장 남쪽 선착장에서 배를 타고 가야 한다. 그럼에도 불구하고 낚시인들이 이곳을 즐겨 찾는 까닭은 사철 다양한 어종이 갯바위 못지않은 조황을 보이기 때문이다.

화력 또는 원자력발전소 인근이 모두 그러하듯 발전소에서 배출되는 냉각수(따뜻한 물)로 인해 이곳 삼천포화력발전소방파제 또한 감성돔을 비롯한 다양한 어종이 낚인다. 특정 구간에 포인트가 형성되는 것이 아니라 계절과 당일의 상황에 따라 포인트가 변하기 때문에 처음 배에서 내릴 때 포인트를 신중하게 결정해야 한다. 그래야만 테트라포드를 건너뛰며 이동하는 수고를 덜 수 있다.

■ 어종과 시즌

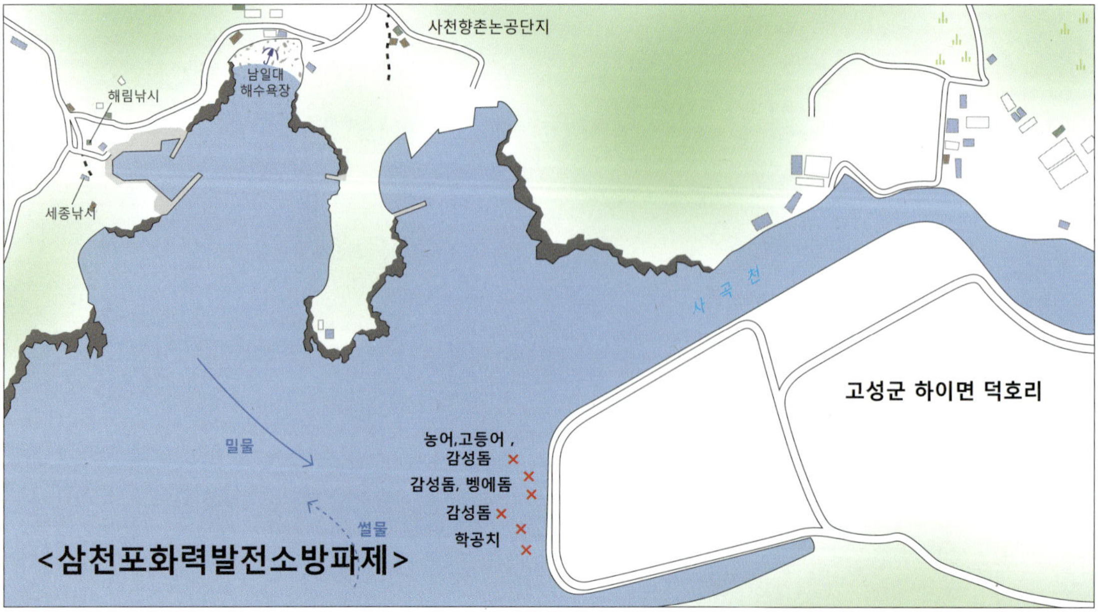

연중 따뜻한 물이 발전소에서 나와 사시사철 고기가 낚인다. 감성돔은 거의 연중 낚이며 볼락 · 돌돔 · 참돔 · 농어를 비롯한 온갖 잡어들과 다금바리 같은 먼 바다에서나 볼 수 있는 고기들도 종종 낚인다. 특히 감성돔은 연중 5짜가 수시로 낚일 정도로 조황이 꾸준한 편이다.
회유성 어종도 무리를 지어 많이 들어오는데 삼치 · 전갱이 · 학공치 · 고등어 같은 인기 어종도 많은 편이다. 다만 배를 타고 진입해야 하므로 낚시 시간에 제한이 따르는 것이 아쉽다.

인근 낚시점(055)

*세종낚시 832-8114
사천시 향촌동 1206-2
*해림낚시 835-0474
사천시 향촌동 1206-1
*바다낚시 832-0667
사천시 동금동 576-6

■ 포인트 및 참고 사항

이곳에서 좋은 조과를 거둘 수 있는 지름길은 유실된 테트라포드를 찾는 것이다. 이 테트라포드들이 수중여 역할을 하면서 감성돔을 불러 모은다. 대략 수심 5~6m 정도에서 낚시를 하게 되는데 테트라포드가 바닥에 산재해 밑걸림이 심하다는 점 감안해야 한다. 따라서 채비를 할 때는 다른 곳에서 낚시할 때보다 한 단계 높은 호수의 목줄을 쓰는 것이 좋다. 입질이 낚시 자리에서 가까운 곳에서 오기 때문에 입질 후 재빨리 강제집행하지 않으면 여쓸림을 당하거나 감성돔이 테트라포드 밑으로 파고들어 갈무리가 어렵다. 입질 직후 강하게 챔질을 하고 펌프질을 하듯이 낚싯대를 위로 들어주면서 재빨리 릴링하는 것이 정석이다.
감성돔 시즌이 되면 자리 차지하기가 힘들 정도로 많은 꾼들이 몰리는데, 이때는 아예 사람들이 없는 곳에 내려 여유 있게 낚시할 공간을 찾는 게 좋다. 이곳은 고기가 일단 붙었다 하면 마릿수의 차이는 있을지언정 전역에서 나오기 때문에 자리다툼을 하는 것보다는 나름대로의 공간을 확보하고 낚시에 임하는 것이 편하다.

↓ 국가기반시설인 화력발전소 호안에 설치된 테트라포드 구역을 말한다. 발전소에서 배출되는 따뜻한 냉각수의 유입으로 연중 다양한 고기들이 모여든다. 진널방파제 입구 선착장에서 배를 타고 진입할 수 있는데 가끔 출입이 통제되기도 한다.

삼천포항방파제

- **소재지** : 사천시 서금동 127-5 외
- **길이** : 동방파제 520여m, 서방파제 210여m
- **위치 참조** : 〈최신 전국낚시지도〉 307p F3

찾아가는 길

남해고속도로 사천IC로 나와 남해 · 고성 방면 사천대로를 따라 15km 정도 이동하면 송포교차로에 이른다. 여기서 삼천포항 방면으로 우회전하여 3.6km 나아가면 신치심거리가 나오고, 문화예술회관 방면의 우측 도로를 따라 2.1km 이동하면 목전빌딩사거리가 나온다. 여기서 '부두 · 노산공원' 방면으로 우회전하여 720여m 진행하면 삼천포항에 도착한다. 왼쪽(동쪽)으로 보이는 방파제까지는 350여m 거리다.

■ 낚시 여건

행정명칭이 사천으로 바뀐 지 오래이지만 역시 항구 쪽은 삼천포라는 이름이 익숙하고도 걸맞아 여전히 삼천포항이라 불린다. 게다가 이곳은 정확히 말해 삼천포구항이다. 동쪽에 삼천포신항이 조성되었기 때문이다. 그러나 아직도 그냥 삼천포항으로 불리는 이곳은 사천의 심장부로서 명실 공히 이 지역 최대의 어업전진기지로서의 역할을 다하고 있다. 인근에 재래시장과 대단위 활어회센타가 위치해 관광객들과 낚시꾼들이 반드시 들렀다가는 코스가 되기도 한다.

삼천포항방파제는 서방파제라 불리는 '뜬방파제'와 노산공원 쪽에서 뻗어난 동방파제가 있는데, 일제 강점기에 만들어진 이 동방파제는 이 일대에서 가장 오래된 방파제로 유명하다. 서방파제는 지난 2002년에 완공되어 낚시꾼들에게 새로운 낚시 명소가 되었다.

■ 어종과 시즌

주요 대표어종은 볼락과 감성돔이다. 3월 중순 경 볼락이 입질을 개시하면서 본격적인 시즌이 시작되는데, 곧이어 도다리 · 보리멸 · 까지매기(농어 새끼) 등이 여

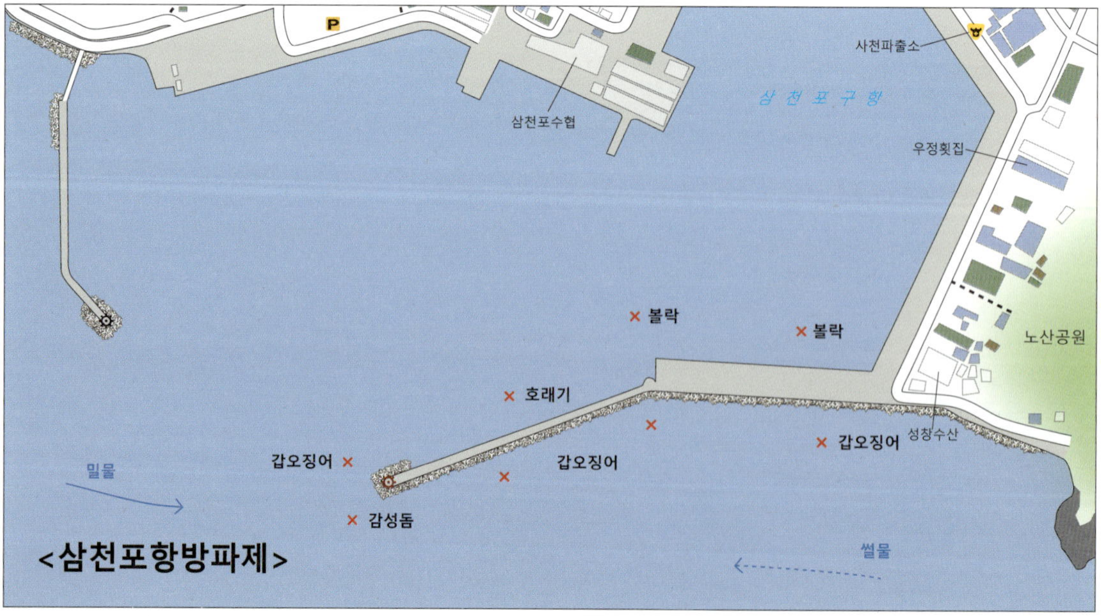

름까지 낚인다.

볼락은 4~5월과 10~11월이 피크 시즌으로 씨알과 마릿수 모두 괜찮은 편이다. 감성돔은 7월 중순부터 시즌이 시작되어 11월까지 이어진다. 가을에는 주로 30cm 내외 씨알이 주류를 이루며, 늦가을부터는 점점 씨알이 굵어지기 시작해 간혹 5짜 대물도 낚인다. 사리 물때 전후에 물색이 다소 탁해질 무렵, 경계심이 낮아진 감성돔들의 활발한 입질이 이어진다. 해 뜰 무렵의 조황이 좋은 편이다.

■ 포인트 및 참고 사항

동방파제에서 감성돔낚시를 할 때는 등대가 있는 끝 지점까지 가야 한다. 외항 끝 부분과 방파제가 꺾이는 주변이 일급 포인트다. 수심은 8~12m. 초밀물, 초썰물이나 물돌이 시간에 입질이 잦다. 내항 쪽으로는 선박이 많아서 볼락 루어낚시나 민장대 낚시를 제외하고는 다른 낚시를 하기가 어렵다.

볼락은 전역에서 비교적 고른 조황을 보이는데 최근에는 루어낚시 채비로 바닥을 공략해 풍성한 조과를 얻는 경우가 많아졌다. 민장대로 공략할 때는 내항 직벽에 채비를 바싹 붙여서 채비를 슬슬 끌어주면 입질이 잘 들어온다. 3칸 내외의 민장대를 많이 쓰는데 볼락 씨알이 큰 편이 아니므로 가지줄 채비로 짧은 시간에 많은 마릿수를 노리는 것이 바람직하다.

낚싯배로 진입해야 하는 서쪽의 뜬방파제는 거의 전역에서 볼락과 감성돔이 낚이는데 포인트는 주로 외항 쪽에 형성된다. 발 앞으로 조류가 밀려오다 와류가 형성되는 지역이 보이는데 이 부근이 포인트다.

인근 낚시점(055)

*등대낚시 835-2446
사천시 선구동 58-12
*현대낚시 833-2468
사천시 선구동 58-31
*제일낚시 833-3559
사천시 서동 334-4

↓ 삼천포 내항에서 바라본 삼천포항방파제. 자잘한 씨알의 다양한 어종이 낚이며 연중 낚시를 할 수 있어 항상 많은 꾼들이 모이는 곳이다.

실안방파제

- **소재지** : 사천시 실안동 875-23 외
- **길이** : 남방파제 160m, 북방파제 140여m
- **위치 참조** : 〈최신 전국낚시지도〉 307p E3

찾아가는 길

남해고속도로 사천 IC로 나와 3번 국도(사천대로)로 삼천포항 방면으로 진행한다. 사천공항과 사천대교 입구를 계속 지나 남하하면 터널이 나온다. 터널을 나와 900여m만 진행하면 실안동을 알리는 사거리가 나온다. 오른쪽 실안선창길로 꺾어 들어가면 실안방파제까지는 350여m 거리다.

■ 낚시 여건

실안방파제가 있는 실안 포구는 바로 앞에 마도나 저도(딱섬)로 향하는 낚싯배를 타기 위해 꾼들이 찾는 출항지로 더 잘 알려져 있다. 그러나 이곳에 위치한 두 개의 방파제는 결코 무시해선 안 될 낚시터이다. 삼천포대교 방향의 아래쪽(남쪽) 방파제를 남방파제, 위쪽(북쪽)에 있는 방파제를 북방파제라고 부르기도 한다.

모래와 펄이 섞인 사니질대의 바닥 지형에 들어선 방파제로 외관상으로는 낚시가 될 것처럼 보이지 않는다. 게다가 테트라포드가 없고 매끈한 계단식의 접안시설로 이루어진 내항, 외항 모두 석축으로 형성되어 있다. 방파제 입구 쪽은 수심이 매우 얕아 물이 빠지면 바닥이 훤히 보일 정도가 되지만 방파제 끝 부분은 수심이 5~6m 이상 나온다. 내만에 위치해 날씨의 영향을 크게 받지 않아 전천후로 낚시할 수 있는 것이 장점이다.

■ 어종과 시즌

보기와는 달리 삼천포 바다에 나는 고기는 이곳에서 거의 다 낚인다고 해도 과언이 아니다. 감성돔 · 벵에돔 · 돌돔 · 참돔은 물론 볼락 · 우럭 · 노래미 · 붕장어 ·

광어 · 도다리 등의 붙박이 어종과 함께 농어 · 학공치 · 고등어 · 삼치 · 갈치 · 전어 · 청어 등의 회유성 어종이 들어오는가 하면, 갑오징어 · 무늬오징어 등의 두족류까지 가세함으로써 바다낚시 대상어종은 모두 낚을 수 있다.

특히 가을부터 낚이는 갑오징어는 굵은 씨알과 마릿수를 자랑해 늦가을에는 방파제가 대낮부터 온통 먹물자국으로 얼룩질 정도다.

겨울에는 학공치와 호래기가 서로 주야간 교대를 하며 입질을 다투고, 여름~가을에는 갈치가 은빛 지느러미를 뽐낸다. 감성돔은 가을부터 봄까지 선을 보이고, 봄~여름에는 원투낚시에 도다리가 잘 낚인다.

인근 낚시점(055)

*심원낚시 833-1069 사천시 실안동 851
*대박낚시 852-8933 사천읍 수석리 339-5
*찬호낚시 853-1008 사천읍 사주리 49

■ 포인트 및 참고 사항

실안방파제는 내만권임에도 불구하고 씨알 좋은 감성돔을 낚을 수 있는 곳으로 유명하다. 감성돔 포인트는 방파제 끝으로 발 앞에 품질을 계속 하면서 수심을 6~7m 정도 주고 공략한다. 가을보다는 봄 시즌의 씨알이 굵은 편이다.

갑오징어낚시는 방파제 입구를 제외한 전역에서 가능한데 릴 찌낚시 시즌과 겹치므로 밤에 낚시를 하는 편이 수월하다. 감성돔이 나오는 시즌이 되면 원투, 카고, 릴 찌낚시 등 실로 다양한 장르의 낚시꾼들이 뒤엉켜 낚시를 하기 때문에 자리다툼이 매우 심한 곳이다.

원투낚시를 할 경우는 방파제 끝과 중간 지점에서 외항 방향을 보고 멀리 던지면 감성돔과 도다리가 낚인다. 특히 봄에는 굵은 씨알의 감성돔이 원투낚시에 간혹 입질을 하는데 미끼를 참갯지렁이나 멍게를 쓰면 확률이 높다.

↓ 사천대로에서 바라본 실안방파제. 남해도로 향하는 삼천포대교 진입 직전에 위치한 곳으로 삼천포 앞바다에서 낚이는 거의 전 어종을 만날 수 있다. 어중간한 갯바위 조황보다 나아 평일에도 현지꾼들이 많다.

진널방파제

- **소재지** : 사천시 향촌동 1286
- **길이** : 450여m
- **위치 참조** : 〈최신 전국낚시지도〉 307p F3

찾아가는 길

남해고속도로 사천IC로 나와 사천IC사거리에서 사천공항 · 삼천포항 방면으로 15.2km 이동한다. 송포교차로에서 우측 도로를 따라 삼천포항 방면으로 3.6km 이동한 다음에 나오는 신치삼거리에선 문화예술회관 방면의 우측 도로를 택해 수도교사거리와 목전빌딩사거리를 모두 직진한다. 목전빌딩사거리에서 남일대해수욕장 · 고성 방면 870여m 지점의 사거리에서 신항만 방향으로 우회전하면 삼천포신항이 나온다. 전방(동남쪽)으로 보이는 진널방파제까지는 약 1km 거리다.

낚시 여건

팔포매립지로 알려진 사천 신항만의 관문 역할을 하는 진널방파제는 오래 전부터 삼천포 낚시인들의 사랑방 낚시터 역할을 해 왔다. 방파제의 규모가 크고 조황 또한 여느 갯바위 못지않아 인근 지방 도시의 낚시인들마저 원정에 나설 정도로 그 인기는 오늘날까지도 변함이 없다.

길이가 450m나 되는 거대한 방파제라 한꺼번에 많은 인원을 수용할 수 있을 뿐만 아니라 내만에 위치한 방파제이면서도 평균 수심이 좋고 조류 소통도 원활해 연중 다양한 어종이 근접한다. 게다가 방파제 구간 구간에 따라 수심이 달라 다양한 낚시를 구사할 수 있다. 그야말로 전문 꾼들은 물론 낚시 초보자에게도 부담 없는 낚시터로 추천할 만한 곳이다. 특히 인근에 위치한 화력발전소의 영향으로 주변 수온이 안정적인데, 이로 인해 다양한 어종이 몰려드는 것으로 풀이된다.

어종과 시즌

감성돔 · 볼락 · 농어 · 망상어 · 노래미 · 도다리 · 보리멸 · 고등어 · 학공치 등 진널방파제에서 낚이는 어종은 실로 다양하다. 그 중에서도 대표어종은 역시 감성돔

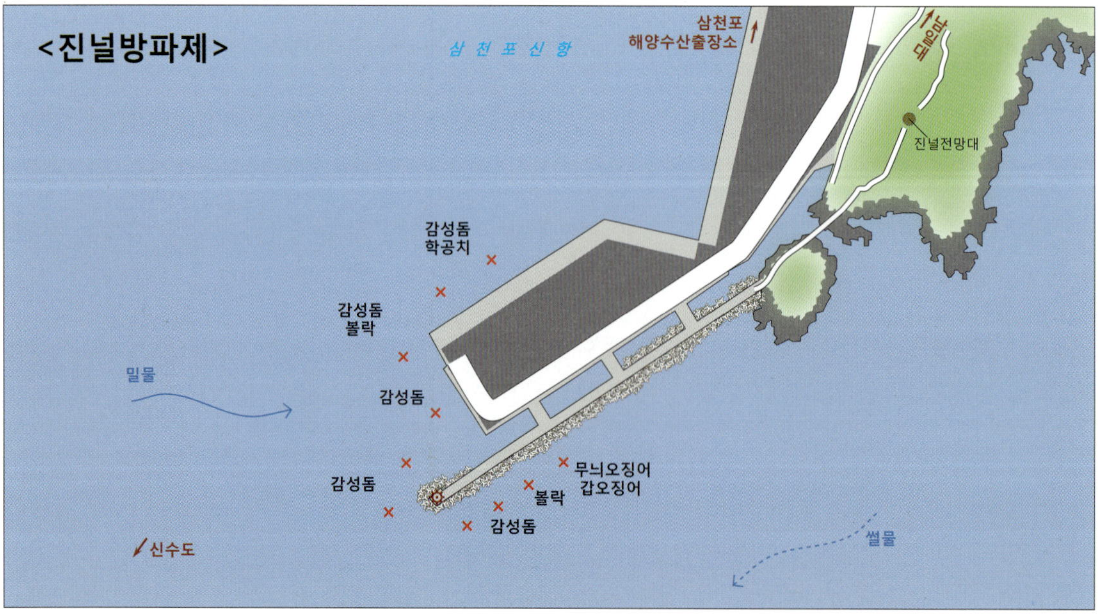

이다. 여느 지역과는 달리 이곳의 감성돔은 붙박이 어종들처럼 거의 연중 낚이는데, 그 중에서도 7월 말~11월 말까지 가장 활발한 입질을 보인다. 낚시꾼이 많은 주간보다는 야간에 감성돔이 방파제 가까이로 붙어 조황이 훨씬 좋은 편이다. 평소 물색이 맑은 곳이니만큼 물색이 다소 탁해지는 사리 전후가 적기다. 초가을 감성돔은 씨알이 잔 대신에 마릿수가 좋고 겨울로 갈수록 씨알이 굵어지면서 마릿수는 줄어든다.

4~6월에 피크 시즌을 이루는 볼락은 9~11월에 한 차례 더 왕성한 식욕을 보인다. 여름에는 감성돔과 함께 까지매기(농어 새끼)가 잘 낚이는데, 이때는 원투낚시로 보리멸이나 도다리도 노릴 수 있다. 가을이 되면서부터 학공치가 들어오는데 수면을 가득 메운 학공치 무리만큼이나 꾼들의 낚싯대가 난무하는 모습은 이곳 진널방파제에서만 볼 수 있는 진풍경이다.

인근 낚시점(055)

*세종낚시 832-8114
사천시 향촌동 1206-2
*해림낚시 835-0474
사천시 향촌동 1206-1
*피싱스토리 833-1754
사천시 동금동 567

■ 포인트 및 참고 사항

감성돔을 낚기 위해서는 릴 찌낚시가 기본이다. 방파제 외항 쪽 테트라포드가 있는 중앙 지점과 방파제 끝 등대 부근이 가장 좋은 포인트이다. 썰물 때 입질이 집중된다. 현지 꾼들은 릴 찌낚시보다는 야간에 민낚싯대를 이용한 옛날식 맥낚시로 감성돔을 낚기도 한다. 등대 주변은 특히 조류 소통이 좋아 조금 전후 때에 자리값을 한다. 삼천포 특유의 센 조류와 맑은 물색을 이겨내지 못하면 입질을 받기가 어려운 반면, 조류가 약한 내항과 방파제 입구 부근은 사리 때가 적당하다.

볼락은 내항 쪽에서 입질이 잦은데 석축이 높은 편이라 곧장 내려설 수가 없다. 따라서 처음부터 입구로 진입해 포인트까지 걸어 들어가야 한다.

↓ 삼천포 최대, 최고의 방파제로 2013년 매립공사와 함께 주변을 새로 단장했다. 이로 인해 내항 쪽의 석축 포인트는 대부분 없어졌으나 넓은 매립지에서 안전하게 낚시를 할 수 있게 되었다.

가인포방파제 / 감암방파제 / 고두방파제 / 구미동방파제 / 금포방파제 / 남상리방파제 / 냉천방파제 / 노구방파제 /
노루목방파제 / 답하방파제 / 대량방파제 / 대벽방파제 / 대지포방파제 / 두곡방파제 / 두모 · 정촌방파제 / 복병방파제 /
물건방파제 / 미조방파제(미조동방파제) / 미조북항방파제 / 벽련방파제(백련방파제) / 보천방파제 / 사포방파제 /

Part 8. 남해군

경남 남해군 상주면 상주리 128-6번지에 위치한 금포방파제.

상남방파제 / 상주방파제 / 선수방파제 / 설리방파제 / 수량방파제 / 송남방파제 / 양하금방파제 / 염해방파제 / 예계방파제 / 왕지방파제 / 원천방파제 / 월곡방파제 / 유구방파제 / 유포방파제 / 율도방파제 / 은점방파제 / 작장방파제 / 장포방파제 / 적량방파제 / 지족방파제 / 초전방파제 / 팔랑방파제(미조서방파제) / 항도방파제 / 항촌방파제 / 홍현 아랫마을방파제

가인포방파제

- **소재지** : 남해군 미조면 송정리 16-20
- **길이** : 70여m
- **위치 참조** : 〈최신 전국낚시지도〉 325p E2

찾아가는 길

남해고속도로 사천IC에서 내려 3번 국도를 타고 삼천포대교 넘어 창선도로 진입한다. 단항사거리를 직진하여 미조 방면으로 남하해 창선도를 건너면 곧 나타나는 삼동면 지족삼거리에서 좌회전한다. 계속 3번 국도(동부대로)를 타고 14.4km 직진하면 '가인포마을' 표지석과 버스정류소가 나타난다. 가인포 보건진료소를 390m 지난 지점인데, 여기서 왼쪽으로 꺾어 들어 450m만 내려가면 왼쪽으로 방파제가 보인다.

▪ 낚시 여건

가인포마을은 해안도로변에서 쉽게 찾아 들어갈 수 있는 남해도의 다른 방파제와는 달리 주의를 기울이지 않으면 자칫 지나쳐버리기 쉬운 곳이다. 해안도로(3번 국도, 동부대로)에서 작은 고갯마루를 넘어 깊숙이 들어간 지점에 위치한 작은 방파제라 애써 찾지 않고 일부러 지나쳐 버리는 꾼들마저 있다. 그런 이유로 가인포방파제가 지닌 매력에 비해 많은 꾼들이 찾는 편은 아니다. 조황 또한 빼어나지 않아 날씨가 좋지 않을 때 한 번씩 들러보는 곳에 불과하기도 했다.

그러나 볼락 루어낚시가 유행하면서 덩달아 뜨기 시작한 곳 중의 하나가 이곳 가인포방파제이다. 60~70m 길이의 작은 규모임에도 불구하고 많은 볼락이 꾸준하게 낚여 일약 유명해졌는데, 방파제 입구까지 길이 잘 닦여져 차량 진입이 편리한 데다 주차 공간도 넉넉해 낚시하기에도 편리하다.

포인트가 좁은 것이 다소 흠이지만 방파제 입구 왼쪽(북쪽)으로 연결된 주변 갯바위까지 시야를 넓히면 10여명 이상이 함께 낚시를 하는 데 부족함이 않다.

▪ 어종과 시즌

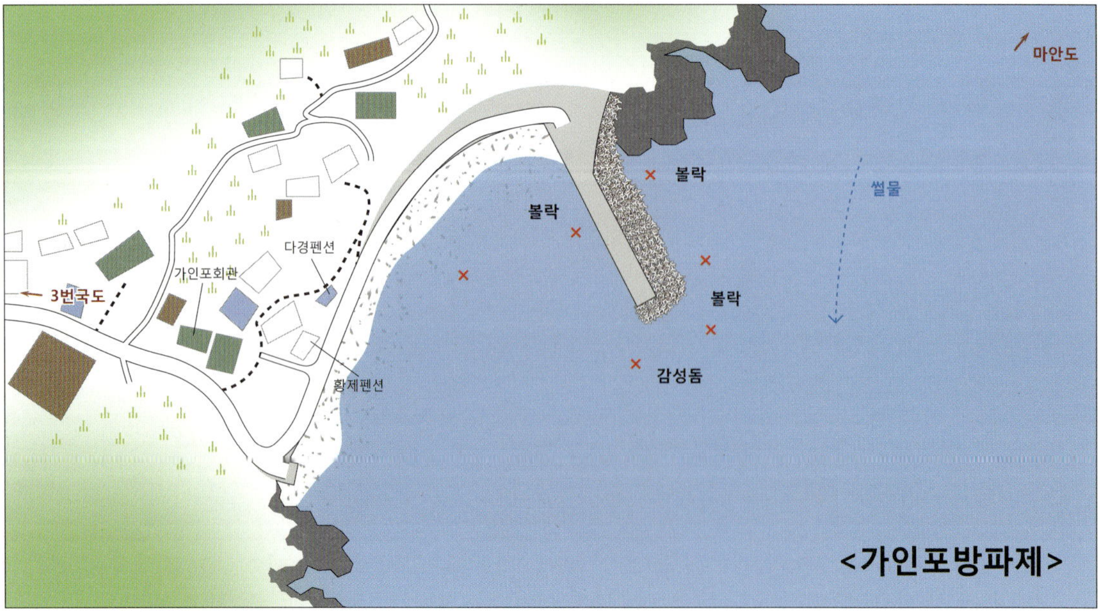

볼락 루어낚시 유행과 함께 유명세를 타기 시작한 가인포는 역시 볼락이 주어종이다. 10월부터 시즌을 시작해 11월에 피크를 이룬다. 1~2월에는 다소 소강 상태를 보이다가 다시 3~4월에 씨알 좋은 볼락이 그 여세를 몰아간다.
이곳 가인포방파제는 마을 이름 그대로 만곡(彎曲) 지형에 위치한 데다 북동쪽에 선 마안도(馬鞍島)가 병풍 역할을 하고 남동쪽에는 팥섬이 작은 담벼락 역할을 해 바람이 거의 차단된다. 연중 웬만큼 궂은 날씨일지라도 낚시에 거의 지장을 받지 않는 전천후 낚시터라 할 수 있다.
에깅은 9~10월에 가장 잘 되지만 다른 방파제처럼 마릿수는 많지 않은 편이다.

인근 낚시점(055)

*삼천포낚시마트 867-4590
삼동면 물건리 503
*물건낚시 867-7961
삼동면 물건리 254-4
*남해낚시 867-7232
삼동면 물건리 260-1

■ 포인트 및 참고 사항

주로 외항 쪽 테트라포드 구간에서 낚시를 한다. 주변 수심은 4~5m를 이룬다. 민장대를 이용해 테트라포드 사이를 노리는 '구멍치기'를 하거나 볼락 루어 채비로 최대한 멀리 던져 바닥을 노린다.
릴 찌낚시 포인트는 방파제 끝자락에 형성된다. 대상어종은 감성돔으로 10~11월이 가장 기대를 모으는 피크 시즌이다.
방파제 자체의 포인트는 다소 협소하지만 방파제와 이어진 갯바위 구간에서 오히려 더 좋은 조황을 보일 때가 많다. 갯바위 지대로의 이동 또한 수월하기 때문에 아예 처음부터 갯바위에 자리를 잡는 단골 꾼들도 더러 보인다.
갯바위 쪽으로 굳이 이동하지 않고 방파제에서 낚시를 하더라도 반드시 갯바위 쪽은 주시의 대상이어야 한다. 즉, 갯바위 쪽에 사람이 없을 경우는 방파제 입구 외항 쪽에서 갯바위로 채비를 붙이면 되는데, 의외로 그 재미가 짭짤하다.

↓ 진입로에서 바라본 가인포방파제. 대로변(3번 국도)에서 가까운 거리임에도 외진 곳이어서 그다지 찾는 이들이 없다. 낚시 여건이 빼어난 곳으로, 작은 방파제 내·외항 쪽 가릴 데 없이 좋은 포인트를 이루고 있다.

감암방파제

- **소재지** : 남해군 설천면 노량리 558-16 외
- **길이** : 큰방파제 70여m, 작은방파제 40여m
- **위치 참조** : 〈최신 전국낚시지도〉 306p B3

찾아가는 길

남해대교로 남해도에 진입해 첫 번째 나타나는 노량삼거리를 직진한 후 두 번째 나타나는 덕신삼거리에서 노량리 방면으로 우회전한 후 1024번 지방도로(노량로)를 따라 올라가면 첫 번째 나타나는 곳이 감암마을이다.

■ 낚시 여건

남해도 북서쪽의 감암마을은 노량해협의 드센 물줄기에서 살짝 비켜 있는 포구 마을로, 두 개의 방파제가 나란히 앞바다를 감싸듯 놓여 있다. 두 곳 방파제 모두 규모가 작아 테트라포드 없이 내 · 외항 쪽 모두 석축을 쌓아 만들어졌다. 석축에는 굴 껍질이 더덕더덕 붙어 있고, 겨울에는 주변에 모자반 군락이 잘 자란다. 남해대교를 지나 남해도에 도착하면 바로 아래를 지나는 해안도로변에 위치한 마을로 방파제가 도로와 접해 있다 해도 과언이 아니다. 이 도로를 따라가다 보면 크고 작은 방파제가 즐비한데, 감암방파제는 그 중에서 가장 낚시 여건이 좋은 편에 속한다.

■ 어종과 시즌

감성돔과 볼락 · 우럭이 주요 대상어종이다. 감성돔은 늦가을에 릴 찌낚시로 손맛을 볼 수 있는데 큰 씨알은 잘 낚이지 않는 편이다. 볼락과 우럭은 거의 사계절 내내 낱마리 조황을 보이는데 겨울에는 씨알은 물론 마릿수도 좋은 편이다.
최근에 확인된 조황으로는 갑오징어와 호래기가 있다. 갑오징어는 9~12월까지 낚인다. 또 한겨울에는 보이지 않다가 산란기인 5~6월에 다시 한 번 시즌을 맞이한

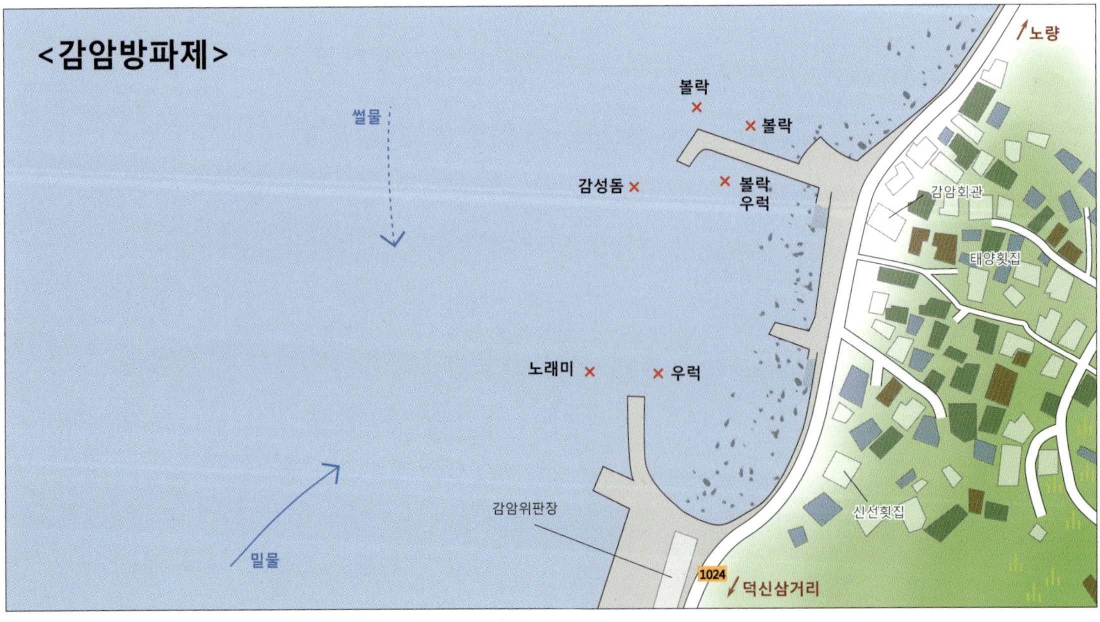

다. 호래기도 겨울에 낚이는데 마릿수는 많지 않은 편이다.

■ 포인트 및 참고 사항

봄 · 가을에는 방파제 끝 지점의 외항 방향에서 찌낚시를 하면 감성돔이 잘 낚인다. 11~12월에는 40cm 전후의 씨알이 두세 마리씩 올라오는 경우가 있어 현지 꾼들이 자주 찾는다. 노래미는 연중 낚이고 겨울에는 호래기가 낚인다.

남쪽 방파제엔 가로등이 있고 정박하는 어선 숫자가 적어 낚시 여건이 좋은 편이다. 루어로 노릴 때는 멀리 던지는 것보다는 석축 사이에 숨어 있는 록피시를 노리면 의외의 성과를 거둘 수 있다. 다만 야간에 볼락을 낚으려면 먼 거리의 바닥층을 공략하는 것이 좋다. 두 방파제 모두 주변 수심은 4~5m 내외다. 내항 쪽을 노릴 때에는 정박한 어선들 사이사이도 좋지만 채비 걸림이 심한 편이다. 이곳 방파제 석축 주변을 볼락 루어로 노리면 한낮에도 우럭이나 돌팍망둑 같은 붙박이 어종이 물고 늘어진다. 볼락은 여름을 제외하곤 꾸준히 낚이는데 큰 씨알은 없지만 썰물 때 15~20cm 씨알을 마릿수로 낚을 수 있다. 큰 볼락을 겨냥하려면 감암마을 주변의 해안도로에서 먼 곳을 공략하면 된다. 그러나 마릿수는 적은 편이다.

수협위판장 앞 남쪽 방파제에서는 갑오징어 에깅이 잘 된다. 갑오징어 씨알로는 큰 편에 속하는 손바닥 넘는 씨알도 수시로 낚인다. 채비는 슷테와 다운샷 봉돌을 조합한 것을 쓰는데, 이 채비로 낚시를 하다 보면 갑오징어뿐만 아니라 주꾸미 · 문어 · 낙지도 함께 낚여 쫄깃쫄깃한 두족류 파티를 열 수 있다. 차량 통행이 많지는 않지만 도로가 좁기 때문에 승용차는 미리 남쪽 방파제 입구에 있는 수협위판장의 주차장을 이용하는 것이 좋다.

인근 낚시점(055)

*남해낚시 883-9921
하동군 금남면 노량리 557-5
*포인트낚시 882-0497
하동군 금남면 노량리 557-5
*제일낚시 882-0613
하동군 금남면 중평리 774-1

↓ 남해대교와 가까운 해안도로변에 위치한 곳으로 노량해협의 거센 조류가 지척에서 지나간다. 두 개의 방파제로 구성되어 있으며 낮보다는 조용한 밤에 조과를 기대할만하다.

고두방파제

- **소재지** : 남해군 창선면 가인리 205-9
- **길이** : 40여m
- **위치 참조** : 〈최신 전국낚시지도〉 307p E4

찾아가는 길

삼천포 방면에서 창선도로 진입한 후 3번 국도(동부대로)로 계속 직진하여 창선면 소재지 부근의 창선천교를 지나면 곧 상죽리 방향의 오른쪽 진출로로 빠진다. 3번 국도에서 내려오면 곧장 나타나는 사거리에선 왼쪽 당저교 밑을 통과해 가인리 방면으로 계속 직진한다. 당저교로부터 1.6km 지점의 가인 및 적량 · 장포 방면으로 나뉘는 삼거리가 나타나면 왼쪽 가인 방면의 흥선로를 따라 4.7km 정도 계속 직진한다. 도로변 오른쪽에 '고두마을'을 알리는 작은 표지판과 함께 고두마을 버스정류소(고두보건진료소 직전)가 나타나면 왼쪽으로 꺾어 700여m만 들어가면 방파제이다.

■ 낚시 여건

창선도 북동단, 굴곡진 좁은 만(灣)의 입구에 위치한 방파제다. 지형적인 여건상 바람과 파도의 영향을 거의 받지 않아 연중 낚시하기에 좋은 자리다. 반면 조류의 흐름이 그다지 원활하지 않아 큰 고기 입질은 드문 편이다. 볼락이나 우럭 · 노래미 같은 록피시 종류들이 잔잔한 손맛을 안겨 주는 곳이다.

여름밤에는 까지매기가 들어와 심심하지 않을 만큼의 입질을 한다. 주변 수심은 6~7m 내외며 바닥은 자갈과 모래가 섞여 있는 가운데 드문드문 수중여가 깔려 있다. 바닥 지형은 낚시터로서 괜찮은 편이나 조류가 받쳐 주지 않아 사리 전후에만 조황이 좋은 편이다.

포인트가 주로 먼 곳에 형성되고 대상어종 또한 릴 찌낚시보다는 원투낚시 어종이 대부분이다. 루어낚시는 볼락과 우럭이 주종인데 큰 씨알은 없는 편이며, 가을이 되면 갑오징어가, 겨울에는 호래기가 들어온다.

■ 어종과 시즌

10월부터 갑오징어가 낚인다. 마릿수는 많지 않지만 한 물때에 4~5마리는 족히

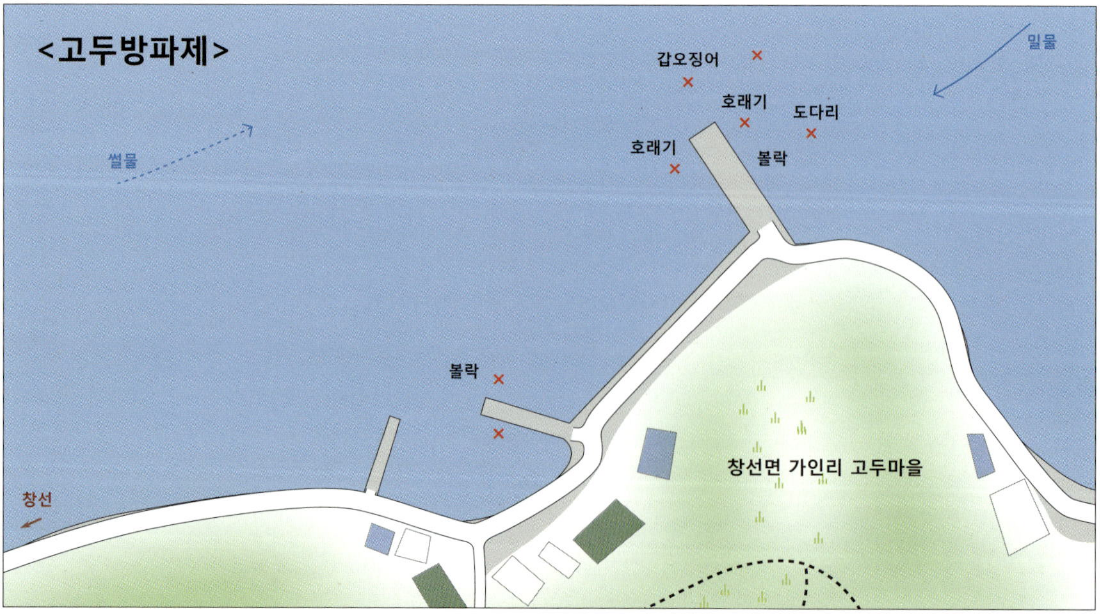

낚인다. 볼락은 11월부터 시즌을 맞이한다. 12월부터 간간이 호래기가 선보이기도 하는데 다른 방파제처럼 마릿수가 많은 것은 아니다. 봄 시즌에는 원투낚시에 노래미나 도다리가 나오는데 씨알은 잔 편이다. 가을에는 간간이 감성돔이 들어와 릴 찌낚시 대상어가 되는데 마릿수나 씨알 모두 뛰어난 편은 아니다.
바닥이 사니질로 조류가 빠르게 흐르는 사리 물 때 전후에는 물색이 탁해 낚시가 어려워지기도 한다.

■ 포인트 및 참고 사항

선착장 형태의 3개의 방파제 가운데 낚시가 잘 되는 곳은 가장 바깥쪽(동쪽)에 위치한 큰 방파제이다. 안쪽 2개의 선착장에서는 민장대 또는 루어 채비로 볼락을 노리되 석축 부근에 바짝 붙여야 한다.
바깥쪽 큰 방파제에서는 외항 쪽으로 원투낚시나 릴 찌낚시를 한다. 루어낚시로는 갑오징어나 볼락을 낚을 수 있는데 볼락은 씨알이 잔 편이다. 갑오징어 루어낚시는 가을부터 초겨울까지가 시즌이며 바닥을 잘 공략하면 마릿수 조과를 거둘 수 있다. 다운샷 채비가 기본인데 시중에서 판매되는 일반적인 왕눈이 에기보다는 등에 바늘이 더 달려 있는 등침 에기를 사용하는 것이 좋다. 갑오징어는 살이 단단하고 두꺼워 에기 바늘만으로는 랜딩 시에 잘 벗겨지기 때문이다. 마릿수가 많이 나올 때는 2단 채비를 쓰기도 하는데 액션을 잘 못 줄 경우 2개의 에기가 서로 엉킬 우려가 있으므로 주의해야 한다.
외항 쪽에 배가 정박해 있지 않으면 방파제 중간 지점에서 바깥쪽을 보고 낚시를 하기 좋은데 가을철 릴 찌낚시에 잔 씨알의 감성돔이 곧잘 낚인다.

인근 낚시점(055)

*행운낚시편의점 867-1120
창선면 대벽리 86-1
*사천대형낚시 853-5858
사천읍 수석리 343-6

↓ 마을 내항 쪽에서 바라본 고두방파제. 내항 쪽은 수심이 얕아 낚시가 안 된다. 가을 시즌에 외항 방향으로 다운샷 채비로 갑오징어를 낚는 것이 고두방파제의 가장 큰 행사다. 주로 원투낚시꾼들이 많은 편이다.

구미동방파제

- **소재지** : 남해군 남면 덕월리 353-7 외
- **길이** : 큰방파제 160여m, 작은방파제 40여m
- **위치 참조** : 〈최신 전국낚시지도〉 324p B1

찾아가는 길

남해대교 건너 남해읍을 거치는 게 가깝다. 19번 국도 남해대로로 남해읍 방면으로 남하하다가 심천삼거리에서 직진하여 남해실내체육관을 지난 삼거리에서 우회전한다. '스포츠로' 서면 방면으로 3.3km 진행한 삼거리에서 두곡 · 월포 · 사촌 방면으로 좌회전 후 '고실로'를 따라 4.2km 직진한 삼거리에선 스포츠파크 · 서면 방면으로 우회전한다. 여기서 1024번 지방도로(남서대로)를 타고 2.1km 직진하면 구미 버스정류소와 구미마을 표지석이 나타나는데, 왼쪽으로 꺾어 160여m만 들어가면 방파제이다.

낚시 여건

방풍림이 조성된 자갈밭 해수욕장을 끼고 있는 구미동방파제는 가로로 돌출된 작은 방파제와 세로로 길게 뻗은 큰 방파제 2개로 이루어져 있다. 이 중에 낚시가 잘 되는 곳은 해안 방향으로 나란히 뻗어 있는 긴 방파제 쪽이다.

방파제 입구에 위치한 오래 된 방풍림(防風林)은 관광지로 유명한 곳이다. 느티나무와 팽나무 · 이팝나무 등 희귀수목들이 약 500년 전에 조성되어 태풍과 해일을 막아주고 있다. 현재는 휴양림으로 이용되고 있다.

직선으로 뻗어 있는 구미동 큰 방파제는 석축을 기반으로 축조된 것인데 주변에 암초가 없어 이렇다 할 포인트가 눈에 띄지는 않는다. 그러나 가을에 모자반이 자라기 시작하면 광활한 몰밭이 형성되는데 이곳에서 볼락 · 우럭 · 쥐노래미 같은 중소형 록피시가 많이 낚인다. 또 석축 가까이에 채비를 붙이면 석축 틈바구니 사이사이에서 개볼락과 우럭이 기다렸다는 듯이 금방 입질을 하므로 부지런히 쑤시고 다니면 먹을거리는 충분히 장만할 수 있다.

어종과 시즌

이곳 방파제에선 주로 볼락과 우럭, 노래미가 낚이며 여름에는 까가지매기(농어 새끼)의 입질도 잦은 편이다.

본격 시즌은 10월 이후다. 이때부터 갑오징어가 낚이기 시작한다. 남해도 방파제 낚시의 대표어종인 갑오징어는 곧 이곳의 대표어종이기도 하다. 볼락도 10월부터 낮에 입질을 시작하다가 11월로 들어서면서 본격적인 밤낚시 시즌을 형성한다.

방파제 가까운 곳은 사니질대로 겨울이 되면 훌륭한 호래기 포인트가 된다. 방파제의 가로등 시설이 좋은 편이라 자연스런 집어등 역할을 해 따로 집어등을 켜지 않아도 먹을 만큼의 마릿수는 낚을 수 있다.

인근 낚시점(055)

*현대낚시 863-1163
남해읍 남변리 416
*우리낚시 863-2340
남해읍 남변리 379-3
*남해휴게소낚시 862-4440
고현면 대사리 957-2

■ 포인트 및 참고 사항

소형 루어로 노린다면 방파제 진입로 북쪽에 형성돼 있는 갯바위로 나가도 좋다. 채비를 멀리 날려야 하는데 던질찌 채비를 써서 최대한 원투한 다음 살짝 가라앉혔다가 다시 천천히 감기를 반복한다.

가을이 되면 방파제 주변에서 자잘한 감성돔이 입질을 하는데 끝 지점에 서서 외항 방향을 보고 릴 찌낚시를 하면 된다. 숭어 · 전갱이도 잘 낚이는데 9~11물때 사이에 조과가 좋다. 원투낚시에는 또 대형 쥐노래미가 낚인다. 평균 수심은 7m 내외이며 간조 때가 되면 내항 쪽은 1m 정도로 얕아져 낚시가 거의 안 된다.

릴 찌낚시로는 크게 재미를 볼 수 있는 포인트가 아니어서 주로 루어낚시인들이 밤 시간에 손맛을 보고 가는 곳이다. 그러나 주변 경관이 좋고 낚시 자리도 편하여 주말이 되면 가까운 곳에 차를 대고 야영 낚시를 하는 꾼들이 많은 편이다.

↓ 입구에서 본 구미동방파제 전경. 방풍림이 해안을 둘러싸고 있는 내항 쪽은 수심이 얕다. 낚시는 주로 외항 쪽에서 하며 록피시와 호래기낚시가 잘 되는 곳이다.

금포방파제

- **소재지** : 남해군 상주면 상주리 128-6 외
- **길이** : 큰방파제 170여m, 작은방파제 70여m
- **위치 참조** : 〈최신 전국낚시지도〉 325p E3

찾아가는 길

남해고속도로 사천IC로 나와 삼천포대교를 이용해 창선도로 진입, 3번 국도를 타고 창선교를 건너면 삼동면 지족삼거리이다. 좌회전하여 미조·상주 방면으로 계속 3번 국도(동부대로)를 타고 남하하여 미조면 소재지 입구인 초전삼거리에 이르면 상주해수욕장 방면으로 우회전한다. 이곳에서 19번 국도(남해대로)를 2.8km 달리면 오르막 오른쪽으로 '금포마을'을 알리는 표지판이 보인다. 왼쪽 '금포 버스정류소'를 끼고 700m만 내려가면 방파제다.
남해대교를 건너는 경우는 19번 국도로 남해읍을 지나 상주·미조 방면으로 진행한다. 상주해수욕장을 지나면 도로변 오른쪽에 '금포마을'을 알리는 표지석이 보인다.

■ 낚시 여건

상주해수욕장 동쪽 산 너머, 상주리 금포마을에 위치한 금포방파제는 인근의 미조, 설리와 함께 볼락 꾼들에게는 오랫동안 유명세를 타고 있는 낚시터다. 이곳 금포마을에는 두 개의 방파제가 있는데 첫 번째 작은 방파제는 선착장 역할을 하는 곳이며, 낚시꾼들이 즐겨 찾는 곳은 바깥쪽에 위치한 큰 방파제다.
큰 방파제의 내항 쪽은 시멘트로 깔끔하게 단장되어 있어 안전하게 낚시를 할 수 있지만 외항 쪽은 큼직한 테트라포드가 쌓여 있어 낚시를 하기에는 그다지 좋지 않은 여건이다. 게다가 주로 밤에 볼락낚시를 하고, 주로 구멍치기 낚시 방법이 시도되는 곳이기에 안전사고에 조심해야 한다.

■ 어종과 시즌

늦봄부터 서서히 감성돔 시즌이 시작되는데 초여름부터가 안정권에 해당하는 시즌이다. 마릿수는 그다지 많지 않아도 굵은 씨알의 감성돔이 낚이기 때문에 '빅원'을 노리고 이곳 방파제를 찾는 현지꾼들이 많은 편이다. 여름에는 벵에돔이 낚이는데 마릿수가 좋지 않아 일부 현지꾼들이 간간히 탐색을 하는 수준이다. 터줏대

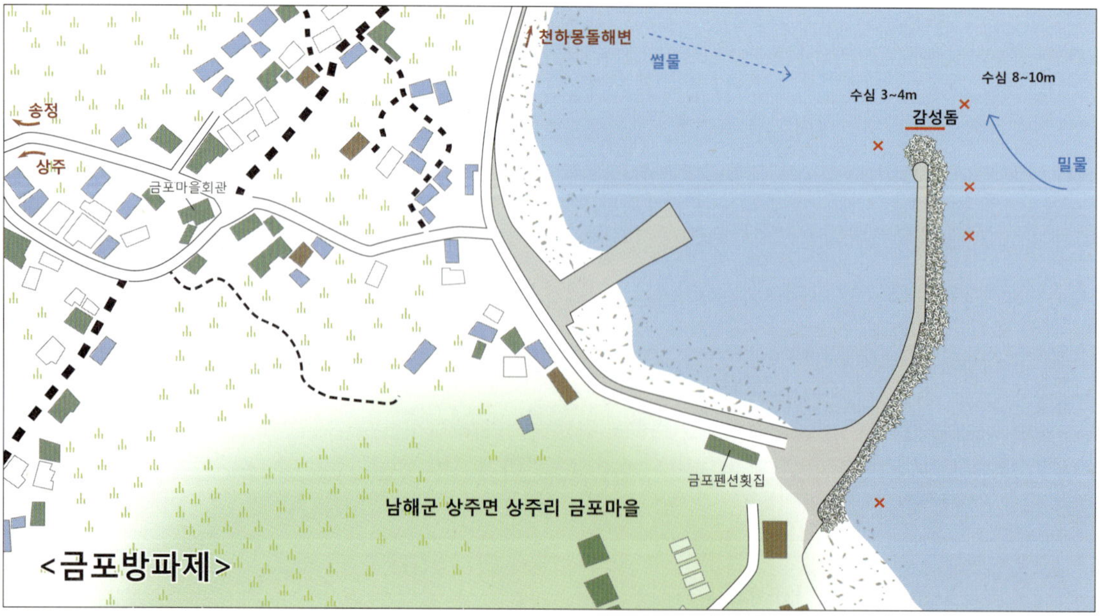

감 격인 볼락과 우럭은 거의 사계절 내내 낚을 수 있다. 그 중에서도 가장 잘 낚이는 시즌은 10월 말~12월, 그리고 5~7월이다.

■ 포인트 및 참고 사항

감성돔은 방파제 끝 지점에서 외항 방향 30m 이내가 포인트다. 남해도 특유의 힘찬 조류가 제대로 흐르는 곳에서 입질을 받을 수 있다. 막대찌 채비와 밑밥을 든든하게 준비하는 것이 좋다. 낚시 자리에서 최대한 원투하는 것이 좋은데 전방 15m 이상 떨어진 곳을 노려야 한다. 수심은 8~10m 정도.

그러나 감성돔에 비해 벵에돔은 가까운 곳에서 입질을 하는데 여름에는 다른 잡어의 성화가 많기 때문에 잡어 퇴치용 밑밥을 따로 준비해서 대책을 마련해야 한다.

볼락은 구멍치기로 굵은 씨알을 낚아낸다. 짧은 민장대나 릴 찌낚싯대를 이용해 테트라포드의 구멍 사이에 채비를 넣으면 볼락은 물론 우럭을 포함한 록피시들이 곧잘 입질을 한다. 미끼는 민물새우나 청갯지렁이 둘 다 잘 듣지만 아무래도 민물새우를 쓰면 입질이 더 시원한 편이다.

루어낚시를 할 때는 지그헤드 채비로 바닥을 공략하는 것이 정석이다. 최근에는 던질찌를 이용해 원거리를 공략하는 경우도 많은데, 이곳 금포에서는 루어낚시라 할지라도 공략 범위보다는 공략 수심에 더 신경을 쓰는 것이 좋다. 테트라포드 가까운 곳에 볼락의 은신처가 많으므로 1.5g 내외의 지그헤드로 카운트를 하면서 입질 수심을 찾아내는 것이 바람직한 방법이다.

인근의 상주해수욕장과 천하몽돌해변 그리고 송정해수욕장은 각각의 특징을 지닌 명승지이므로 시간을 내어 한번쯤 둘러볼만하다.

인근 낚시점(055)

*낚시가좋아 867-8959
미조면 송정리 443-3
*남해낚시 867-7232
삼동면 물건리 260-1
*갈매기낚시 867-8980
창선면 지족리 294

↓ 미조 방면 해안도로에서 본 금포방파제 전경. 초겨울 볼락낚시가 잘 되는 곳으로 외항 쪽 테트라포드 구멍치기에서 특히 큰 씨알이 낚인다. 이동 및 낚시 여건이 상당히 좋고 인근 설리나 답화, 미조방파제와 지척이라 포인트 선택의 폭도 넓다.

남상리방파제

- **소재지** : 남해군 서면 남상리 1396-22 외
- **길이** : 남방파제 80여m, 북방파제 110여m
- **위치 참조** : 〈최신 전국낚시지도〉 306p B5

찾아가는 길

남해대교를 건너 19번 국도를 계속 직진하다가 남해휴게소가 있는 고현교차로에서 330여m 직진 후 오른쪽 탑동교차로 방향으로 빠진다. 탑동교차로에서 우회전하여 남서대로(77번 국도→1024번 지방도)를 타고 정포삼거리, 회룡삼거리를 계속 직진하여 4.2km 지점의 오른쪽 '남상보건진료소' 표지판을 보고 650여m 진입하면 된다.

인근 낚시점(055)

*남해휴게소낚시 862-4440 고현면 대사리 957-2
*쉼터낚시 863-2431 설천면 덕신리 1486-2
*태평양낚시 863-0806 설천면 덕신리 1608-5

■ 낚시 개황

두 개의 방파제가 끝 지점에서 서로 꺾여 마치 깍지를 끼듯 포구를 껴안고 있다. 두 곳 방파제 모두 입구 쪽은 모래바닥에 듬성듬성 수중여가 박혀 있다. 큰 씨알의 고기는 없고 잔 씨알의 치어들이 떼로 몰려다닌다.

석축으로 된 방파제 주변으로 밤이 되면 우럭 · 노래미 종류의 록피시들이 몰려드는데, 입질은 자주 하지만 역시 큰 씨알은 없다.

방파제 북쪽 지역으로 하천이 흘러들어 기수역을 형성하기 때문에 여름철이 되면 까지매기(농어 새끼)가 잘 낚인다. 원투낚시를 하면 노래미과 보리멸 · 도다리 등 다양한 잡어가 낚인다.

■ 참고 사항

방파제 끝에서 릴 찌낚시로 감성돔을 노리는 재미가 최우선이다. 9월 말부터 시즌을 형성하는 30cm 안팎 씨알이 주종이다. 원투낚시에 씨알 좋은 노래미와 도다리가 낚인다.

가을이 깊어갈 무렵에는 오징어의 입성 유무를 탐색해 봐야 한다. 대략 10월부터 에깅을 하면 무늬오징어와 함께 갑오징어도 드문드문 섞여 나온다. 내항 방향보다는 외항 쪽에서 낚시가 잘 된다. 주변 수심은 5~8m 내외.

방파제 안쪽으로는 어선들이 많이 정박하는 관계로 낚시하기가 불편하거나 거의 불가능할 때도 있다. 외항 쪽으로는 원투낚시나 릴 찌낚시, 민장대낚시 모두 자유스러운 여건이다. 주로 노래미나 돌팍망둑 같은 어종이 낚인다.

↓ 큰 씨알은 없지만 다양한 어종을 만날 수 있는 곳이다. 한적한 분위기에서 가족과 함께 오붓한 시간을 보낼 수 있다.

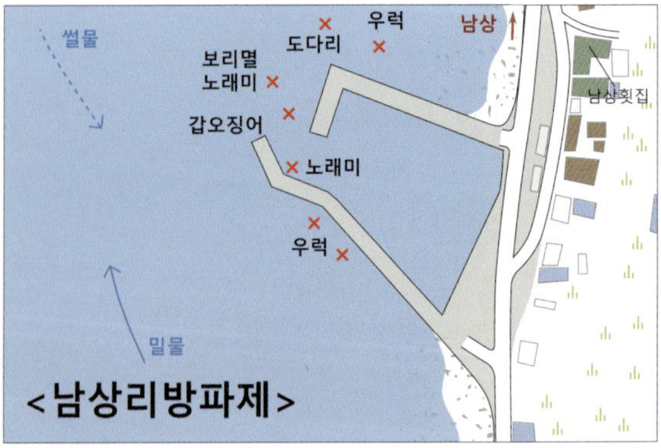

방파제낚시 대상어 도감 ⑮ – 숭어

학명 ■ *Mugil cephalus*

영명 ■ Gray mullet, Striped mullet

일명 ■ 보라 (ボラ)

속명 ■ 모치(어린 개체), 개숭어

생태 ■ 몸은 원통형이며 머리는 아래위로 납작하다. 등은 청색, 옆구리와 배는 은백색이다. 눈에 기름눈꺼풀이 발달하는 점이 가숭어와의 차이점이다. 비늘에는 검은 색 점이 있어 체측의 세로줄 무늬로 보인다. 전 연안에 살며 어린 새끼 숭어는 하천으로 거슬러 올라간다. 횟감으로도 유명하며 위는 '밤'이라 불리어 그 쫄깃한 맛이 일품이다.

방파제낚시 대상어 도감 ⑯ – 양태

학명 ■ *Platycephalus indicus*

영명 ■ Indian flathead
Bartail flathead

일명 ■ 고치 (コチ)

속명 ■ 낭태, 장대

생태 ■ 머리가 매우 납작하며 몸통은 약간 종편된 가늘고 긴 원통형이다. 꼬리지느러미 하반부에 3~4개의 검정색 띠가 있다. 연안모래바닥에서 살며 5~7월 산란기에는 연안으로 이동해 온다. 성장하면서 수컷이 되었다가 암컷으로 성 전환하여 50cm 이상의 크기는 모두 암컷이다. 우리나라 전 연안, 일본 남부, 동중국해, 서태평양, 인도양에 분포한다.

냉천방파제

- **소재지** : 남해군 창선면 당항리 185-8 외
- **길이** : 큰방파제 170여m, 작은방파제 90여m
- **위치 참조** : 〈최신 전국낚시지도〉 307p E4

찾아가는 길

남해고속도로 사천IC로 나와 삼천포대교를 건너 창선도로 진입한다. 첫 번째 만나는 단항사거리에서 미조 · 남해 방면의 3번 국도(동부대로)로 직진하여 약 1km만 달리면 냉천마을 버스정류장에 이른다. 왼쪽 마을길로 꺾어 100여m만 들어가면 냉천방파제가 보인다.

■ 낚시 여건

창선도 동부대로를 타고 지족 방면으로 향하다 보면 도로변 냉천마을 앞에 꺾어진 2개의 방파제와 작은 선착장 하나가 있다. 오른쪽 두 군데의 꺾어진 방파제에서 낚시를 많이 하는 편이다. 자리가 없을 때에는 작은 선착장에서도 낚시를 한다. 평균 수심 5~6m 정도의 바닥은 자갈과 모래가 섞여 있다. 군데군데 작은 여가 있으나 큰 고기를 불러 모을 정도는 아니다.

그러나 낚시자리가 편하고 차량 진입이 수월해 루어낚시꾼들에게는 무척 사랑받는 포인트다. 특히 루어낚시 인기 어종인 호래기와 갑오징어 조황이 이어지면서 10월 부터는 많은 꾼들이 몰린다.

■ 어종과 시즌

주요 대상어종은 볼락 · 무늬오징어 · 감성돔이 손꼽히는 가운데 망상어와 노래미 · 우럭 등이 손님고기로 곁들여진다. 원투낚시, 릴 찌낚시를 주로 하지만 밤에는 루어낚시꾼들이 활개를 친다. 특히 갑오징어가 꾸준하게 잘 낚이는데 10월 한 달이 피크 시즌이다.

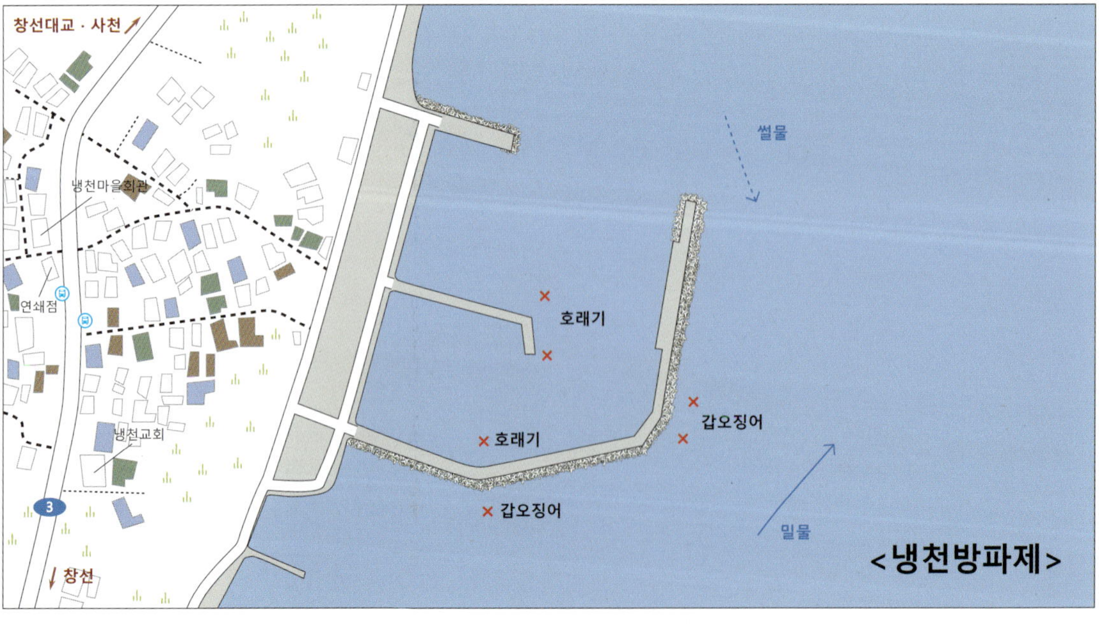

9~11월 중에 가장 다양하고 씨알 굵은 고기가 낚이는데 찌낚시보다는 볼락 루어낚시나 에깅 등이 더 활발하게 이루어지는 포인트다.

호래기는 현지꾼들이 숨어서 낚는 곳이라 할 만큼 마릿수와 씨알이 좋은 편이며 10월 중순부터 낚이기 시작한다. 12월 말까지 꾸준하게 낚이지만 물때나 날씨 상황에 따라 조황 기복이 심한 편이다.

인근 낚시점(055)

*태공낚시 867-2900
남해군 창선면 동대리 480
*행운낚시편의점 867-1120
남해군 창선면 대벽리 86-1
*찬호낚시 853-1008
사천시 사천읍 사주리 49

포인트 및 참고 사항

사니질 바닥 지형에 축조된 냉천방파제는 공략 포인트가 되는 수중여가 주변에 없어 처음 찾은 이들은 어디에서 낚시를 해야 할지 난감할 수도 있다. 일단 세 군데 방파제 모두 끝 지점에서 가장 무난한 조황을 보인다. 원투낚시, 릴 찌낚시, 루어낚시, 민장대낚시 등 장르를 가리지 않고 낚시를 할 수 있어 좋다. 낮에는 주로 잔 씨알의 볼락과 우럭 · 까지매기가 낚이는 것에 반해 밤에는 제법 큰 씨알도 낚인다.

낮에는 릴 찌낚시로 방파제에서 멀리 떨어진 지점을 공략한다. 방파제 끝에서 전방 20m 이상은 넘겨야 포인트에 닿을 수 있다. 낮에는 숭어 · 망상어 · 노래미와 함께 잔 씨알의 볼락이 섞이는데, 가을에는 30cm 가까이 되는 감성돔이 낚이기도 한다. 민장대는 밤에 위력을 발휘한다. 민물새우를 미끼로 방파제 벽을 더듬으면 볼락이 물고 늘어진다. 11월부터 밤 볼락낚시가 되는데 활성도가 좋은 날에는 두 자리 마릿수를 거둘 수도 있다.

호래기낚시 포인트는 작은 방파제 끝, 큰 방파제 꺾어진 부분의 외항 방향과 끝 지점의 내항 방향이다. 큰 방파제 쪽은 썰물 포인트이며 작은 방파제는 밀물 · 썰물에 관계없이 조황이 고른 편이다.

↓ 창선도에 있는 방파제 중에서 적량방파제와 함께 쌍벽을 이루는 명 포인트. 사니질대에 수중여가 섞인 바닥 지형으로 여러 종류의 회유어와 두족류가 들어온다. 특히 가을~초겨울에 좋은 조황을 보인다.

노구방파제

• **소재지** : 남해군 미조면 송정리 121-2 외
• **길이** : 일자방파제 70m, T자방파제 80여m
• **위치 참조** : 〈최신 전국낚시지도〉 325p E2

찾아가는 길

남해고속도로 사천IC에서 내려 3번 국도를 타고 삼천포대교 넘어 창선도로 진입한다. 단항사거리를 직진하여 미조 방면으로 남하해 창선도를 건너면 곧 나타나는 삼동면 지족삼거리에서 좌회전한다. 계속 3번 국도(동부대로)를 타고 13.2km 직진하면 전방 왼쪽으로 '노구마을' 표지석과 버스정류소가 나타난다. 여기서 왼쪽으로 꺾어 들어 360m만 내려가면 좌우로 방파제가 보인다.

■ 낚시 여건

노구방파제는 마을 입구의 T자형 방파제와 오른쪽의 일자방파제 두 개로 축조되어 있다. 특히 T자방파제는 방파제 끝까지 차량이 들어갈 수 있어 한적한 날에는 아예 차량을 가지고 들어가 캠프를 차리고 낚시를 하는 꾼들도 있다. 하지만 이 같은 행동은 낚시 매너에 어긋날 뿐만 아니라 현지민들과의 마찰 우려도 있으므로 되도록 방파제 입구에 차를 세우고 걸어 들어가는 것이 좋다.

이곳 T자방파제는 테트라포드 없이 말끔한 계단 형태로 축조돼 있으며 방파제 끝까지 가로등이 설치돼 있어 낚시하기에 아주 편리하다. 방파제 왼쪽, 오른쪽 모두에 포인트가 형성된다. 방파제 끝에서 릴 찌낚시를 하면 벵에돔이나 감성돔을 기대할 수 있으며 내항 쪽으로는 무늬오징어 · 볼락 · 우럭 · 호래기 등 다양한 어종이 시즌에 따라 입질을 한다.

노구마을은 진입로가 협소하고 급경사로 이루어져 승합차는 진입에 애로점이 있다. 그러나 진입로만 벗어나면 방파제 쪽은 비교적 공간이 넓어서 주차를 하기에 전혀 불편함이 없다.

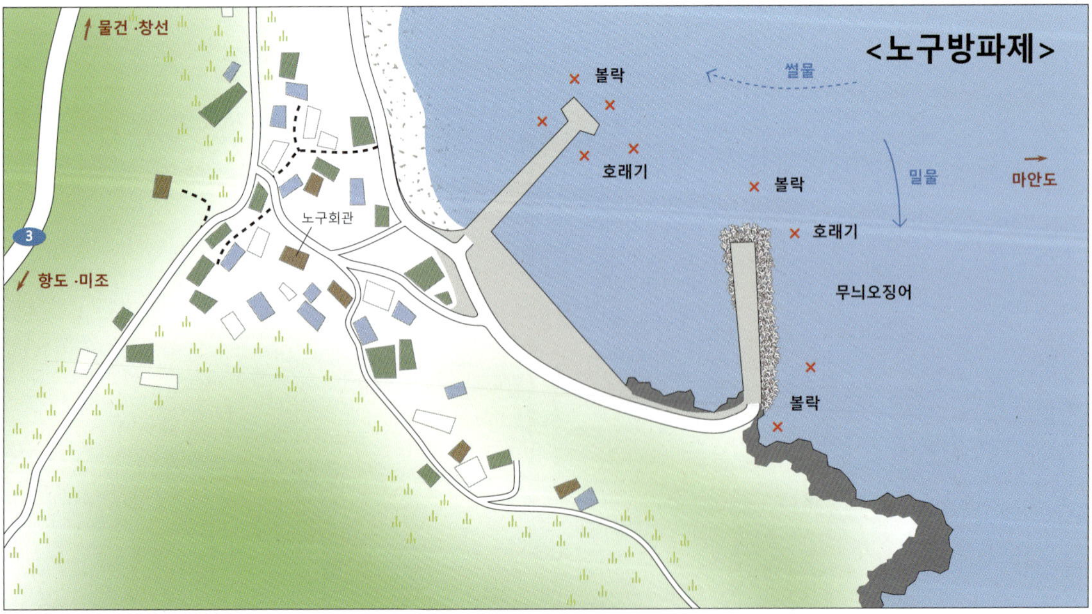

■ 어종과 시즌

남해도의 여러 방파제 중에서도 거의 처음 호래기 조황이 확인된 곳이다. 일자방파제나 T자방파제 전역에서 호래기가 나온다. 11월 초부터 낱마리로 낚이기 시작해 2월까지 시즌을 이어간다. 개체수도 많아 민장대 볼락낚시 도중에도 민물새우 미끼를 건드리는 것을 경험할 수 있다. 볼락도 호래기와 거의 같은 시즌으로 진행된다. 여름에는 전갱이와 까지매기가 밤낚시에 잘 낚인다.

■ 포인트 및 참고 사항

두 방파제 모두 낚시 방법은 비슷하다. 수심이 깊은 곳을 공략하면 씨알 좋은 우럭이 낚인다. 민장대 채비나 볼락 루어 지그헤드 리그를 쓰면 된다. 겨울에는 호래기가 잘 낚이는데 방파제의 가로등이 밝아 자연적인 집어가 이루어져 굳이 집어등을 쓰지 않아도 된다. 하지만 집어등을 쓰면 조과를 더 배가할 수 있다. 가을에는 무늬오징어와 갑오징어가 잘 낚인다. 평균 수심은 7~8m.

노구 마을 아래쪽의 일자방파제는 외항 방향의 테트라포드 구역에서 구멍치기를 하면 우럭과 볼락이 곧잘 낚인다. 우측의 갯바위가 살짝 들어간 홈통 지형을 민장대 채비로 노려도 의외의 수확을 거둘 수 있다. 외항 쪽을 공략하면 시즌에 따라 무늬오징어 · 농어 · 전갱이가 올라오고 간간이 감성돔도 선보인다.

릴 찌낚시를 하기엔 일자방파제 끝 부분이 좋은 포인트이다. 외항 쪽을 바라보고 낚시를 하는데, 조류 소통이 좋아 꾸준히 품질을 하면서 채비를 흘려주면 된다. 입질은 낚시 자리에서 15m 거리 안쪽이 대부분이므로 무조건 멀리 흘리는 것보다는 정해진 범위 안에서 채비 운용을 하는 것이 바람직하다.

인근 낚시점(055)

*물건낚시 867-7961
삼동면 물건리 254-4
*남해낚시 867-7232
삼동면 물건리 260-1
*산마루낚시 867-2102
삼동면 동천리 804-2

↓ 노구마을 입구에서 본 방파제. 남해 본섬 방파제 중에서 다섯 손가락 안에 들 정도로 조황과 낚시여건이 뛰어난 곳이다. 두 개의 방파제 모두 다양한 어종이 낚인다. 특히 초겨울 볼락과 호래기 재미가 좋은 곳이다.

노루목방파제

- **소재지** : 남해군 삼동면 동천리 329-4 외
- **길이** : 방파제 100여m, 선착장 80여m
- **위치 참조** : 〈최신 전국낚시지도〉 307p E6

찾아가는 길

창선도에서 미조 방면의 창선도 건너 삼동면 지족삼거리에서 좌회전한다. 3번 국도(동부대로) 4km 지점에 이르면 왼쪽으로 금천마을과 양화금마을을 알리는 표지판이 나온다. 이곳 작은 삼거리에서 좌회전하여 양화금로를 따라 1.18km 진행하면 왼쪽으로 빠지는 해안도로가 나온다. 해안펜션 간판을 보고 해안도로로 460m만 진입하면 노루목방파제이다.

인근 낚시점(055)

*해마낚시 867-7222
삼동면 지족리 230-9
*갈매기낚시 867-8980
창선면 지족리 294
*태공낚시 867-2900
창선면 동대리 480

■ 낚시 개황

사니질대의 개펄이 발달한 남해도 본섬 북동단에 위치한 방파제로 인근의 갯바위와 함께 쏠쏠한 재미를 보여주는 방파제다. 입구 쪽 선착장에선 낚시가 잘 안 되고 노루목 끝에 위치한 방파제에서 주로 낚시를 하는데, 내항 쪽은 낮은 석축으로 민장대나 루어낚시로 두루 공략할 수 있다. 외항 방향의 테트라포드 구역은 그 높이가 낮아 낚시하기가 수월한 편이다. 가로등 시설도 잘 되어 있는 편이라 조용하게 밤낚시를 즐기기에 적합하다.

바닥 여건은 갑오징어나 호래기낚시에 좋은 여건인데도 조과는 그리 뛰어난 편이 아니다. 시즌 중에 잠깐씩 마릿수 조황을 보이기는 하나 입질 시간이 짧다. 오히려 방파제 오른쪽의 갯바위가 좋은 포인트로 현지꾼들이 즐겨 찾는 곳이다.

■ 참고 사항

창선교를 지나 남해 본섬에 진입하면 곧이어 만나는 방파제다. 길쭉하게 튀어나온 콧부리 지형이 마치 노루의 목처럼 생겨 이름 붙여진 '노루목'에 위치한 방파제로 외항 쪽은 테트라포드, 내항 쪽은 석축으로 깔끔하게 축조되어 있다.

바닥이 사니질대로 방파제 가까운 곳에서는 돌팍망둑이나 망상어 같은 잡어가 잘 낚인다. 밤낚시에는 테트라포드에 볼락이 붙기는 하지만 씨알이나 마릿수 면에서 만족스럽지는 않다. 오히려 방파제 뒤편의 갯바위에서 집어등을 이용하면 훨씬 나은 조과를 거둘 수 있다.

봄~여름에는 원투낚시에 도다리가 나오지만 많은 마릿수는 기대하기 어렵다. 낮보다는 밤낚시가 조과가 훨씬 나은 편이다.

↓ 수심이 얕고 사니질 바닥으로 이루어진 곳이다. 낮에는 원투낚시로, 밤에는 루어낚시로 공략하면 재미를 본다.

답하방파제

• **소재지** : 남해군 미조면 미조리 230-6 인근 • **길이** : 100여m
• **위치 참조** : 〈최신 전국낚시지도〉 325p E3

미조 팔랑포 너머에 있는 방파제로 유명한 설리방파제를 찾아가는 길에 잠시 들리는 곳이기도 하다.
만곡 지형에 위치해 웬만한 바람에도 낚시를 할 수 있는 것이 장점인데, 산자락 밑 방파제에서 주로 낚이는 어종은 감성돔 · 볼락 · 무늬오징어 · 전갱이 · 호래기다.
방파제 입구가 넓어 주차 공간이 충분한데, 내항 쪽은 계단식으로 되어 있어 낚시하기엔 편하지만 잔챙이 볼락과 우럭이 낚일 뿐 이렇다 어종이 없다. 반면 외항 쪽에선 9월부터 감성돔이 낚이기 시작하는데, 방파제 끝에서 최대한 멀리 채비를 던져서 흘려주면 30cm 내외의 씨알을 만날 수 있다. 이때부터는 무늬오징어도 낚이기 시작한다.

찾아가는 길
삼천포 방면에서 삼천포대교를 타고 창선도로 진입한 후에는 동부대로(3번 국도)를 타고 미조면 소재지까지 계속 달린다. 미조면사무소 앞에서 우회전하여 미송로를 1.2km 진행한 지점의 '답하마을' 표지석과 버스정류소를 보고 좌회전하여 350m만 들어가면 답하방파제이다.

인근 낚시점(055)
*팔도낚시 867-7231 미조면 미조리 104-2
*두미낚시 867-3620 미조면 미조리 105-16

방파제낚시 Tip ⑦

조류(潮流)와 조석(潮汐)

물고기의 탐식성을 크게 유발하는 것 중의 하나가 '조수의 흐름'(潮流)이다.
일반적으로 물고기의 식성이 좋아지는 것은 간조 또는 만조 전후 시각에 '멈춰 있던 조수'(停潮)가 흐르기 시작했을 때, 또는 세찬 조수가 느려질 때, 그리고 조수 흐름의 방향이 바뀔 때이다.
조류(조수의 흐름)에는 조석(潮汐)이 크게 영향을 준다. 조석이란 기본적으로 1일 2회씩 '해수면의 높이'(潮位)가 오르락내리락 되풀이하는 조류의 움직임이다. 하루 중 조위가 가장 높은 상태를 고조(高潮), 가장 낮은 상태를 저조(低潮)라 하며 이 고저 차이를 조차(潮差)라 한다.
조수 간만의 차이가 가장 최대치를 이루는 것은 음력 보름(15일)과 그믐(30일 또는 29일)을 전후한 날이다. 이것을 대조(大潮)라 하고 흔히 '사리' 때라고 말한다. 반대로 조차가 최소가 되는 것은 상현 · 하현달이 뜨는 음력 8일과 13일을 전후한 날이다. 이것을 소조(小潮)라 하고 흔히 '조금' 때라고 말한다.
일반적으로 바다낚시에 적합한 것은 대조(사리 때)로 조수가 많이 움직이는 날이다. 플랑크톤이 활발하게 움직여 그것을 먹는 미끼용 어류(베이트피시)의 활성도 올라가고, 그것을 노리는 포식어들의 움직임도 활발해지기 때문이다.
하지만 낚시터에 따라 사리 때는 조류의 흐름이 너무 빨라서 낚시하기가 매우 어려운 경우가 있는가 하면 오히려 조금 때에 낚시가 잘 되는 곳도 있다. 방파제 낚시를 할 경우도 이런 연유로 목적지의 적정 물때를 알아두는 것이 좋다.

대량방파제

- **소재지** : 남해군 상주면 양아리 911-3
- **길이** : 80여m
- **위치 참조** : 〈최신 전국낚시지도〉 325p D3

찾아가는 길

남해고속도로 사천IC로 나와 삼천포대교로 창선도에 닿으면 3번 국도를 타고 창선교를 건넌다. 삼동면 지족삼거리에서 우회전하여 2014번 지방도로를 타고 이동면 무림사거리에 닿으면 전방의 지하도를 통과해 곧 좌회전한다. 이후 상주 · 미조 방면으로 8.8km 남하하면 19번 국도변 오른쪽에 '두모마을' 표지석이 나타나는데, 우측으로 빠져 양아로와 상주로를 타고 약 4km 진행하면 대량마을 방파제가 나온다. 중간에 두모와 소량마을을 거치게 된다.
남해대교를 건너는 경우는 19번 국도로 남해읍과 이동면을 거쳐 상주 · 미조 방면으로 계속 남하하다가 두모 · 소량 · 대량 쪽으로 빠지면 된다.

■ 낚시 여건

경기도 임진강가에 있는 '양아'라는 지역에서 경주 이씨가 이 지역에 옮겨와 살게 되어 당시 그 지명을 그대로 쓰다가 경주이씨, 김해김씨, 대구빈씨, 밀양박씨의 집성촌이 되면서 양아리에서 가장 큰 마을이라 하여 대양아(大良阿)라고 불리다가 대량(大良)으로 오늘에 이르렀다.

대량방파제 앞바다는 곧 청정해역으로 톳 · 미역 · 청각 등의 해조류가 많아 이를 먹잇감으로 하는 각종 어류들이 다량 포진하는 곳이다. 사계절 볼락과 감성돔이 많이 낚여 널찍한 방파제는 더 없이 좋은 포인트로 낚시꾼들이 즐겨 찾는 곳이다. 아쉽게도 최근에는 전복양식과 마을 수익사업의 일환으로 유료낚시터화를 시도하고 있어 낚시에 제약을 받고 있다.

밝은 가로등 시설, 넓은 발판으로 인해 낚시하기에는 더 없이 좋은 조건이다. 남해의 수많은 방파제 중에서도 그리 알려진 곳이 아니라 찾는 낚시꾼들도 적은 편이다. 크게 소문나 많은 이들이 몰려들어 여러 가지 문제만 일으키지 않는다면 유유자적 오래오래 낚시를 즐길 수 있는 곳이다.

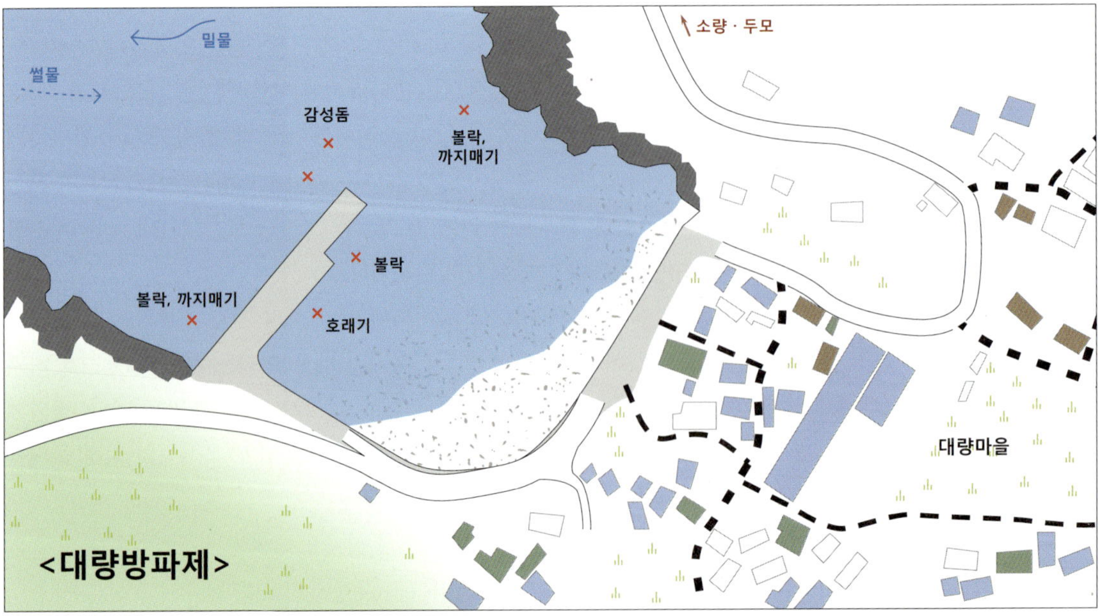

어종과 시즌

볼락의 명소 남해도 지역의 방파제답게 초겨울부터 볼락낚시가 잘 된다. 방파제 주변에는 11월 말부터 몰밭이 조금씩 형성되기 시작한다. 이르면 11월 중순부터 볼락이 들어온다. 초반에는 생미끼를 이용한 민장대낚시가 효과적이다.

12월로 접어들면서부터 루어낚시가 위력을 발휘하기 시작한다. 몰밭을 넘기거나 주변을 스치면 십중팔구 입질을 받을 수 있다.

1~2월에는 짧은 기간이나마 호래기(꼴뚜기)가 붙기도 하는데 다른 방파제에 비해 개체수가 많은 편은 아니다.

포인트 및 참고 사항

내항 쪽은 모래바닥으로 방파제 벽면에 붙어 있는 잔 씨알의 고기 말고는 이렇다 할 조과를 기대하기 어렵다. 포인트는 방파제 끝자락과 외항 방향이다. 외항 쪽은 수직 옹벽 밑으로 견칫돌이 깔려 있는데 구멍치기를 하면 볼락이 잘 나온다. 씨알이 그다지 크지는 않은 편이다.

가을이 되면 감성돔이 낚이는데 30~45cm급으로 방파제에서 낚이는 씨알 치곤 큰 편이다. 방파제 끝에서 최대한 멀리 원투하여 채비를 흘리면 된다. 주변 수심은 7~8m 내외.

이밖에 방파제 주변의 갯바위 지역도 유명 감성돔 포인트로 시즌이 되면 많은 꾼들이 몰려든다. 방파제를 마주 보고 있는 배양장 오른쪽 갯바위 지역도 볼락과 까지매기 · 감성돔이 잘 낚이는 곳이다.

인근 낚시점(055)

*덕성슈퍼낚시 863-3708
이동면 신전리 1206
*섬낚시할인마트 864-7366
남해읍 남변리 272
*남해낚시 864-3445
남해읍 북변리 450-3

↓ 소량마을 가는 길에서 건너다 본 대량방파제. 외항 쪽으로 연결된 갯바위는 예전부터 감성돔 포인트로 유명한 곳이다. 방파제 포인트 역시 외항 쪽이지만 내항 방향에서도 밤낚시로 잔 씨알 손맛은 볼 수 있다.

대벽방파제

- **소재지** : 남해군 창선면 대벽리 862-7 외
- **길이** : 큰방파제 220여m, 작은방파제 70여m
- **위치 참조** : 〈최신 전국낚시지도〉 307p E4

찾아가는 길

남해고속도로 사천IC에서 3번 국도로 남하해 삼천포대교를 건너 창선도 단항사거리에서 단항마을(대벽리) 방면으로 우회전 후, 서부로(1024번 지방도)를 타고 3.2km 이동하면 왼쪽으로 '대벽마을' 표지석과 버스정류소가 보인다. 여기서 우회전하여 250m 들어가면 방파제에 도착한다.

■ 낚시 여건

창선도의 북서쪽은 노량 앞바다의 거센 조류가 스쳐 지나는 곳이다. 사니질대의 바닥으로 낚시라 하면 원투낚시를 하거나 방파제 코앞에 서식하는 잔 씨알의 잡고기를 낚는 것이 고작이었다. 그러나 루어낚시가 활성화 되면서 이 일대에 빼곡히 들어찬 방파제는 환상적인 포인트로 거듭났는데, 특히 규모가 크고 진입부가 넓어 편안하게 낚시를 할 수 있는 대벽방파제는 최적의 낚시터가 되었다.

주력 어종은 갑오징어와 주꾸미. 늦여름부터 조금씩 낚이기 시작하는데 10월~12월 초가 되면 굵직한 씨알에 마릿수까지 환상적인 조황을 자랑한다. 이 일대의 갑오징어와 주꾸미 조황은 거의 현지 꾼들만 알고 있을 뿐 외지 낚시인들에겐 아직 많이 알려지지 않은 편이다. 따라서 주말을 제외하고는 자리다툼 없이 느긋하게 낚시를 하는 재미가 있다.

■ 어종과 시즌

대벽방파제는 호래기(꼴뚜기)나 갑오징어가 나오기 전까지는 볼락으로 잔 손맛이나 보는 낚시터였다. 그러다 늦가을에서 겨울까지 갑오징어와 호래기 조황이 전해

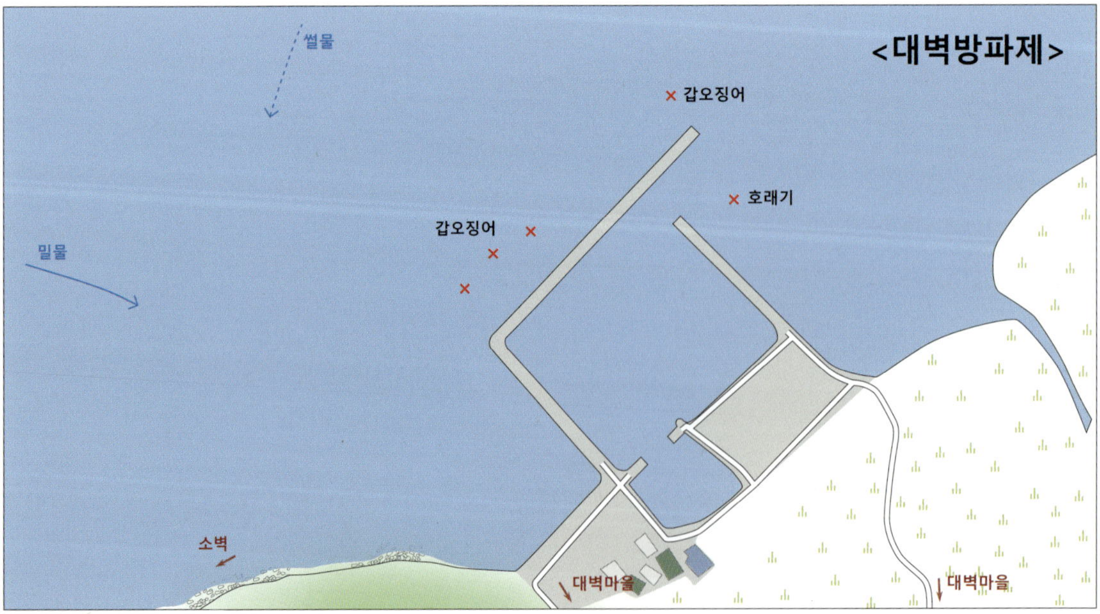

지면서 일부 단골 꾼들이 시즌이 되면 잊지 않고 찾는 명소가 되었다. 감성돔은 봄 시즌과 가을 시즌으로 나뉘어 낚이는데 봄철보다는 가을철에 마릿수가 좋은 편이다. 그러나 씨알은 큰 편이 아니다.

볼락은 12월부터 시작해서 다음 해 봄까지 잘 낚인다. 초반에는 마릿수가 좋은 편이다. 겨울에는 다소 뜸하나 부지런히 걸어다니면 반찬꺼리 정도는 충분한 올릴 수 있는 볼락이 낚인다. 늦가을 밤낚시로 만나는 갈치도 또 다른 재미다.

■ 포인트 및 참고 사항

갑오징어는 방파제가 꺾어진 부분부터 끝 지점까지가 포인트다. 외항 쪽으로 최대한 멀리 던져서 바닥을 끌어준다. 채비는 갑오징어용 왕눈이 에기를 가짓줄에 달고 기둥줄에는 도래봉돌이나 루어낚시용 싱커를 달아주는 다운샷 채비를 쓴다. 쭈꾸미를 낚을 때에는 왕눈이 에기보다 작은 에기 슷테나 일반 에기 2.0호 내외를 쓰면 된다. 마찬가지로 바닥을 질질 끌어주다가 묵직한 느낌이 들면 챔질을 하는 방법을 쓰면 된다.

갑오징어낚시를 할 때는 입질이 감지되는 순간을 놓치지 말고 강하게 챔질을 해주어야 한다. 챔질이 약하면 갑오징어의 두꺼운 외피에 바늘이 들어가지 않아 랜딩 도중 놓쳐 버리기 일쑤다.

물때는 물색을 고려해 조금~사리 때까지가 좋다. 사리를 지나면서 물색이 흐려지므로 낚시 자체가 거의 불가능할 수도 있다. 평소에는 낚시를 하는 사람이 거의 없는 곳으로, 시즌 때만 일찍 서두르면 자리 차지하는 데는 불편함이 없다.

인근 낚시점(055)

*찬호낚시 853-1008
사천시 사천읍 사주리 49
*걸리버낚시 834-5399
사천시 용현면 금문리 48-30

↓ 갑오징어와 호래기로 일약 스타덤에 오른 방파제로, 봄·가을 시즌에는 간간이 감성돔이 낚이기도 한다. 갑오징어 채비로 가을 시즌에 바닥을 공략하면 갑오징어를 비롯한 낙지와 주꾸미 같은 두족류가 잘 낚인다.

대지포방파제

- **소재지** : 남해군 삼동면 물건리 1044-2
- **길이** : 80여m
- **위치 참조** : 〈최신 전국낚시지도〉 325p E1

찾아가는 길

남해고속도로 사천IC에서 내려 3번 국도를 타고 삼천포대교 넘어 창선도로 진입한다. 단항사거리를 직진하여 미조 방면으로 남하해 창선도를 건너면 곧 나타나는 삼동면 지족삼거리에서 좌회전한다. 계속 3번 국도(동부대로)를 타고 10.6km 지점의 대지포 버스정류장에서 좌회전하여 대지포마을회관 쪽으로 진입하거나 270여m 더 진행하여 왼쪽 '대지포 전복의집' 안내 간판을 보고 내려가도 된다.

■ 낚시 여건

남해군 최고의 방파제 낚시터인 물건방파제와 이웃하고 있는 대지포방파제 또한 낚시 여건이 좋아 초보 꾼들이 즐겨 찾는 곳이다. 널찍한 주차 공간과 몽돌밭, 테트라포드, 석축 등 다양한 지형 여건으로 여러 가지 장르의 낚시를 시도할 수 있다.

특히 볼락 루어낚시가 전문화되면서 유명해지기 시작한 이곳은 사실 민장대낚시를 좋아하는 꾼들에게도 테트라포드 구멍치기로 굵은 볼락을 뽑아내는 '냉장고' 포인트로 유명한 곳이다. 지금도 지그헤드를 이용해 테트라포드 사이에서 고패질을 하면 손바닥만한 볼락을 손쉽게 올릴 수 있다.

방파제 입구엔 남해도의 유명 맛집으로 꼽히는 '전복의 집'이 있으며 작은 낚싯배로 인근의 도서 갯바위낚시터로 낚시꾼들을 수시로 실어 나른다. 방파제 이외에도 주변 갯바위에서 다양한 장르의 낚시가 이루어지는 명소다.

■ 어종과 시즌

주요 찌낚시 대상어종은 감성돔으로 시즌은 5~11월까지다. 사리 물때만 피하

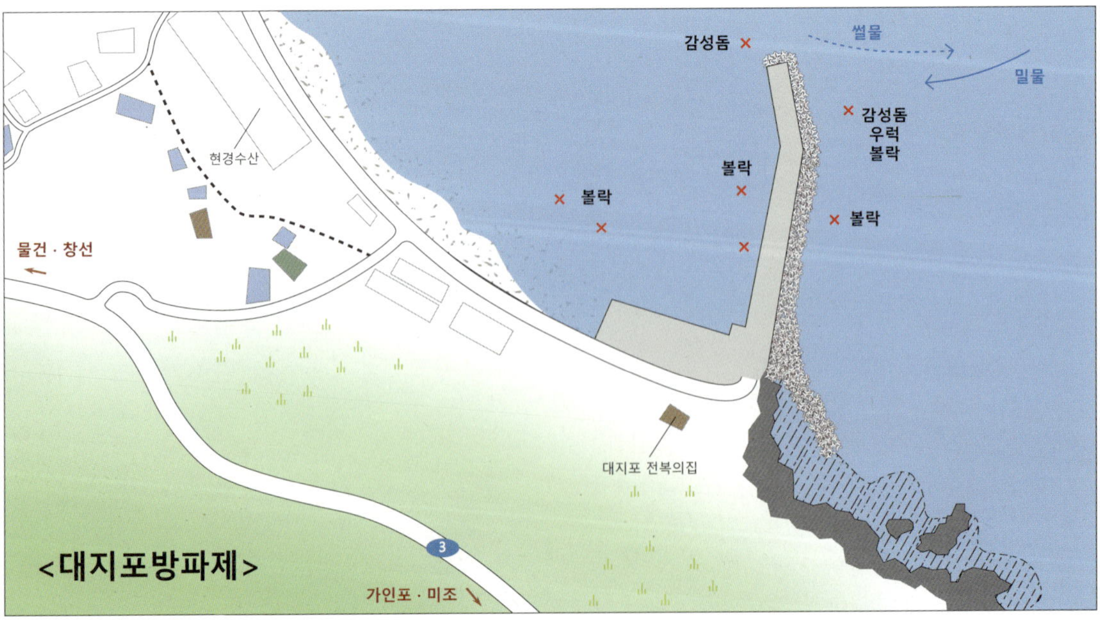

면 되는데 12물~5물 사이의 초밀물과 초썰물 시간대에 입질이 집중된다. 씨알은 30~40cm가 주종이나 마릿수는 그다지 많지 않은 편이다.
볼락은 10월부터 주로 낮 시간에 나오다가 11월 말부터 밤볼락 시즌이 시작된다. 여름철에는 까지매기와 전갱이가 밤낚시에 낚인다. 12월~2월까지는 학공치가 수시로 드나들면서 시즌을 형성한다.

■ 포인트 및 참고 사항

가장 조황이 좋은 곳은 방파제 중간 지점의 외항 쪽 테트라포드다. 수심은 5~7m이며 낚시 자리에서 10~15m 거리 이내에서 입질을 받을 수 있다. 이 지역은 수중 테트라포드 끝 지점에 몇 개의 암반이 있는 등 이런저런 수중 여건이 좋아 감성돔이 많이 몰리는 곳이다. 정확하게 수심 체크를 하고 바닥을 꼼꼼하게 탐색할 수 있다면 시즌 중에는 언제나 감성돔을 낚을 수 있는 일급 포인트이다.
또 다른 포인트는 방파제 끝에서 12~2시 방향이다. 이 지역엔 인공어초가 빠져 있어 항상 다양한 어종이 몰려 있어 가장 확률이 높은 곳이라 할 수 있다. 주요 대상 어종은 우럭 · 볼락 · 감성돔 · 농어 등이다.
루어낚시로는 방파제 입구 왼쪽의 몽돌밭과 외항 쪽 테트라포드 구역에서 볼락을 낚을 수 있다. 외항 쪽에서 최대한 멀리 에기를 던지면 무늬오징어도 올라온다. 여름~가을에는 작은 미노우를 던지면 까지매기가 심심찮게 걸려든다.
원투낚시로도 좋은 조과를 거둘 수 있는데 쏨뱅이 · 볼락 · 붕장어 등이 낚인다. 포인트는 역시 방파제 끝 지점인데 다른 잡어들이 많이 설치기 때문에 참갯지렁이를 염장해서 만든 미끼를 쓰면 매우 효과적이다.

인근 낚시점(055)

*물건낚시 867-7961
삼동면 물건리 254-4
*산마루낚시 867-2102
삼동면 동천리 804-2

⬇ 서쪽 방향에서 본 대지포방파제. 바다 루어낚시 초창기 볼락 루어꾼들의 성지로 매일 밤 루어꾼들의 행렬이 이어지던 곳이다. 방파제 오른쪽 갯바위 지역에도 볼락 · 감성돔 포인트가 즐비하다.

두곡방파제

- **소재지** : 남해군 남면 당항리 31-6
- **길이** : 140여m
- **위치 참조** : 〈최신 전국낚시지도〉 324p C2

찾아가는 길

남해고속도로 사천IC로 나와 삼천포대교를 타고 창선도에 진입하면 3번 국도로 창선교를 건넌다. 삼동면 지족삼거리에서 우회전하여 1024번 지방도로로 이동면 소재지의 무림사거리 전방 지하도를 통과해 상주·미조 방면으로 곧 좌회전한다. 1.7km 지점의 신전삼거리에 이르러 남면·서면 방면으로 우회전하여 5km 진행하면 월포두곡해수욕장 입구. 재미들펜션 간판을 보고 왼쪽으로 꺾어 들어가면 곧 두곡방파제이다. 남해대교를 이용하는 경우는 19번 국도로 남해읍과 이동면을 거쳐 신전삼거리에 이르러 우회전하면 된다.

■ 낚시 여건

남해도 남쪽의 앵강만 깊숙한 곳에 위치한 두곡방파제는 전체적으로 수심이 얕고 주변이 온통 모래바닥이다. 특히 방파제 내항 쪽으로 월포두곡해수욕장이 길게 뻗어 있어 여름에는 피서를 겸한 낚시터로 각광받는 곳이다. 주로 낚이는 어종은 도다리와 보리멸. 원투낚시를 하면 어디서나 낚을 수 있다.

도다리와 보리멸 포인트로 추천할 만한 곳은 방파제 내항 방향이다. 정박해 있는 어선을 피해 원투낚시를 하면 된다. 굳이 먼 거리를 노리지 않아도 된다. 외항 방향을 노릴 때는 먼 거리까지 탐색해 볼 필요가 있다. 방파제가 아닌 해수욕장 쪽에서 힘껏 원투낚시를 해도 좋다.

대개 도다리와 보리멸이 낚이는 곳은 암초가 없기 때문에 다른 어종은 잘 낚이지 않는다. 이곳 방파제에서 다른 어종을 노리고 싶다면 중간 지점에 붙어 있는 돌섬 부근이 안성맞춤이다. 방파제가 꺾어진 지점으로부터 작은 돌섬은 3m 정도의 간격을 이루는데, 그 사이를 노리면 우럭과 볼락을 심심찮게 낚을 수 있다.

루어낚시를 해도 좋고 릴 찌낚시나 민장대낚시를 해도 된다. 특히 봄부터 여름까지 감성돔이 심심찮게 출현하는 곳으로, 이전 한때는 산란기 대물 감성돔 포인트

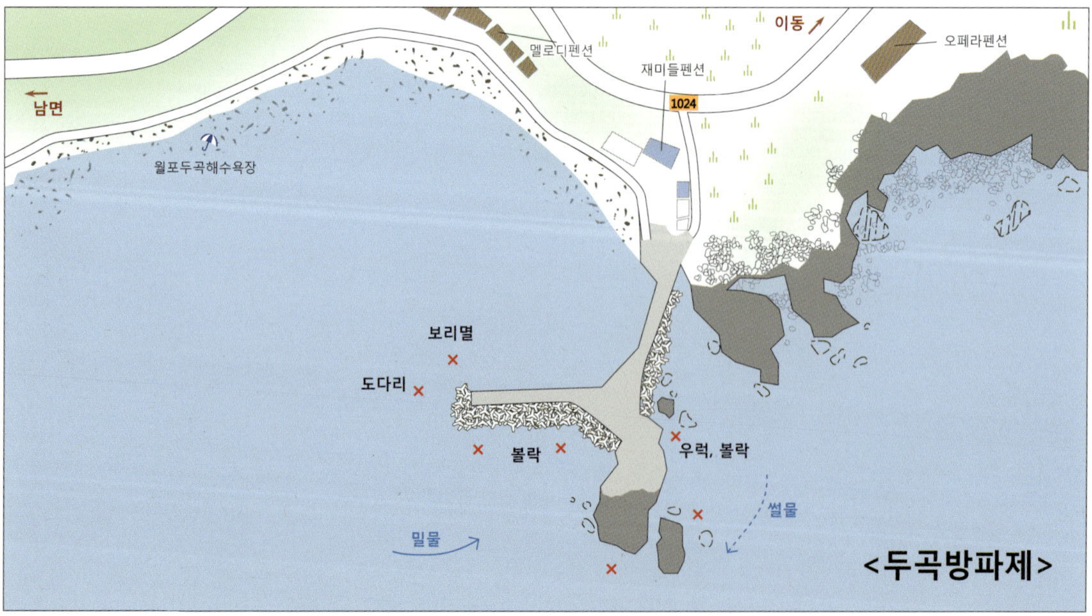

로 각광받아 자리다툼까지 벌어졌을 정도. 릴 찌낚시로 큰 바위가 있는 주변과 테트라포드 앞쪽을 노리면 된다.

■ 어종과 시즌

월포두곡해수욕장과 붙어 있는 까닭에 바닥 지형은 조금만 벗어나도 대부분 사니질대(沙泥質帶)이다. 따라서 잘 낚이는 어종도 이들 지형을 좋아하는 것들이다. 도다리와 보리멸이 바로 그 주인공으로 봄부터 늦여름까지 잘 낚인다.
감성돔은 가을이 되면 방파제 가까이로 붙는데 씨알은 큰 편은 아니다. 볼락은 12월 초부터 입질을 시작해 봄철에 절정을 이룬다.

■ 포인트 및 참고 사항

큰 바위 주변에 낚시인이 많다면 방파제 초입에서 왼쪽으로 뻗어 있는 갯바위 지대를 노려봄직하다. 주변이 온통 암초지대라 다양한 록피시를 낚을 수 있다. 채비를 멀리 던질수록 입질 받을 확률이 높으므로 2g 내외의 지그헤드를 쓰는 것이 효과적이다. 하지만 밑걸림이 심해 어느 정도의 채비 손실은 감내해야 한다.
해수욕장이 끝나는 우측(서남쪽) 지역에도 암초지대가 많다. 다만 수심이 얕기 때문에 루어낚시로 노려야 한다. 낮에는 작은 씨알의 우럭이나 노래미가 입질하지만 밤에는 큰 볼락이 붙는다. 바람도 덜 타고 밑걸림도 적은 곳이라 편하게 낚시할 수 있는 자리다.
두곡방파제 주변은 모래바닥이기 때문에 큰 고기는 방파제 안쪽으로 바짝 붙는 경향이 있다. 따라서 먼 곳보다는 가까운 지점에서 의외의 성과를 거둘 수 있다.

인근 낚시점(055)

*정보낚시 862-3082
이동면 석평리 802-1
*남해낚시 864-3445
남해읍 북변리 450-3
*태공낚시 867-3522
삼동면 지족리 533-9

↓ 작은 돌섬을 끼고 있는 두곡방파제. 내항 쪽으로는 백사장, 외항 쪽으로는 갯바위와 여밭이 적절히 조화를 이룬 방파제로 봄 시즌에 호황을 이룬다. 감성돔·볼락·보리멸 등이 주력 어종이다.

두모 · 정촌방파제

- **소재지** : 남해군 상주면 양아리 1406 인근 외
- **길이** : 두모방파제 80m, 정촌방파제 60m
- **위치 참조** : 〈최신 전국낚시지도〉 325p D3

찾아가는 길

남해고속도로 사천IC로 나와 삼천포대교로 창선도에 닿으면 3번 국도를 타고 창선교를 건넌다. 삼동면 지족삼거리에서 우회전하여 2014번 지방도로를 타고 이동면 무림사거리에 닿으면 전방의 지하도를 통과해 곧 좌회전한다. 이후 상주 · 미조 방면으로 8.8km 남하하면 19번 국도변 오른쪽에 '두모마을' 표지석이 나타나는데, 우측으로 빠져 2km 정도 내려가면 두모방파제가 나온다.
남해대교를 건너는 경우는 19번 국도로 남해읍과 이동면을 거쳐 상주 · 미조 방면으로 계속 남하하면 된다.

■ 낚시 여건

앵강만 동쪽 입구의 노도(櫓島)를 마주보는 두모방파제와 정촌방파제는 마을 앞으로 앵강만의 물골이 지나가기 때문에 조류가 거센 편이다. 두모방파제는 테트라포드와 눈에 띄는 석축도 없이 계단식으로 마무리된 깔끔한 형태로 편안하게 낚시를 할 수 있다. 하지만 방파제가 앵강만 중에서도 거듭 오목한 만곡 지형에 위치한 까닭에 고기들이 많이 드나드는 곳은 아니다. 다만 바람의 영향을 덜 받는 곳이어서 악천후 날씨 때 잔 손맛을 보기에는 안성맞춤이다.

방파제 두 개가 서로 지척에 있어 양쪽을 이동하면서 낚시를 할 수 있다. 그러나 정촌방파제로 향하는 진입로가 불편하기 때문에 일단 정촌방파제에 먼저 자리를 잡고서 충분히 낚시를 즐긴 후, 철수하는 길에 두모방파제를 체크하는 것이 바람직하다. 두모방파제 입구에 주차를 한 후 최대한 간편하게 짐을 챙겨 정촌방파제로 진입하는 것이다. 정촌방파제의 진입로는 산길과 갯바위로 이어져 낚시인들이나 어구작업을 하는 배가 아니면 진입하지 않는 곳으로, 조용한 분위기에서 낚시를 즐기기엔 오히려 안성맞춤이다.

■ 어종과 시즌

볼락 · 우럭 · 노래미가 낚이고, 가을이 되면 밤낚시에 감성돔이 올라온다. 방파제 끝에서 멀리 노리면 간혹 큰 씨알이 나오는데 원투낚시를 하는 꾼들이 많아 릴 찌낚시를 하기가 어려울 때가 많다.

정촌방파제는 두모방파제에 주차를 하고 돌무더기로 이루어진 해안길을 따라 200m 정도 내려가야 하는데, 진입하기가 불편한 길을 고생해서 들어간 만큼 좋은 조황을 거두는 곳이다. 하지만 가로등이 없기 때문에 집어등을 가지고 가거나 초저녁 물때에 맞춰 낚시를 해야 한다. 물때는 중밀물-중썰물 사이가 좋다.

■ 포인트 및 참고 사항

정촌방파제의 외항 쪽 테트라포드 구간이 가장 고기가 잘 낚이는 포인트다. 테트라포드 구멍 사이만 노려도 20cm 내외의 볼락을 손쉽게 올릴 수 있다. 내항 쪽 석축을 노리면 우럭과 개볼락, 노래미가 올라온다.

한편 많은 낚시인들이 그냥 지나치는 포인트가 있으니, 정촌방파제와 두모방파제 사이에 있는 돌무더기 길이다. 또 정촌방파제 왼쪽에 있는 갯바위 지대는 사실상 감성돔 · 볼락 · 우럭이 골고루 낚이는 포인트다. 루어낚시의 경우 해안길에서 원투를 하면 굵은 볼락이 사정없이 물고 늘어진다. 수심이 얕기 때문에 밑걸림만 주의하면 되는데, 무거운 던질찌 채비로 30m 이상 던져 천천히 리트리브하면 우럭이나 볼락이 십중팔구 입질한다. 던질찌는 플로팅 타입을 쓰고 바늘 역시 0.3g 이하의 가벼운 것을 써야 밑걸림이 없다. 정촌방파제는 외항 쪽 테트라포드에서 민장대낚시를, 두모방파제에선 지그헤드 채비로 공략하는 것이 주효하다.

인근 낚시점(055)

*보물선낚시 863-1788
남해읍 차산리 779-3
*대물예감낚시 864-6362
남해읍 심천리 979-12
*태공낚시 867-3522
삼동면 지족리 533-9

↓ 두모방파제(위)와 정촌방파제(아래 사진)는 동일 권역의 낚시터다. 두모방파제 입구에 차를 세우고 정촌방파제로는 도보로 이동해야 하는데, 정촌방파제가 비교적 손을 덜 탄 곳으로 조황도 나은 편이다. 특히 볼락과 감성돔낚시가 잘 된다.

복병방파제

- **소재지** : 남해군 삼동면 금송리 142-8
- **길이** : 80여m
- **위치 참조** : 〈최신 전국낚시지도〉 307p E6

찾아가는 길

사천 방면에서 삼천포대교 넘어 창선도로 진입한다. 단항사거리를 직진하여 미조 방면으로 남해 창선도를 건너면 곧 나타나는 삼동면 지족삼거리에서 좌회전한다. 계속 3번 국도(동부대로)를 타고 3.2km만 진행하면 왼쪽으로 남해유스호스텔과 한려유스호스텔을 알리는 간판이 차례로 나온다. 7시 방향으로 좌회전하여 350m 진입하면 방파제이다.

인근 낚시점(055)

＊해미낚시 867-7222
삼동면 지족리 230-9
＊갈매기낚시 867-8980
창선면 지족리 294
＊행운낚시 867-1120
창선면 대벽리 86-1

■ 낚시 개황

복병방파제는 고급어종이 낚이는 곳은 아니다. 바닥이 사니질대로 이렇다 할 수중여가 없어 일반적인 대상어종은 거의 없다. 방파제 석축 가까이에서 잔 씨알의 우럭과 돌팍망둑이 마릿수 조황을 보여 초보자들이 낚시를 익히는 곳으로 적합하다. 수심이 얕고 밑걸림이 거의 없어 낚시도 수월하다. 봄에는 도다리와 노래미가 바닥에서 입질해 원투낚시로 잔재미를 볼 수 있다.

이름 난 방파제가 아니기 때문에 진입로를 찾기 어렵다. 남해유스호스텔 방향으로 들어와 해안도로 끝까지 진입해야 방파제가 나타난다. 여름~가을 시즌이 지나면 손맛을 볼 수 없으므로 시기를 가려 찾아야 한다.

■ 참고 사항

사니질대의 완만한 지형에 위치한 방파제로 간조 때는 방파제 끝자락을 제외하고는 낚시를 거의 할 수 없을 정도로 수심이 매우 얕은 곳이다. 낮에 민장대로 방파제 주변을 탐색하면 돌팍망둑과 망상어를 손쉽게 낚을 수 있다.

가까운 거리에는 이렇다 할 대상어종이 붙지 않기 때문에 원투낚시를 해야 쓸 만한 씨알의 어종을 낚을 수 있다. 원투낚시에는 노래미와 우럭, 잔 씨알의 감성돔이 간간이 올라와 시름을 덜어준다. 겨울에 집어등을 사용하면 호래기도 낚을 수 있지만 마릿수는 많은 편이 아니다.

10~11월까지는 에기로 바닥을 탐색하면 갑오징어가 올라오는데 씨알은 크지 않지만 마릿수는 좋은 편이다.

↓ 수심 얕은 사니질 지형인 만큼 최대한 먼 거리를 공략해야 한다. 갑오징어와 호래기가 주종이다.

표준명 ■ 조피볼락
학명 ■ *Sebastes schlegelii*
영명 ■ Black rockfish
Schlegel's rockfish
일명 ■ 구로소이(クロソイ)
속명 ■ 우럭
생태 ■ 몸은 머리가 큰 긴 타원형으로 전체적으로 황갈색(어린 개체), 흑갈색, 회갈색으로 다양하다. 눈 뒤편으로 비스듬한 두 개의 흑갈색 띠가 특징이며 두 눈 사이가 편평하다. 전 연안의 암초지대에 살고 있으며 4~6월 새끼를 낳는 난태생어이다. 어류, 갑각류, 오징어류 등을 먹는 육식성어로 양식, 낚시 대상 어종으로 유명하다. 크기는 70~80cm까지 자라며 흔히 우럭이라 칭하는 종이다.

표준명 ■ 누루시볼락
학명 ■ *Sebastes vulpes*
영명 ■ Fox jacopever
일명 ■ 기츠네메바루(キツネメバル)
속명 ■ 우럭
생태 ■ 외형은 조피볼락과 매우 유사하지만 살아있을 때는 지느러미 가장자리가 아름다운 푸른색을 띠는 것이 특징이다. 띠볼락보다는 몸이 조금 더 긴 타원형에 체측의 가로 무늬가 희미한 것이 다르다. 연안 암초지대에서 독립 생활하며 크기는 25cm 전후가 흔하다.

표준명 ■ 개볼락
학명 ■ *Sebastes pachycephalus*
영명 ■ Blass bloched rockfish
일명 ■ 무라소이(ムラソイ)
속명 ■ 우럭
생태 ■ 측편한 타원형 몸은 전체적으로 황갈색, 적갈색, 흑갈색, 남색 등 매우 다양한 체색을 나타내며 각 지느러미 위에 작고 검은색의 둥근 점이 산재해 있는 것이 특징이다. 남·동해의 연안 암초 지대나 방파제 테트라포드 아래 등에 서식하며 탐식성이 강한 육식성이다. 크기는 20~25cm가 흔하지만 35cm 이상으로 성장한다.

물건방파제

- **소재지** : 남해군 삼동면 물건리 1-6 외
- **길이** : 남방파제 330여m, 북방파제 450여m
- **위치 참조** : 〈최신 전국낚시지도〉 325p F1

찾아가는 길

남해고속도로 사천IC에서 내려 3번 국도를 타고 삼천포대교 넘어 창선도로 진입한다. 단항사거리를 직진하여 미조 방면으로 남해 창선도를 건너면 곧 나타나는 삼동면 지족삼거리에서 좌회전한다. 계속 3번 국도(동부대로)를 타고 8.3km 달리면 왼쪽으로 '물건마을' 안내판이 나타난다. 7시 방향으로 좌회전하여 530m만 진입하면 물건항 선착장이다.

■ 낚시 여건

남해도에서 가장 유명세를 타고 있는 방파제 낚시터가 바로 이곳 물건방파제다. 그 규모에 있어서도 남해도의 여러 방파제를 단연 압도한다. 두 개의 방파제가 내만 입구를 남북 양쪽에서 감싸고 있는 형상이다. 육지에서 봤을 때 왼쪽이 북방파제, 오른쪽이 남방파제다.

두 방파제 얼추 비슷한 낚시 여건이다. 출조를 할 때에는 현지 조황을 참고해서 선택하는 것이 좋다. 두 곳 모두 도보 진입이 불가능하기 때문에 물건마을에서 낚싯배를 이용해야 한다. 큰 방파제일수록 의외로 '빛 좋은 개살구'인 포인트가 많지만 물건방파제는 그야말로 '특급' 포인트다. 오죽하면 갯바위를 제쳐두고 뱃삯을 지불하면서까지 일부러 방파제를 찾아가겠는가.

■ 어종과 시즌

4~6월 봄 시즌에는 볼락이 피크다. 6월 이후에는 감성돔이 제철을 맞아 굵직한 씨알을 배출한다. 이어 돌돔 · 벵에돔 · 참돔 등이 가세해 9~11월에는 가장 다양한 어종이 마릿수로 낚이는 황금 시즌을 형성한다. 특히 감성돔은 초겨울 무렵 5짜에

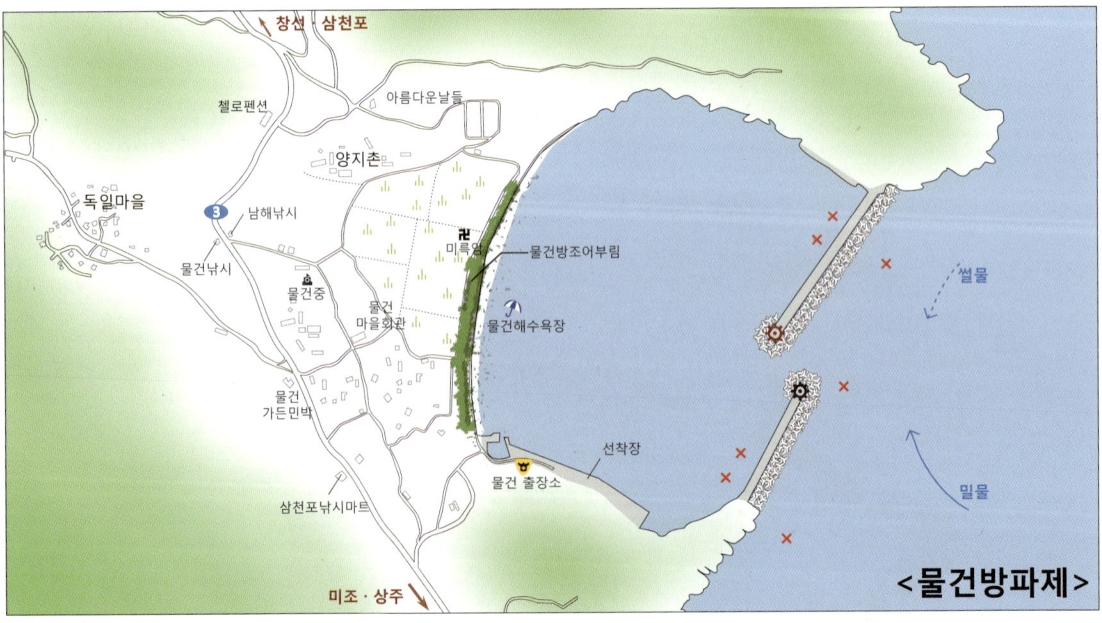

육박하는 대물급들이 수시로 낚여 전문 꾼들이 갯바위를 제쳐두고 이곳 방파제에 오른다. 여름 밤낚시에는 까지매기(농어 새끼)가 손맛을 안겨주고, 가을부터는 형광등 씨알의 학공치가 일품이다.

■ 포인트 및 참고 사항

물건방파제는 다른 방파제와는 달리 수심이 매우 깊다. 18~23m 정도로 웬만한 갯바위 포인트 수심을 능가한다. 당연히 이러한 여건에서 서식하는 어종은 몸집이 크고 힘이 좋다. 일단 물건방파제의 대표 어종은 감성돔이다. 매년 추석을 전후해서 이전에는 마릿수, 이후에는 씨알이 굵어지는 쪽으로 진행되는데, 한겨울에는 원도권 못지않은 대물급이 나오기도 한다. 또 학공치나 볼락 · 고등어 · 까지매기 같은 회유어종도 시즌에 따라 잘 낚인다.
포인트는 어종에 따라 조금씩 다르지만 감성돔의 경우는 주로 내항 쪽에서 낚시를 많이 하는 편이다. 북방파제는 입구에서 50m 내외 지점, 100m 정도 구간의 석축 일대가 최고의 포인트이며, 남방파제는 중간 지점의 내항 쪽 계단 근처에서 입질이 잦다. 외항 쪽 포인트는 북방파제 입구가 좋은 편이다. 볼락은 방파제 전역이 포인트라고 할 정도다. 남방파제 입구의 갯바위 홈통에서도 집어등을 켜고 낚시를 하는 볼락 전문 꾼들이 많다. 씨알보다는 마릿수가 좋은 편이다. 이곳 물건방파제에서 낚시가 잘 되는 이유는 공사 초기, 자연스레 방파제 부근에 큰 돌이 듬성듬성 떨어지게 되었는데 그것들이 세월이 지나면서 자연스럽게 수중여 역할을 하게 되면서 낚시 포인트로 최상의 여건을 갖추게 된 것이다. 다만 이 방파제는 내만에 위치한 입지 조건으로 인해 조류 소통이 그다지 좋지 못한 편이다.

인근 낚시점(055)

*삼천포낚시마트 867-4590
삼동면 물건리 503
*물건낚시 867-7961
삼동면 물건리 254-4
*남해낚시 867-7232
삼동면 물건리 260-1

★ Tip

현지 물건리 해안엔 천연기념물 150호로 지정된 '물건리 방조어부림'이 있다. 길이 1.5km, 폭 30m 규모의 울창한 숲과 이어지는 자갈밭 해수욕장 또한 여름 피서객들이 즐겨 찾는 곳이다. 마을 위쪽 언덕에 위치한 '독일마을'과 '원예예술촌'도 한번쯤 둘러볼만한 곳이다.

↓ 남해도 방파제 중에서 규모나 조황 면에 있어 물건방파제를 따라올 곳은 없다. 사진 위쪽이 북방파제, 아래가 남방파제다. 도보로 진입할 방법이 없어 반드시 배를 타고 진입해야 한다.

미조방파제 (미조남항 동방파제)

- **소재지** : 남해군 미조면 미조리 16-45
- **길이** : 170여m
- **위치 참조** : 〈최신 전국낚시지도〉 325p E3

찾아가는 길

남해고속도로 사천IC로 나와 3번 국도를 타고 삼천포대교를 건너 창선도로 진입한다. 계속 3번 국도를 타고 창선교 건너 삼동면 지족삼거리에서 좌회전하여 동부대로를 따라 미조면 소재지까지 남하한다. 미조남항의 수협위판장을 끼고 해변(미조로) 따라 진행하면 미조방파제에 이른다.
남해대교를 이용하는 경우 19번 국도를 타고 남해읍을 지나 상주 · 미조 방면으로 달려 미조면 소재지로 진입하면 된다.

■ 낚시 여건

미조 일대엔 남해도 본섬 내에서도 유명한 3개의 방파제가 몰려 있다. 미조의 갯바위 낚시터가 그리 많지 않은 것을 감안한다면 큰 방파제 낚시터가 3개씩이나 밀집돼 있다는 것은 꾼들에게 여간 축복이 아니다. 미조마을 입구에 위치한 북항방파제, 그리고 미조남항 서쪽에 위치한 미조서방파제(팔랑방파제), 동쪽에 위치한 미조동방파제(미조방파제)가 바로 그것이다.
이 중에서도 낚시인들이 가장 즐겨 찾고 조황 또한 뛰어난 곳이 미조방파제이다. 외항 쪽은 테트라포드가 두텁게 피복돼 있어 이동하는 데 있어 다소 위험이 따른다. 따라서 야간에는 테트라포드 위로의 진입은 되도록 삼가는 것이 좋다. 그 대신 내항 쪽은 석축으로 돼 있어 낚시하기에 편리하다.
아무튼 미조방파제는 미조에 있는 3개의 방파제 중에서는 진입여건과 낚시여건이 가장 좋은 편에 속해 많은 꾼들이 시즌에 따라 즐겨 찾는다.

■ 어종과 시즌

릴 찌낚시꾼들이 즐겨 찾는 이곳은 대상어종이 벵에돔과 감성돔으로 크게 양분된

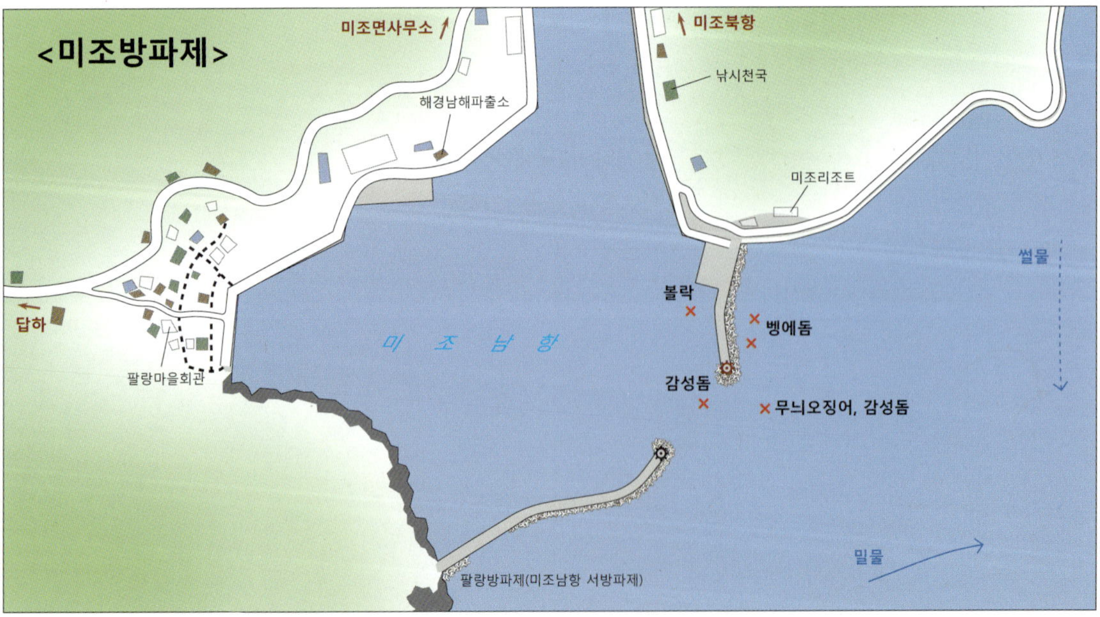

다. 벵에돔은 5월부터 9월 말까지 피크시즌을 맞이한다. 빵가루만 가지고도 두 자리 수의 조과를 거둘 수 있을 정도다.

감성돔은 9월부터 서서히 입질을 시작해 11월까지 꾸준히 시즌을 이어나간다. 큰 씨알은 없어도 30cm급 정도가 평균 씨알이라고 보면 된다. 여름에는 또 전갱이와 고등어가 곧잘 낚이며 망상어 · 노래미 같은 잡어들은 거의 연중 낚인다.

볼락과 학공치는 겨울 시즌에 좋고, 집어등을 이용하면 호래기도 마릿수로 낚인다. 볼락낚시는 봄철에는 마릿수가 좋고, 가을~겨울에는 씨알이 좋다. 찌낚시에 비해 구멍치기에 낚이는 씨알이 더 굵은 편이다.

■ 포인트 및 참고 사항

포인트는 테트라포드가 피복된 외항 쪽에 주로 형성된다. 그 중에서도 외항 끝부분이 가장 좋은 포인트이다. 미조방파제는 평균 수심이 7~10m 정도로 깊은 편에 속한다. 그럼에도 테트라포드에서 최대한 먼 곳을 노리는 것이 굵은 씨알의 고기를 낚을 수 있는 방법이다. 왜냐하면 전방 20m 정도 지점에 큰 수중여가 있는데 이곳에서 많은 입질이 오기 때문이다. 그러나 조류의 흐름이 다소 약하고 물색이 맑아서 입질이 화끈한 편은 아니다. 따라서 저부력 채비로 미세한 입질을 잡아내는 데 주력해야 한다.

벵에돔은 주로 방파제가 꺾어진 지점의 외항 쪽에서 입질이 잦고 감성돔은 방파제 끝자락이 포인트다. 가을에는 무늬오징어도 입질을 하는데 방파제 끝에서 멀리 던지면 의외로 큰 씨알이 입질을 한다.

인근 낚시점(055)

*낚시천국 867-3613
미조면 미조리 168-46
*사천낚시 867-4027
미조면 미조리 168-41
*팔도낚시 867-7231
미조면 미조리 104-2

↓ 미조북항으로 넘어가는 도로에서 본 미조남항 전경(아래 사진). 사진 위쪽은 미조항 동방파제를 확대 촬영한 모습이다. 벵에돔과 감성돔이 시즌에 따라 낚이며 겨울에는 볼락 · 학공치가 붙어 활황을 이룰 때면 원정꾼들까지 가세해 장사진을 칠 정도다.

미조북항방파제

- **소재지** : 남해군 미조면 미조리 75-4
- **길이** : 90여m
- **위치 참조** : 〈최신 전국낚시지도〉 325p E3

찾아가는 길

남해고속도로 사천IC로 나와 3번 국도를 타고 삼천포대교를 건너 창선도로 진입한다. 계속 3번 국도를 타고 창선교 건너 삼동면 지족삼거리에서 좌회전 후 동부대로를 따라 미조면 소재지까지 남하한다. 미조면사무소 못미처의 서남낚시점 앞에서 좌회전하여 해안도로를 따라 450m 진입하면 방파제이다.
남해대교를 이용하는 경우는 19번 국도를 타고 남해읍을 지나 상주 · 미조 방면으로 달려 미조면 소재지로 진입하면 된다.

■ 낚시 여건

남해도 미조항은 꾼들의 터미널이다. 팥섬 · 범섬 · 쑥섬 · 새섬 같은 가까운 거리의 섬낚시터는 물론, 멀리 두미도 · 세존도로 향하는 원정 꾼들이 드나드는 미조항은 미조북항과 미조남항으로 나뉜다. 이 가운데 도서 개바위 지역이나 방파제낚시, 외줄낚시를 위해 꾼들이 많이 찾는 곳은 미조남항이다. 한 마디로 남해도 낚시를 대변하는 곳으로, 갯바위와 외줄낚시를 전문으로 하는 낚싯배들도 많다.
미조남항으로 향하는 진입로 동쪽에 위치하는 미조북항방파제는 입구에 조선소가 위치해 있어 진입이 다소 번거롭긴 하지만 원활한 조류와 적당한 수심으로 인해 연중 다양한 어종이 낚이는 장소다. 규모는 남항 쪽 미조방파제와 팔랑포방파제에 비교할 수 없을 정도로 작아 동네 꾼들이나 관광객들이 심심풀이 삼아 낚시를 즐기는 곳이기도 하다. 그러나 볼락낚시만큼은 아주 잘 되는 곳으로 인근의 여느 갯바위보다 마릿수와 씨알이 뛰어나다.
외항 쪽으로는 거센 조류가 흐르는 데가 테트라포드의 경사가 심하기 때문에 주의를 게을리해서는 안 된다. 주요 포인트인 방파제 끝자락은 거의 언제나 낚시꾼들이 진을 치고 있기 때문에 자리 선점에 대한 나름대로의 준비가 있어야 한다.

■ 어종과 시즌

볼락과 감성돔, 망상어 등이 낚이며 볼락은 15~20cm, 감성돔은 25~30cm 정도다. 감성돔 시즌은 봄철로 산란철을 맞아 내만으로 들어온 감성돔의 휴식처가 된다. 봄 시즌에 낚이는 감성돔은 씨알도 40cm 내외로 굵은 편이다. 볼락은 거의 연중 낚이며 조황도 꾸준하여 웬만한 갯바위 포인트를 능가한다.

■ 포인트 및 참고 사항

석축으로 이루어진 방파제의 앞부분엔 유실된 테트라포드가 많다. 이 테트라포드가 수중여 역할을 하면서 훌륭한 포인트 여건을 형성한다. 채비를 최대한 멀리 던진 다음 발밑으로 조금씩 끌어오는 방식의 낚시를 하는 것이 좋다. 이곳에서는 흘림낚시도 좋지만 구멍치기도 상당히 효과를 본다. 수심은 8m 내외로 1호 막대찌를 이용한 채비가 적합하다. 밑밥은 많은 양을 투여하기보다는 적은 양을 꾸준하게 품질하는 것이 중요하다.

또 다른 포인트는 등대가 서 있는 방파제 끝자락이다. 정면 12시 방향으로 최대한 장타를 치는 것이 중요하다. 수심은 6~7m 정도 나오는데 역시 막대찌 채비가 절대적으로 유리하다.

미조북항방파제는 일대의 조류가 거센 편이라 구멍찌를 사용할 때에는 잔존부력이 높은 것을 써야 물살에 말려들지 않는다.

날씨 여건과 조황 변수에 따라 이곳 북항방파제에서의 낚시가 시원찮을 땐 아래쪽 남항에 위치한 미조방파제로의 이동도 고려할 만하다.

인근 낚시점(055)

* 서남낚시 867-6011
미조면 미조리 105-17
* 두미낚시 867-3620
미조면 미조리 105-16
* 부산낚시 867-6806
미조면 미조리 632-1

↓ 미조북항 내항 쪽에서 바라본 방파제. 인근 팥섬 · 쑥섬 · 새섬 등지의 갯바위로 향하는 낚싯배들의 출항지로 잘 알려진 곳이다. 방파제 역시 낚시가 잘 되는 편으로 항상 꾼들의 발길이 끊이지 않는다.

벽련(백련)방파제

- **소재지** : 남해군 상주면 양아리 1807-1 인근
- **길이** : 70여m
- **위치 참조** : 〈최신 전국낚시지도〉 325p D2

찾아가는 길

남해고속도로 사천IC로 나와 삼천포대교를 타고 창선도에 진입하면 3번 국도로 창선교를 건넌다. 삼동면 지족삼거리에서 우회전하여 1024번 지방도로로 이동면 소재지의 무림사거리 전방 지하도를 통과해 상주·미조 방면으로 곧 좌회전한다. 이후 7.7km 계속 직진하면 나타나는 '벽련마을' 표지석과 '노도횟집' 간판을 보고 오른쪽으로 빠져 630m만 들어가면 왼쪽으로 방파제가 보인다.
남해대교를 이용하는 경우는 19번 국도로 남해읍과 이동면을 거쳐 상주·미조 방면으로 계속 남하하면 된다.

■ 낚시 여건

'벽련마을' 방파제는 아직도 낚시인들에게는 '백련마을' 방파제로 더 잘 알려져 있다. 오래 전에는 백련으로 불리다가 근년에 이르러 벽련으로 행정명이 결정되었기 때문이다.
벽련방파제는 서포 김만중이 유배되어 〈구운몽(九雲夢)〉을 저술한 노도(櫓島)로 가는 선착장으로 많이 알려진 곳이다. 동시에 낚시인들에게는 오래 전부터 이름난 '볼락 소굴'로 회자되고 있다. 진입이 편리한 방파제 주변엔 가로등 설치가 잘 되어 있을 뿐만 아니라 주차할 공간 또한 넓어 낚시하기에 더 없이 좋은 여건이다. 늦은 밤에 도착해도 쉽게 포인트를 살필 수 있으며 멸치 등 베이트피시가 항상 머무는 곳이라 볼락과 우럭, 쥐노래미 같은 록피시가 많다.

■ 어종과 시즌

벽련방파제는 봄철이 낚시하기에 가장 좋을 때다. 이 무렵에 낚이는 볼락의 씨알이 가장 굵을 뿐만 아니라 마릿수도 조황도 가장 앞선다. 중치급 볼락이 잘 낚이며 가을이 되면 감성돔도 어김없이 들어온다. 조류의 소통이 좋으므로 전갱이와 무늬

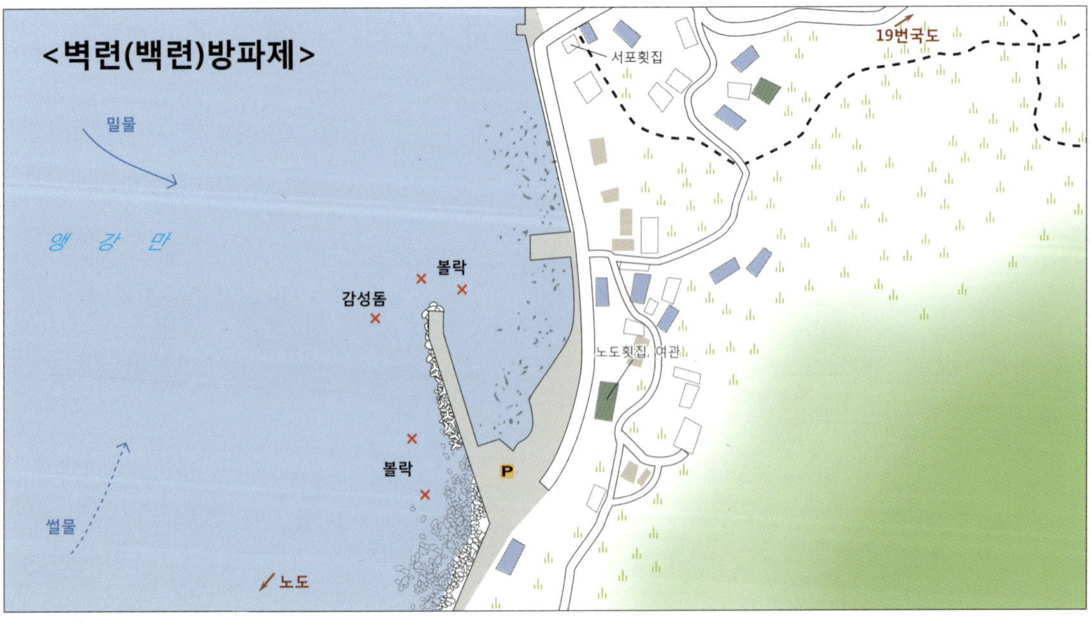

오징어, 갈치 같은 회유성 어종도 시즌이 되면 잊지 않고 찾아든다.

■ 포인트 및 참고 사항

두 개의 방파제 중 낚시가 잘 되는 곳은 큰 방파제이다. 민장대로 볼락을 낚을 때는 석축 사이를 노리거나 상판이나 정박된 어선 주변을 겨냥한다. 루어낚시를 할 때는 방파제 외항 쪽과 좌우로 넓게 퍼져 있는 돌 무너진 자리가 포인트이다. 그러나 이곳은 민장대 사용이 불리하다. 특히 돌 무너진 자리는 먼 지점을 노릴수록 조과가 좋기 때문에 볼락볼은 필수다. 만약 볼락볼로 원하는 곳에 닿지 않는다면 묵직한 전유동 구멍찌를 달아 날리면 된다. 시원스럽게 입질하기 때문에 착수음은 신경 쓰지 않아도 상관없다.

볼락볼은 플로팅이나 슬로우싱킹 타입을 쓴다. 바늘은 무게가 없는 웜훅이나 0.5g 내외의 가벼운 지그헤드를 단다. 웜은 스트레이트 타입, 혹은 청갯지렁이 모양의 웜이 효과적이다.

볼락과 감성돔 외에도 쥐노래미와 망상어가 잘 낚이는데, 민장대낚시의 미끼로는 민물새우가 좋다. 마을 안쪽은 조류가 어느 정도 흘러주는 사리 물때 전후에 볼락과 감성돔도 잘 낚인다. 4~5월경 사리 물때에 맞춰 들어가서 초들물~중들물 시간대를 노리면 큰 씨알의 감성돔을 낚을 수 있다. 수심은 2~3m 정도.

민장대로 볼락을 노릴 때에는 석축 틈바구니에 숨어 있는 놈들을 유인해야 한다. 주위에 돌이 무너져 있거나 턱이 진 곳을 확인한 후에 낚시를 한다. 이곳에서 가장 조과가 앞서는 곳은 마을 방향이다. 4.5m 민장대 맥낚시 채비가 적당하다.

인근 낚시점(055)

*정보낚시 862-3082
이동면 석평리 802-1
*섬낚시할인마트 864-7366
남해읍 남변리 272
*태공낚시 867-3522
삼동면 지족리 533-9

↓ 벽련마을 입석에서 바라본 방파제. 노도(櫓島)로 향하는 출항지로도 유명하지만 방파제 자체가 볼락 명 포인트로 오래 전부터 단골꾼들의 사랑을 받아온 낚시터다.

보천방파제

- **소재지** : 남해군 창선면 서대리 1071-5
- **길이** : 130여m
- **위치 참조** : 〈최신 전국낚시지도〉 307p D5

찾아가는 길

남해고속도로 사천IC에서 삼천포로 진입해 삼천포대교와 창선대교를 건너 단항사거리에서 단항마을(대벽리) 방면으로 우회전 후, 서부로(1024번 지방도)를 타고 4.8km 가량 이동하면 율도방파제이다. 여기서 3.5km 정도 더 남하하면 보천마을 입구에 도착하는데, 오른쪽 시멘트 포장길로 100m만 들어가면 보천방파제이다.

인근 낚시점(055)

*대박낚시 852-8933
사천읍 수석리 339-5
*사천대형낚시 853-5858
사천읍 수석리 343-6

↓ 사니질대의 바닥에 위치한 방파제로 원투낚시 외에는 딱히 조과를 거둘 수 없는 곳이다. 여름밤에는 붕장어 · 갈치가 가끔 들어오고 겨울에는 학공치가 낚인다.

■ 낚시 개황

창선도의 한적한 서쪽 편에 위치한 보천방파제는 주변이 모래와 뻘이 섞인 사니질대(沙泥質帶)의 바닥으로 사리를 전후한 물때에는 물색이 탁해서 낚시를 거의 할 수가 없는 상황이 된다. 주변 수심 또한 얕은 편이라 간조가 되면 방파제 입구에서 중간까지는 낚시를 할 수 없을 정도로 얕아진다.

방파제가 꺾이는 지점부터 끝자락 구간까지가 상시 낚시를 할 수 있는 포인트인데 주로 원투낚시를 많이 한다. 석축으로 된 방파제라 석축 사이에 들어 있는 잔 씨알의 고기들은 민장대로 노리면 되는데 가끔씩 굵은 우럭이 낚이기도 한다.

겨울에는 호래기낚시가 잘 되는데 집어등을 사용하면 세 자릿수를 넘길 정도로 많은 마릿수를 올릴 수 있다. 10월~12월 초까지는 갑오징어 루어낚시도 잘 된다.

■ 참고 사항

창선도와 남해도 본섬 사이의 만(灣) 깊숙한 곳에 위치한 보천방파제는 날씨와 관계없이 전천후로 낚시를 즐길 수 있는 곳이다. 꺾어진 형태의 방파제는 외항과 내항을 가리지 않고 포인트를 형성한다. 다만 바닥이 사니질을 이루고 있어 다양한 어종이 낚이지는 않는다.

봄부터 여름까지는 원투낚시에 도다리나 노래미가 낚인다. 많은 마릿수는 아니지만 여름으로 갈수록 씨알이 좋아진다. 6~8월까지는 밤낚시에 까지매기가 낚이기도 하며, 곁들여 원투낚시를 하면 붕장어도 낚인다. 주로 밤낚시에 조과가 좋은 편이다. 겨울밤에는 호래기낚시가 잘 되지만 조황이 들쭉날쭉한 편이다. 가로등 시설이 잘 되어 있어 낚시하기에 불편함이 없다.

사포방파제

- **소재지** : 남해군 창선면 광천리 548-7 외
- **길이** : 북방파제 110여m, 남방파제 100여m
- **위치 참조** : 〈최신 전국낚시지도〉 307p D5

■ 낚시 개황

2개의 방파제로 이루어져 있으며 남해도의 전형적인 어촌 마을 방파제 모습을 하고 있다. 테트라포드 없이 석축으로만 만들어진 이곳 사포방파제는 파도나 바람의 영향을 덜 받는 지리적 조건이다. 방파제가 위치한 이곳 창선도 서쪽 지역은 남해 본섬과 서로 마주보며 커다란 항아리 지형을 이루는 탓에 바람의 영향을 덜 받는 대신, 낚시에 필요한 조류 소통은 그다지 좋지 못한 편이다. 사니질대의 바닥 지형에 수중여가 듬성듬성 박혀 있는 형태로 밑걸림이 적어 원투낚시를 하기에 최적의 조건을 가지고 있다.

주력 어종은 감성돔으로 봄~가을까지가 시즌이며 한겨울에도 낱마리나마 입질은 끊이지 않고 이어진다. 볼락과 우럭은 거의 연중 낚이는데 볼락의 경우는 특히 12~4월까지가 피크 시즌이다. 겨울 밤낚시 최고의 인기어종인 호래기도 잘 낚이는 곳이다. 가로등 시설이 좋은 편이라 집어등이 없이도 낚을 수 있지만 그래도 조과를 배가하기 위해선 집어등을 활용하는 것이 좋다.

■ 참고 사항

주로 밤낚시에 조과가 좋은 곳으로 민장대 채비에 민물새우를 꿰어 석축 주변을 공략하면 우럭이나 볼락의 입질을 받는다. 릴 찌낚시로 감성돔을 노릴 때는 왼쪽(남쪽) 방파제의 꺾어진 부분에서 외항 쪽으로 공략하는 것이 정석이다.

원투낚시는 오른쪽(북쪽) 방파제의 경우 중간 지점이나 끝자락, 왼쪽(남쪽) 방파제에서 끝 지점에서 외항 쪽으로 공략한다. 주간에는 먼 곳에서 입질을 하므로 최대한 채비를 멀리 던져 조류에 태우는 것이 중요하다.

찾아가는 길

남해고속도로 사천IC에서 삼천포로 진입해 삼천포대교와 창선대교를 건너 단항사거리에서 단항마을(대벽리) 방면으로 우회전 후, 서부로(1024번 지방도)를 타고 4.8km 가량 이동하면 율도방파제, 3.5km 더 남하하면 보천방파제이고, 여기서 2.4km 더 남하하면 오른쪽 도로변에 '사포마을' 표지석이 나타난다. 오른쪽으로 꺾어 들어가면 곧 방파제이다. 단항사거리로부터는 약 11km 거리다.

인근 낚시점(055)

＊25시낚시 854-6577
사천읍 사주리 79-5
＊찬호낚시 853-1008
사천읍 사주리 49

↓ 북쪽에서 바라본 사포방파제. 호래기와 갑오징어가 주어종이다. 수심이 얕고 바닥이 사니질이라 원투낚시나 다운샷을 이용한 낚시가 효과적이다.

상남방파제

- **소재지** : 남해군 서면 작장리 915-4
- **길이** : 120여m
- **위치 참조** : 〈최신 전국낚시지도〉 306p B6

찾아가는 길

남해대교 건너 19번 국도변 남해휴게소를 지난 330여m 지점에서 탑동교차로 방향으로 빠진다. 탑동교차로에서 우회전하여 남서대로(77번 국도→1024번 지방도)를 타고 계속 직진하다가 서면 남상리 소재의 '동의대학교 남해수련원'을 지나면 곧 장작마을이 나온다. '장작마을'을 알리는 두 번 째 표지석을 지난 110여m 지점에서 오른쪽 비탈길로 내려가면 곧 방파제가 나온다.

인근 낚시점(055)

* 쉼터낚시 863-2431
  남해군 설천면 덕신리 1486-2
* 태평양낚시 863-0806
  남해군 설천면 덕신리 1608-5
* 포인트낚시 882-0497
  하동군 금남면 노량리 557-5

낚시 개황

석축으로 만들어진 3개의 방파제 가운데 낚시를 할 만한 곳은 맨 아래쪽(남쪽)에 길게 뻗은 큰 방파제이다. 선착장 역할을 하는 위쪽 두 개의 작은 방파제는 간조 때가 되면 바닥이 모두 드러나 낚시를 거의 할 수가 없다.

방파제 주변은 모래와 뻘 바닥으로 다른 낚시는 거의 되지 않고 바닥 석축 사이사이를 노려 우럭을 뽑아내거나 원투낚시로 노래미나 도다리를 끌어낸다. 이렇듯 낚이는 어종이 다양하지 못해 낚시꾼들이 그다지 찾지 않는 곳은 아니었으나 갑오징어가 많이 낚이면서 루어꾼들에게 명소가 되었다.

그러나 방파제에서의 낚시만으론 성에 차지 않을 수도 있다. 방파제와 연결된 갯바위 일대에 오히려 유력 포인트들이 많다. 갯바위 앞쪽에 위치한 여밭에는 초겨울에 볼락이 잘 낚인다. 민장대 채비보다는 역시 루어낚시가 효과적이다.

참고 사항

갑오징어 에깅을 할 때에는 큰 방파제 꺾이는 지점에서 외항 쪽으로 최대한 멀리 캐스팅을 한 다음 바닥을 찍으면서 슬슬 끌어주면 묵직한 느낌과 함께 갑오징어가 올라탄다.

방파제 끝에서는 청갯지렁이를 미끼로 원투낚시나 갑오징어 에깅을 하면 된다. 주변 수심이 얕기 때문에 간조 때에는 방파제 끝 부분에서만 낚시를 할 수 있다. 방파제 끝에서 외항 쪽으로 20m 정도 떨어진 지점이 주요 포인트다. 감성돔 · 도다리가 잘 낚이며 밤에는 볼락도 종종 입질을 한다.

↓ 내항 쪽 방파제 두 곳은 수심이 너무 얕아 바깥쪽 방파제에서 낚시를 하는데, 원투낚시로 먼 곳을 공략하거나 민장대로 석축 주변의 잔챙이들을 노린다.

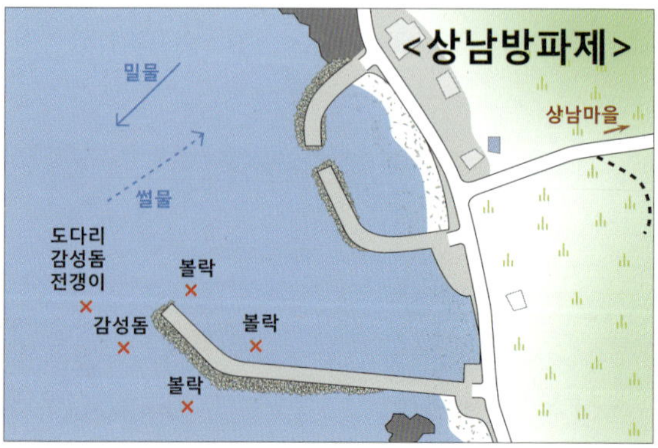

상주방파제

• **소재지** : 남해군 상주면 상주리 1404 인근 • **길이** : 120여m
• **위치 참조** : 〈최신 전국낚시지도〉 325p D3

남해도 최고의 은모래 해수욕장인 상주해수욕장 서남쪽 끝에 위치해 해수욕장 번잡함과는 거리가 먼 곳이다. 남해수산종묘시험장 앞에 있기 때문에 큰길에서는 잘 보이지 않아 꾼들의 손을 덜 탔다. 왼쪽으로는 작은 백사장이 있고, 오른쪽에는 여밭이 있다.
주요 대상어종은 감성돔 · 벵에돔 · 도다리 · 볼락 · 우럭 · 노래미 · 보리멸 등이다. 내항 방향으로는 민장대로 볼락이나 우럭을 낚는다. 석축 가까이 채비를 붙이면 의외로 씨알이 굵게 낚인다. 방파제가 꺾어진 부분의 외항 쪽을 보면 테트라포드 몇 개가 빠져 훌륭한 수중여 역할을 한다. 방파제 끝 부분도 좋은 포인트다. 입구 쪽 외항 방향은 원투낚시나 루어낚시를 하면 볼락을 비롯한 록피시 종류가 곧잘 낚인다.

찾아가는 길
창선도 방면으로 진입하건 남해대교 쪽으로 진입하건 무조건 상주해수욕장을 찾는다. 해수욕장으로 진입한 다음에는 서남쪽에 위치한 남해수산종묘시험장을 찾으면 곧 방파제가 보인다.

인근 낚시점(055)
* 고목슈퍼낚시 862-2631 상주면 상주리 1360-3
* 승일슈퍼낚시 862-6108 상주면 상주리 1360-1

방파제낚시 Tip ⑧

병안류(竝岸流)와 이안류(離岸流)

"몰려든 파도는 해안에 부딪쳐 병안류가 되고, 이것들이 모여 먼 바다로 향하는 이안류를 만들어 낸다."
병안류는 무엇이고 또 이안류는 무엇일까?
파도에 밀려 해안으로 밀려온 바닷물은 본래의 방향으로 되돌아가는 것이 아니다. 연안에 닿으면 조금 옆 방향으로 미끄러지는 듯한 흐름을 만들어낸다. 이것은 조류(潮流), 즉 조수의 움직임과는 관계없이 바닷가에 생기는 흐름으로, 이를 병안류(竝岸流)) 또는 연안류(沿岸流 · longshore current)라고 한다.
병안류는 해안의 지형에 따라 특정 장소에 모여 먼 바다로 향하는데, 이것을 이안류(離岸流 · rip current)라 한다. 이 병안류나 이안류가 강한 장소는 사람이 헤엄칠 수 없을 정도의 속도로 먼 바다로 흘러가기 때문에 수영금지구역이 되기도 한다.
병안류는 인근 해안 지형에 따라 복잡한 흐름을 만들어내어 물고기의 서식지를 형성하기도 한다. 그리고 이안류가 발생하는 장소는 조수의 흐름에 의해 해저가 깎여 골이 만들어지기 때문에 보리멸이나 소형 어류들이 모여들게 마련이다. 또한 넙치(광어)나 양태(장대)도 모여든다. 특히 늦여름에는 그 해에 태어난 작은 보리멸들이 파도 가장자리에 아슬아슬하게 모여드는 광경이 목격되기도 한다.
이러한 조수의 흐름은 밤낚시 때는 확인할 수 없지만 밝은 날에는 얼마든지 식별이 가능하다. 오전 한나절 시간이 흘러 다른 낚시인들이 돌아간 후 이안류를 찾아서 느긋하게 낚시하며 돌아다니는 것도 별난 흥취일 수도 있다.

선소방파제

- **소재지** : 남해군 남해읍 선소리 3-13 외
- **길이** : 큰방파제 350여m, 작은방파제 140여m
- **위치 참조** : 〈최신 전국낚시지도〉 306p C5

찾아가는 길

남해대교를 건너 남해대로를 따라 남해읍으로 진입한다. 남해군보건소 직전에서 선소마을 방면으로 좌회전 후, 선소로를 따라 1.7km 가량 진행하면 선소마을 해변에 닿는다.

■ 낚시 여건

선소방파제는 남해도 강진만의 중간에 위치한 대형급 방파제이다. 인근 강진만은 갯바위 낚시터가 많지는 않지만 선상낚시가 활발하게 이루어지는 곳이다. 선소방파제는 이러한 선상낚시 전문 어선들이 많이 정박해 있는 곳으로 낚시터 자체로는 그다지 좋은 조건은 아니다.

바닥 또한 사니질대로 사리 물때가 되면 물색이 탁해져 낚시를 제대로 할 수 없을 정도다. 수심 4~5m 내외의 방파제 주변 바닥은 수중여나 암반이 없어 큰 고기가 모이는 여건이 아니다.

그러나 내만에 위치한 까닭에 바람의 영향을 덜 받고 기후 변화에도 일정한 수온을 유지함으로써 정착성 어류가 풍부한 편이다. 양식장에서 끊임없이 나오는 사료 찌꺼기들은 인근 고기들의 좋은 먹잇감으로, 이로 인해 회유성 어종들도 1년 내내 이 부근에서 정착하기도 한다.

■ 어종과 시즌

대상어종은 감성돔 · 도다리 · 노래미 · 우럭 등이며 시즌은 봄~가을까지다. 한겨

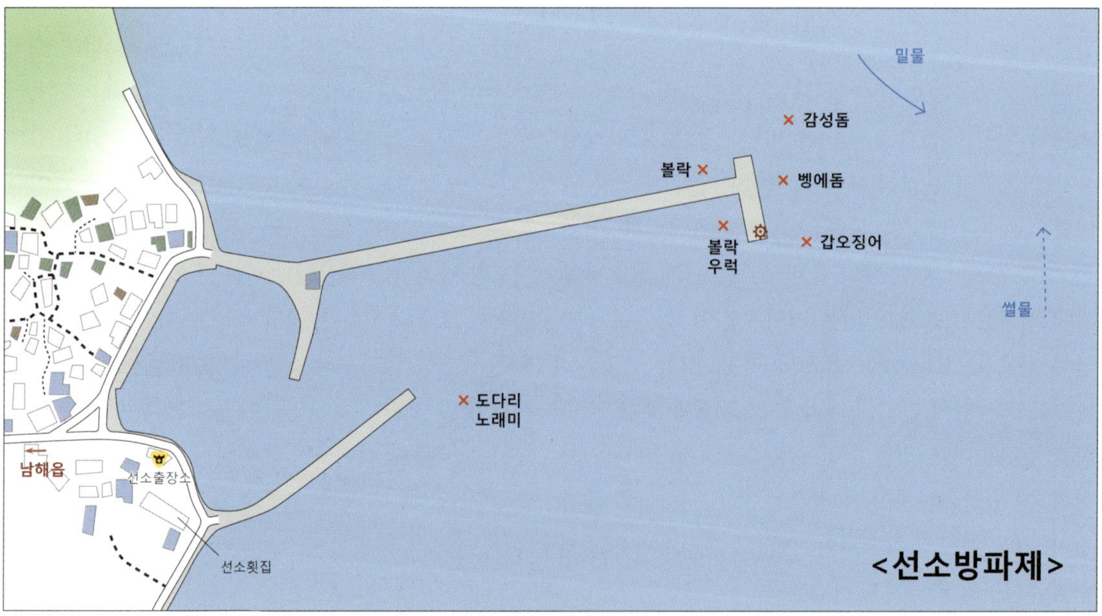

<선소방파제>

울에는 호래기낚시가 잠시 되기는 하지만 시즌이 길지 않은 편이다.
가을~초겨울 시즌의 갑오징어낚시는 마릿수는 많지 않아도 꾸준한 조황을 보인다. 갑오징어와 함께 주꾸미도 낚인다. 한여름에는 잔 씨알의 돌돔과 감성돔 · 벵에돔이 낚인다. 또 여름 밤낚시엔 까지매기(농어 새끼)와 붕장어도 간간이 올라온다. 한마디로 지형적인 여건은 썩 좋지 않은 편이나 사계절 다양한 어종이 낚이는 것이 장점이다.

인근 낚시점(055)

*보물선낚시마트 863-1788
남해군 남해읍 차산리 779-3
*대물예감낚시 864-6362
남해군 남해읍 심천리 979-12
*대교낚시 882-0307
하동군 금남면 노량리 537-1

■ 포인트 및 참고 사항

감성돔은 가을 시즌에 반짝 호황을 누린다. 30cm급 내외 씨알이 낚이는데 꾸준한 품질로 무리를 끌어 모아야 한다. 품질은 멀리 하면 절대 안 되며 발밑에 조금씩 투여해야 한다. 포인트는 'T'자형 방파제의 왼쪽 끝부분이다. 민장대로 방파제 끝자락의 꺾어진 부분을 공략하면 잔 씨알의 록피시를 많이 낚을 수 있다.
원투낚시는 작은 방파제 끝과 큰 방파제 끝에서 모두 잘 되는 편이다. 특히 봄에는 도다리가 잘 낚이며 여름 밤낚시에는 붕장어와 까지매기가 낚이는데 장어낚시는 보기보다 굵고 무거운 채비를 쓰기 때문에 전용 원투대를 구비하는 것이 바람직하다. 미끼는 청갯지렁이를 쓴다.
10월~11월 말에는 갑오징어가 입질을 하는데 마릿수는 적은 편이다. 겨울에는 호래기가 잘 낚이는데 작은 방파제 조황이 앞선다. 시즌 초반에는 굵은 민물새우를 미끼로 쓰며 후반으로 갈수록 슷테같은 루어에 반응한다. 루어에 반응하는 개체일수록 씨알이 큰 편이다. 마릿수가 좀 될 만한 상황이라면 가짓줄 채비로 2~3마리씩 한꺼번에 낚아내야 빠른 시간 내에 큰 조과를 거둘 수 있다.

↓ 선소횟집 쪽에서 바라본 선소방파제 전경. 남해읍에서 가장 가까운 방파제로, 주꾸미 · 호래기 · 갑오징어가 잘 낚이며 바닥이 펄이라 망둥어도 많다. 원투낚시가 효과적이며 바닥 걸림이 없어 비교적 수월하게 낚시할 수 있다.

설리방파제

- **소재지** : 남해군 미조면 송정리 961-7
- **길이** : 500여m
- **위치 참조** : 〈최신 전국낚시지도〉 325p E3

찾아가는 길

남해고속도로 사천IC로 나와 삼천포대교를 타고 창선도로 건넌 후 동부대로(3번 국도)를 타고 다시 창선교를 넘는다. 삼동면 지족삼거에서 미조 · 상주 방면으로 좌회전 후 계속 동부대로를 타고 내려가면 미조면 소재지 입구인 초전삼거리가 나온다. 여기서 상주해수욕장 쪽으로 우회전해서 980여m 지점의 '송정마을' 이정표를 보고 좌회전하여 3km 진입하면 되는데, 송정해수욕장을 지나 설리마을로 방향을 잡으면 된다.

■ 낚시 여건

남해도 최남단, 반달 모양의 만곡(彎曲) 지형에 자리한 설리해수욕장 주변에는 두 곳의 방파제가 있다. 서쪽에 자리한 것이 이곳 설리방파제이고 동쪽에 자리한 것이 답하방파제이다. 그 중에서도 해수욕장과 연결된 설리방파제는 남해도의 수많은 방파제 중에서도 손꼽히는 낚시 명당이다. 볼락 루어낚시가 대중화하기 시작한 2007년경부터 많은 꾼들이 방문해 볼락을 낚아낸 곳으로 진입이 편리하고 볼락의 개체수도 타의 추종을 불허한다.

바람의 영향을 덜 받고 가로등이 설치돼 있어 밤낚시를 하기도 좋고 설리해수욕장이 옆에 있기 때문에 가족과 함께 나들이 낚시를 하기엔 안성맞춤이다.

■ 어종과 시즌

주 대상어는 단연코 볼락으로 피크 시즌은 초겨울과 초여름이다. 초겨울 무렵의 방파제 외항 쪽 가까이에는 거대한 몰밭이 형성된다. 이 몰밭이 차츰 거의 전역을 뒤덮다시피 하는데 낚시가 가장 잘 되는 시기는 몰밭이 완전히 형성되기 전인 초겨울이라는 얘기다. 그 다음으로는 몰밭이 차츰 시드는 막바지 시즌, 즉 6월경에

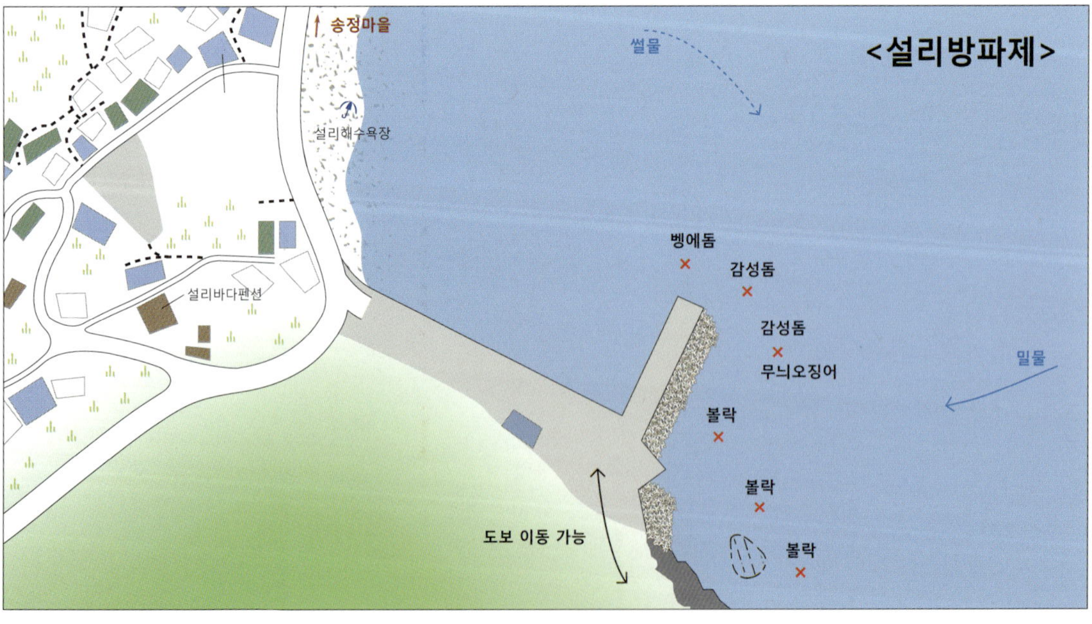

한 차례 더 폭발적인 조황을 보인다.
몰밭이 다 사라지면 전갱이 · 무늬오징어가 출현하기 시작해 계속 시즌을 이어간다. 여름부터는 무늬오징어 에깅도 잘 된다. 에깅은 방파제, 갯바위 전역에서 가능하다. 수심이 어느 정도 나오는 곳을 찾아 에기를 던지면 어디에서나 고른 조황을 보인다. 큰 씨알은 없지만 초심자도 쉽게 마릿수 조과를 거둘 수 있는 곳이다. 찌낚시에는 벵에돔 · 망상어 등이 낚이며, 바로 옆 설리해수욕장에서 원투낚시를 하면 도다리와 보리멸을 올릴 수 있다.

인근 낚시점(055)

*낚시기좋아 867-8959
미조면 송정리 443-3
*삼천포낚시마트 867-4590
삼동면 물건리 503
*물건낚시 867-7961
삼동면 물건리 254-4

■ 포인트 및 참고 사항

볼락은 전 구간에서 낚인다. 민장대로 테트라포드 사이를 노려 구멍치기를 해도 된다. 루어는 방파제 외항 방향과 방파제 오른쪽 갯바위에서 위력을 발휘한다.
방파제에서의 구멍치기는 짧은 민장대를 쓰거나 볼락 루어대를 활용해도 된다. 단 미끼는 루어보다는 청갯지렁이나 민물새우를 쓰는 것이 좋다. 구멍치기에선 몰밭 주변에서 낚이는 씨알보다 더 큰 볼락과 우럭을 낚을 수 있다.
방파제 끝자락에서는 루어 채비로 최대한 먼 거리를 노리는 것이 좋다. 스트레이트 계열의 웜이 잘 먹히며 슬로우 싱킹이나 패스트 싱킹 타입의 볼락볼을 달고 채비를 중층으로 가라앉힌 상태에서 감아 들이면 굵은 씨알의 볼락을 낚을 수 있다. 플로팅 타입의 볼락볼을 써서 상층부만 노리면 '젓볼락' 수준의 잔 씨알만 낚일 확률이 높다.
초소 아래의 갯바위와 방파제 입구의 산책로 아래에 있는 갯바위도 좋은 포인트로 야간에는 안전장비를 갖추고 진입하는 것이 좋다.

↓ 설리마을 북쪽 도로변에서 내려다 본 방파제. 초겨울 볼락이 끝내주는 낚시터로 왼쪽으로 뻗은 갯바위까지 좋은 포인트가 된다. 사진에서 보듯 외항 쪽에 또 하나의 방파제가 완공을 앞두고 있다.

소량방파제

- **소재지** : 남해군 상주면 양아리 773 인근
- **길이** : 60여m
- **위치 참조** : 〈최신 전국낚시지도〉 325p D3

찾아가는 길

남해고속도로 사천IC로 나와 삼천포대교로 창선도에 닿으면 3번 국도를 타고 창선교를 건넌다. 삼동면 지족삼거리에서 우회전하여 2014번 지방도로를 타고 이동면 무림사거리에 닿으면 전방의 지하도를 통과해 곧 좌회전한다. 이후 상주 · 미조 방면으로 8.8km 남하하면 19번 국도변 오른쪽에 '두모마을' 표지석이 나타나는데, 우측으로 빠져 3.2km 정도 꼬불꼬불 소량마을까지 계속 진행해야 한다. 중간에 두모방파제가 있는 두모마을을 지나게 된다.
남해대교를 건너는 경우는 19번 국도로 남해읍과 이동면을 거쳐 상주 · 미조 방면으로 계속 남하하다가 두모 · 소량 · 대량 쪽으로 빠지면 된다.

■ 낚시 여건

남해도의 자궁 앵강만의 동쪽 입구에 위치한 소량방파제는 초라해 보일 정도의 작은 규모와는 달리 정녕 빼어난 조과를 자랑하는 곳이다. 내만권 입구에 해당해 조류 소통이 좋고 날씨에 큰 영향을 받지도 않을 뿐만 아니라 연중 따뜻한 수온이 다양한 어종을 불러 모은다.
대형급 어종이 낚이는 것은 아니지만 릴 찌낚싯대 한 대만으로도 다양한 손맛을 볼 수 있다는 것이 장점이다. 내항 방향 석축에서도 민장대로 잔 손맛을 볼 수 있으며 외항 쪽 테트라포드에서의 구멍치기, 루어낚시도 그 재미가 보통이 아니다. 특히 외항 방향은 방파제 입구에서부터 끝자락까지의 전역이 포인트로 한적한 분위기에서 마음껏 낚시를 즐길 수 있다. 단점이라면 사리 물 때 전후를 제외하고는 낚시가 잘 되지 않는 다는 것이다. 내만권이다 보니 조류의 영향이 적기 때문이다. 따라서 사리 전후에는 릴 찌낚시, 그 외의 물때에는 원투낚시나 민장대낚시로 바닥 고기를 꼬드기는 방법을 취한다.

■ 어종과 시즌

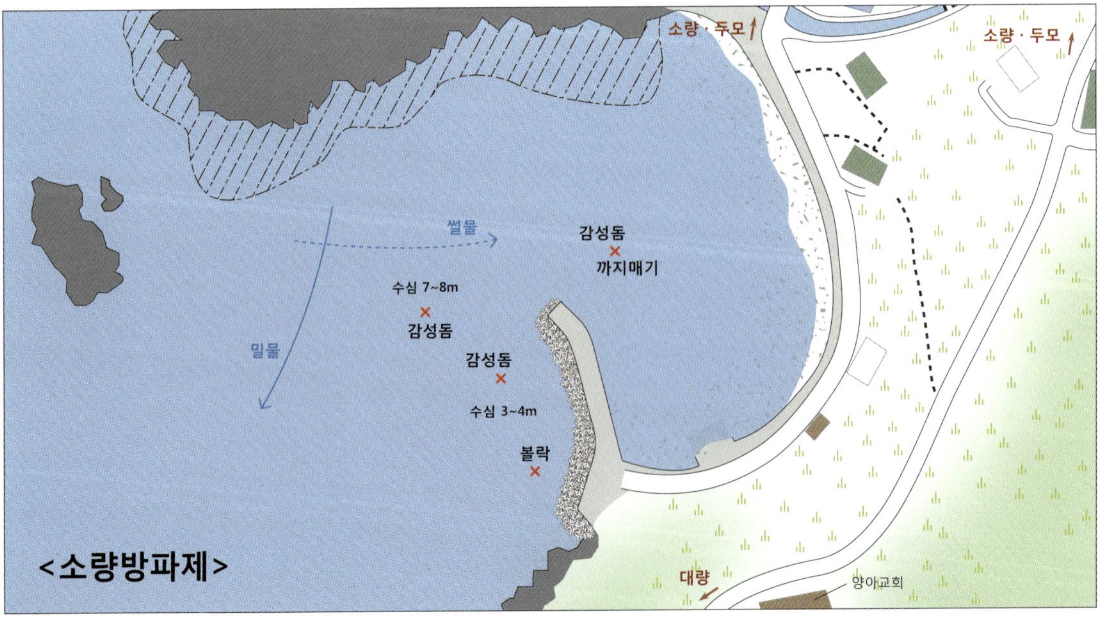

<소량방파제>

주력 어종은 감성돔과 뻰찌(돌돔 새끼), 까지매기(농어 새끼)와 볼락 · 우럭 · 노래미 · 망상어 · 전갱이 등이다.

감성돔은 봄 시즌이 가장 좋다. 이곳은 예로부터 유명한 오름감성돔 포인트인 갯바위 낚시터가 이웃하고 있다. 뿐만 아니라 가을철 10~11월에도 봄 시즌 못지않은 조황을 자랑한다. 감성돔에 이어 볼락이 시즌을 이어받아 이듬해 봄까지 가장 좋은 시즌을 형성한다. 중간에 호래기도 들어왔다 나가기를 반복하며 노래미와 망상어는 봄, 전갱이는 여름에 잘 낚인다.

■ 포인트 및 참고 사항

소량방파제의 감성돔은 봄 시즌이 피크다. 일반적으로 오름감성돔 시즌이라고 하는 산란철이 제 시즌인데, 이때는 짧은 시기에 40cm급 이상의 굵은 감성돔도 낚인다. 물때는 3~12물이 가장 좋은데, 내만권에 위치해 있어 조수 간만의 차이가 적은 조금 물때 전후에는 조류 소통이 원활하지 못하기 때문이다.

대개의 포인트는 외항 쪽 테트라포드에 집중되어 있다. 방파제 입구에서부터 끝자락에 이르기까지 설 수 있는 자리는 거의 포인트라고 생각하면 된다. 볼락이나 우럭 같은 정착성 어종들은 방파제 입구 쪽, 감성돔이나 전갱이 · 까지매기 종류는 끝자락 쪽으로 갈수록 조황이 앞선다.

낚시는 밤낮을 가리지 않고 잘 되는 편이나 여름에는 밤낚시 조과가 훨씬 좋다. 전갱이나 붕장어 · 까지매기 같은 야행성 어종들이 방파제 가까이 떼로 몰려들 때가 많기 때문이다. 원투낚시와 루어낚시, 릴 찌낚시와 민장대낚시까지 모든 장르의 낚시를 두루 구사할 수 있어 각기 색다른 손맛을 볼 수 있다.

인근 낚시점(055)

* 보물선낚시 863-1788
남해읍 차산리 779-3
* 대물예감낚시 864-6362
남해읍 심천리 979-12
* 태공낚시 867-3522
삼동면 지족리 533-9

↓ 동북쪽 도로변에서 내려다 본 소량방파제. 백사장과 여밭, 갯바위가 어우러진 지형으로 앵강만 입구에 위치해 사철 수온 변화가 적은 곳이다. 시즌에 관계없이 꾸준한 조황을 보인다.

송남방파제

• **소재지** : 남해군 미조면 송정리 1034-6 • **길이** : 80여m
• **위치 참조** : 〈최신 전국낚시지도〉 325p E3

송정해수욕장 동남쪽 끝에 위치한 방파제로 외항 쪽은 테트라포드, 내항 쪽은 석축으로 이루어져 있다. 내항은 모래밭에 수중여가 듬성듬성 있는 지형으로 도다리 · 노래미 · 망상어가 잘 낚인다. 외항은 작은 수중여가 밀집되어 있는 바닥 지형으로 의외로 볼락이 많이 낚이는 곳이다. 민장대낚시로 테트라포드 사이를 구멍치기로 공략해도 되지만 볼락 루어 채비로 먼 곳에 있는 여밭을 노리면 큰 씨알을 낚을 수 있다.
전갱이 · 까지매기와 잔 씨알의 감성돔도 낚이며 늦여름부터는 무늬오징어가 들어온다.
수심은 가까운 곳은 2~3m, 10m 이상 떨어지면 5~6m가 나온다. 방파제 끝에서 10시 방향으로 원투낚시를 해도 좋다.

찾아가는 길
남해고속도로 사천IC로 나와 삼천포대교를 타고 창선도로 건넌 후 동부대로(3번 국도)를 타고 다시 창선교를 넘는다. 삼동면 지족삼거에서 미조 · 상주 방면으로 좌회전 후 계속 동부대로를 타고 내려가면 미조면 소재지 입구인 초전삼거리가 나온다. 여기서 상주해수욕장 쪽으로 우회전해서 770여m 지점의 '송정 한솔마을' 이정표를 보고 7시 방향으로 좌회전하여 1.2km 이동하면 송남방파제이다.

인근 낚시점(055)
*낚시가 좋아 867-8959 미조면 송정리 443-3

방파제낚시 Tip ⑨

채비가 장애물에 걸렸을 때…

방파제에서 원투낚시를 하거나 바닥을 더듬는 루어낚시를 할 때는 채비가 바닥에 자주 걸리기 마련이다. 굳이 피하려 들면 오히려 조과가 떨어진다.
채비가 바닥에 걸렸을 때는 우선 낚싯대를 위로, 또는 좌우로 가볍게 흔들어 본다. 주위에 낚시꾼이 없다면 좌우로 이동하여 다른 방향에서 당겨보는 방법도 좋다. 그러나 너무 과격하게 낚싯대를 흔들면 파손될 수 있으므로 힘 조절에 주의해야 한다.
그래도 빠지지 않는다면 어쩔 수 없이 낚싯줄을 잘라야 한다. 일단 가는 줄을 사용하는 루어낚시나 보리멸 낚시 같은 걸 할 때는 가능한 원줄을 릴에 팽팽하게 감아 들인 후 낚싯대와 낚싯줄이 일직선이 되도록 하여 몇 발짝 뒤로 물러난다. 이렇게 하면 대부분 루어의 연결 부위나 목줄 채비의 매듭 부분에서 끊어지게 마련이다.
그러나 두꺼운 목줄을 사용한 경우는 뒤로 물러나는 방법이 통하지 않는다. 또 릴에 큰 부담을 줄 수 있기 때문에 주의해야 한다. 따라서 장갑을 끼지 않았다면 수건으로 낚싯줄을 감싸 쥐고서 강하게 잡아당겨야 한다. 특히 원줄이 두꺼운 나일론인 경우는 탄성이 있기 때문에 꽤 강한 힘을 가해야 한다.
감성돔이나 벵에돔 찌낚시를 할 때도 깊은 수심을 노리다 보면 채비가 바닥에 걸리기도 한다. 이때에도 반드시 원줄을 잡고 자르는 것이 좋다. 낚싯대를 눕혀 당기는 방식을 취하다 보면 목줄이 끊어지면서 찌가 빠르게 날아와 낚싯대 끝에 부딪히는 경우가 생긴다. 값비싼 낚싯대가 파손될 수도 있음에 유의해야 한다.

방파제낚시 대상어 도감 ⑱ – 전갱이

학명 ■ *Trachurus japonicus*

영명 ■ Horse mackerel

일명 ■ 마아지 (マアジ)

속명 ■ 매가리, 아지, 매생이

생태 ■ 몸은 방추형이며 옆줄 위에 모비늘이 발달하는 것이 특징이다. 등은 녹청색, 배는 은백색을 띠며 토막지느러미가 없으며 항문 뒤에 2개의 강하고 짧은 분리된 가시를 갖는다. 전 연안에 서식하며 플랑크톤, 곤쟁이, 새우, 새끼 어류 등을 먹고 산다. 40cm까지 성장한다.

방파제낚시 대상어 도감 ⑲ – 전어

학명 ■ *Konosirus punctatus*

영명 ■ Hikori shad, Gizzard shad
Spotted sardine

일명 ■ 고노시로 (コノシロ)

속명 ■ 전애, 엿사리

생태 ■ 몸은 긴 타원형으로 납작하며 등은 청색, 황록색, 배는 은백색이다. 아가미 뚜껑 뒤에 큰 검은 반점이 있으며 등쪽 비늘에는 검은 점이 있어 가는 세로줄무늬처럼 보이며 배 가장자리에 날카로운 모비늘이 발달해 있다. 위는 모래주머니 모양이며 젓갈(전어 밤젓)로 유명하다. '봄 숭어 가을 전어'란 말이 있듯이 가을이면 고소한 맛을 가진 횟감으로 유명한 종이다. 전 연안에 서식하며 25cm 정도 자란다.

양화금방파제

- **소재지** : 남해군 삼동면 동천리 1 인근
- **길이** : 큰방파제 100여m, 작은방파제 60여m
- **위치 참조** : 〈최신 전국낚시지도〉 307p F6

찾아가는 길

남해고속도로 사천IC에서 내려 3번 국도를 타고 삼천포대교 넘어 창선도로 진입한다. 단항사거리를 직진하여 미조 방면으로 남하해 창선도를 건너면 곧 나타나는 삼동면 지족삼거리에서 좌회전한다. 계속 3번 국도(동부대로)를 타고 4km 진행하면 왼쪽으로 금천마을과 양화금마을을 알리는 표지판이 나온다. 이곳 작은 삼거리에서 좌회전하여 양화금로를 따라 2.8km 진행하면 왼쪽 마을이 방파제가 있는 청사포이다.

■ 낚시 여건

대로변에서 한참 떨어진 곳이어서 한적한 어촌마을 분위기가 물씬 풍긴다. 볼락을 비롯한 감성돔 · 벵에돔 · 까지매기(농어 새끼) · 망상어 · 우럭 · 숭어 · 학공치와 함께 돌돔 새끼까지 선보이는 곳으로 꽤 재밌는 낚시터였으나 몇 년 전부터 유료 낚시터로 바뀌어 꾼들의 원성을 사고 있다.

두 개의 방파제 중 낚시가 잘 되는 곳은 오른쪽 큰 방파제이다. 외항 쪽 테트라포드와 내항 쪽 석축 구간 모두 볼락 · 우럭 · 호래기 등 루어낚시 어종이 주류를 이룬다. 또 가을~겨울에는 릴 찌낚시에 감성돔이 진한 손맛을 안겨준다.

유료낚시터화 되면서 전마선과 상판 등에서 낚시를 할 수 있도록 했으며, 가까운 갯바위까지 선비를 받고 태워주기도 한다. 입구 매표소에서 1인당 출입 비용으로 3천원을 받고 있다.

조류 소통이 좋은 곳이라 가급적 사리 물때는 피하는 것이 좋다. 초밀물과 초썰물에 입질이 집중되며 감성돔은 보통 20~40cm 정도까지 나온다. 이 외에도 갑오징어도 곧잘 나온다.

남해도 해안 일주도로를 따라 수월하게 찾아갈 수 있는 다른 방파제들과는 달리

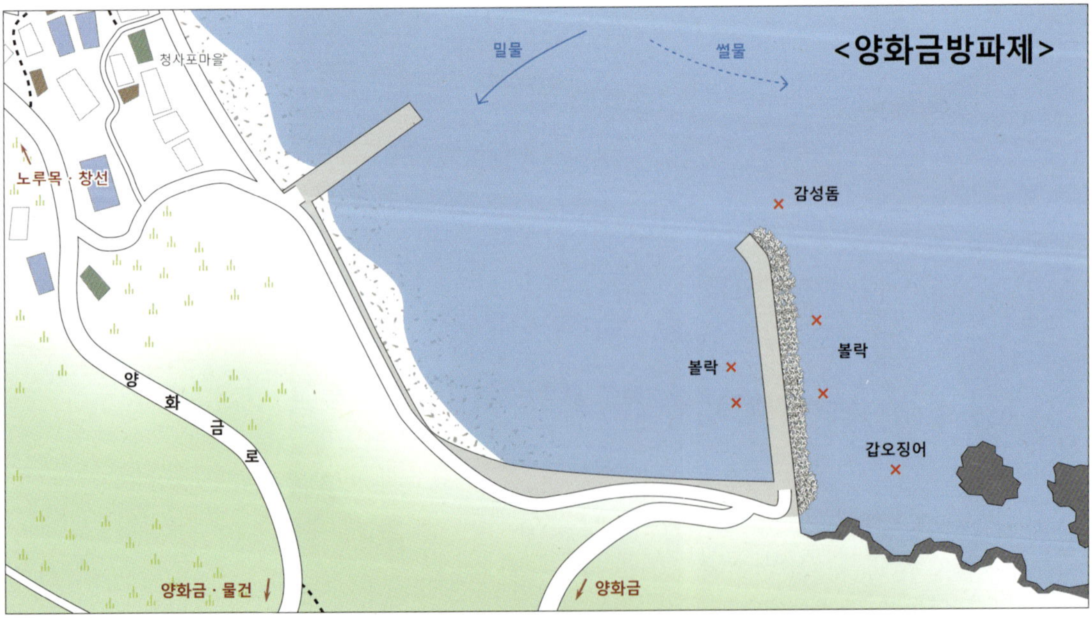

양화금은 국도변에서 벗어나 한참 골짜기를 타고 들어가야 한다.

■ 어종과 시즌

양화금방파제의 주력 어종은 볼락이지만 이 외에도 다양한 어종이 낚인다. 잔 씨알의 돌돔은 물론 까지매기와 망상어 · 우럭 · 개볼락 · 숭어 · 학공치까지 낚인다. 주로 가을~겨울에 시즌이 집중된다.

봄~여름에는 원투낚시에 도다리와 보리멸 · 용치놀래기가 낚인다. 여름에는 벵에돔, 가을에는 30cm급 감성돔 손맛도 볼 수 있다. 양화금방파제는 특히 낮과 밤을 이어 오랜 시간 낚시를 할 만한 곳으로 다양한 채비를 준비하는 것이 좋다.

■ 포인트 및 참고 사항

볼락 루어낚시는 지그헤드 채비가 잘 먹힌다. 11월~12월까지는 볼락이 방파제 가까이 붙으므로 민장대로도 낚을 수 있다. 그러나 루어 채비에 반응이 더 빨라 단시간에 많은 마릿수가 가능하다. 내항 쪽의 석축을 노리면 잔 씨알이 나온다. 외항 쪽의 테트라포드 사이를 공략하면 큰 씨알을 낚을 수 있는데 구멍치기는 민장대보다 짧은 루어대가 유리하다.

릴 찌낚시 포인트는 외항 쪽에 집중된다. 방파제 끝자락에 자리를 잡되 사리 물때는 피하는 것이 좋다. 감성돔낚시는 늦여름부터 늦가을까지 이루어지는데 늦여름에는 초저녁 짧은 시간에 입질이 닿는다. 가을에는 낮 시간에 낚시가 잘 된다.

갑오징어는 방파제 입구에서 오른쪽 갯바위 지역으로 붙여서 에기를 던진 다음 바닥을 질질 끌듯이 하면 묵직한 씨알이 낚인다.

인근 낚시점(055)

*양화금낚시터 867-9988
삼동면 동천리 308
*해미낚시 867-7222
삼동면 지족리 230-9
*갈매기낚시 867-8980
창선면 지족리 294

↓ 서쪽 도로변(양화금로)에서 내려다 본 양화금방파제. 포인트는 큰 방파제 외항 쪽에 몰려 있다. 볼락과 감성돔 · 무늬오징어 등 인기어종이 시즌에 따라 낚인다. 내항 쪽에서도 잔챙이들은 얼마든지 낚을 수 있어 초보꾼들에게도 좋은 장소다.

염해방파제

- **소재지** : 남해군 서면 남상리 1791-8 외
- **길이** : 큰방파제 120여m, 작은방파제 50여m
- **위치 참조** : 〈최신 전국낚시지도〉 306p A5

찾아가는 길

남해대교를 건너 남해도로 진입한 후 19번 국도(남해대로)를 타고 계속 직진하다가 남해휴게소가 있는 고현교차로에 이르면 남해·미조 방면으로 330여m 직진한 후 오른쪽 탑동교차로 방향으로 빠진다. 탑동교차로에서 우회전하여 77번 국도(남서대로)를 타고 갈화·정포·유포를 차례대로 지난다. 유포마을회관을 기점으로 700여m 진행하면 Y자 형태의 삼거리가 나타나는데 오른쪽으로 빠져 320여m만 진입하면 오른쪽으로 염해방파제가 보인다.

■ 낚시 여건

남해군 서면 남상리 염해마을 북서쪽 콧부리 지대에 송곳니 같은 두 개의 방파제가 뻗어 있다. 두 군데 모두 낚시를 할 수 있으나 바깥쪽의 작은 방파제가 더 잘 되는 편이다. 석축으로 만들어진 방파제라 낚시자리도 편하다. 인근 갯바위로의 이동도 수월해서 방파제와 갯바위를 오가며 낚시하는 꾼들이 많다. 일부 갯바위 포인트는 만조가 되면 도보로 빠져 나올 수 없으므로 시간을 보고 진입하는 것이 좋다. 방파제의 길이가 짧아 낚시를 할 만한 공간이 협소하다는 것이 단점이지만 이곳을 찾는 대부분의 낚시인들은 방파제보다는 갯바위를 선호한다. 따라서 갯바위 포인트가 꽉 차지 않는 이상 방파제의 경우 꾼들로 북적대는 일은 거의 드물다. 갯바위 지역에 축조된 까닭에 방파제 주변의 바닥 지형도 낚시하기에 좋은 여건이다. 포인트가 되는 수중여도 듬성듬성 있으며 조류 소통도 원활한 편이다.

■ 어종과 시즌

대상어종은 감성돔·보리멸·노래미·도다리·볼락 등인데 가끔 호래기가 들어오기도 한다. 방파제 주변은 사니질대이지만 마을 쪽에는 모래사장이 있어 가족들

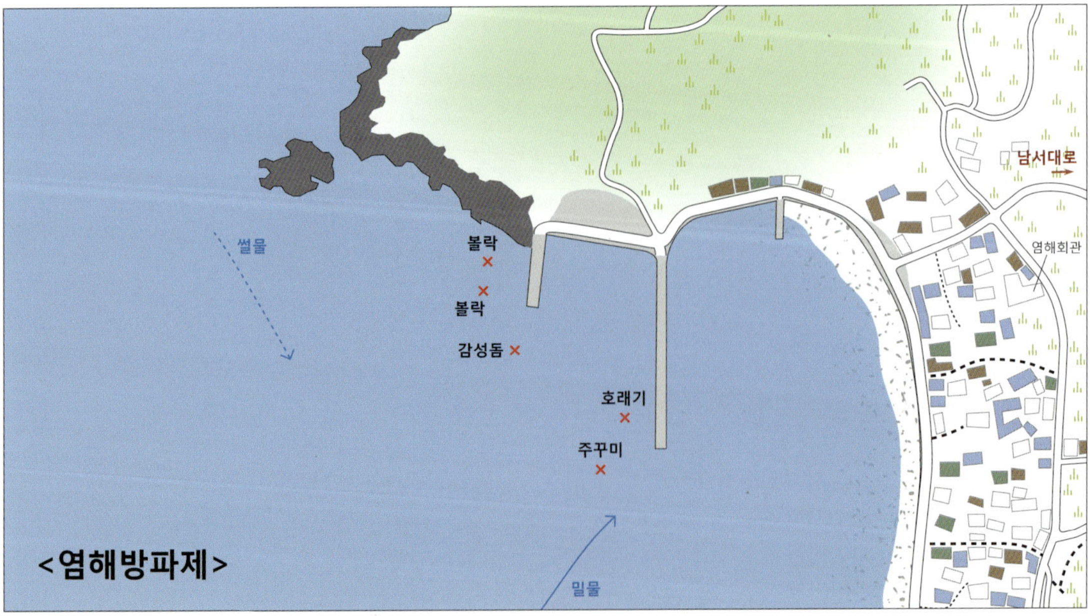

과 함께 나들이하기에도 좋은 곳이다. 여름밤에 원투낚시를 하면 붕장어와 까지매기(농어 새끼)가 올라오기도 한다. 밑걸림이 거의 없는 곳이라 초보자도 쉽게 즐길 수 있다. 감성돔도 곧잘 나오는데 주로 봄 시즌에 굵직한 씨알이 낱마리로 낚인다. 가을에는 25cm~30cm 정도 되는 잔 씨알이 낚이는데, 방파제에서는 마릿수가 그다지 많지 않으나 인근 갯바위에서는 서너 마리씩 손맛을 본다.

갑오징어와 주꾸미도 가을에 잘 나온다. 갑오징어 에깅 채비를 넉넉하게 하면 마릿수 걱정은 없다.

■ 포인트 및 참고 사항

염해방파제에서 가장 기대를 부풀릴 수 있는 계절은 봄철이다. 산란을 맞은 감성돔이 낚이되 5짜급까지 출현해 이를 노리는 전문 꾼들이 어김없이 찾아든다. 염해방파제 인근 갯바위는 예전부터 감성돔 포인트로 유명한 곳이었다. 방파제에서 감성돔을 노릴 때에는 방파제 중간 지점이나 끝자락에서 갯바위 방향으로 채비를 멀리 던져서 조류에 태운다. 보다 더 확률을 높이기 위해서는 방파제 전방 20~30m 지점에 산재한 수중여 사이에 채비를 머물게 하는 것이다. 입질 포인트가 이 지점에서 형성된다.

다시 한 번 강조하건대 작은 방파제에서 훨씬 낚시가 잘 되는 편인데, 감성돔이 가을에도 잘 낚인다. 봄철에 비해 씨알은 잘아도 마릿수는 훨씬 앞선다. 원투낚시를 할 때는 큰 방파제 끝자락도 좋은 포인트가 된다. 봄철에 바닥을 잘 찾으면 도다리 · 보리멸 · 노래미 등이 계속 낚인다. 또 민장대나 루어 채비로 볼락을 낚을 수도 있는데 씨알은 그리 큰 편은 아니다.

인근 낚시점(055)

*남해휴게소낚시 862-4440
남해군 고현면 대사리 957-2
*쉼터낚시 863-2431
남해군 설천면 덕신리 1486-2
*대교낚시 882-0307
하동군 금남면 노량리 537-1

↓ 내항에서 본 염해방파제 모습. 두 개의 방파제 가운데 사진 오른쪽의 작은 방파제에서 낚시가 잘 된다. 방파제와 이어진 갯바위는 예전부터 찌낚시 포인트로 유명한 곳이다.

예계방파제

- **소재지** : 남해군 서면 서상리 1608-5 외
- **길이** : 큰방파제 100여m, 작은방파제 50여m
- **위치 참조** : 〈최신 전국낚시지도〉 306p B6

찾아가는 길

남해대교를 건너 탑동교차로까지 간다. 탑동교차로에서 서면 방면으로 우회전 후 남서대로를 따라 약 15km 계속 남하하면 서면 서상리 예계마을이 나타나는데, 예계마을 버스정류장으로부터 160여m 지점에 이르면 오른쪽으로 '예계마을' 표지석이 보인다. 오른쪽 비탈길로 170m만 내려가면 된다.

인근 낚시점(055)

*남해휴게소낚시 862-4440
남해군 고현면 대사리 957-2
*대교낚시 882-0307
하동군 금남면 노량리 537-1
*남해낚시 883-9921
하동군 금남면 노량리 557-5

■ 낚시 개황

예계방파제는 남해도의 무수히 많은 방파제 가운데 오랫동안 낚시인들로부터 언급이 되지 않은 무명에 가까운 곳이다. 인근에 소두방여라는 유명한 여치기 포인트가 있어도 이 방파제의 실체를 거들떠보는 이들은 거의 없을 정도.

그러나 실제로 예계방파제는 낚시를 하기에 너무나 좋은 여건을 형성하고 있다. 잘 정비된 방파제는 내항과 외항 방향 모두 석축이라 낚시하기가 편하고 계단식 선착장은 밀 · 썰물에 맞춰 자리를 이동하며 낚시하기에도 좋다. 또 가로등 시설도 낚시에 호조건이며 방파제 입구의 적당한 공간도 주차하기에 편리한 여건이다.

■ 참고 사항

주요 어종은 감성돔 · 도다리 · 갑오징어 · 볼락 등으로 인기 어종은 다 낚인다고 보면 된다. 방파제 주변 경관도 보기 좋고 대로변 마을과도 멀리 떨어져 있어 고즈넉하고 조용한 분위기에서 낚시를 즐길 수 있다.

두 개의 방파제 가운데 낚시를 할 수 있는 곳은 포구를 감싸 안고 있는 아래쪽 큰 방파제이다. 주요 포인트는 방파제 끝자락에서부터 입구 방향 10여m 구간으로, 낚시할 공간이 다소 좁다는 게 단점이다.

늦여름~늦가을까지는 릴 찌낚시에 감성돔이 잘 낚인다. 이 시기의 밤에는 루어낚시에 갑오징어도 잘 낚이며, 10월부터 이듬해 5월까지는 볼락이 낚인다. 봄에는 원투낚시에 간간이 도다리가 입질한다. 노래미 · 망상어 같은 잡어도 쉽게 낚을 수 있다. 수심은 가까운 곳은 3m 내외, 10m 이상 떨어진 먼 곳은 7~8m가 나온다.

↓ 인적이 드문 곳이자 낚시터로도 잘 알려지지 않은 곳이다. 도다리 · 갑오징어 · 볼락 · 우럭 · 노래미 등으로 잔재미를 누릴 수 있다.

학명 ■ *Hyporhamphus sajori*

영명 ■ Half beak, Needle fish

일명 ■ 사요리 (サヨリ)

속명 ■ 공미리, 공치, 사요리

생태 ■ 위턱보다 아래턱이 길게 돌출하며 아래턱 끝이 황적색을 띠는 것이 특징이다. 등은 그물 무늬가 있는 회청색, 배는 은백색이다. 표층을 떼지어 다니며 수면을 뛰어 오르기도 한다. 봄철 떠다니는 해조 등에 산란한다. 40cm까지 자라며 전 연안에 서식한다.

↑ 학공치의 성숙란

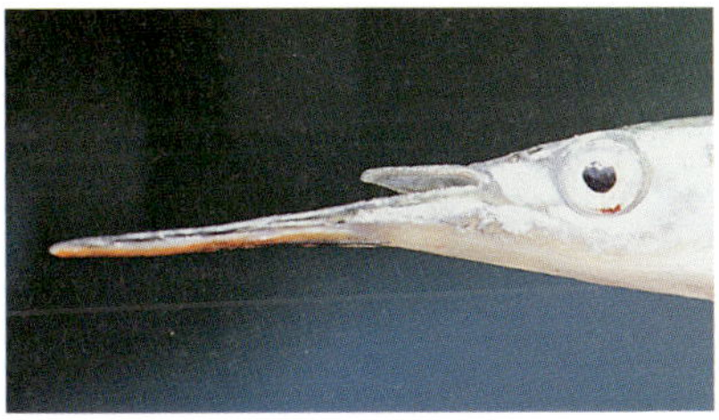

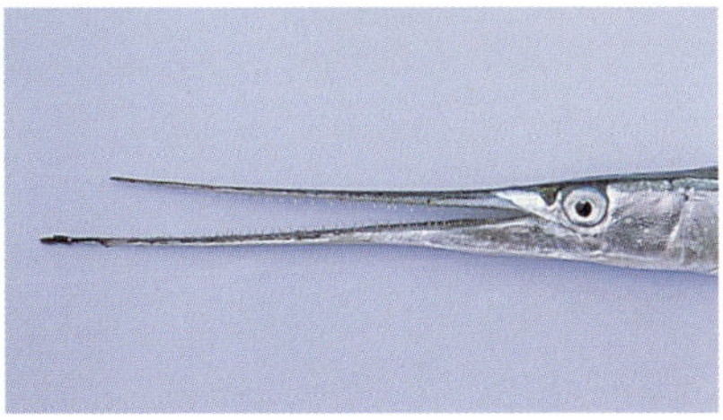

← 학공치(왼쪽)와 학공치를 닮은 동갈치(오른쪽)의 주둥이 비교

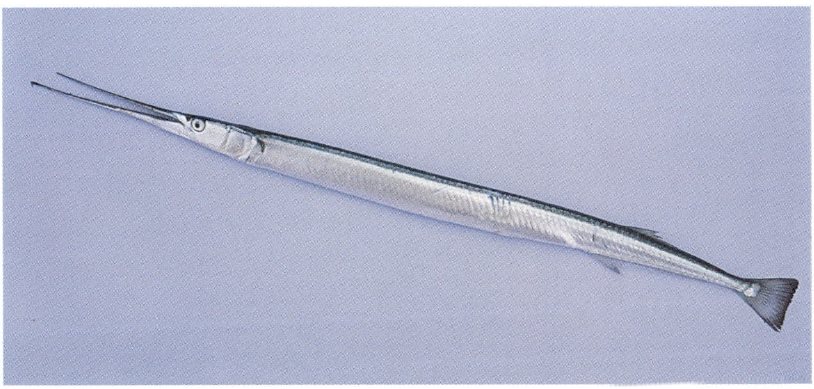

← 학공치를 닮은 동갈치. 크기가 1m에 달할 정도로 학공치보다 훨씬 대형 종이다.

왕지방파제

- **소재지** : 남해군 설천면 문의리 1046-3
- **길이** : 내 · 외항 방파제 각각 80여m
- **위치 참조** : 〈최신 전국낚시지도〉 306p C3

찾아가는 길

남해고속도로 진교IC로 나와 1002번 지방도로를 타고 남해 방면으로 남하해 남해대교를 건넌다. 남해대교를 건넌 후 나오는 노량삼거리에서 노량 · 설천 방면으로 좌회전 후 1km 북상하면 남해대교가 위로 보이는 유람선 선착장에 이른다. 우회전하여 1024번 도로(설천로)를 따라 2.5km 무조건 직진하면 도로변 왼쪽에 '왕지' 표지석이 보인다. 왼쪽 언덕길로 내려가 1km 정도 천천히 들어가면 왕지마을 포구에 도착한다.

■ 낚시 여건

남해도 북쪽, 노량해협(露梁海峽) 동쪽에 위치한 왕지마을 앞에는 2개의 방파제가 있다. 길이는 엇비슷하나 내항 쪽 방파제는 바다를 향해 세로로 뻗어 있고 외항 쪽 방파제는 가로로 뻗어 있어 종횡(縱橫) 대열을 이룬 형국이다.

낚시는 두 군데 방파제 모두에서 이뤄지고 낚시를 하기에도 수월한 편이다. 차량 진입이 쉽고 발판도 넓은 편이다. 게다가 가로등 시설이 잘 되어 있어 밤에도 낚시하기에 좋다. 그러나 바깥 외항 쪽 방파제에는 가로등 시설이 없다. 낚시 자리가 낮고 석축으로 축조돼 있어 민장대나 릴 찌낚시, 루어낚시 등 다양한 장르의 낚시를 즐기기에 안성맞춤이다.

원투낚시를 많이 하는 곳이었지만 볼락 루어낚시와 호래기낚시가 활성화되면서 유명 포인트로 알려지기 시작했다. 특히 집어등을 사용하면 호래기를 마릿수로 낚을 수 있어 이 일대의 방파제에서는 겨울 시즌에 가장 많은 꾼들이 몰린다. 바닥이 사니질대로 사리 이후엔 물색이 탁해지는 것이 단점이다.

방파제의 크기가 작아 낚시할 공간이 협소하다는 것 빼고는 조황은 주변 방파제에 비해 단연 앞선다. 특히 감성돔은 시즌이 되면 원투낚시로도 마릿수 조황을 올리

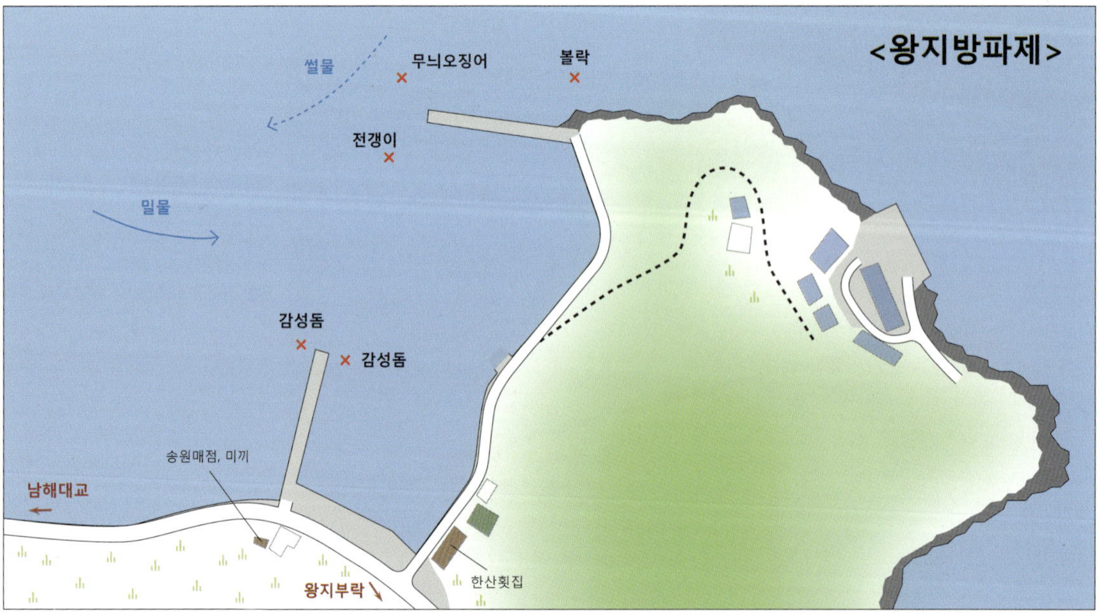

는 곳으로 현지꾼들이 자주 찾는다.

■ 어종과 시즌

주요 어종은 볼락과 까지매기 · 도다리 · 쥐노래미 등이다. 내만에 위치하면서도 조류 소통이 좋아 회유성 어종이 잘 들어온다. 여름에는 갈치와 전갱이도 많이 낚인다. 볼락은 민장대 맥낚시로 바닥을 노리면 잘 낚이는데, 11월 중순부터 낮에 낚이기 시작해 12월로 접어들면서 본격 밤볼락 시즌을 맞이한다.

이곳 왕지방파제에서 가장 무난한 조황을 누릴 수 있는 계절은 여름으로 밤낚시에 다양한 잡어들을 낚을 수 있다. 까지매기 · 도다리와 함께 수조기와 볼락도 간혹 낚인다. 잔 씨알의 우럭도 석축 사이에 많이 서식하고 있다.

■ 포인트 및 참고 사항

왕지방파제는 원래 원투낚시 포인트로 유명한 곳이었다. 아직도 노래미 · 도다리가 잘 낚이며 봄 시즌에는 낱마리 조황이나마 감성돔도 얼굴을 내민다.

노량해협에 인접한 곳이라 조류가 세찬 왕지방파제에선 릴 찌낚시보다는 원투낚시가 효과적이다. 바깥쪽 방파제 끝에서 10시~2시 방향 구간으로 최대한 채비를 멀리 던진 다음 바닥을 조금씩 끌어주는 패턴으로 낚시를 한다. 바닥 걸림이 별로 없어 채비 손실이 거의 없는 편이다.

가을~겨울에는 감성돔의 씨알이 굵어진다. 사리 물때만 피하면 릴 찌낚시로도 공략이 가능한데 아무래도 구멍찌보다는 막대찌가 효과적이며 주변 수심은 6~7m 정도다.

인근 낚시점(055)

*남해슈퍼낚시 862-2851
남해군 설천면 노량리 393-11
*대교낚시 882-0307
하동군 금남면 노량리 537-1
*바다로낚시 883-8976
하동군 진교면 술상리 105

↓ 왕지마을은 어촌계에서 운영하는 유료 좌대낚시터가 있을 정도로 유어객들이 즐겨 찾는 곳이다. 다양한 어종이 회유하는 곳으로 시즌에 따라 대상어를 골라 낚을 수 있다.

원천방파제

- **소재지** : 남해군 이동면 신전리 1138-10
- **길이** : 큰방파제 240여m, 작은방파제 60여m
- **위치 참조** : 〈최신 전국낚시지도〉 325p D2

찾아가는 길

남해고속도로 사천IC로 나와 삼천포대교를 타고 창선도에 진입하면 3번 국도로 창선교를 건넌다. 삼동면 지족삼거리에서 우회전하여 1024번 지방도로로 이동면 소재지의 무림사거리 전방 지하도를 통과해 상주·미조 방면으로 곧 좌회전한다. 이후 5.4km 계속 직진하면 원천버스정류소를 지나 오른쪽으로 '원천횟집' 간판이 보인다. 오른쪽으로 빠지면 곧 방파제이다. 남해대교를 이용하는 경우는 19번 국도로 남해읍과 이동면을 거쳐 상주·미조 방면으로 계속 남하하면 된다.

■ 낚시 여건

남해도 남쪽의 앵강만은 남해도 본섬을 동서로 크게 나누는 목이다. 그곳 앵강만 동쪽 깊숙한 곳에 위치한 원천방파제는 주변의 돌무더기 지형과 함께 제법 낚시터다운 운치를 풍기는 곳이다.

방파제가 위치한 앵강만은 날씨의 영향을 크게 받지 않으면서 낚시를 할 수 있는 곳으로, 사철 다양한 어종이 모여드는 남해의 보물이다. 돌돔·감성돔·벵에돔·볼락·우럭 등등의 고급 어종은 물론 각종 잡어들까지 모여들어 동네낚시터의 특징을 잘 보여준다.

남해도의 대부분 방파제와 같이 보강공사가 잘 되어 있지는 않다. 그냥 선착장 역할을 하는 곳이라 따로 난간이나 계단 시설이 없다는 점이 오히려 낚시하기에 더 편리한 여건으로 작용한다. 방파제 입구에 위치한 횟집들의 주차장 또한 넓어 밤낚시를 할 때 편리하게 이용할 수 있다.

■ 어종과 시즌

여름부터 시작해 가을까지가 가장 좋다. 여름에는 원투낚시에 돌돔 새끼와 까지

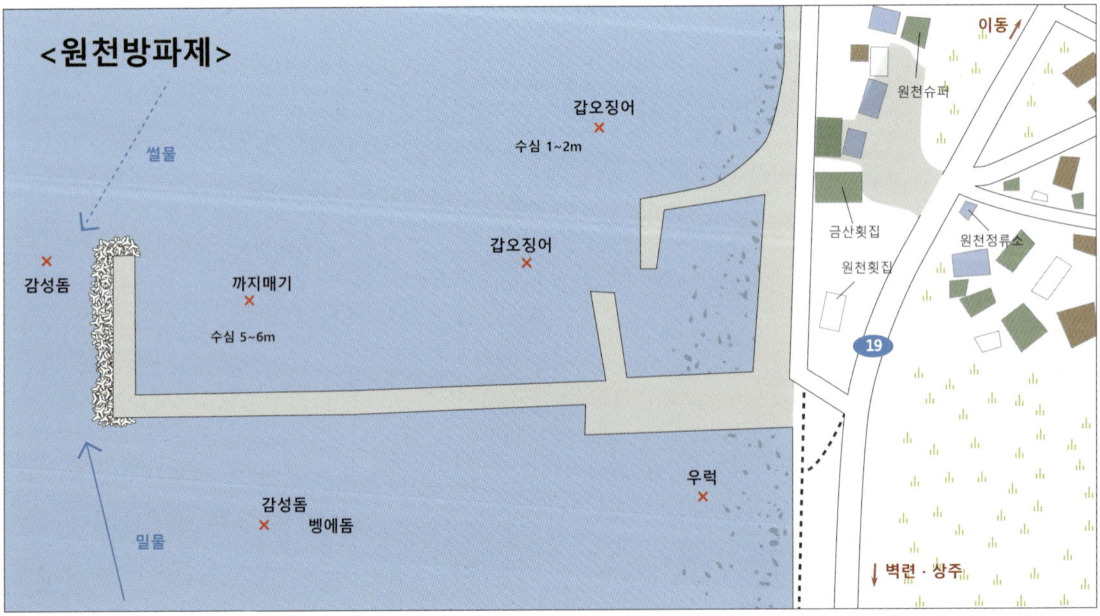

매기가 낚인다. 감성돔은 9~10월이 시즌이며, 10~11월에는 간간이 무늬오징어나 갑오징어가 입질을 한다. 볼락은 9월부터 민장대로 서서히 낚기 시작해 11월이 되면 밤낚시가 빛을 발휘하는데 루어나 민장대낚시로 마릿수 조과를 올릴 수 있다.

포인트 및 참고 사항

원천방파제 포인트는 크게 세 군데다. 오른쪽의 'ㄱ'자 형태로 된 작은 방파제의 경우는 각진 지점에서 원투낚시와 민장대낚시, 볼락 루어낚시 재미가 쏠쏠한 곳이다. 이 일대의 바닥은 사니질에 수중여가 듬성듬성 있는 곳으로 원투낚시에 청갯지렁이 미끼를 쓰면 도다리나 보리멸이 입질한다. 겨울에는 오른쪽으로 몰밭이 형성되는데 이때 민장대나 루어낚시로 굵직한 볼락을 마릿수로 낚아낼 수 있다. 또 석축 사이애선 잔 씨알의 우럭도 쉽게 낚는다.

큰 방파제의 경우는 중간에 튀어나온 '가지방파제'에서 건너편 작은 방파제 옆으로 던지면 역시 볼락 아니면 우럭이 낚인다. 이곳에서의 원투낚시는 먼 바다를 보고 1시 방향으로 던져야 한다. 수심은 가까운 곳이 1~2m, 먼 곳은 5~6m 정도다.

큰 방파제 끝 부분은 릴 찌낚시와 원투낚시를 하는 포인트다. 릴 찌낚시로는 감성돔 · 벵에돔 · 돌돔을 기대할 수 있다. 요령은 최대한 원투를 하는 것으로 겨울 감성돔낚시를 할 때는 캐스팅을 멀리 하기 위해 막대찌를 많이 쓴다. 수심은 2~3m, 방파제에서 5m 이상 떨어지면 6~7m 정도다.

이곳 원천방파제에선 고급어종에 대한 집착보다는 도다리나 보리멸 같은 바닥고기나 석축 사이에 있는 잔 씨알의 우럭 · 볼락 등 식감 좋은 찬거리를 장만하는 재미가 좋은 곳으로 민장대나 원투낚시를 하면 자잘한 재미를 오랫동안 볼 수 있다.

인근 낚시점(055)

*덕성슈퍼낚시 863-3708
이동면 신전리 1206
*섬낚시할인마트 864-7366
남해읍 남변리 272
*태공낚시 867-3522
삼동면 지족리 533-9

↓ 원천횟집 앞에서 바라본 방파제 전경. 앵강만의 중심에 위치한 방파제로 사철 다양한 어종이 모여든다. 원투낚시, 릴 찌낚시, 루어낚시를 두루 즐길 수 있는 포인트다.

월곡방파제

- **소재지** : 남해군 설천면 덕신리 1704-4 외
- **길이** : 500여m, 300여m, 500여m
- **위치 참조** : 〈최신 전국낚시지도〉 306p B3

찾아가는 길

남해대교를 건너 남해도로 진입해 첫 번째 나타나는 노량삼거리를 직진하고 두 번째 나타나는 덕신삼거리도 직진한다. 덕신삼거리에서 정확히 230m만 진행하면 도로변 오른쪽에 '월곡마을'을 알리는 작은 표지석이 보인다. 오른쪽으로 빠져 450여m만 들어가면 첫 번째 방파제가 나타난다.

■ 낚시 여건

남해도 북서쪽에 위치한 월곡마을에는 길이가 비슷한 3개의 방파제가 150여m씩의 간격을 두고 나란히 뻗어 있다. 오목한 만곡(彎曲) 지형에 위치한 덕분에 웬만한 바람이나 너울에도 잔잔함을 유지해 마치 호수와 같은 느낌을 주는 곳이다.

테트라포드 없이 석축으로만 축조돼 있기 때문에 방파제라기보다는 선착장에 가깝다. 이런 석축 방파제들은 대개 주변 수심이 얕고 조류 소통도 원활하지 못해 찌낚시를 즐기는 꾼들에게는 그다지 환영을 받지 못한다. 그러나 록피시 종류를 노리는 루어 꾼들에게는 사람의 손길이 잘 닿지 않는 이 같은 석축방파제가 노다지처럼 느껴질 때가 많다.

이곳 월곡방파제 또한 그런 곳 중의 하나다. 가로등이 그다지 밝지 않아 처음엔 루어 꾼들도 별반 관심을 갖지 않았는데, 가로등 불빛이 없어도 록피시를 낚는 데 별 지장이 없다는 것을 알아차린 낚시인들은 월곡방파제를 지나치지 않았다. 석축 틈바구니에 숨어 있는 굵직한 우럭과 쏨뱅이들을 깃털이 달린 지그헤드나 미노우로 훑어 거의 줍다시피 낚아냈고, 멀리 떨어진 암초 주변에 붙어 있는 것들은 볼락볼에 속수무책이었다.

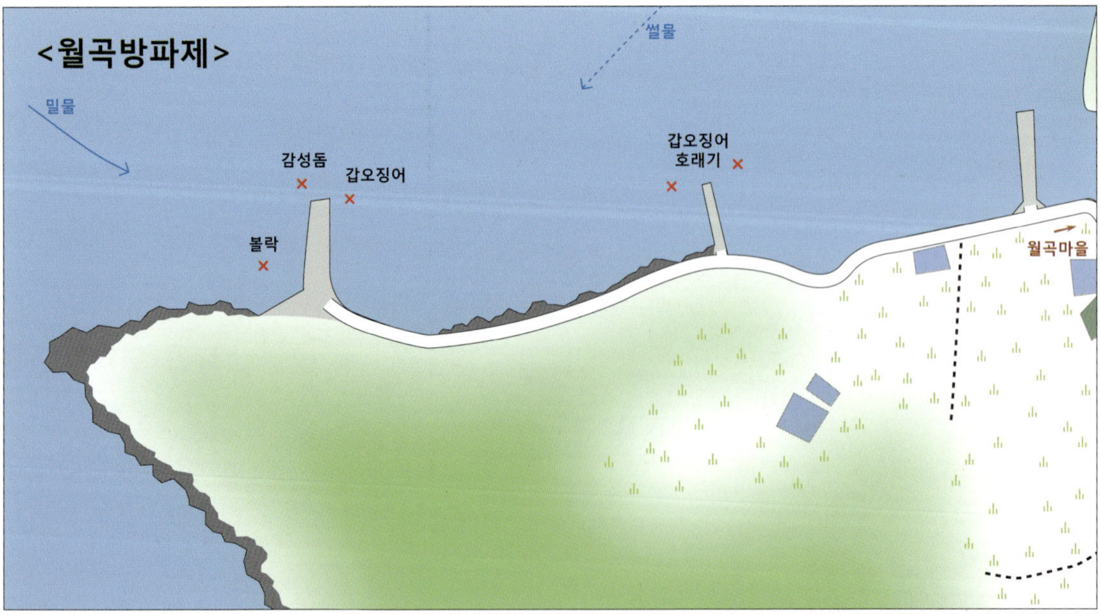

■ 어종과 시즌

볼락과 우럭이 주 어종이다. 볼락은 12월부터 밤낚시 주력어종으로 꼽힌다. 봄까지가 시즌이지만 초반일수록 마릿수나 씨알이 좋은 편이다. 우럭은 거의 1년 내내 낚인다. 석축 사이사이나 먼 곳의 바닥을 노리면 된다.

가을에는 갑오징어낚시도 잘 된다. 10월 말부터 시즌을 맞이하는데 씨알은 그리 큰 편은 아니다. 원투낚시에 노래미나 감성돔이 간혹 낚이기도 한다.

■ 포인트 및 참고 사항

포인트는 가로등이 있는 바깥쪽(서쪽) 방파제에 몰려 있으며 마을 안쪽의 방파제는 그저 그런 잔챙이 놀이터에 불과하다. 바깥 방파제에는 배를 쉽게 정박시키기 위한 상판이 가교로 연결되어 있는데, 이러한 구조물 아래엔 그림자가 생김으로써 그곳이 일급 포인트가 된다. 록피시들이 어두운 곳에 숨어 가로등 불빛에 모여드는 수서생물들을 노리기 때문이다.

가교 밑이나 상판 주변 그리고 상판에 정박된 배 사이사이를 지그헤드로 공략하는 것이 가장 쉬운 방법이며, 석축 사이와 그 앞으로 흩어져 있는 자잘한 암초 주변에도 굵직한 록피시가 많이 붙어 있다.

우럭은 20cm 내외의 잔챙이들이 많지만 간혹 큰 놈들이 달려들어 채비를 끌고 석축 안으로 들어가 버리는 경우도 있다. 릴의 드랙을 조이고 챔질을 빨리 해야 한다. 6~7월에는 잔 씨알의 감성돔도 낚이기 때문에 찌낚시 꾼들이나 원투낚시 꾼들도 가끔 들어온다.

인근 낚시점(055)

*태평양낚시 863-0806
남해군 설천면 덕신리 1608-5
*고향낚시 882-0766
하동군 금남면 노량리 338-1
*현대낚시 884-2272
하동군 진교면 진교리 2-6

↓ 마을 입구에서 바라본 월곡 방파제. 가장 바깥쪽에 있는 방파제가 핵심이다. 가을~겨울 사이가 가장 좋은 시즌이며, 볼락 · 우럭 같은 록피시가 가장 잘 낚인다.

유구방파제

- **소재지** : 남해군 남면 평산리 2163-4 외
- **길이** : 큰방파제 110여m, 작은방파제 60여m
- **위치 참조** : 〈최신 전국낚시지도〉 324p B2

찾아가는 길

남해대교 건너 19번 국도로 계속 남하하여 남해읍 남변사거리에서 서면 방면으로 우회전한다. '스포츠로' 서면 방면으로 3.8km 가량 진행한 삼거리에 이르면 두곡 · 월포 · 사촌 방면으로 좌회전 후 '고실로'를 따라 4.2km 직진한 삼거리에선 스포츠파크 · 서면 방면으로 우회전한다. 여기서 1024번 지방도로(남서대로)를 타고 1.1km 진행하여 덕월리 버스정류장과 힐튼남해골프장 간판이 보이면 남서대로1197번길로 곧장 좌회전하여 다시 1.1km 지점의 삼거리에 이르면 우회전한다. 사촌 방면의 남면로(1024번 지방도)를 따라 2.2km 지점(유구교회 직전)에 이르면 '유구마을' 표지석과 '유구횟집' 간판이 나타나는데, 오른쪽으로 750여m만 진입하면 된다.

■ 낚시 여건

남해군 남면 평산리 유구마을 포구는 남쪽으론 망기산 자락이 길게 돌출돼 있고 북쪽으론 죽도가 길게 가로막고 있다. 바람과 파도의 영향이 크게 미치지 않은 지형적 여건이다. 그 포구 안에 두 개의 방파제가 있다. 낚시가 잘 되는 곳은 바깥쪽(서쪽)에 위치한 큰 방파제다. 방파제의 발판이 좋고 진입로와 주차여건도 좋아 낚시꾼들이 즐겨 찾는 곳이다. 석축 형태의 방파제엔 가로등도 설치돼 있어 밤낚시를 하기에도 좋은 여건이다. 또 두 개의 방파제 사이에 있는 내항은 규모가 크기 때문에 기상이 나쁜 날에도 파도의 영향을 받지 않고 낚시를 할 수 있다. 다만 주변 수심이 깊지 않아 사리 간조 때 물이 많이 빠지면 방파제 입구 쪽, 특히 내항 방향은 낚시가 거의 불가능해진다. 방파제 입구에는 또 슬로프가 만들어져 있어 카약이나 보트를 내리기 수월하다.

■ 어종과 시즌

봄철에 숭어가 마릿수 조황을 보이는 곳이다. 원투낚시엔 노래미가 곧잘 올라온다. 감성돔은 가을 시즌에 낱마리로 낚이는 편이다. 주 대상어종는 록피시로 볼

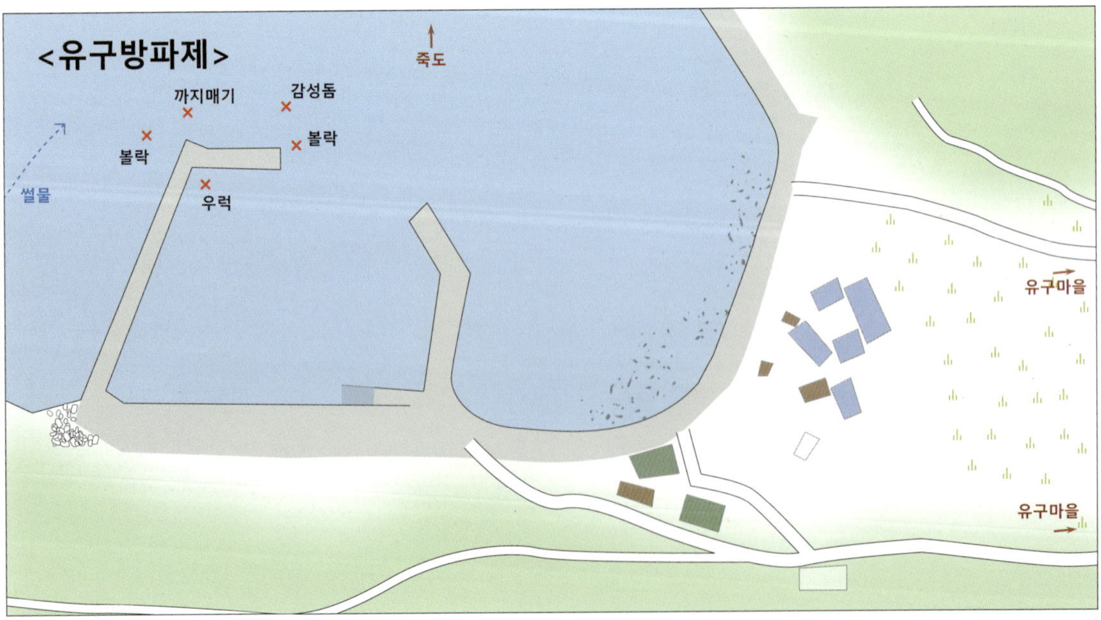

락 · 우럭 등이다. 시즌은 10월 말부터 이듬해 4월까지다.

■ 포인트 및 참고 사항

루어낚시인들은 석축 틈바구니나 정박한 어선들 사이를 노리는, 이른바 '모심기' 재미가 쏠쏠한 곳이다. '모심기'를 할 때는 단숨에 낚싯대를 세울 수 있도록 허리 힘이 튼튼한 제품이 좋고 라인은 좀 더 굵은 것을 써야 한다.

큰 방파제 왼쪽(서쪽)에 형성된 갯바위에선 여름에 농어 새끼가 잘 낚이며 늦가을부터는 해초가 무성하게 자라 볼락과 쥐노래미가 잘 낚인다. 안쪽으로 깊이 들어가면 공략해 볼만한 포인트가 많으나 지대가 낮기 때문에 중들물이 지나면 서둘러 빠져 나와야 한다.

방파제 외항 쪽은 원투낚시에 노래미나 돌팍망둑이 잘 낚인다. 루어낚시에는 우럭이 주로 낚이며 볼락도 드문드문 섞인다. 방파제 초입의 외항 쪽은 수심이 1~2m에 불과하기 때문에 밑걸림에 유의해야 한다.

내항 쪽 공략의 관건은 빼곡히 들어차 있는 어선 사이로 로프를 피해 얼마나 구석구석을 잘 찌르느냐이다. 루어낚시를 할 때 내항 쪽은 지그헤드로, 외항 쪽은 볼락볼 채비를 써서 왼쪽 갯바위에서 뻗어 나온 수중여 지대를 노리는 것이 좋다. 내 · 외항 석축의 돌 틈에는 우럭 · 쏨뱅이 · 개볼락 같은 록피시가 숨어 있다. 씨알이 굵어 잔 손맛이나 볼 요량으로 쉽게 덤벼들었다가는 터뜨리기 십상이다. 돌 틈에 숨어 있는 것들은 순식간에 입질하기 때문에 챔질 타이밍을 잡기 어렵고, 큰 씨알이 물고 돌 틈으로 파고들어가 버리면 꺼내기가 거의 불가능해진다.

인근 낚시점(055)

＊섬낚시할인마트 864-7366
남해읍 남변리 272
＊남해낚시 864-3445
남해읍 북변리 450-3
＊갯바위낚시 864-3622
남해읍 북변리 458

↓ 내항 쪽에서 본 유구방파제. 큰 방파제 끝자락이 주요 포인트로 밤에 루어낚시를 하면 재미가 좋다. 낮에는 원투낚시로 먼 곳을 노리면 보리멸 · 노래미 · 돌팍망둑 등이 낚인다.

유포방파제

- **소재지** : 남해군 서면 노구리 1416-10 외
- **길이** : 큰방파제 180여m, 작은방파제 50여m
- **위치 참조** : 〈최신 전국낚시지도〉 306p B5

찾아가는 길

남해대교를 건너 남해도로 진입한 후 19번 국도(남해대로)를 타고 계속 직진하다가 남해휴게소가 있는 고현교차로에 이르면 남해 · 미조 방면으로 그냥 직진한다. 330여m 지점에 이르러 오른쪽 탑동교차로 방향으로 빠진 후 탑동교차로에서 우회전하여 77번 국도(남서대로)를 타고 계속 직진, 남하한다. 갈화와 정포를 지나 오른쪽으로 유포마을 회관이 나타나면 전방 110여m 지점의 '유포어촌체험마을' 입간판을 보고 오른쪽으로 빠져 850여m만 들어가면 첫 번째 방파제에 닿는다.

■ 낚시 여건

3개의 방파제가 나란히 늘어서 있다. 남해도를 많이 다닌 낚시인들도 이곳에 방파제가 있는 줄을 잘 모른다. 그래서 평일이나 주말에 상관없이 찾는 꾼들이 많지 않다. 인근의 갯바위는 감성돔 포인트로 현지 꾼들 사이엔 알려져 있지만 이곳 방파제만큼은 거들떠보지 않기 때문이다.

3개의 방파제 가운데 바깥쪽 두 곳에서 주로 낚시를 하는데 그 중에서도 가장 바깥쪽(북쪽)에 있는 방파제에서만 낚시를 한다. 내 · 외항 방향 모두 석축으로 만들어져 있어 낚시하기에는 무척 편하다. 게다가 석축 방파제임에도 불구하고 가까운 거리의 수심은 3m 내외로 생각보다 깊은 편이다. 특히 바깥쪽(북쪽) 방파제에선 왼쪽으로 이동해 갯바위낚시를 즐길 수도 있는데, 도보 이동이 가능한 곳이지만 만조가 되면 방파제 입구와의 연결 지점이 물에 잠긴다는 점 꼭 참고해야 한다.

■ 어종과 시즌

감성돔은 봄철과 가을에 반짝 조황을 기대할 수 있다. 큰 씨알은 아니지만 가을에는 마릿수도 좋은 편이다. 가장 확실한 대상어는 록피시 종류다. 주변 갯바위와 방

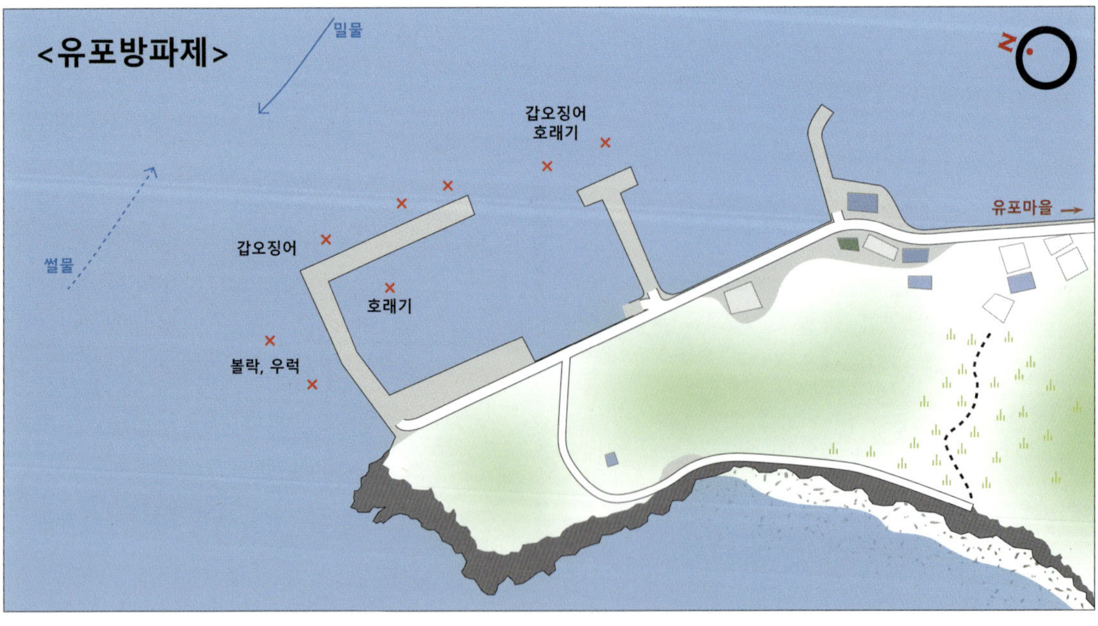

파제 석축 구멍 사이에 제법 큰 씨알의 우럭과 개볼락 · 볼락 등이 들어차 있다. 가느다란 민장대를 사용하면 대를 세우기 어려울 정도의 씨알이 가끔 덤빌 때도 있다. 뿐만 아니라 가을에는 갑오징어도 잘 나온다. 한두 시간 낚시에 예닐곱 마리는 채울 수 있다. 호래기는 겨울에 간간이 나오지만 다른 방파제에 비해 그다지 조황이 좋은 편은 아니다. 흰색의 밝은 집어등은 필수.

인근 낚시점(055)

*남해휴게소낚시 862-4440
고현면 대사리 957-2
*쉼터낚시 863-2431
설천면 덕신리 1486-2
*태평양낚시 863-0806
설천면 덕신리 1608-5

■ 포인트 및 참고 사항

제일 바깥쪽 방파제의 외항 방향 석축 지대가 주요 포인트다. 볼락 루어대에 1g 내외의 지그헤드를 달아 석축 구멍에 대고 아래위로 살짝살짝 고패질을 해 주면 된다. 낮에는 돌팍망둑이나 노래미가, 밤에는 우럭과 볼락이 입질을 한다. 사람이 없을 때에는 지그헤드보다는 던질찌를 달아 방파제 입구에서 끝자락을 보고 석축 가까이에 최대한 붙여 평행하게 채비가 오도록 하면 잦은 입질을 받는다.

갯바위와 인접한 방파제 입구에서 집어등을 쓰면 짧은 시간에 많은 마릿수를 낚아낼 수 있다. 갑오징어는 방파제 중간 지점과 끝자락에서 나오는데 최대한 천천히 가라앉히면서 바닥을 섬세하게 공략해야 마릿수 조과를 누릴 수 있다. 씨알은 어른 손바닥만한 것들이 대부분이다.

방파제 끝자락은 원투낚시 포인트다. 묶음바늘 채비에 청갯지렁이나 참갯지렁이를 달아 최대한 멀리 던지면 노래미 · 도다리가, 여름에는 보리멸, 가을에는 감성돔까지 간간이 낚인다. 2~4물때 무렵에 가장 좋은 조황을 보인다. 여름밤에는 집어등을 이용한 민장대 채비로도 갈치를 낚을 수 있는데 2지 정도의 사이즈가 평균이다.

↓ 입구에서 바라본 세 개의 유포방파제. 가장 바깥쪽, 테트라포드가 있는 방파제에서 주로 낚시를 한다. 외항 쪽을 보고 루어낚시를 하거나 원투낚시를 하면 된다. 갑오징어 · 볼락 · 우럭 · 호래기가 주 대상어이다.

율도방파제

- **소재지** : 남해군 창선면 율도리 680-7 인근
- **길이** : 180여m
- **위치 참조** : 〈최신 전국낚시지도〉 307p D4

찾아가는 길

남해고속도로 사천IC에서 3번 국도로 남하해 삼천포대교를 건너 창선도 단항사거리에서 단항마을(대벽리) 방면으로 우회전 후, 서부로(1024번 지방도)를 타고 4.8km 가량 이동하면 오른쪽으로 율도방파제가 보인다. 율도교회로부터는 200여 m 지점이다.

■ 낚시 여건

율도방파제는 길게 뻗은 방파제의 중간에 또 하나의 작은 방파제가 가지처럼 뻗어 나와 있는 모양으로, 방파제 끝까지 가로등 시설이 잘 되어 있다. 낮은 석축으로 만들어져 있어 낚시하기에도 더 없이 편하다. 남해 창선도의 북서쪽에 위치해 조류 소통이 뛰어나고 바닥 지형이 완만한 경사를 이루는 데다, 사니질 바닥으로 밑걸림이 거의 없이 초보자가 낚시하기에 아주 적합한 여건이다.

북쪽에 위치한 작은 섬(율도)이 바람막이 역할을 해 날씨의 영향을 거의 받지 않는다. 폭풍주의보 상황에서도 낚시를 할 수 있을 정도다. 찾는 낚시꾼들도 그리 많지 않아 조용히 낚시를 즐길 수 있고 차량 진입도 편리하다. 방파제 주변의 수심이 얕은 편이라 간조 때에는 입구 쪽의 바닥이 드러난다.

■ 어종과 시즌

릴 찌낚시나 원투낚시, 민장대 맥낚시로 주로 공략한다. 대상어종은 감성돔 · 까지매기(농어 새끼) · 호래기(꼴뚜기) · 갑오징어 · 볼락 · 우럭 · 붕장어 등이다.

전형적인 남해도 내만의 아담한 방파제로 조류의 흐름도 강하지 않고 모래와 잔

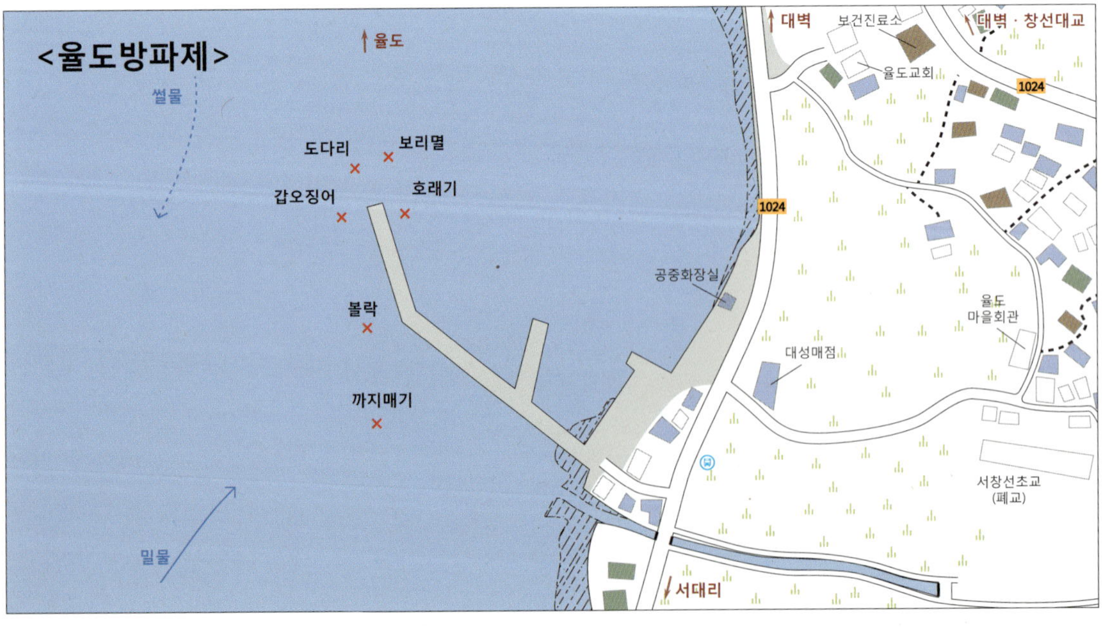

자갈로 형성된 바닥으로 인해 큰 씨알의 고기는 거의 없는 편이다. 그러나 시즌이 되면 다양한 어종이 들어와 낚시꾼들을 즐겁게 해 준다. 가을에는 감성돔 · 까지매기 · 갑오징어가 밤낚시에 잘 낚인다. 볼락과 우럭은 11월부터 시즌이며, 붕장어는 여름 밤낚시에 마릿수 재미를 안겨준다.

인근 낚시점(055)

*25시낚시 854-6577
사천읍 사주리 79-5
*대박낚시 852-8933
사천읍 수석리 339-5

■ 포인트 및 참고 사항

낮에는 주로 원투낚시를 많이 한다. 방파제 끝에서 멀리 던지면 노래미와 감성돔이 간간이 낚이며 밤에는 붕장어가 걸려든다. 가장 좋은 시즌은 여름~가을. 릴 찌낚시로 감성돔을 공략할 때는 가을 무렵이 피크다. 가까운 곳에 품질을 지속적으로 하면 30cm급 감성돔이 낱마리로 낚인다.

민장대로는 야간에 석축 가까운 지점을 노리면 잔 씨알 우럭과 볼락이 낚인다. 겨울에 집어등을 이용하면 호래기를 낚을 수 있다. 가을 무렵부터는 왕눈이 에기를 이용해 다운샷 채비로 바닥을 공략하면 갑오징어를 낚을 수 있는데 씨알은 작지만 마릿수가 좋은 편이다.

율도방파제는 꾼들이 많이 찾지 않는 곳이다. 이러한 방파제, 특히 석축형 방파제의 특징은 석축 자체가 훌륭한 포인트로 중치급 우럭의 훌륭한 은신처 역할을 한다. 이러한 여건의 방파제에서는 야간에 지그헤드 채비를 써서 공략하면 너무나 쉽게 입질을 하는 것을 확인할 수 있다.

석축 사이에서 입질하는 우럭의 씨알은 20~25cm로 결코 무시 못할 씨알이 선보이는데, 카브라 지그나 야광웜을 써야 입질이 빠르다. 고패질을 하듯 수직으로 액션을 주어도 효과적이다.

↓ 입구에서 본 율도방파제. 율도를 바라보는 방파제 끝자락이 포인트다. 주로 먼 거리에서 입질하기 때문에 원투낚시나 루어낚시가 효과적이다. 갑오징어 · 볼락 · 까지매기가 주 어종이다.

은점방파제

- **소재지** : 남해군 삼동면 물건리 664-23 외
- **길이** : 큰방파제 240여m, 작은방파제 70여m
- **위치 참조** : 〈최신 전국낚시지도〉 325p E1

찾아가는 길

남해고속도로 사천IC에서 내려 3번 국도를 타고 삼천포대교 넘어 창선도로 진입한다. 단항사거리를 직진하여 미조 방면으로 남하해 창선도를 건너면 곧 나타나는 삼동면 지족삼거리에서 좌회전한다. 계속 3번 국도(동부대로)를 타고 9km 남하하면 물건마을을 지나 왼쪽으로 은점마을이 나타난다.

인근 낚시점(055)

∗삼천포낚시마트 867-4590
삼동면 물건리 503
∗물건낚시 867-7961
삼동면 물건리 254-4
∗남해낚시 867-7232
삼동면 물건리 260-1

■ 낚시 개황

물건방파제와 이웃한 은점방파제는 거대한 물건방파제와는 달리 소박한 어촌 방파제 그 자체다. 작은 선착장과 포구를 감싸고 있는 큰 방파제가 있는데 낚시는 주로 큰 방파제 외항 쪽에서 이루어진다. 방파제 진입이 수월해서 손쉽게 도보로 이동하면서 낚시를 즐길 수 있다.

외항 방향의 테트라포드에서 구멍치기나 루어낚시로 볼락을 낚을 수 있고, 찌낚시로는 감성돔을 비롯한 숭어 · 망상어 같은 다양한 어종을 노릴 수 있다. 바닥 지형이 완만하고 조류도 드세지 않아 초보자도 쉽게 낚시를 즐길 수 있다. 또한 은점어촌체험마을에서 운영하는 전마선을 타고 양식장을 옮겨 다니며 선상낚시도 할 수 있는 등 다양한 선택이 가능하다.

■ 참고 사항

방파제가 깨끗하게 정비되어 있어 낚시하기에 아주 편하다. 바닥이 몽돌밭으로 큰 씨알의 어종은 드물지만 볼락 · 우럭 · 감성돔 · 망상어 등 다양한 손맛을 즐길 수 있다. 무엇보다 어촌체험마을로 지정된 곳이라 각종 이벤트가 열려 가족 단위의 여행지로도 그만이다. 아빠는 낚시를, 가족들은 체험 행사를 즐길 수 있는데 여름~가을 시즌에 찾아볼 만한 곳이다.

낚시 적기와 대표 어종은 11~12월의 볼락 루어낚시다. 포인트는 큰 방파제 외항 방향 전역으로 테트라포드 가까이에 붙어 있는 볼락을 지그헤드 채비나 민장대로 공략하면 된다. 작은 방파제에서는 테트라포드 위에 올라 오른쪽의 몽돌밭 쪽으로 채비를 최대한 멀리 던져 천천히 끌어주면 입질을 받을 수 있다.

↓ 어촌체험마을로 지정된 은점마을엔 두 개의 방파제가 깨끗하게 정돈되어 있다. 큰 방파제 외항 쪽 테트라포드 구역이 주요 포인트다.

작장방파제

- **소재지** : 남해군 서면 작장리 1496-3 외
- **길이** : 큰방파제 900여m, 작은방파제 400여m
- **위치 참조** : 〈최신 전국낚시지도〉 306p B6

■ 낚시 개황

작장방파제는 한적한 포구의 선착장 분위기를 물씬 풍기는 곳으로 입구에 '유료 낚시터'라는 안내문이 서 있지만 정작 운영은 제대로 되지 않고 있다. 주변에 가옥 한 채 없는데도 불구하고 널찍한 입구와 깔끔하게 축조된 방파제는 남녀노소 누구나 손쉽게 낚시를 즐길 수 있다.

두 곳 방파제 모두 석축으로 만들어져 있으며 파도와 바람의 영향을 적게 받아 낚시하기가 편하다. 게다가 오른쪽(북쪽) 방파제 끝자락엔 가로등이 있어 밤낚시도 수월한 편이다. 차량 진입도 용이하고 정박하는 어선도 많지 않아 내 · 외항 어느 방향으로든 낚싯대를 드리울 수 있다.

■ 참고 사항

주로 낚이는 어종은 망상어 · 전갱이 · 도다리 · 우럭 등이다. 하지만 가을이 되면 이곳에도 중치급 씨알의 감성돔이 근접해 곧잘 입질을 한다. 포인트는 방파제 끝자락에서 외항 방향이 최우선이다. 간조 때에는 물이 빠져 방파제 입구 쪽에서는 낚시를 할 수가 없다.

봄~여름에는 잔 씨알의 볼락이 붙어 청갯지렁이 미끼를 사용한 민장대 채비로도 수월하게 낚을 수 있다. 주로 밤낚시에 다양한 어종이 올라오지만 전체적으로 씨알은 잔 편이다. 감성돔은 방파제 끝에서 릴 찌낚시로 공략한다. 가을이 되면 원투낚시에도 30cm급 씨알이 종종 올라온다.

방파제 주변엔 집 한 채 없는 곳이므로 식수를 비롯한 모든 준비물을 사전에 잘 챙기고 들어와야 한다.

찾아가는 길

남해대교를 건너 19번 국도(남해대로) 남해휴게소를 지난 330여m 지점에서 탑동교차로로 빠진다. 탑동교차로에서 우회전하여 남서대로(77번 국도→1024번 지방도)를 타고 계속 직진하다가 서면 남상리 소재의 '동의대학교 남해수련원'을 약 1.1km 지점에 이르러 오른쪽 '장작마을' 표지석을 보고 900여m만 진입하면 텅 빈 해안가에 방파제가 나타난다.

인근 낚시점(055)

*남해휴게소낚시 862-4440
남해군 고현면 대사리 957-2
*남해낚시 883-9921
하동군 금남면 노량리 557-5
*제일낚시 882-0613
하동군 금남면 중평리 774-1

↓ 민가가 멀리 떨어져 있어 한적한 분위기를 물씬 풍기는 작장방파제. 가을에는 중치급 감성돔이 붙는다.

장포방파제

- **소재지** : 남해군 창선면 진동리 133-1 외
- **길이** : 남방파제 240여m, 북방파제 160여m
- **위치 참조** : 〈최신 전국낚시지도〉 307p F5

찾아가는 길

남해고속도로 사천IC로 나와 삼천포 방면의 3번 국도를 타고 남하하여 삼천포대교를 건넌다. 창선도 초입의 단항사거리에서 미조 · 남해 방면의 3번 국도(동부대로) 방향으로 곧장 직진하여 창선면 소재지 부근의 창선천교를 지나면 곧 상죽리 방향의 오른쪽으로 빠진다. 3번 국도에서 내려오면 곧장 나타나는 사거리에선 왼쪽 당저교 밑을 통과해 1700여m 지점의 삼거리까지 진행해 오른쪽 부윤리 방면으로 길을 잡고서 진동리 장포마을이 나타날 때까지 계속 직진하면 된다.

■ 낚시 여건

창선도 동남쪽에 위치한 진동리에는 크게 두 곳의 방파제가 있다. 위쪽(북쪽)에 있는 방파제가 적량방파제이고 남쪽에 위치한 방파제가 장포방파제이다. 양쪽 모두 바람의 영향을 덜 받는 아늑한 지형이지만 특히 장포방파제는 반달 모양의 포구를 두 개의 방파제가 서로 얼싸안고 있는 형상이다. 규모가 큰 편이면서도 석축으로만 이뤄진 것도 특징이다. 특히 남쪽 방파제는 석축 밑으로 군데군데 물 순환 구멍이 뚫려 있는데 감성돔은 물론 이 구멍을 따라 드나드는 물고기들이 많다.
남해도의 많은 방파제 중에서도 이름이 거의 알려지지 않아 낚시를 하는 사람은 현지꾼들 중에서도 극히 일부다. 따라서 거의 생자리 갯바위와 같은 싱싱함을 간직하고 있는 만큼 다양한 어종이 다양한 손맛을 전한다.

■ 어종과 시즌

주어종은 감성돔. 봄에는 40~50cm급 씨알 재미, 가을에는 잔챙이 마릿수 재미가 좋은 편이다. 봄 시즌의 볼락은 방파제 주변의 몰 사이를 노리면 되는데, 낮에도 민물새우에 입질이 잦다. 늦여름부터 붙는 갈치와 학공치낚시도 시도해 볼만하다.

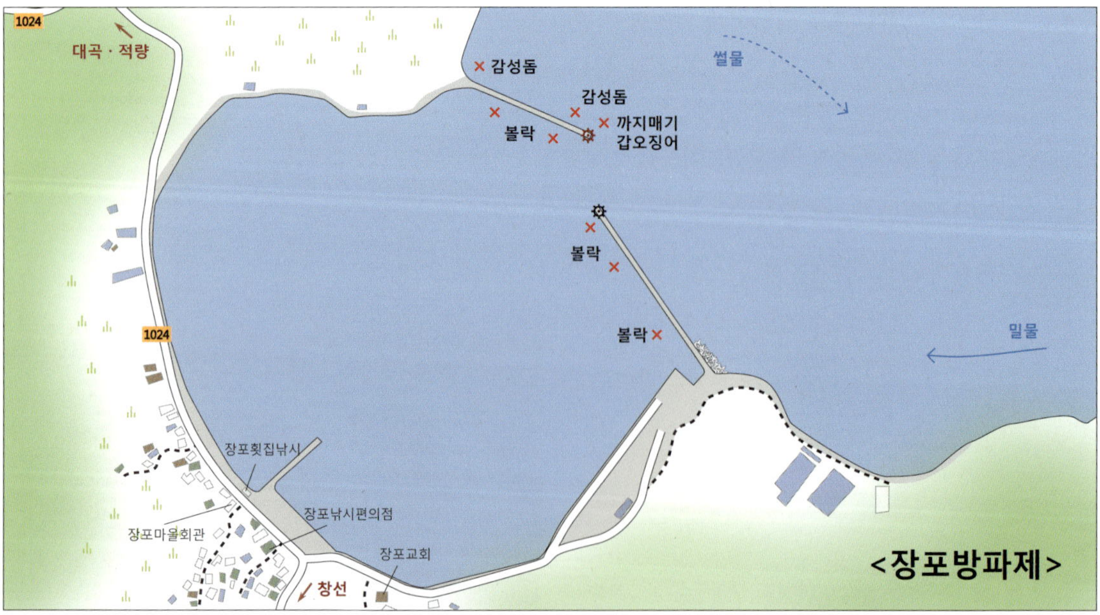

북쪽 방파제는 갯바위가 연결돼 있는 주변이 감성돔 포인트로, 7~8월 밤낚시에는 민장대로 감성돔을 낚기도 한다.

10월부터는 굵은 갑오징어가 낚이며 12월 말부터는 호래기(꼴뚜기) 잔치가 벌어진다. 호래기는 며칠 간격을 두고 나갔다 들어오기를 반복하는데 가장 잘 되는 때는 12~1월 기간이다.

■ 포인트 및 참고 사항

장포방파제는 볼락낚시터로도 제격이다. 겨울이 되면 주변에 모자반 군락이 형성되면서 볼락들을 불러 모으는데, 모자반이 없어지는 초여름까지 볼락이 주변에 머물면서 시즌을 이어간다. 큰 씨알은 없지만 18cm 내외의 고만고만한 씨알들이 방파제 주변에서 꾸준하게 낚인다. 밤에는 지그헤드를 이용해 가까운 곳의 몰밭 주변을 노리고, 초겨울 낮에는 여밭으로 멀리 공략하는 것이 제격이다. 볼락 루어낚시 도중에는 까지매기(농어 새끼) · 망상어 · 우럭이 손님고기로 가세한다. 늦가을에는 감성돔도 간혹 루어 채비에 낚인다. 여름밤에는 물결채비나 지그헤드 채비를 쓰면 갈치도 낚을 수 있다. 집어등을 쓰면 마릿수를 더할 수 있다.

늦여름부터 초겨울까지는 낮에 갑오징어낚시를 해도 재미를 본다. 일명 왕눈이 에기를 달고 다운샷 채비로 바닥을 훑으면 손바닥 씨알의 갑오징어가 잘 낚인다. 마릿수 재미도 좋은 편이다.

장포방파제는 주변의 몰밭으로 인해 초겨울과 늦봄에 가장 좋은 낚시시즌이 형성된다. 이때는 낮과 밤에 따라 대상어를 따로 정하여 공략하는 것이 좋은데, 특히 늦봄에는 낮볼락 낚시가 재미있는 곳이다.

인근 낚시점(055)

* 장포낚시편의점 867-8234 창선면 진동리 563
* 장포횟집낚시 867-7559 창선면 진동리 576-1
* 태공낚시 867-2900 창선면 동대리 480

↓ 장포교회 쪽에서 바라본 방파제 전경. 만곡 지형 입구를 가로지르고 있는 두 곳의 방파제에선 감성돔 · 볼락 · 까지매기 · 갑오징어가 고루 낚인다. 기상 변화에 관계없이 낚시를 즐길 수 있는 곳이다.

적량방파제

- **소재지** : 남해군 창선면 진동리 997-17
- **길이** : 250여m
- **위치 참조** : 〈최신 전국낚시지도〉 307p F5

찾아가는 길

삼천포 방면에서 창선도로 진입한 후 3번 국도(동부대로)로 계속 직진하여 창선면 소재지 부근의 창선천교를 지나면 곧 상죽리 방향의 오른쪽으로 빠진다. 3번 국도에서 내려오면 곧장 나타나는 사거리에선 왼쪽 당저교 밑을 통과해 가인리 방면으로 계속 직진한다. 당저교로부터 1.6km 지점의 가인 및 적량 · 장포 방면으로 나뉘는 삼거리가 나타나면 오른쪽 오용마을과 적량 방면의 진동로를 따라 3.3km 진행하면 적량마을이 나타난다. 방파제는 왼쪽에 있고, 이곳에서 2.4km 정도 더 남하하면 장포방파제이다.

■ 낚시 여건

창선도 동쪽 내만에 위치한 곳으로, 일자로 길게 뻗은 방파제뿐만 아니라 잘 단장된 내항 지역의 소규모 공원 또한 시원하고도 깔끔한 인상을 풍긴다. 발판, 조명, 진입, 주차, 편의시설 등 어느 하나 나무랄 데 없는 낚시터로, 오래 전부터 남해도를 찾는 전문 꾼들에겐 잘 알려진 곳이다.
방파제 외항 쪽은 테트라포드, 내항 쪽은 석축으로 이루어져 있다. 가로등 시설이 잘 되어 있어 야간 이동에도 편리하다. 다만 내항 쪽 석축 일대에서 낚시를 할 때는 난간을 타고 낚시자리까지 약 5~6m 정도 내려가야 하는 불편은 있으나 그렇게 위험을 감수할 정도는 아니다. 마을 어촌계에서 입장료를 받는다.

■ 어종과 시즌

주력어종은 볼락이다. 예로부터 이곳은 민장대로 볼락을 노리는 전문 꾼들이 초겨울부터 장사진을 이루었다. 시즌은 10월~이듬해 봄까지 계속된다. 볼락뿐만 아니라 사계절 내내 감성돔이 낚이며, 여름에는 갈치와 붕장어가 손맛과 입맛을 두루 안겨 준다.

원투낚시 대상어가 되는 보리멸과 도다리는 봄부터 늦가을까지 계속된다. 루어낚시로 공략할 수 있는 대표 어종은 볼락과 무늬오징어이다. 무늬오징어는 7월부터 11월까지 계속된다. 삼치나 부시리가 들어오기도 하는데 메탈지그를 이용해 낚을 수 있다. 10~11월이 시즌이다.

인근 낚시점(055)

*태공낚시 867-2900
창선면 동대리 480
*행운낚시 867-1120
창선면 대벽리 86-1

■ 포인트 및 참고 사항

방파제 전역이 포인트라 할 수 있을 정도로 한창 시즌 때는 많은 볼락이 낚인다. 외항 쪽의 씨알이 굵은 편이며 민장대로 구멍치기를 하면 한두 시간 안에 반 쿨러 이상의 조과를 올리기도 한다. 씨알은 20~25cm가 주종이다. 최근에는 루어낚시가 보편화되면서 테트라포드에 집어등을 켜고 지그헤드를 이용해 볼락을 낚는 꾼들이 많다.

내항 쪽에서도 볼락볼을 이용한 채비로 멀리 공략하면 종종 굵은 씨알의 볼락이 입질한다. 민장대낚시와 루어낚시 모두 잘 되는데 민장대는 민물새우를 미끼로 써야 빠른 입질을 받는다. 루어낚시 채비로는 포인트를 이동하면서 발품을 팔아야 마릿수를 채울 수 있다. 그러나 내항 쪽 볼락은 손을 많이 탄 까닭에 입질이 매우 약은 것이 단점이다.

방파제 끝 지점은 릴 찌낚시 포인트로 수심은 7~8m 정도. 특히 가을에는 감성돔이 마릿수 조황을 보이는데 씨알은 그다지 굵지 않다.

원투낚시는 주로 내항 쪽에서 이루어지는데, 특히 방파제 입구 쪽 내항 방향에서는 루어낚시로 잔 씨알의 록피시를 많이 낚는다.

↓ 창선도에 있는 방파제 중 가장 좋은 조황을 보이는 곳으로 규모도 매우 큰 편이다. 사진은 방파제 입구 정자에서 바라본 모습이다. 내 · 외항 방향 가릴 것 없이 볼락 · 감성돔 등이 시즌에 따라 낚인다.

지족방파제

- **소재지** : 남해군 창선면 지족리 142-10 외
- **길이** : 서방파제 30여m, 동방파제 40여m
- **위치 참조** : 〈최신 전국낚시지도〉 307p E6

찾아가는 길

남해고속도로 사천IC로 나와 삼천포 방면의 3번 국도를 타고 남하하여 삼천포대교와 창선대교를 건넌다. 창선도 초입의 단항사거리에서 미조·남해 방면의 3번 국도 방향으로 곧장 직진하여 창선도 남단의 창선교가 나타날 때까지 계속 남하한다. 창선교를 건너기 직전의 지족삼거리에서 좌회전하여 귀빈모텔 앞에 이르면 바로 방파제이다.

■ 낚시 여건

방파제가 위치한 지족해협은 세찬 조류와 격심한 간만의 차이로 전통 어로 방법인 죽방렴(竹防廉)이 발달한 곳이다. 아주 오랜 세월이 흘렀음에도 불구하고 지족해협에는 여전히 죽방렴만한 어구가 없는 듯 그 모습을 수월하게 찾아 볼 수 있다.

거센 조류가 흐르는 곳에서 만나는 어종은 힘이 좋을 뿐더러 맛도 뛰어나다. 또 다양한 어종이 조류를 타고 들어오기 때문에 조류를 이기는, 혹은 이용하는 낚시를 할 수 있다면 풍족한 조과를 거둘 수 있는 곳이기도 하다.

지족해협 일대의 낚시터는 날씨의 영향은 그리 많이 받지 않지만 물때의 영향은 많이 받는다. 워낙 주변 조류가 거세기 때문에 사리 때에는 낚시가 힘들다. 물색 또한 너무 탁해진다.

창선교 주변에는 같은 이름으로 불리는 여러 개의 지족방파제가 있는데, 여기에 소개하는 지족방파제는 창선도 남단, 즉 창선교 북동쪽에 위치한 곳으로 인근 방파제 중에서도 조황이 돋보여 현지꾼들의 발길이 끊이지 않는다.

■ 어종과 시즌

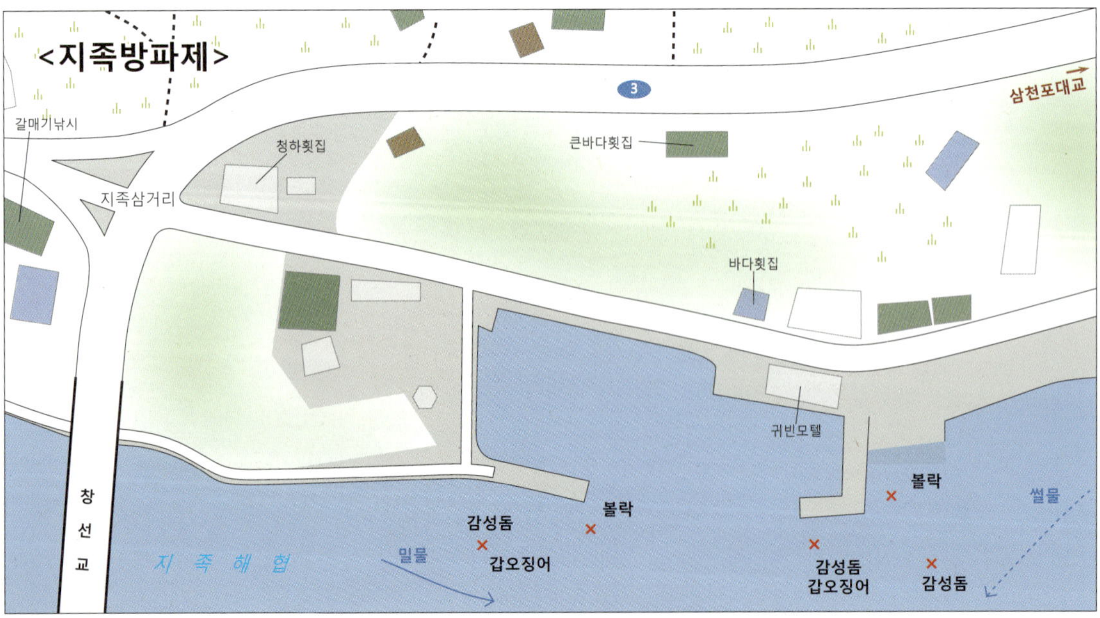

주요 어종은 까지매기(농어 새끼) · 감성돔 · 갑오징어 · 학공치 · 볼락 등이다. 조류 소통이 좋은 곳이라 각종 회유어들이 시즌에 따라 많이 들어오는 편이다. 숭어는 사철 내내 낚이고, 전갱이와 고등어는 여름 밤낚시에 마릿수로 낚인다. 갈치도 같은 시즌이다. 감성돔은 봄 · 가을에 피크 시즌을 이룬다. 갑오징어는 늦가을이 좋은데 조금 물때 전후를 노려야 한다.

인근 낚시점(055)

*갈매기낚시 867-8980
창선면 지족리 294
*태공낚시 867-2900
창선면 동대리 480
*행운낚시 867-1120
창선면 대벽리 86-1

■ 포인트 및 참고 사항

거센 조류로 인해 이 지역의 방파제는 한때 꾼들의 기피 대상이었다. 원투낚시를 해도 20호 봉돌은 가볍게 떠오르고 웬만한 구멍찌 채비로는 채비 정렬도 시키지 못하는 경우가 비일비재. 그래서 이 지역에 정통한 꾼들은 최하 2호 이상의 막대찌로 공략한다.

주변 수심은 3m 내외, 먼 곳은 10m가 훨씬 넘는 급심 지역이다. 따라서 먼 곳을 공략하기보다는 방파제 주변 20m 이내를 공략하는 것이 좋다. 채비를 멀리 던질수록 쏜살같이 흘러가 버리기 때문에 제대로 낚시를 할 수가 없다. 릴 찌낚시도 좋지만 원투낚시를 해 보는 것도 바람직하다. 의외로 원투낚시에 잔 씨알의 감성돔이 많이 낚이는 곳이다.

석축 사이사이에는 20cm 안팎의 우럭이 많다. 민장대나 루어 채비로 석축 가까이 붙여서 자연스럽게 연출을 해 주면 빠르게 입질한다. 조류가 빠를 때일수록 민장대 맥낚시가 위력을 발휘하기도 한다. 야간에 민물새우나 청갯지렁이를 미끼로 방파제 부근을 훑고 다니면 볼락과 우럭이 번갈아 입질을 한다. 가을이 되면 잔 씨알의 감성돔을 민장대로 올리는 밤낚시 재미가 쏠쏠하다.

↓ 지족해협의 거친 물살을 고려해 소규모로 축조된 방파제다. 거센 조류를 잘 활용하면 의외로 좋은 조과를 거둘 수 있는 곳으로, 감성돔 · 갑오징어 · 볼락 등이 주요 어종이다. 창선도에서 남해 본섬으로 향하는 창선교 어귀에 위치해 찾기도 쉽다.

초전방파제

- **소재지** : 남해군 미조면 송정리 556-3 외
- **길이** : 큰방파제 160여m, 작은방파제 30여m
- **위치 참조** : 〈최신 전국낚시지도〉 325p E2

찾아가는 길

남해고속도로 사천IC로 나와 3번 국도를 타고 남하하여 삼천포대교로 창선도로 진입한다. 단항사거리를 직진하여 계속 3번 국도를 타고 창선교를 넘는다. 다리 건너 삼동면 지족삼거리에서 미조 방면으로 좌회전 후 18.5km 직진, 남하하면 '동부대로14번길'을 알리는 작은 표지판이 보인다. 초전삼거리가 눈앞에 보이는 작은 삼거리(초전삼거리 145m 못 미친 지점)인데 여기서 좌회전하여 300m만 진입하면 초전 큰방파제이다.

낚시 여건

초전방파제는 바다 루어낚시로 인해 유명세를 타게 된 곳으로 그 이전까지는 잔손맛이나 보러 찾는 현지 꾼들의 놀이터였다. 전체적으로 낮은 석축과 외항 입구 쪽에만 쌓여 있는 테트라포드로 인해 낚시하기에는 매우 편한 곳이다.

큰 방파제와 작은 방파제가 남북으로 마주보고 있는데 두 곳 모두 가로등이 설치되어 있어 밤에도 낚시하는 데 불편함이 없다. 게다가 작은 방파제 쪽으로는 갯바위 지대가 형성되어 있는데, 방파제에서 낚시를 하다가 여의치 않으면 이곳으로 이동해 뜻밖의 재미를 볼 수도 있다. 주변 수심은 3~5m 정도. 바닥은 자갈과 사니질이 적당히 섞여 있어 밑걸림은 많지 않은 편이다. 그러나 선박을 묶는 밧줄이나 어구들이 가라앉아 있어 내항 쪽으로는 바닥을 공략하기 힘들다. 가까운 곳에서는 잔 씨알의 잡어만 낚이므로 되도록 원거리를 공략하는 것이 좋다.

어종과 시즌

주력 어종은 무늬오징어와 갑오징어 · 호래기 등의 두족류이다. 특히 무늬오징어는 5월부터 6월까지의 산란철에 큰 씨알이 낚인다. 피크 시즌은 가을로 9월부터

11월까지 많은 마릿수의 무늬오징어를 낚을 수 있다.
갑오징어도 제법 낚이는 곳인데 무늬오징어에 비해 마릿수는 적은 편이나 씨알이 좋다. 10~11월이면 밤낮 관계없이 입질을 한다. 갑오징어는 무늬오징어와는 다른 채비를 쓴다. 가짓줄에 바늘이 큰 왕눈이 에기를 달고 기둥줄에는 다운샷용 봉돌을 달아 바닥을 질질 끌어 오는 패턴으로 낚시를 하면 된다.
호래기는 이곳 또한 겨울밤이 제철이다. 집어등을 켜고 낚시를 하면 세 자리 수는 충분히 넘는 마릿수 조과를 올릴 수 있다. 호래기 씨알이 굵게 낚이기로는 1~2월이 가장 좋은 시기다.

■ 포인트 및 참고 사항

포인트는 테트라포드가 설치되어 있는 외항 방향인데, 구체적으로는 방파제 중간 지점에서 끝 쪽으로 10m 정도 더 이동한 구간이다. 11~12시 사이 방향으로 최대한 에기를 멀리 던져야 하는데, 수심이 얕고 바닥에 잘피를 비롯한 해조류가 많아 카운트 다운을 세심하게 해서 에기를 바닥에 착지시켜야 한다. 되도록 천천히 가라앉는 쉘로우 타입의 에기를 쓰는 것이 요령이다.
작은 방파제는 끝에서 10~11시 방향이 포인트이다. 초전방파제를 찾는 대부분 낚시인들은 큰 방파제만 찾는 관계로 작은 방파제에는 사람이 거의 없는 편이다. 오히려 편하게 포인트를 탐색할 수 있어 빠른 시간 내에 조과를 올릴 수 있다. 여차하면 오른쪽(남쪽) 갯바위 지역까지 탐색할 수 있으므로 작은 방파제의 존재를 꼭 기억해 두기 바란다.

인근 낚시점(055)

*낚시가좋아 867-8959
미조면 송정리 443-3
*삼천포낚시마트 867-4590
삼동면 물건리 503
*물건낚시 867-7961
삼동면 물건리 254-4

↓ 입구에서 바라본 초전마을 큰 방파제. 미조항으로 진입하는 초전삼거리 인근에 위치한 방파제로, 갑오징어 · 무늬오징어 · 호래기 등 오직 두족류 조황만으로 유명세를 탄 낚시터다.

팔랑방파제 (미조남항 서방파제)

- **소재지** : 남해군 미조면 미조리 184-24
- **길이** : 300여m
- **위치 참조** : 〈최신 전국낚시지도〉 325p E3

찾아가는 길

남해고속도로 사천IC로 나와 3번 국도로 남하해 삼천포대교 건너 창선도에 진입하면 남해 · 미조 방면으로 계속 직진하여 창선교를 건넌다. 다리 건너 나타나는 삼동면 지족삼거리에서 미조 방면으로 좌회전한 후 동부대로(3번 국도)를 타고 18.6km 계속 직하하면 초전삼거리. 여기서 미조 방면으로 좌회전하여 2.6km 지점의 미조면사무소 앞에서 우회전하여 해변을 따라 900여m만 진입하면 팔랑마을이다. 해변가에 주차를 하고 방파제까지는 450여m 걸어 들어가야 한다.

■ 낚시 여건

팔랑방파제는 미조남항 서쪽에 위치해 행정명칭은 미조서방파제이다. 팔랑마을 남쪽 산자락에서 뻗어난 방파제로, 팔랑마을에 주차를 한 뒤 산길을 타고 도보로 20분 정도 걸어 들어가는 수고를 해야 하는 곳이다. 물론 뱃삯을 지불하고 편안히 들어가는 방법도 있으나 대부분은 무거운 밑밥을 메고 행군하는 꾼들이 많다. 진입에 다소 어려움이 따르다 보니 다른 방파제에 비해 사람도 적고 손도 덜 탄 편이다. 일단 들어가기만 하면 매우 편안하게 낚시를 할 수 있는 곳으로, 낚시자리도 반듯하고 방파제의 어느 지점이건 조류 소통 또한 원활한 편이다.

■ 어종과 시즌

전통적으로 감성돔낚시가 잘 되는 곳이었으나 남해바다의 아열대화가 가속되고 있는 근년에는 벵에돔 낚시터로 명성을 드높이고 있다. 5월부터 입질을 시작하는 벵에돔은 10월까지 꾸준하게 마릿수 조황을 이어나간다. 감성돔은 9~11월에 30~40cm 씨알이 낚인다. 무늬오징어도 가을에는 마릿수로 낚을 수 있다. 겨울에는 볼락 · 학공치 · 호래기 조황도 좋은 편이다.

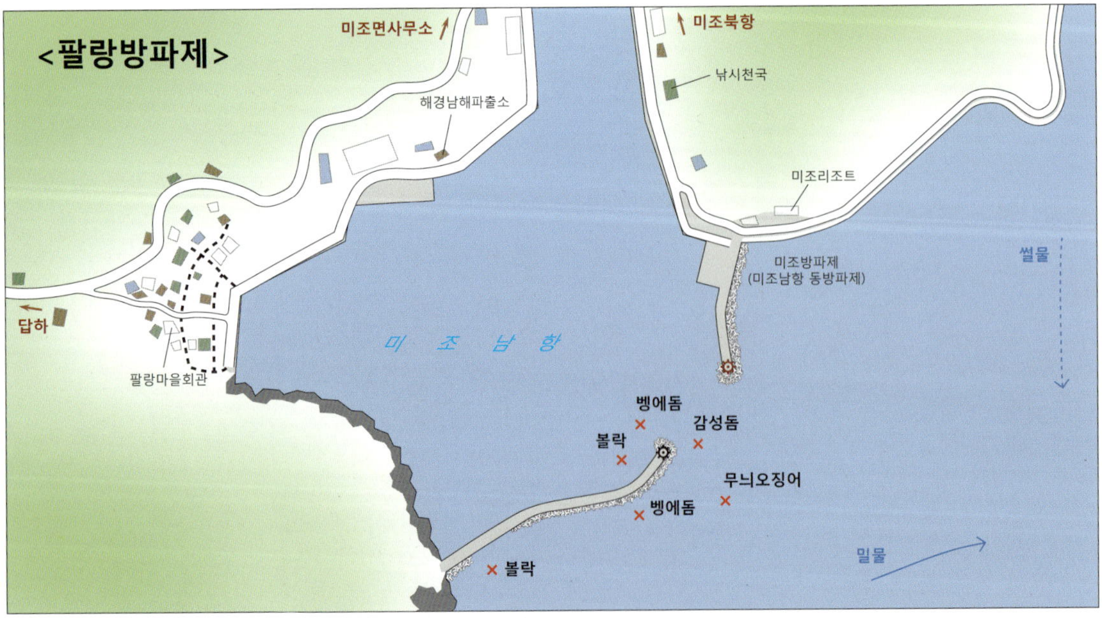

무늬오징어와 함께 갑오징어도 간간이 섞여 나온다. 물색이 맑은 날에는 무늬오징어가, 갑오징어는 물색이 다소 탁한 날에 마릿수 조황이 앞선다.
난바다에 위치한 일자형 방파제로 주변의 조류 소통이 좋아 다양한 회유어종이 낚여 시즌 따라 단골 꾼들이 즐겨 찾는다.

▪ 포인트 및 참고 사항

주변 수심은 8~9m가 대부분이다. 조류 소통이 원활하고 수중여가 잘 발달해 다양한 어종이 낚인다. 게다가 방파제 전역에 걸쳐 포인트가 고루 분포한다. 감성돔이나 고등어 · 학공치 같은 회유어종들은 방파제 끝 쪽에 포인트가 형성되고, 볼락 · 무늬오징어 · 벵에돔은 방파제 중간 지점에서의 조황이 좋다. 가장 좋은 포인트는 방파제 초입 구간, 즉 내항과 외항 간의 조류 소통을 위해 뚫어 놓은 구멍이 있는 지역으로, 이 일대엔 먹이 활동을 하는 고기들이 어느 때고 어슬렁거린다.
그러나 방파제의 길이가 길기 때문에 어느 한 곳에서 승부를 걸기보다는 대상어종에 따라 포인트를 달리 하면서 이동을 하는 것이 신속하게 조과를 거둘 수 있는 방법이다. 진입하는 구간이 길기 때문에 짐을 최소화 하고 대상어종 또한 여러 분야로 욕심 부리지 않는 것이 좋다. 그러나 가을에는 물때에 따라 찌낚시와 루어낚시를 병행할 수 있으므로 두 가지 채비를 들고 진입하면 시간을 안배하면서 다양한 어종을 공략할 수 있다.
여름~가을에는 전갱이와 고등어 · 갈치가 수시로 낚이는데 마릿수와 씨알 모두 만족할 만한 수준이다. 현지민들을 제외한 원정 낚시인들이 많지 않은 까닭에 자리다툼 없이 편안하게 낚시를 할 수 있는 것이 장점이다.

인근 낚시점(055)

*팔도낚시 867-7231
미조면 미조리 104-2
*서남낚시 867-6011
미조면 미조리 105-17
*부산낚시 867-6806
미조면 미조리 362-1

↓ 미조에서 답하로 가는 도로변에서 내려다 본 팔랑방파제 전경. 팔랑마을에서 걸어 들어가야 하는 불편이 따르지만 낚시여건은 나무랄 데 없는 곳이다. 갯바위 못지않은 대물 소식을 전하는 곳으로, 건너편 미조방파제에 비해 찾는 꾼들도 많지 않은 편이다.

항도방파제

- **소재지** : 남해군 미조면 송정리 391-12 인근
- **길이** : 80여m
- **위치 참조** : 〈최신 전국낚시지도〉 325p E2

찾아가는 길

남해고속도로 사천IC에서 내려 3번 국도를 타고 삼천포대교 넘어 창선도로 진입한다. 단항사거리를 직진하여 미조 방면으로 남하해 창선도를 건너면 곧 나타나는 삼동면 지족삼거리에서 좌회전한다. 계속 3번 국도(동부대로)를 타고 15.5km 직진하면 왼쪽으로 '항도마을'을 알리는 표지석이 나타난다. 좌회전하여 동부대로310번길을 310m만 내려가면 방파제가 보인다.

■ 낚시 여건

몽돌해수욕장으로 유명한 남해군 미조면 송정리 항도 마을에 위치한 항도방파제는 여느 방파제와는 다른 모습을 하고 있는 것이 특징이다. 한 개, 혹은 두 개의 방파제가 서로 마주보거나 나란하게 있는 것과는 달리 항도방파제는 한 개의 방파제가 두 개의 작은 섬을 이어서 뻗어나간 모양새다.

두 개의 섬을 이은 것 치고는 방파제의 길이는 그다지 긴 편은 아니지만 2개의 조그만 섬을 끼고 있는 까닭에 외항 쪽의 포인트는 여느 갯바위 낚시터 못지않은 위력을 발휘한다.

볼락 루어낚시가 대중화 되면서 널리 알려졌지만 사실 민장대 꾼들에게는 오래 전부터 볼락 소굴로 소문나 있던 곳이다. 내항과 외항 쪽을 가리지 않고 포인트가 형성되며, 특히 민장대 꾼들이 즐겨 시도하는 테트라포드 사이의 구멍치기는 이곳 방파제낚시의 정석처럼 되어 있다.

■ 어종과 시즌

릴 찌낚시 대상어로는 아무래도 감성돔이 우선이다. 이외에도 잔 씨알의 돌돔이나

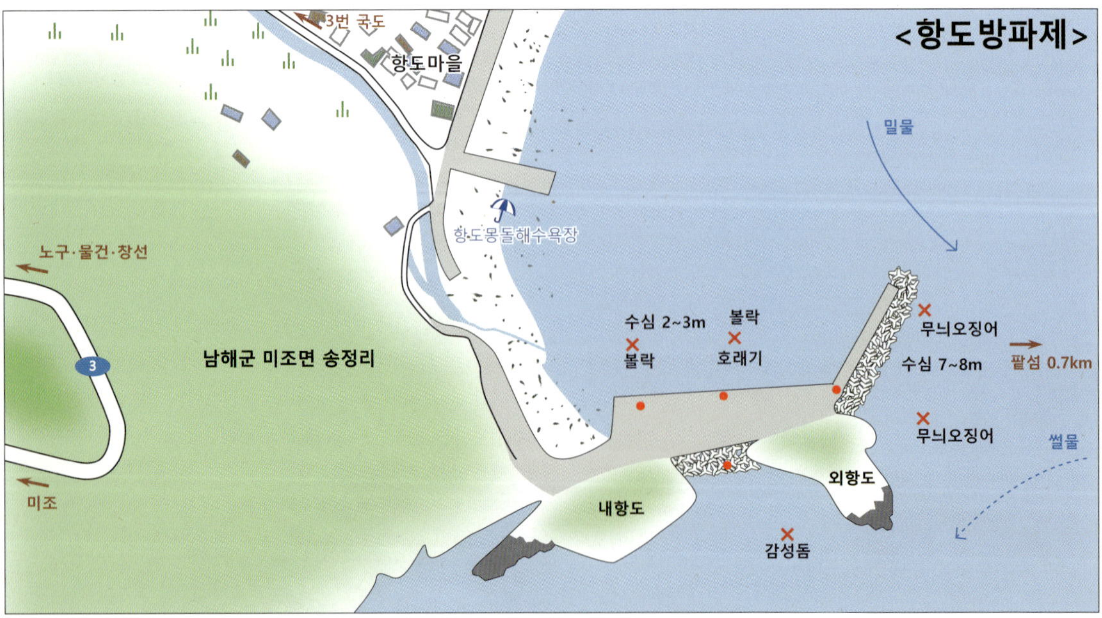

까지매기(농어 새끼)가 잘 낚인다. 시즌은 5~11월까지. 그러나 항도방파제는 루어낚시 포인트로 부각되면서 일약 명성을 얻은 곳이다. 11월부터 볼락 루어낚시가 잘 되며, 12월 말부터는 호래기, 8월 말부터는 에깅이 성행한다.

■ 포인트 및 참고 사항

물때에 관계없이 밀물 시간대에 입질이 활발한 곳이다. 방파제 끝 지점에서 외항 쪽으로 흘림낚시를 하거나 민장대로 맥낚시를 하면 입질을 받을 수 있다. 테트라포드 위에서는 2.5칸이 넘는 길이의 낚싯대를 사용해야 한다. 조류의 흐름이 좋을 때는 릴 찌낚시로, 입질이 잦아들면 구멍치기로 공략하는 것이다. 일대의 평균 수심은 8m 내외를 이룬다.

내항 쪽은 석축으로 이루어져 있다. 전체적으로 볼락이 잘 나오는데 불빛이 있는 가로등 밑에서는 다소 먼 곳을, 가로등 불빛이 닿지 않는 곳에서는 석축에 바짝 붙이면 입질을 받을 수 있다. 외항 쪽의 갯바위에서는 민장대를 사용할 경우 4칸 이상 길이가 적합하다.

볼락 루어낚시를 할 때에는 거의 전역을 포인트로 삼아도 좋다. 특히 방파제 입구 쪽의 여밭과 방파제 중간 지점의 컨테이너가 있는 가로등 밑이 특급 포인트다. 이 가로등 밑은 호래기 시즌이 되면 다량의 마릿수를 낚아낼 수 있다.

내항 쪽에서는 플로팅 채비로 얕은 여밭 지역을 공략하고, 외항 쪽에서는 2g 이상의 지그헤드를 써서 바닥을 긁으면 굵은 씨알의 볼락을 낚을 수 있다. 특히 방파제와 이어진 섬 쪽의 갯바위에서 던질찌 채비를 써서 먼 곳을 노리면 다양한 씨알의 볼락과 함께 까지매기 입질도 받을 수 있으므로 반드시 공략해 보는 것이 좋다.

인근 낚시점(055)

* 삼천포낚시마트 867-4590 삼동면 물건리 503
* 남해낚시 867-7232 삼동면 물건리 260-1
* 산마루낚시 867-2102 삼동면 동천리 804-2

↓ 북쪽, 동부대로(3번 국도)변 쉼터에서 내려다 본 항도방파제 전경. 남해 바다 루어낚시 유행을 주도한 곳으로, 내·외항 방향을 가리지 않고 무늬오징어와 볼락 조황이 뛰어난 곳이다. 국내 최초의 볼락루어낚시대회가 열렸던 장소이기도 하다.

항촌방파제

- **소재지** : 남해군 남면 선구리 629-3 외
- **길이** : 130여m, 80여m, 40여m
- **위치 참조** : 〈최신 전국낚시지도〉 324p B2

찾아가는 길

남해대교 건너 남해도로 진입해 남해읍 남변사거리에서 서면 방면으로 우회전한다. 이후 3.8km 지점의 삼거리에서 좌회전 → 4.2km 지점의 삼거리에서 우회전 → 1.1km 지점의 삼거리에서 좌회전 → 다시 1.1km 지점의 삼거리에서 우회전 순서로 진행하여 사촌 방면의 남면로(1024번 지방도)를 따라 4.8km 지점에 이르러 오른쪽 '가천다랭이마을' 안내 간판을 보고 우회전한다. 여기서 2.7km 지점의 오른쪽 '항촌마을' 입석을 보고 250m만 진입하면 된다.

인근 낚시점(055)

＊조일낚시 863-2131
남면 선구리 658-2
＊늘푸른낚시 863-0924
남면 선구리 657-4
＊대물예감낚시 864-6362
남해읍 심천리 979-12

↓ 인근 갯바위와 함께 방파제 조황 역시 무난한 곳으로 가을 시즌의 감성돔 · 무늬오징어 · 볼락이 대표 어종이다..

■ 낚시 개황

남해도 서남단, 갯바위 낚시터로 유명한 항촌마을에 있는 방파제로 인근 갯바위의 명성에 가려 그다지 이름은 알려지지 않았다. 도합 3개의 방파제가 있는데 가장 바깥쪽(서쪽)에 있는 큰 방파제가 가장 낚시가 잘 된다.

큰 방파제 내항 쪽은 석축으로 축조돼 있고 외항 쪽은 별도의 테트라포드가 피복되어 있다. 또한 외항 쪽으로는 콘크리트 난간이 축조돼 있는데, 안쪽에서 낚시를 하는 게 좋겠지만 난간 벽을 타고 넘어가 낚시를 경우는 안전한 자리를 잡고서 낚시에 임해야 한다.

■ 참고 사항

큰 방파제의 경우 갯바위 지대가 연결돼 있어 입구 쪽부터 바닥을 긁으면 잔 씨알의 볼락과 우럭 같은 록피시가 잘 낚인다. 외항 쪽 테트라포드 사이를 구멍치기로 공략하면 볼락을 뽑아 올릴 수 있는데 마릿수가 많지는 않다.

방파제 끝에서는 감성돔이 낚인다. 릴 찌낚시를 해도 좋고 원투낚시를 해도 된다. 주로 늦여름~늦가을까지가 시즌이다. 수심은 5~6m. 내항 쪽의 석축 사이에서도 록피시가 잘 낚인다.

남해도의 여느 방파제와 다름없이 무늬오징어 에깅도 잘 되는 곳이다. 방파제 외항 방향에서 9월부터 무늬오징어가 낚인다. 3.5호 노멀 타입이나 천천히 가라앉는 타입의 에기를 쓴다. 10월 말부터는 방파제 입구에서 외항 방향, 즉 갯바위 쪽을 겨냥해 볼락 루어낚시를 하면 마릿수 조과를 거둘 수 있다.

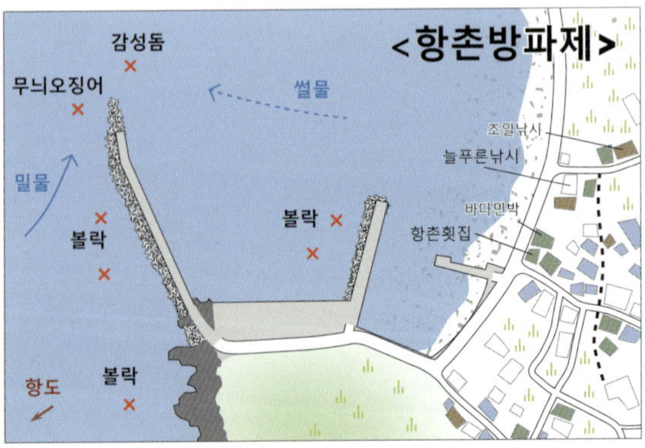

홍현 아랫마을방파제

- **소재지** : 남해군 남면 홍현리 9-10 외
- **길이** : 50여m, 40여m, 40여m
- **위치 참조** : 〈최신 전국낚시지도〉 324p C2

■ 낚시 개황

앵강만 서쪽 입구에 위치한 홍현1리에는 방파제가 두 군데에 있다. 이동 방면에서 남면 가천 · 항촌 방향 도로변 왼쪽으로 먼저 나타나는 홍현1리 아랫마을에 위치한 방파제를 '홍현 아랫마을방파제'라 부르고, 그 다음 큰 마을(홍현 해라우지마을)에 있는 방파제를 '홍현방파제' 또는 '홍현 큰마을방파제'라 부른다.

소개하는 이곳 홍현 아랫마을에 위치한 방파제는 모두 세 개의 방파제로 구성돼 있다. 40~50m 길이로 크기도 거의 비슷한데, 방파제의 규모는 작지만 볼락 · 감성돔 · 무늬오징어 · 우럭 · 도다리 등 시즌에 따라 다양한 어종이 들고 난다. 10월부터는 학공치가 낚이기도 하는데 씨알은 그리 크지 않다. 가을에는 감성돔도 잘 낚이는 편이나 역시 잔 씨알 위주다. 10월부터는 또 에깅으로 무늬오징어를 다량 낚을 수 있다.

■ 참고 사항

주변 수심은 5~6m로 다소 얕은 편이다. 따라서 낚시는 주로 방파제 끝에서 이루어지는데 릴 찌낚시, 원투낚시 모두 채비를 최대한 멀리까지 던져야 입질을 받을 수 있다.

볼락은 민장대와 루어낚시 모두 잘 되는 곳이며, 민장대낚시는 민물새우 미끼를 벽 쪽으로 바짝 붙여야 한다. 15~20cm급으로 씨알은 역시 기대치 이하다. 루어낚시를 할 때는 방파제 양쪽 옆으로 멀리 던져서 천천히 감아주면 된다.

이곳 홍현1리 일대는 간만의 차이를 이용한 석방렴이 있는 곳으로 어자원이 풍부한 장소다. 주변에 전복 양식장도 있어 이로 인해 다양한 어종이 몰려든다.

찾아가는 길

사천 방면에서 삼천포대교 넘어 창선도에 진입하면 3번 국도와 1024번 지방도로를 타고 이동면 무림사거리까지 진행한다. 전방의 지하도를 통과해 곧 좌회전 후 남면 방향 1.7km 지점의 신전삼거리에서 우회전한다. 6.4km쯤 진행하다가 왼쪽 '석교마을' 입석을 보고 좌회전 후 270여m 지점에서 다시 한 번 좌회전한다. 가천 · 항촌 방면으로 2.2km 진행하면 왼쪽으로 '홍현1리 아랫마을 진입로' 표지석이 나타나는데, 바닷가로 160여m만 진입하면 된다.

인근 낚시점(055)

*양지낚시 862-8216
남면 죽전리 1013-3
*갯바위낚시 864-3622
남해읍 북변리 458
*보물선낚시 863-1788
남해읍 차산리 779-3

↓ 입구 쪽은 수심이 너무 얕아 3개의 방파제 모두 끝자락에서 낚시를 해야 한다.

대율방파제 / 돌산방파제(군내리방파제) / 두문포방파제 / 방죽포방파제 / 백포방파제 / 서외방파제 / 성두방파제 / 소율방파제 /

Part 9. 여수시

전남 여수시 돌산읍 율림리 488-6번지에 위치한 대율방파제.

오동도방파제 / 와달방파제 / 세구지방파제 / 임포방파제 / 작금방파제 /평사방파제 / 항대방파제 / 횟도방파제

대율방파제

- **소재지** : 여수시 돌산읍 율림리 488-6 외
- **길이** : 작은방파제 90여m, 큰방파제 160여m
- **위치 참조** : 〈최신 전국낚시지도〉 324p A6

찾아가는 길

여수 시내에서 돌산대교나 거북선대교를 건넌 후 돌산교차로에서 돌산 방면의 17번 국도(돌산로)를 타고 14.4km 계속 이동하면 죽포삼거리에 이른다. 죽포삼거리에선 지금까지의 17번 국도(돌산로)를 버리고 왼쪽 방죽포 · 향일암 방면의 '향일암로'를 타고 5.7km 달리면 푸른파도펜션 간판이 보이는 작은 삼거리에 이른다. 왼쪽 여산수퍼를 끼고 들어가 다시 왼쪽 해변 길을 따라 300m만 진입하면 방파제 앞이다.

■ 낚시 여건

돌산도 동남쪽에 위치한 율림리 대율마을에는 선착장 용도의 작은 방파제와 바깥 바다로부터의 바람과 파도를 막는 역할을 하는 큰 방파제가 있다. 포구 안쪽에 위치한 작은 방파제는 낚시가 잘 안 될 것 같지만 의외로 큰 방파제 못지않은 조황을 보인다. 두 방파제 모두 낚시가 잘 되는데, 대상어종 또한 감성돔 · 볼락 · 노래미 · 무늬오징어 등으로 다양하다.

이곳은 가을 감성돔 포인트이기도 한데, 25~30cm의 중치급 마릿수 조황이 돋보이는 곳이다. 그러나 이곳이 더욱 유명세를 떨치게 된 것은 돌산도의 거의 모든 방파제가 그렇듯이 볼락 루어낚시가 인기를 끌면서부터다. 오랫동안 찌낚시 동호인들이 빼먹던 '냉장고' 포인트들이 볼락 루어꾼들에게도 알려지게 된 것이다.

■ 어종과 시즌

돌산도의 다른 유명 방파제들과 비교해 그 우열을 가리는 것은 낚시인들마다의 견해차가 있겠지만 으뜸 반열에 올려도 결코 부족함이 없는 곳이다. 일단 감성돔 · 벵에돔 · 볼락 · 무늬오징어 · 노래미 등 바다낚시 인기어종을 한자리에서 낚을 수

있다는 것이 가장 큰 매력이다.

볼락은 10월~12월, 3월~5월에 황금시즌을 맞이한다. 이때 민장대나 루어낚시 채비로 방파제 주변을 노리면 작은 쿨러를 금방 채울 정도의 호황이 다반사로 연출된다. 여름에는 벵에돔낚시가 주력이다. 큰 씨알은 없어도 대여섯 마리 조과는 너끈하다. 9~11월까지는 감성돔 시즌이다. 30cm 안팎 씨알이 마릿수 조황을 보인다. 이때 무늬오징어도 간간이 올라온다. 마릿수는 많지 않지만 타이밍만 잘 포착하면 낱마리 조황이나마 먹을거리는 충분히 장만할 수 있다.

■ 포인트 및 참고 사항

내항 쪽에 위치한 선착장 역할의 작은 방파제 주변 수심은 5~6m다. 직벽 가까이 채비를 바짝 붙이면 잔 씨알의 볼락 입질을 받는다. 여름에는 밑밥을 집중 투여하면 벵에돔을 낚을 수 있다. 볼락 루어낚시를 할 때는 1~2g 지그헤드로 직벽 가까이나 정박한 어선 사이를 공략하면 된다. 씨알은 18cm 내외로 크지도 작지도 않으나 마릿수가 좋은 편이다. 민장대 채비에도 입질을 하지만 루어 채비보다 마릿수가 덜하고 씨알도 잔 편이다.

바깥에 위치한 큰 방파제는 마땅한 진입로가 없다. 작은 방파제 쪽에서 산자락을 타고 진입하거나 도로변에서 산길을 타고 내려와야 하는데 웬만큼 조황 소문이 들리지 않는 한 넘어가는 사람이 거의 없다. 낚시 여건도 좋지 않고 조황 또한 기대에 미치지 못하다 보니 차라리 안쪽의 작은 방파제를 선호한다. 만약 바깥 방파제 쪽에서 낚시를 한다면 차라리 갯바위에서 낚시를 하는 것이 나은 편이다. 바깥 방파제의 외항 쪽 수심은 8~10m, 내항 쪽은 5~6m를 형성한다.

인근 낚시점(061)

*여산수퍼낚시 644-4509
돌산읍 율림리 457-1
*다도해낚시 643-5066
돌산읍 우두리 산376-8
*대물낚시 643-5666
여수시 봉산동 249-10
*성신낚시 641-2133
여수시 남산동 237-3

↓ 율림에서 성두 넘어가는 언덕길에서 내려다 본 대율방파제. 가을 감성돔 낚시터로 잘 알려진 갯바위와 이어진 방파제로, 외항 쪽에서 볼락과 감성돔으로 진한 손맛을 볼 수 있다.

돌산방파제 (군내리방파제)

• **소재지** : 여수시 돌산읍 군내리 505-6 외
• **길이** : 큰방파제 120여m, 작은방파제 60여m
• **위치 참조** : 〈최신 전국낚시지도〉 323p F6

찾아가는 길

여수 시내에서 돌산대교나 거북선대교를 건넌다. 돌산교차로에서 돌산 방면 6.6km 지점의 무술목삼거리와 8.3km 지점의 도실삼거리, 15.8km 지점의 금봉삼거리 모두 군내 방면으로 우회전한다. 금봉삼거리에서 2.1km 남하한 지점의 오른쪽 돌산읍사무소를 끼고 400m만 진입하면 좌우로 방파제가 보인다.

■ 낚시 여건

돌산항의 돌산방파제는 낚시인들에게 군내리방파제라는 이름으로 더 잘 알려져 있다. 이 방파제는 어떤 어종이건 사철 낚시가 이루어질 정도로 어자원이 풍부하고 조황 또한 풍성한 곳이다. 방파제 규모가 크고 진입도 수월해 누구나 쉽게 낚시를 즐길 수 있는 것이 장점이다. 원래는 방파제 규모가 작았으나 방파제 주변을 확장 보강한 후 그 규모가 몰라보게 커졌다. 마주보는 두 곳 방파제 모두 발판이 좋고 이동이 편리해 낚시를 즐기는 데 어려움이 없다.

원래 갯바위낚시 출항지로 유명한 곳이라 오래 전부터 폭풍주의보로 인해 낚싯배가 출항하지 못할 경우 발이 묶인 원정 꾼들이 이곳 방파제에서 아쉬움을 달래곤 했었는데, 의외로 낚시가 잘 되어 아예 방파제에서 진을 치는 꾼들이 많아졌다.

■ 어종과 시즌

4~10월까지는 볼락이 주 어종이며, 여름에는 주로 손바닥만한 잔 씨알의 까지매기(농어 새끼)가 낚인다. 이 까지매기들은 주로 장마 시작 전부터 붙기 시작해 10월에 가장 많은 마릿수가 올라오며 그 절정을 이룬다.

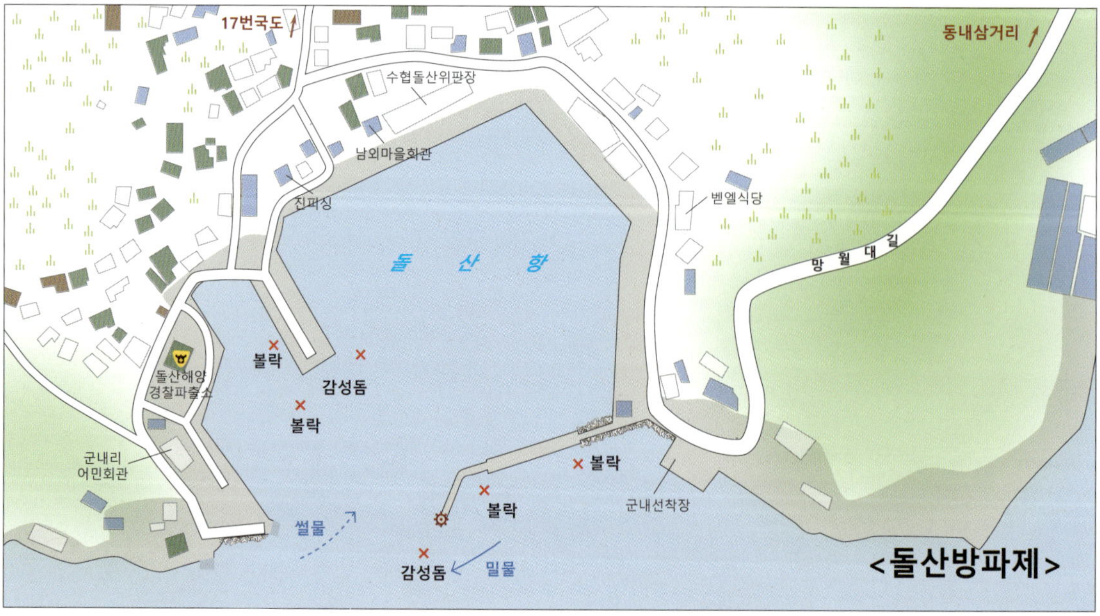

감성돔은 25~30cm급이 8~11월까지 시즌을 형성한다. 야간에는 붕장어가 원투낚시에 곧잘 낚인다.

■ 포인트 및 참고 사항

돌산방파제 주변은 조류가 거세다. 따라서 이곳에서의 낚시는 조금을 전후한 물때나 조류가 한풀 꺾이는 12물 이후를 택하는 것이 좋다. 볼락을 겨냥할 때에는 3~4칸 민낚싯대에 외바늘 채비로 방파제 벽에 바짝 붙이는 패턴으로 공략하면 된다. 맥낚시보다는 작은 고추찌를 사용하는 것이 낚시하기에 편하다. 미끼는 청갯지렁이나 참갯지렁이를 쓴다.

길이가 긴 동쪽 방파제의 경우 초입부터 중간까지는 수심이 얕고 조류도 거의 없어 낚시하기에 좋은 여건이 못 된다. 대부분 등대가 있는 끝 지점에서 릴 찌낚시로 가을에는 감성돔, 그리고 원투낚시로 붕장어를 노린다.

낚시 여건은 서쪽 작은 방파제가 훨씬 좋다. 길이는 짧지만 면적이 넓고, 조류 소통도 생각보다 좋은 편이다. 수심은 5~7m. 큰 방파제 쪽에 비해 선박의 왕래도 거의 없어 원투낚시를 하기에도 좋은 편인데, 이곳에서 원투낚시를 할 때는 전방 20~30m 지점을 노려야 한다. 낚시꾼들이 적을 때에는 원투낚시와 릴 찌낚시를 동시에 구사하는 것이 효과적이다. 원투낚시로는 청갯지렁이 미끼로 잡어를 공략하고, 릴 찌낚시로는 감성돔을 겨냥한다. 게다가 원투낚시에도 간간이 씨알 좋은 감성돔이 곁들여지기도 한다.

두 곳 방파제 모두 민장대 맥낚시로 방파제 벽 가까이에 채비를 붙이면 씨알 좋은 볼락을 낚을 수 있다. 미끼는 민물새우나 청갯지렁이가 우선이다.

인근 낚시점(061)

*낚시나라 643-9222
돌산읍 우두리 697-83
*대물낚시 643-5666
여수시 봉산동 249-10
*성신낚시 641-2133
여수시 남산동 237-3

↓ 돌산 내항에서 본 돌산방파제. 사진 뒤로 보이는 송도가 바람과 파도를 막아주므로 웬만큼 나쁜 날씨에도 낚시를 할 수 있는 곳이다.

두문포방파제

- **소재지** : 여수시 돌산읍 죽포리 170-29
- **길이** : 120여m
- **위치 참조** : 〈최신 전국낚시지도〉 324p A5

찾아가는 길

여수 시내에서 돌산대교나 거북선대교를 건넌 후 돌산교차로에서 돌산 방면의 17번 국도(돌산로)를 타고 14.4km 계속 이동하면 죽포삼거리에 이른다. 죽포삼거리에선 지금까지의 17번 국도(돌산로)를 버리고 방죽포 · 향일암 방면으로 좌회전하여 '향일암로'를 타고 440여m 만 이동하면 두문포삼거리가 나온다. 왼쪽 두문포 방면의 두문포길로 접어들어 810m 나아가면 두문포 해변에 도착한다. 방파제는 전방 170m 거리다.

■ 낚시 여건

여수의 대표적인 볼락 낚시터 중의 하나가 바로 두문포방파제이다. 돌산도 입구에서 가깝고 볼락 자원도 많아서 일찍부터 여수 지역 볼락 마니아들에게 인기를 얻었던 곳이다. 그렇지만 의외로 손을 많이 타지는 않았다. 이유는 현지 낚시인들에게는 더 좋은 포인트가 많았기 때문에 두문포방파제의 알짜배기 자리는 고스란히 남게 된 것이다. 볼락 루어낚시가 유행하면서 두문포방파제는 또다시 볼락 명당으로 회자되기 시작했고, 현지 꾼들은 물론 원정 꾼들의 단골 포인트가 되었다.
두문포에는 4개의 방파제가 있는데, 가장 바깥쪽에 테트라포드가 놓인 큰 방파제에서 낚시를 한다. 다른 곳은 낚시가 잘 되지 않는다.

■ 어종과 시즌

대표적인 어종은 볼락이다. 시즌은 11월부터 5월까지. 회유어종은 잘 낚이지 않는 곳으로 볼락 외에는 망상어 · 쥐노래미 · 우럭 등이 주로 낚인다. 2~5물 정도에 가장 조황이 좋은 편이다. 밀물보다는 썰물 시간대에 입질이 잦으며 초겨울과 늦봄에 볼락의 마릿수가 늘어난다.

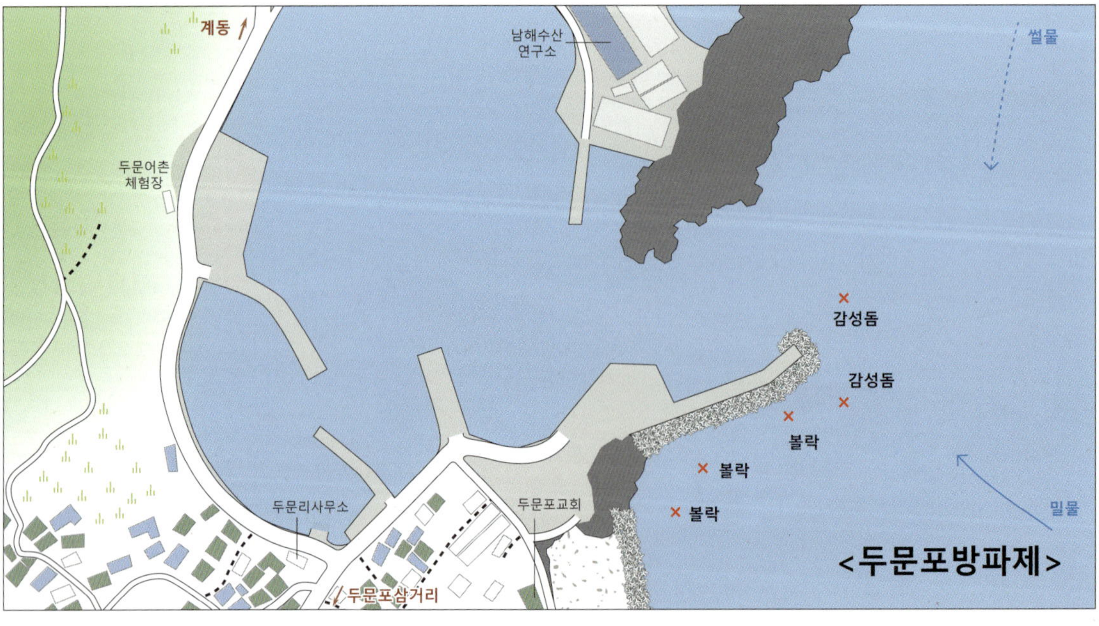

여수 인근 낚시인들은 볼락에 대해 경남 해안지방 낚시인들처럼 그다지 애착을 갖지 않아 접근이 쉬운 포인트임에도 아직 볼락 자원은 많은 편이다.

■ 포인트 및 참고 사항

주요 포인트는 큰 방파제 초입부의 직벽 구간이다. 특별한 구조물도 없는 직벽 호안(護岸) 구간임에도 불구하고 볼락이 많이 모여드는데, 직벽에 붙어 있는 해초와 틈 사이에 살고 있는 수서생물들을 잡아먹기 위해 볼락이 붙는 것으로 추정된다. 그래서 이곳을 노릴 때는 루어든 민장대든 멀리 던질 필요 없이 벽에 바짝 붙여 살살 끌어 주어야 한다.

방파제 끝자락에선 릴 찌낚시로 외항 쪽에 있는 여밭을 공략한다. 물이 빠지면 수심이 거의 나오지 않는 여밭이지만 왕볼락이 출몰하는 특급 포인트이다. 굳이 릴 찌낚시를 하는 이유는 여밭이 너무 멀리 떨어져 있기 때문인데, 큰 구멍찌로 채비를 하여 수심을 1m에 맞춘 후 최대한 원투하면 여밭을 노릴 수 있다. 루어낚시의 경우는 지그헤드 채비나 일반 볼락볼을 써서는 포인트 거리에 닿지 않으므로 구멍찌를 개조한 초원투용 볼락볼을 써야 공략이 가능하다.

또 한 군데 숨겨진 포인트는 방파제 우측 갯바위 지대다. 가로등이 없어 밤에 이동하기는 불편하지만 마을 뒤쪽으로 천천히 걸어 들어가면 볼락이 득실거릴 것 같은 갯바위가 나온다. 갯바위 옆에 테트라포드를 길게 쌓아둔 구간부터 이어지는 갯바위 전체가 포인트다. 단, 간조 때는 수심이 너무 얕아 볼락이 거의 낚이지 않고 만조 이후 초썰물 시간대에 폭발적인 입질을 한다. 집어등은 필수며 채비는 되도록 멀리 던진 후 천천히 끌어들여 주변의 볼락이 모여들게 해야 한다.

인근 낚시점(061)

*금호낚시 644-4040
돌산읍 우두리 698-1
*자이언트피싱 642-2010
여수시 국동 1082-13
*미도파낚시마트 643-7878
여수시 국동 1082-32

↓ 두문포에 있는 4개의 방파제 중에서 낚시는 가장 바깥쪽에 있는 사진의 방파제에서 이루어진다. 돌산도 내에서 손꼽히는 볼락 낚시터다. 가을 시즌에는 감성돔도 잘 낚여 꾼들이 몰린다.

방죽포방파제

- **소재지** : 여수시 돌산읍 죽포리 282-7 외
- **길이** : 큰방파제 800여m, 작은방파제 400여m
- **위치 참조** : 〈최신 전국낚시지도〉 324p A5

찾아가는 길

여수 시내에서 돌산대교나 거북선대교를 건넌 후 돌산교차로에서 돌산 방면의 17번 국도(돌산로)를 타고 14.4km 계속 이동하면 죽포삼거리에 이른다. 죽포삼거리에선 지금까지의 17번 국도(돌산로)를 버리고 왼쪽 방죽포 · 향일암 방면의 '향일암로'를 타고 1.4km 남하하면 방죽포해수욕장 입구가 나온다. 왼쪽 해수욕장으로 꺾어 들어 570m만 진입하면 방죽포방파제이다.

■ 낚시 여건

돌산도를 상징하는 관광지 중의 하나인 방죽포해수욕장 앞에 위치한 방죽포방파제는 돌산도 내에서 가장 다양한 어종이 낚이는 방파제다. 돌산도에는 각 포구마다에 들어선 크고 작은 방파제들이 꾼들의 호기심을 자극하지만 이곳 방죽포방파제만큼은 결코 지나쳐서는 안 될 명소 중의 명소다. 규모가 작다고 해서 결코 우습게 볼 곳이 아니다.

테트라포드가 촘촘하게 박혀 있는 방파제라 낚시 발판도 좋고, 여름 해수욕 철을 제외하고는 진입 여건과 주차 공간도 좋은 편이다. 주변 수심은 5~9m 정도를 형성하며 조류 소통이 좋아 붙박이 어종은 물론 회유성 어종까지 다양하게 낚인다.

■ 어종과 시즌

안 낚이는 어종이 없다 할 정도로 방죽포방파제는 사계절 다양한 어종이 낚인다. 볼락 · 도다리 · 숭어 · 보리멸 · 감성돔 · 갈치 · 무늬오징어 등 시즌에 따라 낚이는 어종이 끊이지 않아 언제 찾아도 낚시 재미를 볼 수 있다. 그래서 이곳을 오랫동안 다닌 단골 꾼들은 "이것저것 노리다 보면 제대로 된 한 마리도 못 낚을 수 있

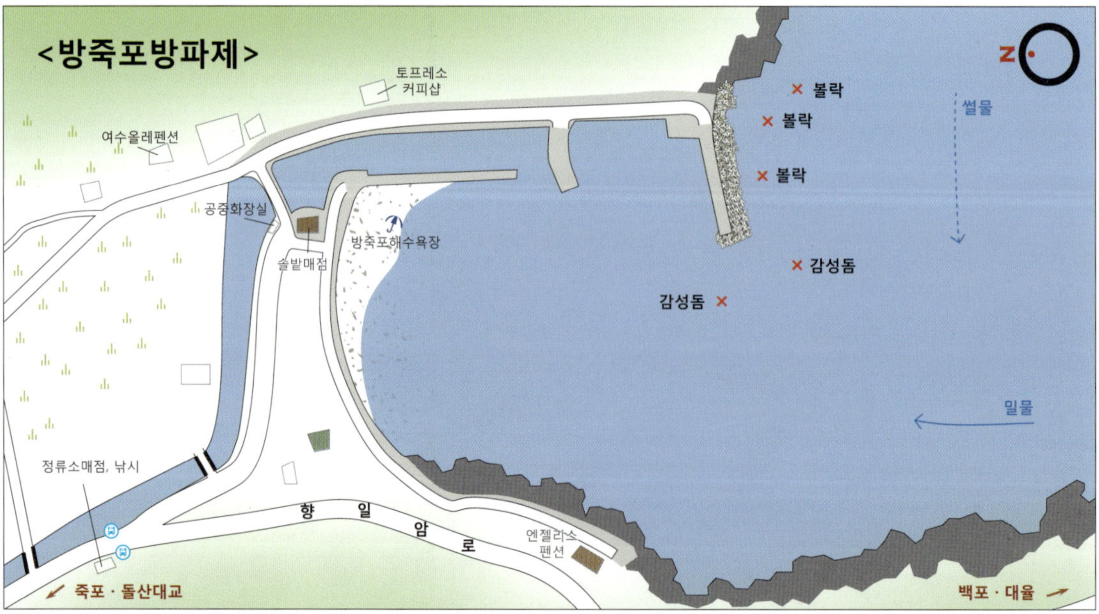

으니 한 가지 대상어종을 정해 꾸준히 공을 들이는 게 좋다"고 조언한다.
가장 뛰어난 재미를 선사하는 것은 볼락이다. 늦가을부터 이듬해 봄까지 꾸준하게 입질을 한다. 마릿수 재미는 물론 씨알까지 굵직해 갯바위 못지않은 볼락 포인트로 오래 전부터 알려져 왔다.

인근 낚시점(061)

*다도해낚시 643-5066
돌산읍 우두리 산376-8
*동남낚시 642-4333
여수시 봉산동 249-37
*리더낚시 641-8982
여수시 남산동 241

■ 포인트 및 참고 사항

방파제 끝자락에 포인트가 집중되는 다른 방파제들과는 달리 방죽포방파제는 전역이 포인트라 해도 과언이 아니다. 방파제 입구의 외항 쪽은 민장대 맥낚시가 효과적인 자리다. 방파제 끝자락 방향으로 채비를 던져서 조금씩 끌어주면 15~20cm 씨알의 볼락을 낚을 수 있다. 마릿수가 좋은 자리다. 수심은 5~6m.
같은 자리의 내항 쪽은 민장대로 볼락, 원투낚시로 도다리를 낚을 수 있는 포인트로 봄 시즌에 재미가 좋은 곳이다. 도다리는 초여름까지 낚을 수 있으며 굵은 보리멸도 함께 입질을 한다. 수중에 테트라포드가 널려 있는데 이것이 인공어초 역할을 하면서 물고기들의 은신처가 되고 있다.
방파제 가운데 지점에서 내항 쪽을 살피면 물속에 테트라포드가 빠져 있는 자리가 보인다. 이 주변을 집중 공략하면 볼락이 입질 경쟁을 한다. 감성돔 시즌인 봄부터 가을까지는 이 자리에서 30cm가 넘는 순수한 씨알들이 드문드문 낚인다.
방파제 끝자락 역시 볼락 포인트로 마릿수 재미는 떨어지지만 굵은 씨알이 손맛을 더해 준다. 원투낚시를 하고 싶다면 외항 방향으로 20m 이상 채비를 던진다. 밀물 시간대엔 조류가 방파제 쪽으로 밀려 들어오는데, 이때 도다리와 보리멸 · 쥐노래미 · 감성돔 등이 입질을 한다.

↓ 백포 가는 도로변(향일암로)에서 건너다 본 모습(사진 위)과 해수욕장 쪽에서 바라본 방죽포방파제(사진 아래). 오밀조밀하게 쌓여 있는 테트라포드와 잘 정돈된 내항에서 조용하게 낚시를 즐길 수 있는 곳이다. 볼락과 감성돔이 꾼들을 항상 반겨준다.

백포방파제

- **소재지** : 여수시 돌산읍 율림리 539-1 인근
- **길이** : 70여m
- **위치 참조** : 〈최신 전국낚시지도〉 324p A5

찾아가는 길

여수 시내에서 돌산대교나 거북선대교를 건넌 후 돌산교차로에서 돌산 방면의 17번 국도(돌산로)를 타고 14.4km 계속 이동하면 죽포삼거리에 이른다. 죽포삼거리에선 지금까지의 17번 국도(돌산로)를 버리고 왼쪽 방죽포 · 향일암 방면의 '향일암로'를 타고 1.4km 남하하면 방죽포해수욕장 입구가 나온다. 계속 직진하여 1.6km 지점에서 만나는 왼쪽 백포마을로 꺾어 들어가면 방파제가 보인다.

■ 낚시 여건

방죽포해수욕장 남쪽에 위치한 백포마을 일대는 감성돔 낚시터로 잘 알려진 곳이지만 근년에는 볼락 루어낚시 포인트로 그 이름이 더욱 알려지게 되었다. 돌산도의 수많은 방파제들 중에서도 갯바위와 방파제 구간을 동시에 공략할 수 있는 몇 안 되는 곳으로, 지그헤드와 던질찌 채비 등 다양한 방법으로 낚시를 할 수 있어 재미를 더한다. 집어등을 이용해 방파제 외항 쪽의 테트라포드를 공략하면 마릿수 조황의 볼락 재미를 한껏 누릴 수 있어 돌산도를 찾는 볼락 루어꾼들은 결코 지나칠 수 없는 순례지처럼 되었다.

■ 어종과 시즌

백포방파제를 중심으로 남북으로 길게 형성된 갯바위 일대는 돌산도 연안 감성돔 포인트로 유명한 곳이다. 가을부터 겨울까지 30cm 내외의 감성돔을 비교적 쉽게 낚을 수 있어 여수 인근 꾼들이 가벼운 마음으로 찾는 사랑방 낚시터 같은 곳이기도 하다. 바로 그 중심에 위치한 백포방파제는 주변 갯바위 어종을 공유하는 관계라 할 수 있다. 물론 갯바위만큼 다이내믹한 멋은 덜하겠지만 방파제낚시 특유의

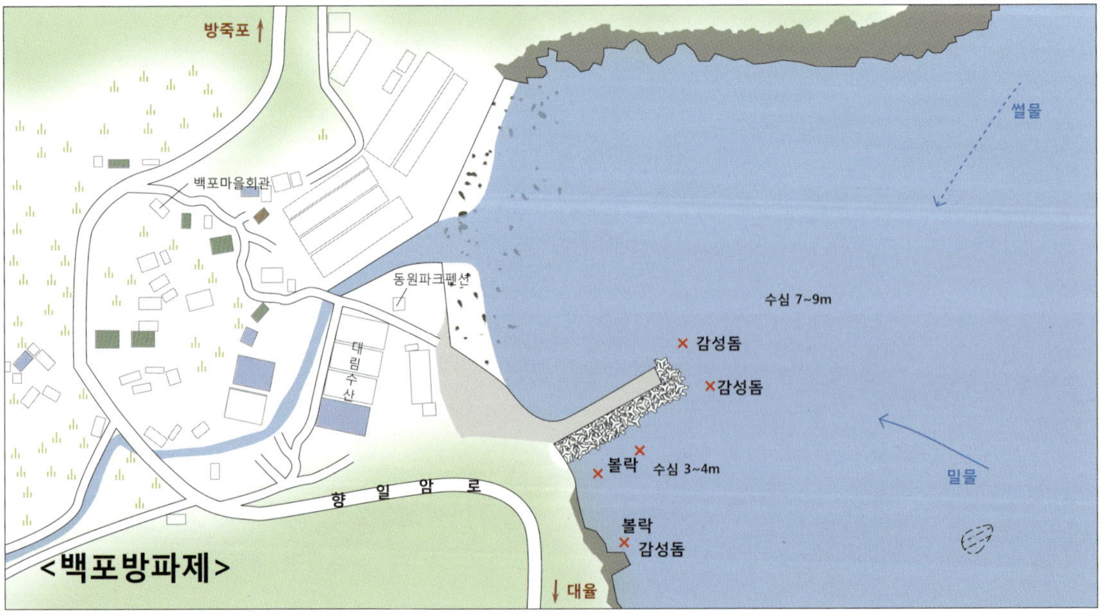

잔잔한 손맛을 진하게 선사하는 일급 낚시터임에 틀림없다.

주요 대상어는 감성돔 · 볼락 · 무늬오징어 · 농어 · 갈치 등이다. 볼락은 거의 연중 가능하나 주로 11월부터 이듬해 4월까지가 피크다. 무늬오징어는 10~11월이 좋고, 농어는 장마 전후, 갈치는 늦여름부터 초겨울까지 낚인다.

■ 포인트 및 참고 사항

주요 포인트는 갯바위와 테트라포드가 만나는 방파제 초입과 방파제 끝자락이다. 특히 방파제 초입은 길게 뻗어 나간 갯바위와 수중여, 유실된 테트라포드가 만나 훌륭한 바닥 지형을 연출한다. 덕분에 감성돔과 볼락이 잘 낚이는 일급 포인트로 꼽힌다. 수심은 3~4m.

감성돔낚시를 할 때는 초들물~중들물 시간대를 노려 바닥을 탐색하면 입질을 받을 수 있는데, 바닥 지형이 복잡해 밑걸림이 자주 발생하는 것은 감내해야 한다. 볼락은 민장대낚시도 잘 되지만 루어낚시를 하면 더욱 큰 씨알, 많은 마릿수를 올릴 수 있다. 특히 볼락볼을 이용해 갯바위에서 10m 이상 떨어진 지역을 탐색하면 잦은 입질을 받는다. 민장대는 구멍치기가 효과적이며 미끼는 청갯지렁이가 좋다.

방파제 끝에서는 릴 찌낚시로 감성돔을 공략한다. 외항 방향의 테트라포드 끝에서 2시 방향으로 채비를 던져 조류에 태우면 전방 20m 범위에서 입질을 받는다. 평균 수심은 7~9m. 0.8~1.0호 구멍찌 채비를 쓴다. 조류를 잘 받을 수 있는 단면적이 넓은 수중찌를 사용하고 밑채비는 1.75호 목줄을 2m 정도로 길게 쓴다. 밑걸림이 잦으므로 다소 굵은 목줄을 써야 하는데 목줄이 짧으면 움직임이 부자연스러울 수 있으므로 되도록 길게 사용하는 것이 좋다.

인근 낚시점(061)

*낚시나라 643-9222
돌산읍 우두리 697-83
*자연낚시 643-9772
여수시 봉산동 249-39
*낚시친구 641-5235
여수시 남산동 228-1

↓ 백포마을회관 위쪽 도로변에서 내려다 본 방파제 전경. 작은 규모의 방파제임에도 감성돔 낚시터로 오래 전부터 꾼들에게 알려졌다. 방파제 끝에서는 감성돔을, 입구 쪽 외항 방향에선 볼락이 낚인다.

서외방파제

• **소재지** : 여수시 돌산읍 군내리 1072-24 • **길이** : 110여m
• **위치 참조** : 〈최신 전국낚시지도〉 323p F5

돌산도 군내리의 돌산항 못미처에 있는 서외방파제는 왼쪽의 내항 방향에서 주로 낚시가 이루어진다. 볼락 루어낚시 바람과 함께 밤낚시에 잔 씨알의 볼락이 많이 낚여 한때 유명세를 누리기도 했다. 볼락 시즌은 10~5월까지다.

9월부터는 잔 씨알의 감성돔이 낚이는데, 포인트는 방파제 거의 끝 쪽, 즉 구부러진 지점의 왼쪽 방향이다. 원투낚시에 노래미가 잘 나오는 곳이기도 하다. 10월부터는 갑오징어가 잘 낚이는데 전용 에기로 바닥을 슬슬 끌어주기만 하면 된다.

방파제 부근에는 크고 작은 접안 시설이 있는데 볼락 루어 채비로 오르락내리락 부지런히 발품을 팔면 망상어 · 볼락 · 우럭 손맛을 심심찮게 볼 수 있다.

찾아가는 길

여수 시내에서 돌산대교나 거북선대교를 건넌다. 돌산교차로에서 돌산 방면 6.6km 지점의 무술목삼거리와 8.3km 지점의 도실삼거리, 15.8km 지점의 금봉삼거리 모두 군내 방면으로 우회전한다. 금봉삼거리에서 1.7km 이동하면 '군내' 방향 표지판이 나타나는데 오른쪽으로 500여m만 진입하면 방파제이다.

인근 낚시점(061)

*다도해낚시 643-5066 돌산읍 우두리 산376-8
*동남낚시 642-4333 여수시 봉산동 249-37

방파제낚시 Tip ⑩

방파제낚시의 예절과 주의사항

1)낚시터에 도착하면…

①출입금지구역에는 절대 들어가지 않는다.
②개인 및 어촌계 양식장에 근접하지 않는다.
③주차금지구역이나 통행에 방해될 만한 장소에는 주차하지 않는다.

2)낚시를 시작할 때에는…

①먼저 낚시를 하고 주변 동호인들에게 인사를 하고, 낚시 도중 서로를 돕는다.
②혼잡한 포인트에 무리하게 끼어들지 않는다.
③혼자서 여러 대의 낚싯대를 펼치지 않는다.
④캐스팅을 할 때에는 주변 낚시인의 안전을 충분히 확인한다.
⑤어부 또는 해녀들이 작업 중인 곳에서는 방해하지 않는다.
⑥어선의 왕래가 있는 곳에서는 낚싯줄이 배의 스크류 등에 걸리지 않도록 주의한다.
⑦독이 있는 물고기나 말미잘 또는 독충은 맨손으로 만지지 않는다.

3)낚시를 마치면…

①사용한 낚시소품이나 쓰레기는 반드시 가지고 돌아온다.
②미끼, 밑밥 등으로 더럽혀진 주변은 바닷물로 씻어 내 왔을 때보다 더 깨끗하게 한다.

방파제낚시 대상어 도감 ㉑ – 갑오징어

학명 ■ *Sepia esculenta*
영명 ■ Golden cuttlefish
일명 ■ 고이카(コウイカ)
속명 ■ 뼈오징어
생태 ■ 다른 오징어에 비해 몸통이 둥글고 다리가 매우 짧은 것이 특징이며, 특히 몸속에 석회질로 된 뼈를 지니고 있어서 갑(甲)오징어라 부른다. 온대와 열대의 따뜻한 바다를 좋아하며, 우리나라의 경우 남해안과 서해안에서 많이 잡힌다. 다른 오징어들과는 달리 해저에서 주로 생활하는 저서성으로, 진흙펄이나 모래펄에 서식한다. 완전한 육식성으로 작은 물고기와 각종 갑각류, 연체동물, 환형동물을 포식한다. 산란기는 주로 봄철인데 수심이 깊지 않은 사니질 바닥의 해초나 암초 틈바구니에 알을 붙인 후 생을 마감한다. 1년생인 셈이다.

↑↑ 갑오징어의 특징은 등쪽에 석회질의 흰 뼈를 지니고 있다는 점이다.

↑ 갑오징어를 요리할 때는 가로로 썰지 말고 세로로 썰어야 질기지 않다.

방파제낚시 대상어 도감 ㉒ – 흰오징어(무늬오징어)

학명 ■ *Sepioteuthis lessoniana*
영명 ■ Big fin Squid
일명 ■ 아오리이카(アオリイカ)
속명 ■ 무늬오징어, 미즈이카
생태 ■ 다른 오징어에 비해 몸집이 크고 연안 접근성이 강하다. 몸통 전체에 커다란 지느러미를 두르고 있는데 몸통 길이의 90% 이상에 달한다. 암컷은 몸통에 불분명한 흰점이 있고 수컷은 짧은 흰줄이 있으며 몸집도 수컷이 크다. 죽으면 이들 무늬가 없어지면서 그냥 반투명한 흰색이 되므로 흰오징어라는 표준명이 붙여졌는데, 대부분 낚시인들은 살아 있을 때의 특징을 살려 그냥 무늬오징어라 부른다. 원래 따뜻한 수온을 좋아하는 남방계 오징어로 우리나라는 한때 제주도에만 나타나는 종류로 인식했으나 남해와 동해는 물론 서해에서도 개체수가 늘어나는 추세다.
서해의 수십m 바닥에서 어류, 새우 등을 먹고 사는 육식성이며 40cm까지 자란다.

↑ 큰 무늬오징어는 길이 40cm에 무게 2kg 이상까지 자란다. 큰 놈 한 마리만 낚아도 먹거리가 푸짐해진다. 배를 갈라 내장을 꺼낸 후 회로 썰어 먹어도 맛있고(위 사진), 끓는 물에 데쳐 먹어도 좋다(아래 사진).

성두방파제

- **소재지** : 여수시 돌산읍 금성리 114-1
- **길이** : 110여m
- **위치 참조** : 〈최신 전국낚시지도〉 324p A6

찾아가는 길

여수 시내에서 돌산대교나 거북선대교를 건넌다. 돌산교차로에서 돌산 방면 6.6km 지점의 무술목삼거리에서 우회전하여 계속 17번 국도(돌산로)를 타고 7.7km 지점의 죽포삼거리에 이르면 향일암·방죽포 방면으로 좌회전한다. 향일암로를 타고 6km 지점의 율림삼거리에선 성두·군내 방면의 5시 방향으로 우회전하여 4.1km 남하하면 왼쪽으로 '성두마을'을 알리는 표지석이 나온다. 7시 방향으로 좌회전하여 530m 진입하면 방파제 앞에 이른다.

■ 낚시 여건

돌산도의 가장 남쪽에 위치한 금성리 성두마을에 있는 방파제로, 예전부터 갯바위 낚시터 못지않은 조황을 자랑하는 방파제낚시의 고전적 명소다. 일반적으로 방파제는 이른바 잡어낚시터로 여기기 쉬운데, 성두방파제는 이러한 선입견을 여지없이 깨부순다.

낚이는 어종도 그러하거니와 낚시터 여건 또한 뛰어나다. 감성돔 · 볼락 · 도다리 · 노래미 등 온갖 고급 어종들이 선보여 유명 갯바위 못지않은 가치를 발휘한다. 게다가 방파제 입구가 넓고 주차 공간이 넉넉한 것도 장점이다. 승용차를 대고 곧바로 방파제의 낚시 자리로 진입할 수 있어 편리하다. 더욱이 성두방파제와 이어진 갯바위 지대는 도보 왕래가 가능한 곳으로, 방파제와 함께 굳이 낚싯배를 타고 먼 바다로 나가지 않아도 온갖 장르의 손맛을 골고루 즐길 수 있다.

두 개의 방파제 가운데 낚시는 주로 바깥쪽에 위치한 큰 방파제에서 이뤄지고, 특히 외항 쪽 테트라포드 위에서 낚시를 하게 되는데 이동에 주의해야 하는 곳이다.

■ 어종과 시즌

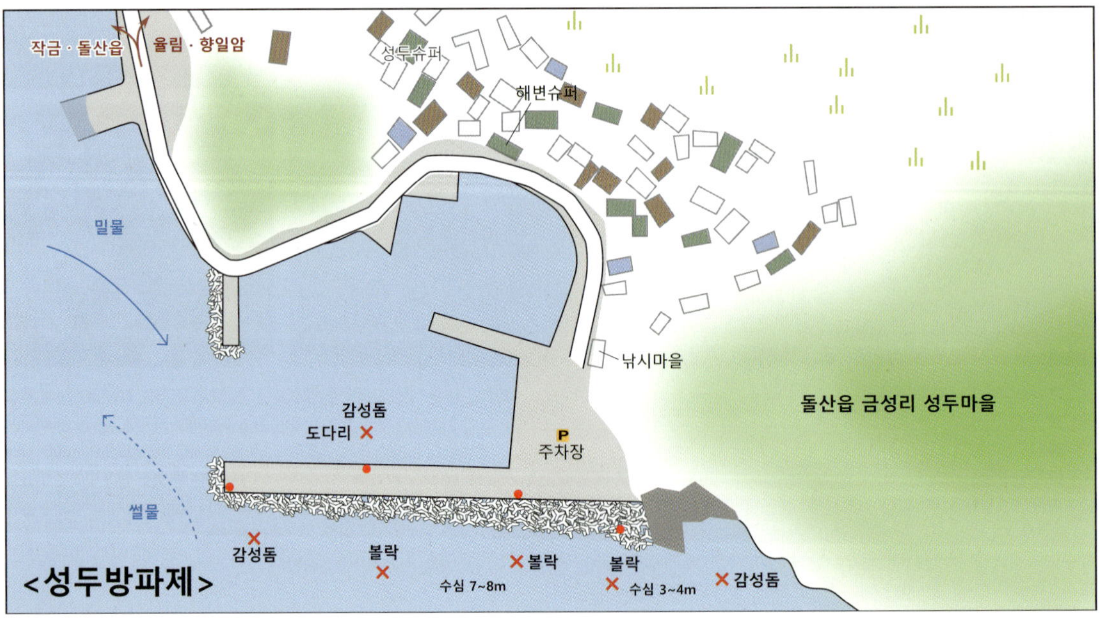

성두방파제는 특히 볼락 조과가 두드러진 곳으로, 늦여름까지 볼락과 함께 도다리 · 감성돔까지 입질에 가세하는 특급 포인트다. 더구나 한낮에도 감성돔과 볼락이 낚여 시간에 구애받지 않고 낚시를 할 수 있는 장점을 가지고 있다.
인기 어종인 감성돔은 늦여름부터 12월 말까지 꾸준하게 낚인다. 볼락은 늦가을부터 늦봄까지 생미끼와 루어를 가리지 않고 입질을 한다. 낚이는 감성돔과 볼락 씨알은 물론 마릿수도 여는 방파제와는 구분이 된다. 따라서 갯바위낚시를 하듯 정성과 인내심을 가지고 낚시에 임하면 그 보상이 확실한 곳임을 명심하자.

인근 낚시점(061)

*낚시마을 644-2505
돌산읍 금성리 117-2
*금호낚시 644-4040
돌산읍 우두리 698-1
*동남낚시 642-4333
여수시 봉산동 249-37

■ 포인트 및 참고 사항

방파제 주변 수심은 8m 내외. 낮에는 릴 찌낚시로 감성돔 채비에 크릴을 미끼로 방파제 왼쪽의 전방 15m 거리 내외를 공략한다. 밤에는 민장대를 이용해 테트라포드 구멍 사이나 전방을 노리면 볼락이 입질한다. 미끼는 청갯지렁이를 쓴다.
겨울에는 방파제 주변으로 몰밭이 형성되는데 이 몰밭을 노리면 볼락을 낚아낼 수 있다. 전통적으로 민장대 채비로 볼락을 많이 낚는 곳이었지만 최근에는 루어낚시로 보다 확실한 재미를 볼 수 있다. 루어낚시를 할 때에는 볼락볼을 달고 웜훅을 이용해 바늘 끝을 숨긴 형태로 웜을 물리고 몰밭을 탐색해야 밑걸림이 발생하지 않는다는 점 일러둔다.
성두방파제는 가로등 시설이 잘 되어 있고 방파제의 폭이 넓기 때문에 야간에도 이동하기에 불편함이 없다. 가족 동반 나들이 낚시터로도 손색이 없는 곳인데, 다만 외항 쪽의 테트라포드는 덩어리가 큰 편이라 이동을 할 때는 주의를 요한다.

↓ 서쪽 언덕에서 내려다 본 성두방파제. 돌산도 최남단에 위치한 방파제로 주변 갯바위와 어우러져 천혜의 낚시 여건을 형성한다. 날씨에 큰 영향을 받지 않아 폭풍주의보 상황에서도 낚시를 할 수 있다.

소율방파제

• **소재지** : 여수시 돌산읍 율림리 134-15
• **길이** : 120여m
• **위치 참조** : 〈최신 전국낚시지도〉 324p A6

찾아가는 길

여수 시내에서 돌산대교나 거북선대교를 건넌다. 돌산교차로에서 돌산 방면 6.6km 지점의 무술목삼거리에서 우회전하여 계속 17번 국도(돌산로)를 타고 7.7km 지점의 죽포삼거리에 이르면 향일암·방죽포 방면으로 좌회전한다. 향일암로를 타고 6.7km 계속 직진·남하하다 보면 도로변 오른쪽으로 '소율' 표지석과 소율어촌체험마을 '특산품판매장'이 나타나는데 이 곳에서 좌회전하여 150m만 들어가면 방파제가 보인다.

■ 낚시 여건

소율방파제는 인근(북쪽) 대율방파제와 함께 여수 꾼들의 사랑방 낚시터 역할을 하는 곳으로, 외지 원정 꾼들에게도 인근 대율, 임포방파제와 함께 돌산도 방파제 낚시 출조지로 우선순위에 오르는 곳이다. 방파제 확장공사 이후로 조황이 예전만 못하다는 얘기도 있지만 루어 낚시인들은 결코 그렇지 않다는 반론을 펴기도 한다. 오래 전부터 감성돔 포인트로 알려져 왔으나 큰 씨알이 나오는 곳은 아니다.
방파제 확장 공사로 인해 진입 여건이 더 좋아졌으며 낚시를 할 수 있는 발판 또한 더 늘어났다. 주차를 할 만한 공간도 충분하다.

■ 어종과 시즌

봄~가을에 잔 씨알의 감성돔이 드문드문 나온다. 가을이 되면 피크를 맞이하는데 25~30cm 씨알들이 밤에 민장대 채비에도 곧잘 낚인다. 릴 찌낚시, 루어낚시, 민장대낚시, 원투낚시 등 어떤 장르의 낚시로도 대상어종을 낚을 수 있는 곳이다.
주요 대상어종은 볼락·까지매기·무늬오징어·갈치·전갱이·우럭 등이다. 특히 갈치와 볼락은 씨알과 마릿수 모두 유명 갯바위 못지않은 조과를 자랑한다. 더

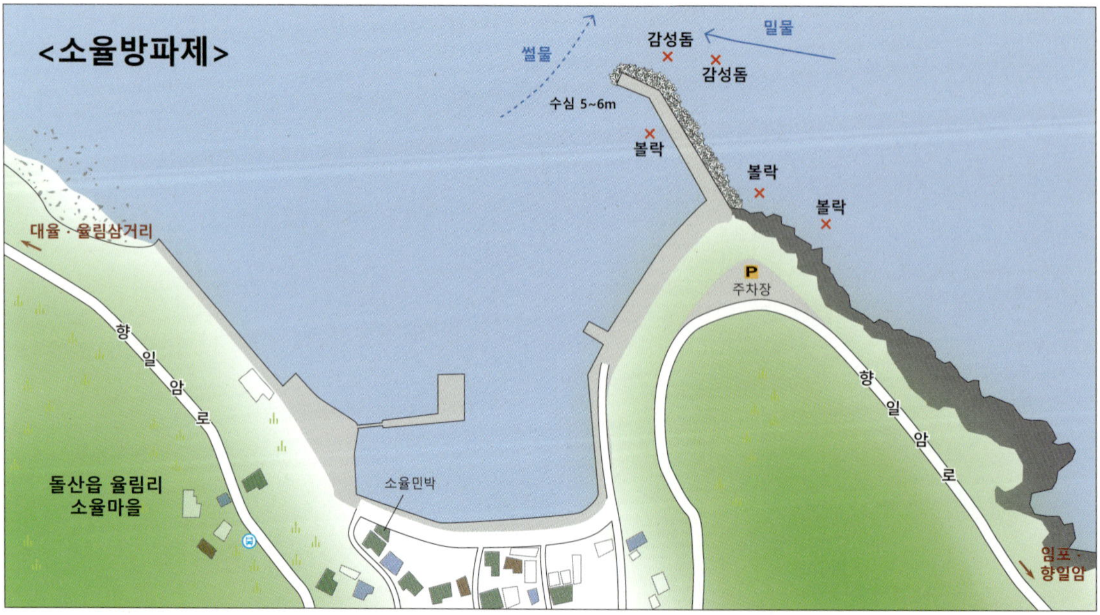

구나 이곳 소율방파제는 테트라포드, 석축, 갯바위 지역이 함께 어우러진 곳으로 상황에 따라 다양한 포인트 선택이 가능하다는 점에서 매력적인 낚시터다.

■ 포인트 및 참고 사항

주변 수심은 5~6m. 포인트는 방파제의 가장 끝부분과 외항 쪽 테트라포드, 외항 쪽 초입부에 형성된 갯바위 구간이다. 릴 찌낚시는 방파제 끝 부분에서 우측 2시 방향으로 멀리 캐스팅을 해서 조류를 따라 채비를 흘리면 된다. 대상어종은 감성돔이다. 특히 가을 시즌의 소율방파제는 잔 씨알이지만 감성돔이 심심찮게 입질을 할 뿐만 아니라 밤이 되면 까지매기와 볼락 · 전갱이까지 입질에 가세한다.
볼락 루어낚시의 경우 내항 선착장이나 외항 쪽의 테트라포드 사이를 공략한다. 1~2g 정도의 지그헤드 채비를 써서 바닥 가까이 닿게 하면 15~20cm 볼락이 입질을 한다. 던질찌를 달아 먼 곳을 공략하면 까지매기와 갈치도 기대할 수 있다. 특히 9월 말부터 11월 초까지는 씨알 좋은 갈치를 마릿수로 낚을 수 있다. 갈치낚시를 할 때에는 밝은 집어등을 준비하면 훨씬 나은 조과를 누릴 수 있다.
갈치낚시를 할 때는 민장대 채비에 꽁치나 낚은 갈치 살을 그대로 꿰어 쓰면 된다. 루어 채비는 지그헤드에 2~3인치 웜을 달아도 되지만 가장 효과가 좋은 것은 지그헤드와 웜, 트레블 훅을 결합한 '물결채비'다. 물결채비는 갈치 전용 채비로, 조립해서 사용할 수 있는 제품이 판매되기도 하고 완성 형태의 제품이 판매되고 있다. 웜은 되도록 축광력이 좋은 것을 쓰고 UV라이트나 밝은 플래시로 충분히 축광을 시켜야 갈치 조과를 드높일 수 있다.

인근 낚시점(061)

*금호낚시 644-4040
돌산읍 우두리 698-1
*자연낚시 643-9772
여수시 봉산동 249-39
*리더낚시 641-8982
여수시 남산동 241

↓ 마을 입구 도로변(향일암로)에서 본 소율방파제 전경. 오른쪽으로 연결된 갯바위와 어우러져 가을 감성돔낚시 포인트로 손색없는 곳이다. 내 · 외항 양방향에서 볼락도 입질하는데 씨알은 외항 쪽이 더 굵다.

오동도방파제

- **소재지** : 여수시 수정동 3 외
- **길이** : 서방파제 740여m, 동방파제 680여m
- **위치 참조** : 〈최신 전국낚시지도〉 324p A2

찾아가는 길

호남고속도로를 이용할 경우는 순천IC에서, 순천·완주고속도로를 이용할 경우는 동순천IC에서 여수시내로 진입해 오동도입구까지 진행한다. 남해고속도로를 이용할 경우는 진월IC로 나와 광양·묘도 방면으로 진행하되 태인대교, 이순신대교, 묘도대교를 차례로 지난다. 묘도대교를 건넌 다음에는 둔덕·돌산 방면으로 진행하다가 둔덕IC에서 오동도·돌산 방면으로 좌회전 후 8.2km 이동하면 수정동사거리이고, 좌회전하여 520m만 진행하면 오동도입구 주차장이다.

■ 낚시 여건

동백열차를 비롯한 관광지로 널리 알려진 오동도를 육지와 연결하는 다리 역할을 하는 서방파제와 오동도에서 따로 뻗어나간 동방파제를 통칭하여 오동도방파제라 부른다. 그 길을 동백열차를 타고 느긋하게 들어가는 관광객들과 포인트 차지를 위해 종종걸음으로 입장하는 꾼들이 묘하게 대비되는 곳이다.

2개의 긴 방파제가 오동도를 중간에 끼고 양팔을 벌리고 있는 형상이다. 낚시를 하는 곳은 공략하는 어종에 따라 다르지만 주로 동방파제 테트라포드에서 많이 하는 편이다. 서방파제는 회유성 어종이 들어올 때 일시적으로 꾼들이 몰려들었다가 다시 빠지는 식으로 낚시를 한다. 오동도는 방파제 외에도 오동도 남쪽 갯바위 일대가 훌륭한 낚시터로 볼락·감성돔 포인트로 명성이 자자하다. 지리적으로 광양만과 여수 내만을 끼고 있어 계절에 따라 다양한 어종이 낚이며 난바다를 향해 뻗어 있는 방파제 주변의 조류 소통도 아주 원활한 편이다.

방파제 구간이 워낙 길기 때문에 오동도 입구에서 주차를 하고 한참을 걸어가야 포인트에 도착한다. 따라서 짐을 최소한으로 줄이는 것이 좋을 뿐만 아니라 직접 들고 가기보다는 소형 카트를 준비하는 것이 편하다.

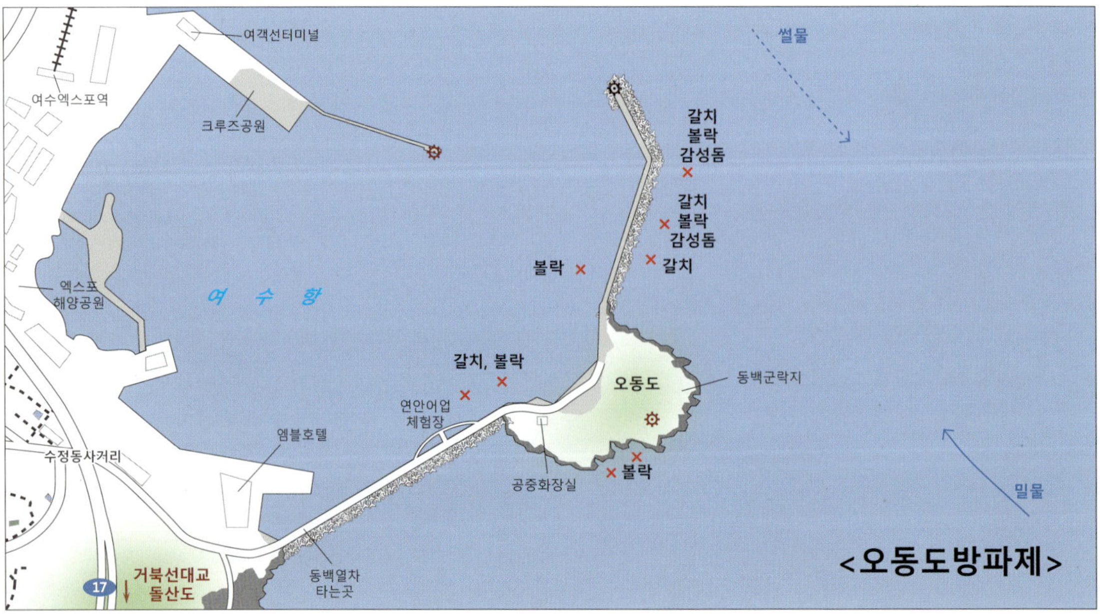

<오동도방파제>

■ 어종과 시즌

거의 모든 낚시대상어를 만날 수 있다. 대표어종인 감성돔은 한겨울을 제외하면 거의 연중 낚인다. 피크 시즌은 4~6월, 10~11월로 마릿수와 씨알 모두 좋다. 여름에는 잔 씨알의 농어와 볼락이 밤낚시에 낚인다. 늦여름부터는 갈치가 합류하는데 마릿수 · 씨알 모두 만족할 만한 수준으로, 이때가 곧 오동도방파제에 가장 많은 낚시꾼들이 몰리는 시기이다. 특히 근년 들어 루어 전문 꾼들이 많이 찾는데 주요 어종은 볼락과 갈치 · 농어다. 방파제에서는 물론 오동도 전역이 포인트가 된다.

■ 포인트 및 참고 사항

주로 릴 찌낚시로 공략한다. 포인트는 대부분 테트라포드가 있는 방향에서 이루어진다. 가장 좋은 곳은 동방파제 테트라포드 구간이다. 감성돔이 입질하는 수심은 6~7m권. 테트라포드가 미끄럽기 때문에 이동 시 주의해야 한다.

볼락이나 갈치낚시를 할 때는 집어등이 있으면 좋다. 갈치낚시를 할 때는 와이어 목줄이 필수다. 갈치는 루어낚시 채비에 더 반응이 빠르다. 지그헤드와 웜, 트레블 훅으로 제작된 물결채비를 쓰면 된다. 물결채비를 쓸 때는 굳이 와이어를 쓸 필요는 없다. 웜 아래쪽의 트레블 훅이 입에 걸리게 되므로 목줄의 손상은 거의 없는 편이다.

감성돔낚시를 할 때는 밑밥을 넉넉히 주는 것이 필수다. 많은 관광객들이 오가고 포인트가 멀리 형성되므로 고기를 모아두어야 하기 때문이다. 해뜨기 1시간 전에 낚시를 시작해 해 뜰 무렵부터 이후 1시간이 황금시간대다.

인근 낚시점(061)

* 오동도낚시 664-4082
여수시 수정동 661
* 서울낚시 643-4339
여수시 국동 1082-47
* 한일낚시 663-1313
여수시 종화동 534-1

↓ 여수의 랜드마크라고 할 수 있는 오동도방파제. 엄청난 길이를 자랑하는 방파제 전역에서 낚시를 할 수 있다. 주로 북쪽 방파제 구간의 외항 방향에서 낚시를 하는데 시즌에 따라 다양한 어종을 만날 수 있다.

와달방파제

- **소재지** : 여수시 화정면 백야리 402-5 외
- **길이** : 큰방파제 900여m, 작은방파제 700여m
- **위치 참조** : 〈최신 전국낚시지도〉 323p E5

찾아가는 길

남해고속도로 광양IC에서 내려 광양읍을 지나 여수 시내 방향으로 진행한다. 여수시로 진입하면 죽림사거리에서 화양 방면의 22번 지방도로(화양로)를 타고 계속 백야대교(백야도) 방향으로 19.9km 남하하면 백야대교 삼거리가 나온다. 오른쪽 백야대교를 건너면 곧 화백삼거리가 나오는데, 오른쪽 화백리 방면으로 꺾어 350m 진입하면 또다시 삼거리가 나온다. 오른쪽으로 보이는 방파제까지의 거리는 130m이다.

■ 낚시 여건

육지에서 다리(백야대교)를 건너는 백야도에는 다섯 군데의 방파제가 있다. 그 중에서도 낚시꾼들이 가장 많이 찾는 곳이 북쪽에 위치한 와달리방파제이다. 이곳을 찾는 외지 낚시인들은 흔히 이곳을 그냥 백야도방파제라 부르는데, 백야도방파제는 동쪽(화정면 소재지 쪽)에 따로 있기 때문에 구분하여 부르는 것이 옳다.

백야대교를 건너자마자 바로 오른쪽에 위치한 곳으로, 진입이 수월하고 낚시하기도 편해 가족 단위 낚시터로도 빼놓을 수 없다. 그러나 주변 주심이 깊고 조류가 세차게 흘러 웬만큼 낚시를 해 본 꾼들이 아니면 이곳에서의 낚시는 적응하기가 어렵다. 막대찌 채비를 써야만 조과를 거둘 수 있어 구멍찌 일변도로 낚시를 해 온 꾼들은 쉽게 입질을 받아내지 못한다.

두 개의 방파제 모두 낚시터로서의 여건은 훌륭한 편이지만 서쪽 T자형의 작은 방파제가 조황이 다소 앞서는 편이다.

■ 어종과 시즌

봄부터 감성돔 입질이 시작되어 가을까지 꾸준하게 이어진다. 감성돔뿐만 아니라

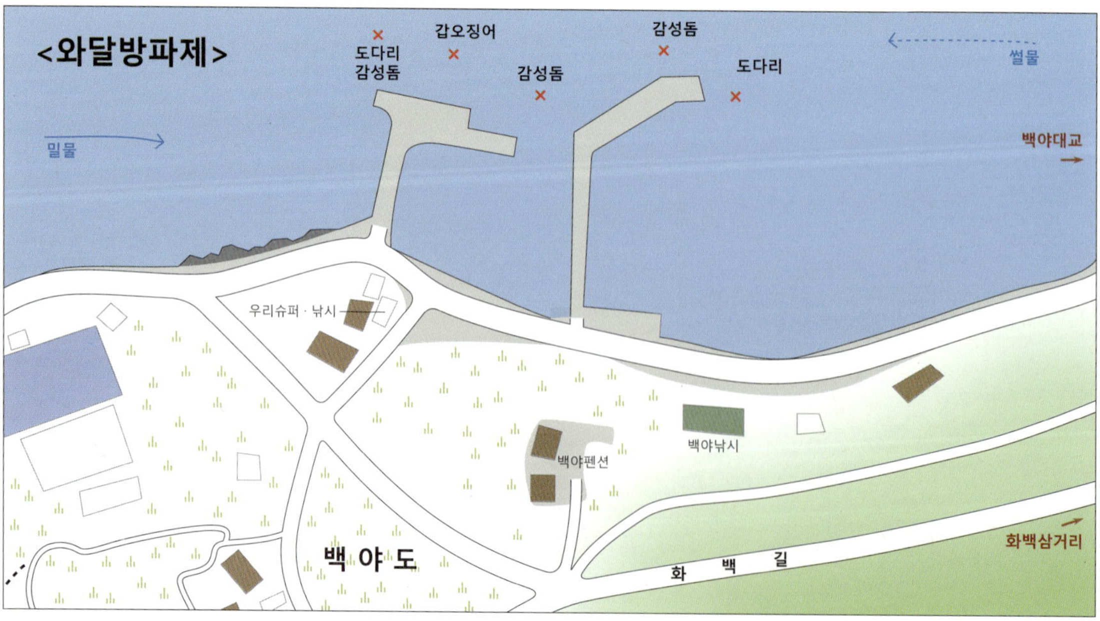

다른 잡어의 조황도 만만찮다. 갑오징어 에깅이 부상하면서 이 방파제는 가을부터 감성돔보다 오히려 갑오징어 에깅이 주류로 떠올랐다. 이밖에 노래미 · 우럭 같은 록피시도 잘 낚인다.

■ 포인트 및 참고 사항

백야도 북단에 위치한 와달방파제는 전방으로 물골이 있기 때문에 조류가 빠르게 흐른다. 따라서 1호 이상의 막대찌로 공략하는 것이 정석이다. 전방의 수중여를 공략하기 위해 캐스팅을 20~30m 정도 해야 하므로 여러모로 막대찌가 유리하다. 막대찌는 자립 혹은 반자립을 주로 쓴다. 구멍찌는 멀리 캐스팅할 경우 잘 보이지 않고 조류에 의해 너무 빨리 떠내려가서 많이 사용되지 않는다.

T자형 방파제 바로 앞에는 수중여가 있다. 씨알이 잔 감성돔을 낚을 수 있고 수중여를 넘기면 제법 큰 씨알이 낚인다. 조류가 빨라 방파제에 가만히 서서 낚시하기보다는 채비가 흐르는 방향으로 함께 이동을 해주는 것이 좋다. 시즌 때는 낚시꾼들이 많이 몰려들어 이렇게 하지 않으면 채비를 제대로 흘리지 못한다.

꺾어진 오른쪽(동쪽) 방파제는 백야대교를 보고 최대한 멀리 캐스팅하는 것이 관건이다. 20~30m 정도 떨어진 지점에 수중여가 있는데 공략 구간이 넓어 어디에서 입질이 올지 모르므로 인내심을 가지고 낚시에 임해야 한다.

전반적으로 수심이 깊고 조류도 세찬 곳이므로 밑채비를 무겁게 해서 바닥층을 노리는 것이 정석이다. 두 개의 방파제 모두 밀 · 썰물 시간에 상관없이 낚시가 가능하지만 특히 초밀물 시간대에 조과가 좋은 편이다.

인근 낚시점(061)

* 백야낚시 692-4322
화정면 백야리 401
* 우리슈퍼낚시 685-4810
화정면 백야리 402-4
* 해변낚시프라자 691-6064
여수시 선원동 1226-10
* 유명낚시 685-6800
여수시 선원동 1342-3

↓ 화백길에서 내려다 본 와달방파제. 봄부터 가을까지 꾸준하게 감성돔을 낚을 수 있는 장소다. 밤낚시에는 볼락과 까지매기 입질도 이어진다. 밀 · 썰물 상관없이 계속 입질을 받을 수 있는 것이 장점.

세구지방파제

- **소재지** : 여수시 돌산읍 우두리 666-33 외
- **길이** : 1300여m, 800여m, 500여m
- **위치 참조** : 〈최신 전국낚시지도〉 323p F3

찾아가는 길

여수시내에서 돌산대교 또는 거북선대교를 이용해 돌산도로 진입 후 곧 만나는 돌산교차로에서 돌산 방면으로 진행한다. 2300여m 지점의 S-OIL주유소 앞 삼거리에서 돌산청사 방향으로 우회전한 후 670m 지점에 이르러 황금알펜션 전방의 '우두3길' 표지판을 보고 오른쪽으로 빠져 내려가면 세구지방파제 해변에 이른다.

인근 낚시점(061)

*낚시나라 643-9222
돌산읍 우두리 697-83
*다도해낚시 643-5066
돌산읍 우두리 산376-8
*금호낚시 644-4040
돌산읍 우두리 698-1

■ 낚시 개황

여수시내에서 돌산대교를 건너 두 번째로 만나는 세구지방파제는 여수 현지 낚시인들이 아니면 어디에 있는지 잘 알지도 못하는 곳이다. 여수 국동항과 대경도를 바라보는 돌산도 서북쪽에 위치하는 곳으로, 주변의 아파트 단지로 인해 마치 시내 한복판에 위치한 착각을 불러일으킨다.

총 3개의 방파제가 있으나 가운데 방파제는 수심이 너무 얕아 낚시가 불가능하다. 크고 작은 남쪽과 북쪽 방파제에서 주로 낚시를 한다.

■ 참고 사항

가장 길이가 긴 남쪽 방파제에선 외항 쪽에서 우럭이나 볼락 같은 록피시를 주로 낚을 수 있다. 민장대보다는 볼락 루어 채비로 먼 거리를 노리는 것이 좋다. 방파제 끝에서 찌낚시를 하면 숭어 · 감성돔 · 망상어 · 까지매기가 낚이는데 주로 여름~늦가을이 좋은 시즌이다.

건너편에 있는 작은 방파제는 내항 쪽에서 우럭과 볼락을 낚을 수 있으며 외항 방향과 방파제 끝자락에선 릴 찌낚시와 원투낚시를 한다. 주변 수심은 5~6m. 작은 방파제 입구 쪽은 수심이 얕아서 낚시가 잘 되지 않는다.

북쪽과 남쪽의 두 군데 방파제 모두 중간~끝 부분이 포인트이며 낮보다는 밤낚시를 하는 것이 훨씬 입질을 받을 확률이 높다. 10월 중순에는 낮볼락 시즌이 시작되는데 15cm 내외의 볼락이 낮에도 마릿수로 낚인다. 이와 함께 까지매기도 입질에 가세한다.

↓ 남쪽 해안도로(우두3길)에서 바라본 세구지방파제. 현지 꾼들이 아니면 좀처럼 찾기 힘든 곳으로, 붙박이 어종인 우럭이나 볼락의 개체수가 많다..

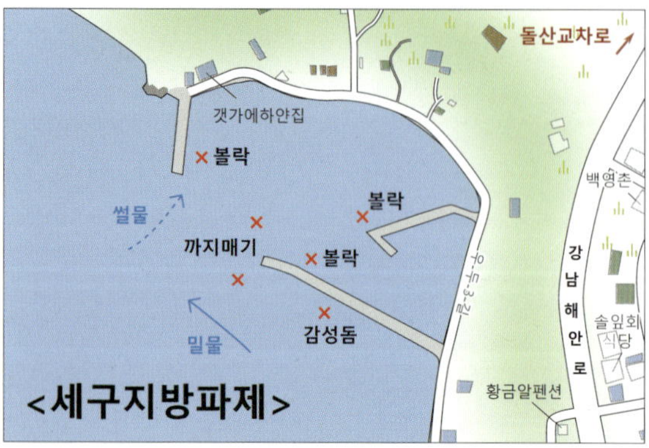

방파제낚시 대상어 도감 ㉓ – 꼴뚜기(호래기)

학명 ■ *Loligo beka*
영명 ■ Beka squid
일명 ■ 베이카(ベイカ)
속명 ■ 호래기, 꼴띠
생태 ■ 꼴뚜기는 화살오징어(화살꼴뚜기)과에 속하는 소형 오징어를 대표하여 이르는 명칭이다. 왜오징어(반원니꼴뚜기) · 참꼴뚜기 · 꼬마꼴뚜기 등 외형과 서식지가 비슷한 몇 가지 종류가 있지만 낚시인들은 통칭 '호래기'라 부른다. 다 자라도 크기가 10cm 정도 밖에 안 되는 소형 종으로, 지느러미는 마름모꼴이고 몸통의 절반 정도이다. 연안성이 강하며 정치망과 소형 저인망에는 봄~여름에 걸쳐 많이 잡힌다. 우리나라 서해, 남해 및 일본 연안에 많이 서식한다.

↑↑ 꼴뚜기는 요리하기도 편하다. 그냥 통째로 끓는 물에 데쳐 초고추장에 찍어 먹으면 된다.

↑ 같은 꼴뚜기 종류에 속하는 반원니꼴뚜기. 15cm 정도로 참꼴뚜기보다는 다소 크게 자라고 가을~겨울에 대량으로 잡힌다.

방파제낚시 대상어 도감 ㉔ – 주꾸미

학명 ■ *Octopus ocellatus*
영명 ■ Ocellated octopus
일명 ■ 이이다코(イイダコ)
속명 ■ 쭈꾸미, 쭈끼미
생태 ■ 커 봐야 30cm도 안 되는 문어과의 소형 연체동물로, 외형은 단연 문어의 축소판이다. 학명으로 사용되는 라틴어 'ocellatus'는 눈(눈과 같은 모양)이 붙어 있다는 의미로, 실제 주꾸미는 몸통과 팔(다리)의 연결 부분에 금색의 둥근 무늬가 2개 있는 것이 특징이다. 우리나라의 서해에 특히 많고 남해에도 서식한다. 주로 수심 10m 이하의 얕은 바다, 암초와 돌이 듬성듬성 나 있는 사니질 바닥을 좋아하고, 큰 조개껍질이나 소라껍질, 빈 깡통이나 빈 병 속에 숨기를 좋아한다. 알은 일반 문어 알보다도 더 커서 딱 쌀알 크기이다.

↑ 봄철이 산란기인 주꾸미는 어민들의 경우 '소라방'이란 조법으로 봄철에 잡지만, 낚시는 가을에 이루어진다. 가을철 선상낚시에 대량으로 낚이지만 방파제에서도 낚인다.

임포방파제

- **소재지** : 여수시 돌산읍 율림리 1-13 외
- **길이** : 큰방파제 70여m, 작은방파제 50여m
- **위치 참조** : 〈최신 전국낚시지도〉 324p A6

찾아가는 길

여수 시내에서 돌산대교나 거북선대교를 건넌다. 돌산교차로에서 돌산 방면 6.6km 지점의 무술목삼거리에서 우회전하여 계속 17번 국도(돌산로)를 타고 7.7km 지점의 죽포삼거리에 이르면 향일암 · 방죽포 방면으로 좌회전한다. 향일암로를 타고 8.8km 계속 직진 · 남하하다 보면 향일암 입구인 '임포리 사무소' 앞 삼거리에 이르는데, 그냥 직진하여 바닷가 쪽으로 2600여m만 진입하면 방파제가 나타난다.

낚시 여건

여수 돌산도의 명소 '향일암(向日庵)'과 가까운 율림리 임포 부락에 위치한 방파제다. 볼락낚시로 여수권에서도 손꼽히는 임포방파제는 갯바위 못지않은 조황으로 가을부터 이듬해 초여름까지 볼락 꾼들을 불러 모은다. 또한 이곳 임포마을은 남해중부 최대의 갯바위낚시터인 금오열도로 나가는 주요 출항지이며 관광지인 향일암이 지척에 있어 많은 관광객들의 발길이 사철 끊이지 않는 곳이기도 하다.

방파제는 3개로 이루어져 있으며 수심은 4~10m 사이로 비교적 깊은 편이다. 내항 쪽에는 몽돌과 사니질의 바닥이 섞여 있어 연중 다양한 어종이 들락거린다.

어종과 시즌

주요 어종은 볼락이 단연 으뜸인데 3~6월 그리고 10~12월까지가 피크 시즌이다. 초겨울에 마릿수 조황이 최고조에 달하며, 한겨울에는 다소 주춤한 양상을 보인다. 그러다가 다시 봄이 되면 굵직한 씨알들이 방파제 근처로 붙어 또 한 차례 호황 국면을 선사한다.

감성돔은 가장 왼쪽(서쪽)에 위치한 작은 방파제를 제외한 나머지 두 군데의 방파

제에서 잘 낚인다. 주로 방파제 끝 부분이 포인트가 되며 2월만 빼고 거의 1년 내내 감성돔을 구경할 수 있다. 특히 산란기인 봄철에는 씨알도 굵고 최고조의 마릿수 조황을 보인다.

7~8월에는 농어가 가장 손꼽히는 대상어이다. 루어 혹은 청갯지렁이 미끼를 사용하는 원투낚시에 입질이 활발하다. 씨알은 그렇게 굵지 않아 까지매기 수준인 30~40cm 내외. 겨울에는 또 학공치가 새 손님으로 찾아든다.

■ 포인트 및 참고 사항

물때는 사리 때가 제격이다. 보통 이 일대는 조류가 강해지면 뻘물이 뒤집혀 낚시가 어려워지는데, 임포방파제는 오히려 평소보다 더 나은 조황을 보인다. 다만 물색이 너무 탁한 곳을 피해서 낚시를 해야 한다.

주요 대상어종인 볼락 미끼로는 청갯지렁이가 특효. 예전엔 민장대를 이용한 낚시가 주류를 이루었지만 근년에는 루어낚시가 단연 성황이다. 테트라포드 쪽보다는 내항 쪽에서 입질이 잦은 편이다. 볼락을 겨냥해 루어낚시를 할 때는 1~2g 내외의 지그헤드를 이용해 바닥을 공략한다. 볼락볼을 쓸 수도 있으나 바닥에서 입질이 자주 오기 때문에 빠른 시간 안에 마릿수를 채우기 위해서는 지그헤드를 멀리 던져 재빨리 가라앉히는 방법이 효과적이다.

가장 바깥쪽에 위치한 큰 방파제에선 원투낚시가 잘 된다. 대상어종은 도다리와 양태. 내항 방향에서도 역시 볼락이 잘 낚인다. 씨알은 18cm 내외. 또 한 곳, 빠뜨려선 안 될 포인트가 있다. 바깥쪽 방파제에서 이어지는 갯바위 지역이다. 현지인들이 '휴게소 자리'라고 부르는 곳으로 거의 연중 감성돔이 낚인다.

인근 낚시점(061)

*낚시나라 643-9222
돌산읍 우두리 697-83
*블루피싱 641-1410
여수시 봉산동 248-1
*낚시친구 641-5235
여수시 남산동 228-1

★ Tip

임포방파제를 찾았을 때 꼭 들러야 할 곳이 있다. 일출 조망지로 유명한 향일암(向日庵)이다. 남해도 금산의 보리암과 함께 국내 4대 관음기도처중의 하나로, 문화재 자료 제40호로 지정된 곳이다. 한 사람씩 비집고 들어갈 수 있는 좁은 암벽 틈새를 두 번 통과해야 경내로 들어설 수 있는데 바다를 굽어보는 조망이 일품이다. 임포 마을에서 불과 500여m 거리다.

↓ 향일암에서 바라본 임포방파제. 돌산도 내의 방파제 중에서도 손꼽히는 포인트로, 다양한 어종은 물론 악천후에도 낚시가 가능한 여건이 자랑이다.

작금방파제

- **소재지** : 여수시 돌산읍 금성리 441-7 외
- **길이** : 각각 120여m
- **위치 참조** : 〈최신 전국낚시지도〉 324p A6

찾아가는 길

여수 시내에서 돌산대교나 거북선대교를 건넌다. 돌산교차로에서 돌산 방면 6.6km 지점의 무술목삼거리와 8.3km 지점의 도실삼거리, 15.8km 지점의 금봉삼거리 모두 군내 방면으로 우회전한다. 금봉삼거리에서 5.3km 남하한 지점의 신기마을 입구 삼거리에선 좌회전 후 2.8km만 이동하면 작금마을 해변이다. 작금마을 입구에서 오른쪽으로 꺾어 들어가면 '하얀풍차'라는 레스토랑 앞에 별개의 방파제가 있고, 지도에 표시된 방파제는 해안로(돌산로)를 따라 400여m만 더 나아가면 된다.

■ 낚시 여건

돌산도 남단에 위치한 작금 포구는 금오열도 갯바위로 향하는 낚싯배들의 출항지로 잘 알려진 곳이지만 방파제낚시 또한 무시해선 안 될 곳이다. 감성돔과 볼락 재미가 쏠쏠한 작금에는 사실 방파제가 5~7개나 된다. 지도에 표시된 3개의 방파제 외에도 마을 입구 쪽에 한 곳이 더 있고, 작금마을 서쪽에도 별도의 방파제 3개가 또 있다. 지도엔 표시하지 못했지만 마을 서쪽에 위치한 90여m 길이의 방파제(사진 참조) 또한 낚시가 잘 되는 곳이므로 꼭 한 번 들러볼 것을 권한다.

작은 마을에 위치한 방파제치고는 그 규모가 모두 낚시를 즐기기에 부족함이 없는데, 굳이 이곳 방파제를 찾는다기보다는 갯바위 출조를 위한 꾼들이 워낙 많은 탓에 포구 주변엔 식당 · 편의점 · 민박집 등은 물론 낚시점도 예닐곱 곳이나 있어 낚시를 하는 데 전혀 불편이 없다.

■ 어종과 시즌

주로 낚이는 어종은 감성돔 · 볼락 · 망상어 · 노래미 · 우럭 등이다. 감성돔은 11~6월 정도까지 낚이는데 씨알은 25~35cm급으로 그다지 크지는 않다. 방파제

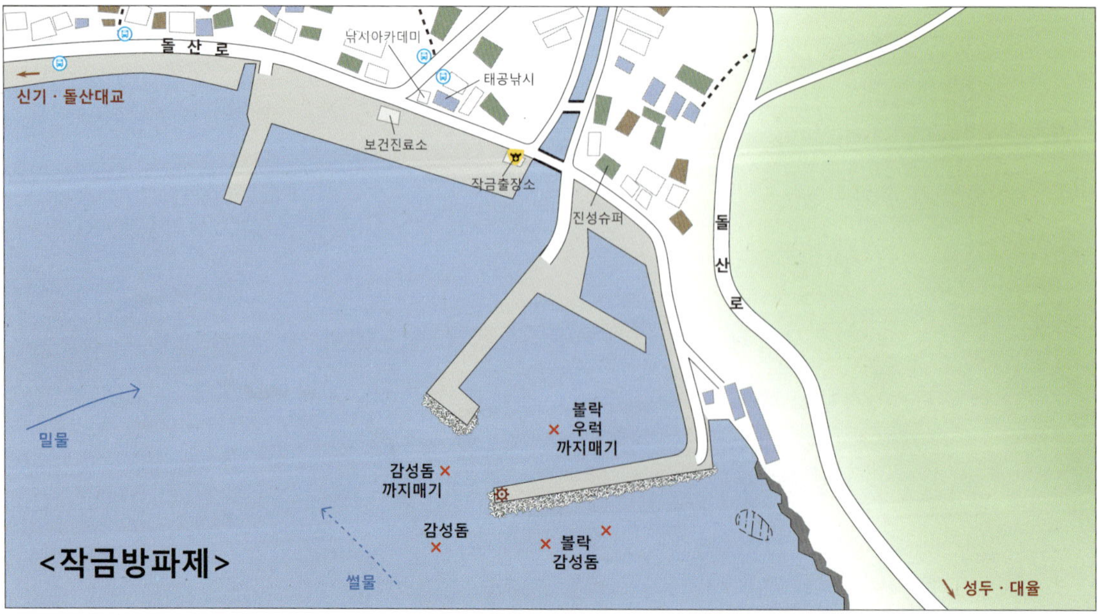

<작금방파제>

의 꺾어진 부분에서 끝자락까지가 포인트라고 할 수 있는데 릴 찌낚시 채비로 초들물 때를 집중공략하면 입질을 받을 수 있다.
볼락은 다소 늦는 편이다. 1월부터 입질을 시작해 4월경에 가장 피크를 이룬다. 3월에는 노래미와 망상어가 잘 낚인다. 한겨울에는 학공치가 들어오는데 주로 낮에 낚시를 한다. 12~1월경에 시작해 봄까지 점차 굵은 씨알이 낚인다.

■ 포인트 및 참고 사항

아름아름 단골 꾼들만이 찾는 곳으로 사람이 붐비지 않아 여유롭게 낚시할 수 있다는 것이 장점이다. 특히 봄 시즌에는 운이 좋으면 감성돔을 생각보다 손쉽게 낚을 수 있는데, 감성돔을 노릴 때에는 처음부터 채비를 되도록 멀리 원투하는 것이 입질 받을 확률이 높다는 점을 강조해 둔다.
볼락은 민장대 채비로 방파제 입구 쪽의 테트라포드 사이를 노리면 된다. 짧은 민장대나 루어낚싯대를 이용, 청갯지렁이나 민물새우를 꿰어 구멍치기를 하면 18~25cm 정도의 볼락을 쉽게 낚을 수 있다. 볼락 루어낚시를 할 때에는 방파제 입구에서 왼쪽으로 보이는 갯바위 전방의 여를 보고 캐스팅한다. 또는 이 일대의 바다를 잘 살펴보고 무성하게 자라 있는 몰밭 근처를 노리면 된다.
수심은 방파제 가까운 곳이 4~5m, 전방 20m 이상 벗어나면 10m 내외를 이룬다. 이곳에서 떨어져 있는 전방의 방파제 두 곳에서도 낚시를 할 수 있다. 낚이는 어종과 낚시 방법은 비슷하다. 그 중에서도 볼락 루어낚시나 갑오징어낚시를 많이 하는데 공간이 넓고 이동하기에도 편리해 루어 꾼들에게 인기가 많다.

인근 낚시점(061)

*낚시아카데미 644-7744
돌산읍 금성리 445-1
*한진낚시 644-4244
돌산읍 금성리 826-2
*토요낚시 644-7639
돌산읍 금성리 839
*하나로낚시 644-9957
돌산읍 금성리 841-5

↓ 돌산도 남쪽 작금마을에는 두 곳의 방파제가 있다. 위 사진은 지도에 표시된 동쪽 방파제이고 아래 사진은 작금마을 서쪽 방파제이다. 주로 동쪽 방파제에서 낚시를 많이 하지만 서쪽 방파제도 무시해선 안 될 곳이다.

평사방파제

- **소재지** : 여수시 돌산읍 평사리 1145-20 외
- **길이** :큰방파제 270여m, 작은방파제 30여m
- **위치 참조** : 〈최신 전국낚시지도〉 323p F4

찾아가는 길

호남고속도로를 이용할 경우는 순천IC에서, 순천 · 완주고속도로를 이용할 경우는 동순천IC에서 여수시내로 진입해 돌산대교나 거북선대교를 건넌다. 남해고속도로를 이용할 경우는 진월IC로 나와 광양 · 묘도 방면으로 진행하되 태인대교, 이순신대교, 묘도대교를 차례로 지난다. 묘도대교를 건넌 다음에는 둔덕 · 돌산 방면으로 진행하다가 둔덕IC에서 오동도 · 돌산 방면으로 좌회전 후 17번 국도를 타고 계속 달려 거북선대교를 건넌다. 돌산교차로에서 돌산 방면으로 좌회전 후 계속 직진하여 8.3km 지점의 도실삼거리에선 군내 방면으로 우회전한다. 2.1km 나아가면 도로변 오른쪽에 '평사선착장입구'를 알리는 간판이 보이는데 우회전하여 400여m만 진입하면 방파제가 보인다.

■ 낚시 여건

돌산도의 서북쪽 지역에 위치한 평사방파제는 펄과 암반이 뒤섞인 바닥 여건으로 인해 물색이 다소 탁한 편이다. 그래서 이 일대의 방파제 치고는 낚시꾼들이 비교적 없는 한산한 분위기이다.

특정 대상어를 목적으로 찾는 전문 꾼들보다는 소일거리 잡어낚시를 하는 동네 꾼들이 주로 찾는 편이지만 공간이 넓고 방파제의 규모가 크기 때문에 편하게 낚시를 할 수 있는 것이 장점이다.

평사방파제는 규모가 큰 것에 비해 낚시꾼들의 수는 적은 편이다. 그러나 특정 대상어만 고집하지 않는다면 잔재미는 충분히 누릴 수 있는 곳이다. 두 개의 방파제 중에서 안쪽 작은 방파제는 평균 수심이 얕아 낚시하기에 부적합하다.

■ 어종과 시즌

주로 낚이는 어종은 볼락 · 우럭 · 갑오징어 등이며 원투낚시엔 노래미가 잘 낚인다. 가을~겨울 초저녁에는 주변 몰밭이나 여밭을 노리는 볼락 사냥이 재미있는데, 민장대 채비에 청갯지렁이나 민물새우 미끼를 쓰면 된다. 좀 더 큰 씨알을 낚으려

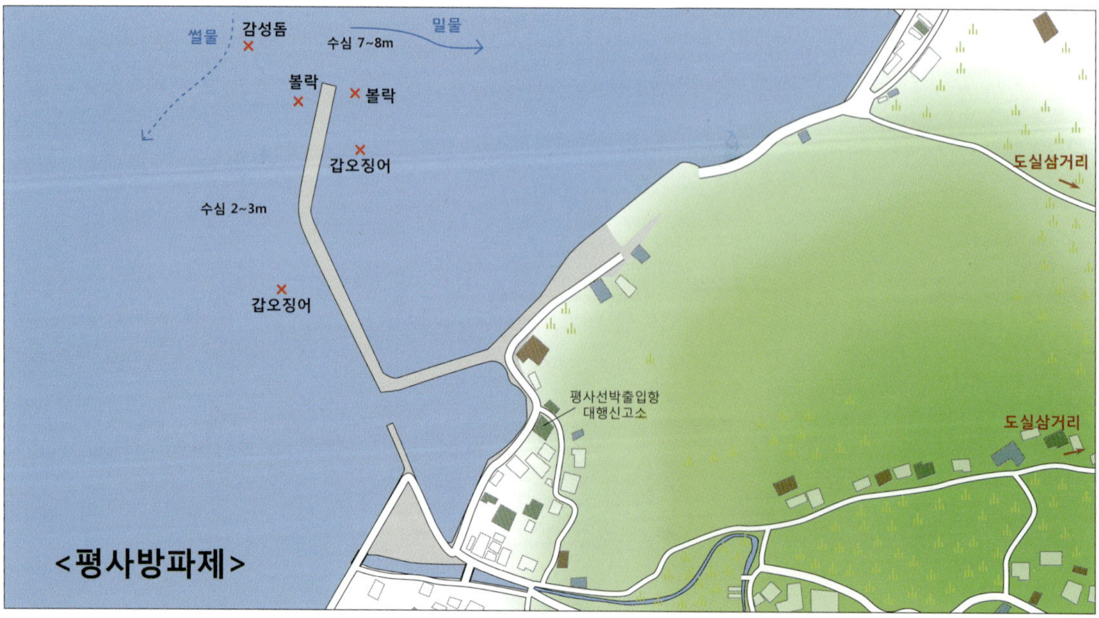

면 루어낚시로 먼 곳을 공략해야 한다. 수심은 방파제 가까운 곳이 4m 내외, 20m 이상의 먼 곳은 7~8m 정도다.
가을이 되면서 감성돔이 낚이는데 주로 아침 물때에 잘 낚인다. 갑오징어 에깅은 9월부터 11월까지 시즌을 형성하며 같은 기간에 무늬오징어도 올라온다.

■ 포인트 및 참고 사항

방파제 전면이 석축으로 잔 씨알의 우럭과 볼락이 가까이에서도 입질한다. 그러나 마릿수에 비해 씨알이 잘다는 것이 흠이다. 멀리 원투를 하면 노래미와 돌팍망둑 같은 잡어가 잘 낚인다.
가을이 되면 잔 씨알의 감성돔이 간간이 낚이기는 하지만 오랜 시간 집착할 만큼 조황이 좋은 편은 아니다. 오히려 이 시기에는 갑오징어나 무늬오징어 같은 두족류 낚시가 더 재미있다. 에깅 낚싯대에 갑오징어용 슷테를 다운샷 채비로 구성해 바닥을 더듬으면 손쉽게 마릿수 조과를 거둘 수 있다. 그러나 바닥이 험한 편이라 밑걸림이 심하기 때문에 아무리 다운샷 채비를 한다고 해도 채비 손실이 크다는 점은 염두에 두어야 한다.
돌산도 내의 다른 방파제와 마찬가지로 이곳 평사방파제 또한 주변 수심이 얕고 물색이 탁한 것이 특징이다.
또한 주변 굴 양식장과 가공공장에 파생되는 굴 껍질이 바닥에 깔려 있어 밑걸림으로 인한 채비 손실도 심한 편이다.

인근 낚시점(061)

*낚시나라 643-9222
돌산읍 우두리 697-83
*다도해낚시 643-5066
돌산읍 우두리 산376-8
*금호낚시 644-4040
돌산읍 우두리 698-1

↓ 입구에서 바라본 평사방파제 전경. 규모에 비해서는 포인트가 그리 많지 않다. 방파제 끝자락이 주된 포인트이며, 방파제가 꺾어진 지점에선 갑오징어가 잘 되는 편이다. 가을 감성돔 시즌과 겨울 볼락 시즌에 가장 좋다.

항대방파제

- **소재지** : 여수시 돌산읍 금봉리 1540-17
- **길이** : 180여m
- **위치 참조** : 〈최신 전국낚시지도〉 323p F5

찾아가는 길

여수 시내에서 돌산대교나 거북선대교를 건넌다. 돌산교차로에서 돌산 방면으로 진행하여 6.6km 지점의 무술목삼거리와 8.3km 지점의 도실삼거리 모두 군내 방면으로 우회전한다. 평사로를 따라 5.7km 남하하면 해변길 오른쪽으로 방파제가 보이는 '항대' 버스정류장에 이른다. 오른쪽으로 꺾어 420여m만 진입하면 방파제가 보이는데, 두 개의 방파제 중에서 두 번째로 나타나는 남쪽 방파제가 소개한 낚시터다.

■ 낚시 여건

돌산읍 금봉리 항대마을 방파제는 돌산도의 많은 방파제 중에서 오래도록 낚시인들이 눈여겨보지 않은 무명의 낚시터였다. 그도 그럴 것이 주변의 굴양식장이나 개펄 바닥을 보면 누구라도 이곳에서 낚시가 되리라고 생각하기 어려웠기 때문이다. 더구나 굴 껍질에 낚싯줄이 몇 번 끊어지기라도 할라치면 도저히 이런 곳에서는 낚시가 될 수가 없다고 결론 내리고서 자리를 떨 수밖에 없었을 것이다. 그러나 볼락 루어낚시가 활성화 되면서 이곳 항대방파제는 '뚝배기보다는 장맛'이라는 표현이 꼭 어울리는 유명 낚시터로 떠올랐다.

■ 어종과 시즌

숭어와 감성돔이 가장 눈에 띄는 어종이다. 감성돔은 봄부터 잔 씨알이 낚이기 시작해 가을과 초겨울에 피크를 맞이한다. 특히 여름에는 감성돔이 벵에돔처럼 중층 이상으로 부상해 민장대로도 낚을 수 있다. 한마디로 잘 알려지지 않은 감성돔 포인트다. 숭어도 마릿수가 좋은 편으로 봄부터 가을까지가 시즌이다.

볼락은 10월 말부터 이듬해 봄까지 잘 낚이며 민장대와 루어 채비 어느 것을 써도

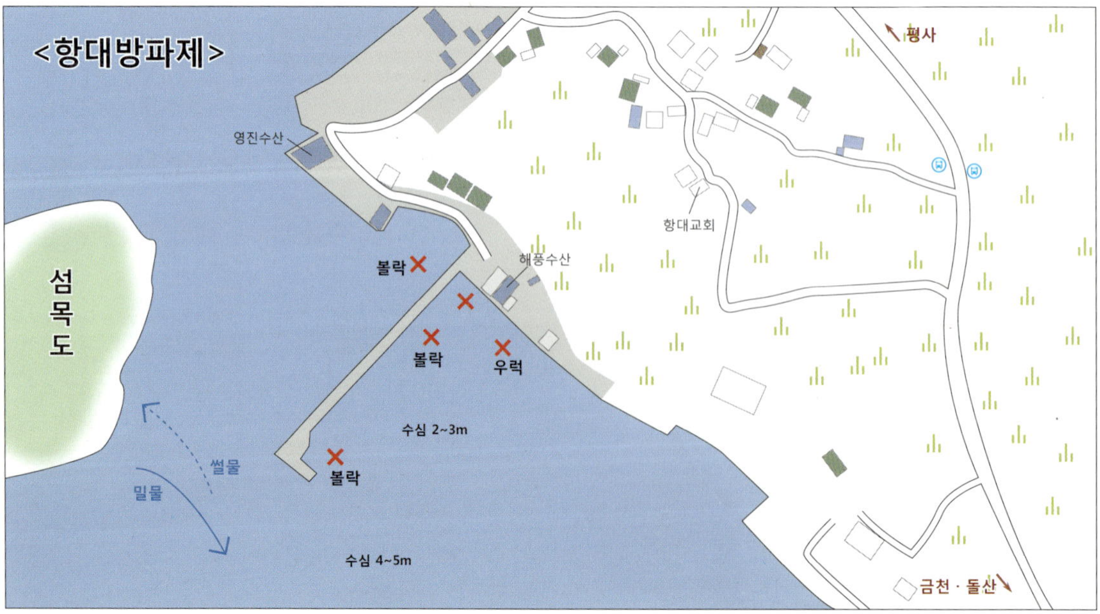

마릿수를 채울 수 있을 정도로 개체수가 많은 편이다.

인근 낚시점(061)

＊참피온낚시 644-3366
돌산읍 금봉리 866-1
＊대물낚시 643-5666
여수시 봉산동 249-10
＊자연낚시 643-9772
여수시 봉산동 249-39

■ 포인트 및 참고 사항

이 일대는 굴 양식장과 굴 가공공장이 많아 밤에도 보안등이 환하게 켜져 있다. 볼락 루어낚시의 교과서적인 포인트 여건을 그대로 보여주는 셈이다. 자연 집어등 역할을 하는 가로등 불빛 아래로 모여드는 베이트피시와 그것을 먹잇감으로 하는 록피시가 몰려들어 밤낚시 향연을 벌이게 하는 것이다. 따라서 이곳에서의 채비는 자연스럽게 가까운 거리를 공략하는 지그헤드 채비가 주류를 이룬다. 1~1.5g 내외의 지그헤드를 써 바닥에서부터 중층까지 탐색을 하면 18~20cm 내외의 볼락은 물론 25cm가 넘는 우럭까지 낚아낼 수 있다.

찌낚시 포인트로는 그다지 좋지 않은 여건이지만 가을에는 잔 씨알의 감성돔이 낚이기도 한다. 원투낚시엔 성대나 노래미 · 돌팍망둑 등이 잘 낚이는 편이다. 수심은 가까운 곳은 2m 내외, 먼 곳은 4~5m 정도를 형성한다.

큰 씨알은 없으나 감성돔낚시 포인트로도 훌륭한 곳이다. 주로 현지꾼들이 반찬거리를 장만하러 나오는 곳이다. 크릴 1~2장 정도로 밑밥을 개어 민장대만 들고 나서도 감성돔을 낚을 수 있다. 가을에는 특히 밤낚시에 감성돔이 낚이는데 씨알은 25cm 내외가 많은 편.

감성돔낚시를 하기 위해 품질을 하다 보면 숭어 떼가 몰려들기도 한다. 숭어도 한두 마리 정도 낚으면 안줏감으로 손색이 없다. 숭어의 힘은 웬만한 민장대로는 감당하기 힘들 정도이므로 작정하고 숭어를 노릴 때는 미리 뜰채를 펼쳐두거나 제법 튼튼한 낚싯대를 준비하는 것이 바람직하다.

↓ 가로등 시설이 잘 되어 있는 항대방파제. 밤낚시에 볼락과 우럭이 잘 낚이는 곳이다.

힛도방파제

- **소재지** : 여수시 화양면 안포리 40-9 인근
- **길이** : 600여m
- **위치 참조** : 〈최신 전국낚시지도〉 323p E5

찾아가는 길

여수시청에서 서쪽 2.8km 지점의 죽림사거리를 기점으로 한다. 죽림삼거리에서 화양 방면의 22번 지방도로(화양로)를 타고 계속 백야대교(백야도) 방향으로 19.9km 남하하면 백야대교 삼거리가 나온다. 오른쪽 백야대교를 건너지 말고 그냥 '힛도' 방향으로 400m 직진하면 오른쪽으로 힛도방파제가 보인다. 언덕길을 60m만 내려가면 바닷가에 이르고 왼쪽으로 보이는 방파제가 목적지다.

■ 낚시 여건

힛도방파제는 여수 서남단과 백야도를 잇는 백야대교 바로 오른쪽(동쪽)에 위치한 방파제다. 인근에 이렇다 할 유명 낚시터가 있는 곳이 아니어서 낚시꾼들에게 잘 알려진 포인트는 아니다. 백야도가 만들어지기 전까지는 여수 현지 꾼들도 어찌다 찾을 정도로 존재감이 미미한 곳이었다. 그러나 백야대교가 개통되어 사람들의 왕래가 잦아지면서 이 방파제 또한 차츰 이름값을 높이게 되었다.

고만고만한 동네 방파제에서 전국적인 네트워크에 이름이 오른 것은 갑오징어의 영향이 컸다. 가족낚시 대상어로 인기가 높은 갑오징어가 잘 잡힌다는 소문이 퍼지면서 시즌이 되면 너나 할 것 없이 이 방파제에서 에기를 던지게 된 것이다. 석축으로 만들어져 낚시하기도 편하고 주변의 조용한 마을 분위기 또한 낚시의 흥취를 더한다. 다만 진입로가 좁고 불편하여 사람이 많을 때는 피하는 것이 상책이다.

■ 어종과 시즌

한때는 가을에 낚이는 감성돔이나 숭어가 대표어종이었으나 근년 들어 갑오징어 포인트로 더 인기를 끌고 있다. 늦여름부터 늦가을까지 짧은 시즌이지만 힛도방파

<힛도방파제>

제에서 낚이는 갑오징어는 마릿수와 씨알에서 주변 방파제를 압도한다. 비슷한 시기에는 감성돔도 제철이다. 9~11월까지 이곳에서 낚이는 감성돔 씨알은 25cm를 겨우 넘는 살감성돔이지만 마릿수 재미가 좋다.
봄에는 원투낚시에 도다리가 드문드문 낚이거나 노래미가 간혹 올라온다. 초겨울부터 봄까지는 볼락이 꾸준하게 낚이는데, 다른 여수권 방파제들과 마찬가지로 18cm 내외의 씨알이 대부분이며 마릿수도 괜찮은 편이다.

■ 포인트 및 참고 사항

전체가 석축으로 이루어진 힛도방파제는 낚시하기에는 무척 편하다. 발판도 넓은 편이고 낚시자리도 낮아 채비를 던지기에도 좋다. 간만의 차이가 다소 커 낚시자리를 정할 때는 미리 물때를 염두에 두고 정하는 것이 좋다.
갑오징어 포인트는 특별히 좋고 나쁨이 없을 정도다. 시즌이 한창일 때에는 어느 방향으로 던져도 오징어가 나온다. 다만 사람들과 부대끼지 않고 낚시를 하려면 방파제 끝으로 가서 자리를 잡는 것이 편하다. 방파제에 사람이 많을 때에는 주변 갯바위나 방파제에서 다소 떨어진 곳에서 자리를 잡는 것도 좋은 방법이다.
감성돔낚시는 방파제 끝에서 백야대교 쪽을 보고 약 20m 정도까지 캐스팅을 해야 포인트에 닿을 수 있다. 수심이 7m 내외로 나오는데 조류가 센 편이라 채비는 다소 무겁게 쓰는 것이 좋다.
볼락은 루어와 민장대 모두 가능한데 민장대는 낮에도 입질을 받을 수 있다. 볼락 루어낚시를 할 때는 1.5g 정도의 지그헤드에 웜을 달아준다. 방파제 석축 가까이만 노려도 입질을 받을 수 있지만 멀리 던지면 씨알이 더 좋아진다.

인근 낚시점(061)

* 유명낚시 685-6800
  여수시 선원동 1342-3
* 죽림낚시 691-7616
  여수시 선원동 1344-7
* 해변낚시프라자 691-6064
  여수시 선원동 1226-10

↓ 화양로 언덕에서 내려다 본 힛도방파제. 원래 가을 감성돔 포인트로 알려졌으나 갑오징어의 출현과 함께 주객이 전도되었다. 10월부터 갑오징어가 마릿수로 낚이면서 밤낮으로 문전성시를 이루는 곳으로 방파제가 먹물 천지가 된다.

부록 – 낚시터 찾아보기

〈ㄱ, ㄴ〉

〈ㄷ〉

〈ㅁ, ㅂ〉

〈ㅅ〉

〈ㅇ〉

〈ㅈ, ㅊ〉

〈ㅍ, ㅎ〉

■수산자원 포획 금지 크기 및 금지 기간과 구역

• 수산자원관리법 시행령

구분	포획 금지 크기 (연중, 전국)	금지 기간 및 구역
갈치	항문장 18cm 이하	7.1~7.31 : 마라도 이남을 제외한 전지역 (근해채낚기어업과 연안복합어업 제외)
감성돔	전장 20cm 이하	
개서대(서대)	전장 26cm 이하	7.1~8.31 : 전국
갯장어	전장 40cm 이하	
고등어	전장 21cm 이하	4.1~6.30 중 해양수산부장관이 1개월 이내로 정하여 고시
넙치(광어)	전장 21cm 이하	
농어	전장 30cm 이하	
대구	전장 30cm 이하	1.1~1.31 : 부산광역시 및 경상남도
		3.1~3.31 : 상기 지역을 제외한 모든 지역
도루묵	전장 11cm 이하	
돌돔	전장 24cm 이하	
말쥐치	전장 18cm 이하	5.1~7.31 : 전국 (정치망어업, 연안어업 및 구획어업은 6.1~7.31)
명태	전장 27cm 이하	
문치가자미	전장 15cm 이하	12.1~이듬해 1.31 : 전국
미거지(꼼치류)	전장 40cm 이하	8.1~8.31 : 강원도
민어	전장 33cm 이하	
방어	전장 30cm 이하	
볼락	전장 15cm 이하	
붕장어	전장 35cm 이하	
빙어		3.1~3.20 : 전국
산천어	전장 20cm 이하	
송어	전장 12cm 이하	
쏘가리	전장 18cm 이하	4.20~5.30 : 전라남북도, 경상남북도(단, 댐 · 호소에서는 5.10~6.20)
		5.1~6.10 : 상기 지역을 제외한 모든 지역(단, 댐 · 호소에서는 5.20~6.30)
연어		10.1~11.30 : 전국(해수면) / 10.11~11.30 : 전국(내수면)
열목어		3.1~4.30 : 전국
옥돔		7.21~8.20 : 전국
은어		4.20~5.20 / 9.1~10.31 : 강원도 및 경상북도
		4.1~4.30 / 9.15~11.15 : 상기 지역을 제외한 모든 지역
전어		5.1~7.15 : 강원도와 경상북도를 제외한 모든 지역
조피볼락(우럭)	전장 23cm 이하	
쥐노래미	전장 20cm 이하	11.1~12.31 : 하기 지역을 제외한 모든 지역
		11.15~12.14 : 백령도, 대청도, 소청도 지역
참가자미	전장 12cm 이하	
참돔	전장 24cm 이하	
참조기	전장 15cm 이하	4.22~8.10 : 전국(근해 유자망에 한함)
		7.1~7.31 : 전국(안강망, 저인망, 트롤, 선망에 한함)
참홍어	체반폭 42cm 이하	6.1~7.15 : 전국
황돔	전장 15cm 이하	
황복	전장 20cm 이하	
낙지		6.1~6.30 : 전국(다만, 시 · 도지사가 4월 1일~9월 30일 기간 중 1개월 이상의 기간을 지역별로 따로 고시할 수 있음)
대문어	중량 400g 이하	
살오징어(동해오징어)	외투장 12cm 이하	4.1~5.31 : 전국(정치망어업으로 포획하는 경우는 제외)
		4.1~4.30 : 전국(근해채낚기어업과 연안복합어업에 한함)
주꾸미	중량 20g 이하	5.11~8.31 : 전국

*은어의 포획 금지 기간 및 구역에 관한 예외 조항 - 인공적으로 조성한 댐 지역에서 자원을 활용하려는 경우에는 관할 특별자치도지사 · 시장 · 군수 · 구청장이 자원을 평가한 후 한시적으로 포획 허가를 할 수 있음.

*갈치 · 고등어 · 참조기 · 살오징어 포획금지 체장에 대한 예외 조항 – 전체 어획량 중 해당체장의 갈치 · 고등어 · 참조기 · 살오징어를 20퍼센트 미만으로 포획, 채취한 경우는 제외한다.

■ 낚싯줄과 봉돌 규격 비교표

낚싯줄의 규격 비교

모노필라멘트(나일론, 카본 라인)				PE 라인
호수(號)	지름(mm)	강도		같은 강도의 호수 및 kg
		lb	kg	
0.1	0.053			
0.2	0.074			
0.3	0.090			
0.4	0.104			
0.5	0.116	2	0.91	
0.6	0.128			
0.8	0.148	3	1.36	
1	0.165		1.68	0.1호(1.8kg)
1.2	0.185	5	2.27	
1.5	0.205			
1.7	0.215	6	2.72	0.2호(2.7kg)
1.8	0.220			
2	0.235	7	3.2	0.3호(3.1kg)
2.2	0.240	8	3.6	0.4호(3.6kg)
2.5	0.260	10	4.2	
3	0.285	12	5.5(1호)	0.6호(5.8kg)
3.5	0.310			
(3.8)	0.325	14		
4	0.330			
(4.5)	0.351	16	7.8	0.8호(7.0kg)
5	0.370	18	8	
6	0.405	22	10.3	1호(8.9kg)
7	0.435	25	11.5(2.5호)	1.2호(12kg)
8	0.470	30		1.5호(13.5kg)
10	0.520	35		2호(15kg)
12	0.570	40	18.5	2.5호(19kg)
14	0.620	50	22.5	3호(23kg)
16	0.660	60	27	4호(28kg)
18	0.700	70		
20	0.740	80		5호(35kg)
22	0.780	90		
24	0.810	100	45.3	6호(43kg)
26	0.840			
28	0.870		50(12호)	
30	0.910	130	60	
35	1.001			
40	1.045	150		

봉돌의 규격 비교

민물, 바다낚시용		바다 구멍찌낚시용		루어낚시용	
호(푼)	g	B, G	g	oz	g
0.1호(1푼)	0.375	G8	0.07	1/32온스	0.89
0.2호(2푼)	0.750	G7	0.09	1/16온스	1.77
0.3호(3푼)	1.125	G6	0.12	1/8온스	3.54
0.4호(4푼)	1.500	G5	0.16	3/16온스	5.32
0.5호(5푼)	1.875	G4	0.20	1/4온스	7.09
0.6호(6푼)	2.250	G3	0.25	3/8온스	10.63
0.7호(7푼)	2.625	G2	0.31	1/2온스	14.18
0.8호(8푼)	3.000	G1	0.40	1온스	28.35
0.9호(9푼)	3.375	B	0.55	2온스	56.70
1호(10푼)	3.750	2B	0.75		
2호(20푼)	7.500	3B	0.95		
3호(30푼)	11.250	4B	1.20		
4호(40푼)	15.000	5B(0.5호)	1.85		
5호(50푼)	18.750	0.6호	2.25		
6호(60푼)	22.500	0.8호	3.00		
7호(70푼)	26.250	1호	3.75		
8호(80푼)	30.000	2호	7.50		
9호(90푼)	33.750	3호	11.25		
10호(100푼)	37.500				
20호(200푼)	75.000				
30호(300푼)	112.500				
40호(400푼)	150.000				
50호(500푼)	187.500				
60호(600푼)	225.000				
70호(700푼)	262.500				
80호(800푼)	300.000				
90호(900푼)	337.500				
100호(1000푼)	375.000				

붕어낚시용	
호수(號)	g
1호	2.0
2호	2.5
3호	3.0
4호	3.5
5호	4.5
6호	5.5
7호	6.5
8호	7.0
9호	7.5
10호	8.0

1피트(feet, 약칭 ft) = 30.48cm, 12인치 / 1인치(inch, 약칭 in) = 2.54cm, 0.0833피트 /
1센티미터(cm) = 0.0328피트, 0.3937인치 / 1킬로그램(kg) = 2.204623파운드, 35.273962온스 /
1파운드(pound, 약칭 lb) = 0.4536kg, 16온스 / 1온스(ounce, 약칭 oz) = 28.35g, 0.0625파운드

맛있는 방파제 2

한국의 名방파제 낚시터 – 남해편

1판 4쇄 인쇄 2019년 10월 24일
1판 4쇄 발행 2019년 11월 1일

지은이 박경식

발행인 김국률
발행처 예조원

출판등록 제301-2010-184호

주소 서울특별시 중구 퇴계로 180-3
전화 (02)2272-7272 팩스 (02)2272-7275

값은 표지에 있습니다.
ISBN 978-89-94129-37-2 (04690)
ISBN 978-89-94129-29-5 (세트)

기타 문의사항은 예조원 편집부로 연락주십시오.

이 도서의 국립중앙도서관 출판시도서목록(CIP)은
서지정보유통지원시스템 홈페이지(http://seoji.nl.go.kr)와
국가자료공동목록시스템(http://www.nl.go.kr/kolisnet)에서 이용하실 수 있습니다.
(CIP제어번호: CIP2013013155)